U0785111

国家社会科学基金重大项目

非洲阿拉伯国家通史

王铁铮　主编

突尼斯史

蒋真　李竞强　著

商务印书馆
创于1897 The Commercial Press

国家社科基金重大项目
西北大学“双一流”建设项目资助

献礼西北大学建校120周年

《非洲阿拉伯国家通史》总序

王铁铮

当今的阿拉伯世界由22个阿拉伯国家所构成，其中12个国家[①]分布在亚洲西部和西南部，10个国家分布在非洲北部和东北部，即阿尔及利亚、利比亚、突尼斯、摩洛哥、毛里塔尼亚、埃及、苏丹、吉布提、索马里和科摩罗。这些国家均以伊斯兰教为国教，国民的绝大多数是信奉伊斯兰教的穆斯林。由于种种局限，国内世界史学界对阿拉伯国家的研究，通常主要聚焦于西亚和西南亚诸国，以及北非的埃及；从事非洲研究的学者，其侧重点则是撒哈拉以南非洲国家。这种状况导致国内学界对非洲阿拉伯国家历史的研究长期处于边缘化地位，以至于国内至今尚无一部全面反映非洲阿拉伯国家的综合性通史著作，同时也缺乏比较系统的非洲阿拉伯国家国别史研究的专著。

2010年底，以北非突尼斯的“布瓦吉吉事件”为导火线及以埃及“一·二五”革命为发端，西亚北非地区引发的政治剧变迅速在阿拉伯国家蔓延，最终导致突尼斯、埃及、利比亚和也门四个阿拉伯共和制政权的垮台和更迭，而叙利亚则处于旷日持久的血腥内战

① 这12个阿拉伯国家为伊拉克、叙利亚、约旦、黎巴嫩、沙特阿拉伯、巴林、卡塔尔、科威特、阿拉伯联合酋长国、阿曼、也门和巴勒斯坦。

中。此次阿拉伯变局折射出的内生性、突发性、连锁性和颠覆性这四大特点出人意料。但可以肯定的是，它是由阿拉伯国家多年来累积的各种内外矛盾所酿成。人们需要从历史的维度对其进行多层面、多视角的解读和反思，从而凸显了非洲阿拉伯国家通史研究的必要性和迫切性。

几乎在阿拉伯变局爆发的同时，即2010年12月下旬，我作为首席专家申报的国家社科基金重大项目“非洲阿拉伯国家通史研究”，在北京京西宾馆顺利通过答辩，获准立项。真是恰逢其时！2011年3月，项目组正式启动研究工作。历经八年磨砺，终于完成项目设定的目标：推出总篇幅近300万字的八卷本《非洲阿拉伯国家通史》这一最终研究成果。该成果包括：

《埃及史》

《阿尔及利亚史》

《利比亚史》

《摩洛哥史》

《突尼斯史》

《苏丹史》

《毛里塔尼亚史》

《索马里、吉布提和科摩罗史》

《非洲阿拉伯国家通史》是我国学者撰写的第一部比较全面反映非洲阿拉伯国家自古迄今的通史著作，各卷作者努力追求“通古今之变”，并以打造“信史”和“良史”为目标。首席专家负责全书的规划和统编，并对各卷初稿进行审阅和提出修改建议。后经作者反复打磨而成书。我们真诚希望这部八卷本的著作能够填补我国学界在非洲阿拉伯国家通史研究上的空白，从而丰富我国的世界史研究。

马克思主义认为，历史学是一切学科的基础。通史研究则被喻为历史学学科建设的龙头。通史研究不仅是衡量学科发展的一个重要标志，而且也在不同侧面代表一个国家史学研究的综合学术水平。[①]通史研究的特殊功能决定了其撰著的难度，而就非洲阿拉伯国家通史来说尤为如此。究其原因：一是国内学界对非洲阿拉伯国家历史研究的积淀极为有限，尚未形成一种可供借鉴的比较成熟的理论和研究体系；二是非洲阿拉伯国家历史研究的资源，特别是有关非洲阿拉伯国家古代史研究的文献史料十分匮乏。出现这种状况的一个重要因素是，阿拉伯人大都不太重视伊斯兰教诞生前的阿拉伯历史研究，称之为“贾希利亚”[②]，即蒙昧时期。这便造成阿拉伯人有关伊斯兰教诞生前阿拉伯历史论著的稀缺。而非洲阿拉伯国家中的一些小国，诸如吉布提和科摩罗等国，更是被国内学界喻为学术“盲区”，关注者和探究者亦属凤毛麟角。这就进一步加大了非洲阿拉伯国家通史研究的局限。

非洲阿拉伯国家通史的整体和系统研究涉及诸多问题，一部能够比较客观地把握和勾勒非洲阿拉伯国家历史演进脉络的撰著，需要对其中的一些重大问题进行审慎的梳理和辨析。这些问题主要可归纳为以下几方面：

一、非洲阿拉伯国家通史研究的理论指导。史学研究离不开理论指导，理论指导也是强化历史学科学性的前提。非洲阿拉伯国家通史属于综合性研究，涉及面宽广，包括历史、政治、经济、社会、外交、军事、民族、宗教、文化教育、妇女问题和生活习俗等诸领域。用理论来指导研究的重要性不言而喻。对于非洲阿拉伯国家通史研究来说，它首先面临的是选择或依据何种理论来带动历史研究。1978年之前，中国的世界史研究先后受“西方中心论”和“五种经济形态说”的影响和制约，特别是“五种经济形态说”作为苏联史学的主要模式而被中国的世界史研究所效仿。“苏联史学研究模式是一个完整的体系，虽然学术性很强，但缺点也很明显，即过分简单化，把一部丰富多彩的人类历史过程压缩成僵硬的发展模式，这就

① 彭树智主编：《阿拉伯国家史》，高等教育出版社2002年版，第3页。

② “贾希利亚”为阿拉伯语的音译，阿拉伯人将伊斯兰教诞生前的时期泛称为蒙昧时期。

否定了历史发展的多样性。”[①]故此，这一时期问世的中国世界史研究成果不可避免地带有类似的缺憾。

1978年后，伴随改革开放，中国的世界史学者开始围绕史学理论和方法论不断进行开拓性的探索，努力构建世界史研究的新体系。20世纪90年代以来，中国世界史学者通过深刻反思，并在吸纳西方新史学流派和“全球历史观”[②]有益养分的同时，着力于马克思主义唯物史观基础上的理论创新，先后提出了三种新史观，即吴于廑先生提出的“世界史纵横发展整体史观”、罗荣渠和钱乘旦教授提出的“现代化史观”、彭树智和马克垚先生提出的“文明史观”。“三大世界史观的提出是中国世界史学界20多年来的进步和成熟的标志，体现了中国世界史学界与世界史学的交流和融会，以及史学理论和方法应有的丰富性和多样性。”[③]

三大新史观的建构在理论上对非洲阿拉伯国家通史研究的路径和方向具有指导意义。非洲阿拉伯国家多达10个，这些国家的国情独特而复杂，呈现多元的色彩：一是非洲阿拉伯国家中既有历史悠久的文明古国和大国，也有历史短暂的蕞尔小国；二是各国普遍带有自身浓重的家族、部落、宗教习俗和族群文化的烙印，彼此在社会基础、经济禀赋、文化传统和价值取向等方面存在明显差异；三是多数非洲阿拉伯国家自古以来在不同历史阶段都曾长期经受轮番而至的异族王朝或帝国，以及列强的统治和奴役，强权和殖民枷锁对这些国家造成的严重创伤和后遗症，致使各国的历史进程迥然不同。三大新史观对世界史研究的新认知和新构架，不仅拓宽了世界史的研究范围和研究思路，而且开创性地对世界史的概念进行了再

---

① 钱乘旦：《中国的英国史研究》，《历史研究》1997年第5期。

② “全球历史观”兴起于20世纪50年代，代表人物是英国历史学家杰弗里·巴勒克拉夫、美国历史学家L.S.斯塔夫里阿诺斯和威廉·麦克尼尔等。该派为适应全球一体化发展所带来的新的时代特征，突破西方学术界根深蒂固的“欧洲中心论”，主张建立一种“将视线投射到所有的地区和时代”，“超越民族和地区的界限”，并从宏观的、联系的角度考察和分析人类社会历史演变走向的方法、观念和理论体系。

③ 李学勤、王斯德主编：《中国高校哲学社会科学发展报告1978—2008：历史学》，广西师范大学出版社2008年版，第273页。

界定，从而为我国的世界史研究注入新的活力。因此，三大新史观的创新理论亦可对非洲阿拉伯国家通史的研究提供理论上的借鉴和指导，并以此为杠杆，从不同层面和维度来探讨非洲阿拉伯国家不同时期历史演进的基本规律和主要特点，以及非洲阿拉伯国家通过何种途径，怎样由相互闭塞逐步走向开放，由彼此分散逐步走向联系密切，最终发展成为整体世界历史的一个有机组成部分。

二、多元文明的流变与古代北非历史。古代北非的历史实际上就是非洲阿拉伯诸国历史的源头。北非曾是多种古文明汇聚、碰撞与融合之地，不同文明在互相杂糅和兼容并蓄过程中所凝聚的强大能量，不仅推动着北非的历史演进，并使其成为人类社会生活最早实践的地区之一。古代北非的多种文明大致经历了三个发展阶段，每一个阶段都彰显出各自文明在古代北非历史上留下的极其深刻的烙印。

首先是古埃及和古波斯文明对古代北非历史的影响。埃及地处北非的十字路口，它把非洲和亚洲连接起来。埃及文明的历史发展具有“沉淀性”的特点，埃及也是多种文明层层累加而成的国家。[①]埃及古文明形成于公元前4000年左右，古埃及人借助母权制、传统宗教制度和“神授王权”的意识形态，先后经历了早王朝、古王国、中王国、新王国和后埃及等多个发展时期，建立了31个王朝，延续时间长达3000年之久。在漫长的历史进程中，古埃及人以其卓越的智慧创造了绚丽多彩的独特的传统文化：象形文字、金字塔和狮身人面像、卡纳克神庙、帝王谷、孟农巨像等遗存，以及发达的数学、建筑学、天文星象学和医学等，无不浓缩着古埃及人为人类文明做出的伟大贡献。因此，一些学者称埃及是非洲历史的真正精华。[②]古埃及文明构成了古代北非历史演进的一条鲜明的主线。

---

① 〔美〕菲利普·C.内勒：《北非史》，韩志斌等译，中国大百科全书出版社2013年版，第3页。

② 〔美〕埃里克·吉尔伯特、乔纳森·T.雷诺兹：《非洲史》，黄磷译，海南出版社、三环出版社2007年版，第42页。

古波斯人是雅利安人的后裔，大约在公元前2000年前期进入伊朗。[①]公元前550年左右，阿契美尼德人在伊朗高原崛起，建立了当时版图最大，也是世界上第一个地跨亚欧非三大洲的古波斯帝国，从而奠定了古波斯文明的根基。古波斯文明的辉煌，表现为宏伟华丽的新都——波斯波利斯、精美的浮雕和岩雕、连接帝国各地的被称为“御道”的交通网络，以及沟通尼罗河和红海的运河等基础设施。同时，它还集中体现在政治、经济、军事、法律和文化等典章制度建设上，尤其是波斯帝国的政治制度和法律体系成为后来中东地区出现的各个帝国和王朝纷纷效仿的样本。由于波斯帝国长期以琐罗亚斯德教为国教，古波斯文明又彰显出鲜明的宗教特征。如同古埃及一样，其对君权神授和正统观点的强调，深刻影响了波斯的发展。波斯曾一度是几乎囊括整个古代近东文明地区的奴隶制大帝国，它吸收了多种文明的先进性，表现出古波斯文化的多样性和一定的包容性特征，而且它超越了原有的文明中心，即两河流域和古埃及文明，成为主导文明。所谓“波斯帝国的文明秩序”，就是以生产力大发展所提供的强大经济、政治和军事力量为后盾，并通过更大规模的对外交往建立起来的。古波斯文明的重要价值还在于，在波斯帝国统治埃及大约130多年的时间里[②]，它完全打破了地域性单一文明交往的局限，实现了亚非两大古文明的互动性交往，推动了古代北非历史空前的跨越式演进。

古代北非文明的第二个发展阶段是古希腊、迦太基和古罗马文明对北非历史的再塑造。从公元前334年亚历山大东征，到公元前30年罗马消灭托勒密王朝，在300余年的时间里，北非进入“希腊化时代”。希腊人创造的文明是一种综合了古代东西方文明诸多因素而发展起来的独特的、新型的阶段性文明。它使古代北非原有文明区域的语言、文字、风俗、政治制度等都受到了希腊文明的洗礼。

---

① 〔美〕埃尔顿·丹尼尔:《伊朗史》，李铁匠译，东方出版中心2010年版，第3、27页。

② 自冈比西斯二世起，波斯人先后在古埃及建立了两个王朝，即第27王朝（前525—前404年）和第31王朝（前343—前332年），两个王朝在埃及的统治共计长达130余年。

希腊化时期的埃及经历了辉煌和繁荣，亚历山大城不仅是各种商业活动的中心，而且引领西方文明，兴起了第一次“科学革命”。[①]关于太阳系的理论、解剖学的诞生，以及物理学和地理学方面的诸多新成就，如阿基米德定律的创立、圆周率的划分、运用经线和纬线计算出的地球周长的近似值等，都陆续出现于亚历山大城。同时，这个时期的埃及也成为北非历史上跨文化主义的典型案例，马其顿人的宗教信仰与埃及的宗教信仰交融在一起。[②]但从根本上说，东方文明仍是希腊化文明的根基，正如美国著名科学史家乔治·萨顿所说：“希腊科学的基础完全是东方的，不论希腊的天才多么深刻，没有这些基础，它并不一定能够创立任何可与其实际成就相比的东西。”[③]

迦太基是作为马格里布地区第一个文明单元出现在古代北非舞台的又一个重要国家，大致位于今天的突尼斯。它是由来自地中海东南沿岸黎凡特地区[④]的腓尼基人在公元前1000年左右建立的殖民地。后来，历经几个世纪的发展演变，它成为一个独立的城市国家，并控制着从利比亚的的黎波里塔尼亚到伊比利亚的地中海沿海和大西洋海岸线的广大地区。腓尼基人通过不断与操柏柏尔语的当地居民的交往和通婚，创造了一种叫作“布匿”[⑤]的混合语言文化。腓尼基移民建立的迦太基城展示了古代人强大的适应性，而创建一个混合了腓尼基和非洲柏柏尔人要素的“布匿”社会，又说明了民族文化具有变通性。迦太基人主要从事海上贸易以及跨越撒哈拉大沙漠的黄金和象牙交易。及至公元前1000年的后半期，迦太基成为覆盖西地中海大部分地区的强大贸易帝国，是当时的政治和农业中心之

---

① 〔美〕菲利普·C.内勒：《北非史》，韩志斌等译，第22页。

② 同上书，第24页。

③ 〔美〕乔治·萨顿：《科学史和新人文主义》，陈恒六等译，华夏出版社1989年版，第64页。

④ 黎凡特是指现今的黎巴嫩、叙利亚、巴勒斯坦和约旦等地，另有“肥沃新月带”之称。

⑤ 布匿（Punic），即“古迦太基的”，是迦太基的腓尼基人和北非人混居而形成的文化和语言的称谓。

一。有研究者评论："作为城市国家的迦太基试图像一个帝国那样进行统治，并能够维持几个世纪之久，在世界历史上还是第一次。"[①]亚里士多德赞扬迦太基的"政体"，实际上是一个贵族寡头制政体。雇佣兵由柏柏尔人和伊比利亚的辅助兵补充，构成了贵族政府的武装力量。[②]

但是，随着迦太基人在与罗马人争夺地中海西部霸权的三次布匿战争[③]中的败北，迦太基古城终被罗马人夷为平地。罗马势力迅速向北非拓展，陆续征服希腊化时代的埃及和柏柏尔部落，统一了北非，先后设阿非利加（即突尼斯）和埃及两个行省，北非的沿海地区与内陆在不同程度上又实现了所谓的"罗马化"。罗马人对北非的统治长达近6个世纪（公元前146—公元439年），在罗马人的治下，罗马文明继承了希腊文明、迦太基文明、腓尼基文明、日耳曼文明和埃及文明的精华，更具多样性特征。北非的农业和商业得到迅猛发展，发达的农业不断为罗马提供大量给养，成为帝国的粮仓。同时，罗马人还在北非修建了上百座城市，这些城市大都以罗马的商业区、竞技场、运动场和浴室等为建筑风格。故此，北非的罗马遗迹也是世界上现存最闻名的历史古迹。[④]

古代北非文明的第三个发展阶段是早期基督教在北非的扩张和影响。基督教是继犹太教之后在公元1世纪发源于巴勒斯坦的第二个一神教，具有跨文化的突出特点，它反映了希伯来人的一神论、古埃及宗教死而复生的永恒观念和希腊人的哲学思想。同时，基督教的普世主义和平等主义教义深深吸引着追随者。北非、尼罗河流域和非洲之角等地区的各民族是世界上最早的基督教信仰者群体之

① B. H. Warmington, *The North African Provinces from Diocletian to the Vandal Conquest*, Cambridge: Cambridge University Press, 1969, pp.47–48.

② Stephane Gsell, *Histoire Ancienne de l'Afrique du Nord*, 8 Vols, 4th ed., Paris: Librairie Hachette, 1920—1928, p.389.

③ 布匿战争指古罗马和迦太基两个奴隶制国家之间为争夺地中海西部统治权而进行的著名战争，前后共三次：第一次于前264—前241年，第二次于前218—前201年，第三次于前149—前146年。布匿战争的结果是迦太基被灭，古罗马争得地中海西部的霸权。

④ 〔美〕菲利普·C. 内勒：《北非史》，韩志斌等译，第9页。

一。公元2世纪，埃及和北非其他地区的一些城市中已出现众多基督教团体，而且基督教在穷人和政治上受压迫的人中间传播得最快。2世纪末，非洲基督教徒在亚历山大创办的教理学校——迪达斯卡利亚，成为早期的基督教学术中心，并培养了一大批对基督教早期发展起决定性作用的神学家和理论家。

早期基督教的不同教派围绕耶稣在多大程度上是神或人这个本质问题曾展开激烈争论，参与争论的两个重要派别，即阿里乌主义派和基督一性论派①，都以埃及为据点。由于这两个派别的教义同基督教主张的圣父、圣子、圣灵三位一体的正统教义相左，先后被罗马教会和帝国宣布为“异端”和“异教徒”。基督一性论派在公元451年的卡尔西顿会议被宣布为异教徒后，经受住了罗马教会和帝国权力旨在取缔和摧毁其信仰所发动的进攻，形成了埃及新的基督一性论的科普特教派。较之其他地区，科普特教派改变了北非和尼罗河流域的基督教发展轨迹，其内部产生了一种有别于罗马天主教教会或东正教教派所辖领地的宗教形式。②

公元7世纪上半叶，另一新的一神教——伊斯兰教在阿拉伯半岛诞生，并迅速向北非扩张，最终确立其主流宗教的地位。伊斯兰教并非简单地取代北非的地方宗教和基督教，而是逐步与这些宗教体系彼此混合，也就是经历了一个体系适应另一个体系，从而创造一种新的独特的宗教思想意识的所谓“调和”过程。③作为征服者，初创时期的伊斯兰教“顺应现世”，大量基督徒纷纷改宗。同时，阿拉伯帝国实行伊斯兰教的低税制，与拜占庭对北非属地的强制高税形成明显反差，扩大了伊斯兰教的吸引力。与此相反，基督教却因

---

① 阿里乌主义派（Arianism）亦称阿里乌斯派，是以生活在公元3世纪后期的亚历山大基督教司铎阿里乌命名的基督教派别。阿里乌坚持基督在各方面都与天父的本体和特性不同，基督也与人不同，基督没有人的灵魂，耶稣次于天父，是受造物，圣灵更次于圣子，并反对教会占有大量财产。该派在公元325年的尼西亚会议上被确定为“异端”后逐步向罗马以北地区扩张。基督一性论派（Monophysite）认为耶稣的神性超过人性，耶稣并非兼有全神和全人的本性，而是完完全全的神，故而只有一个本性。

② 〔美〕埃里克·吉尔伯特、乔纳森·T.雷诺兹：《非洲史》，黄磷译，第91页。

③ 同上书，第109页。

不同教派之间的长期内斗和分裂不断削弱着自身力量，特别是其教义始终未能真正融入北非大多数本地人的社会生活和意识形态中，无法应对伊斯兰教强劲的拓展之势，基督教因而经历了由盛转衰的变化。唯有科普特教派在埃及扎下根，时至今日，科普特教派仍是代表埃及、埃塞俄比亚基督教团体和信仰的教派。

多种文明的汇聚、碰撞、融合和更替，构成了古代北非历史流变波澜壮阔的画卷，并为北非古代史的探究提供了不可或缺的源泉和重要线索。它们不仅能够弥补阿拉伯人因忽略伊斯兰教诞生前古代北非史研究所造成的文献史料方面的缺憾，而且启迪人们从文明交往的视阈来进一步认识和领悟不同文明间交往的内涵、类型、因素、属性、规律和本质等，以及文明交往作为人类社会发展的动力，又是如何在具体的社会生产实践中，使不同文明的交往由低级向高级演进，由野蛮状态向文明化升华，尤其是如何从物质、精神、制度和生态等层面来实现文明交往自身的价值，推动社会历史的进步。简言之，文明交往论也是研究和解读古代北非历史的一把钥匙。

三、非洲阿拉伯民族国家构建中的氏族（家族）、部落、部族与民族国家认同问题。这是非洲阿拉伯国家历史研究中一个不可回避的重要课题。氏族、部落和部族通常被视为民族共同体发展中的一种历史类型，属于不同历史时期的社会政治形态。氏族和部落均以血缘关系为纽带来维系其存续，氏族是组成部落的基本单位，在氏族内部又可分为血缘家庭。氏族和部落观念根深蒂固，其成员对所属氏族和部落的忠贞是无止境、无条件的。①而部族已不再以血缘为纽带，它主要以地域为联系，建立在私有制的基础上，并有一套适合本部族的社会和政治制度。美国著名人类学家摩尔根将部落定义为“一种组织完备的社会”，其功能和属性是：具有一块领土和一个名称，具有独用的方言，对氏族选出来的首领和酋帅有授职和罢免之权，具有一种宗教信仰和崇拜祭礼，有一个由酋长会议组成的

① 〔美〕希提：《阿拉伯通史》，马坚译，商务印书馆1979年版，第29页。

最高政府，在某种情况下有一个部落大首领。[①]另一位人类学家约翰·霍尼格曼认为部落是“具有共同的领土,共同世系的传统,共同的语言,共同的文化,以及共同的族称,所有这一切就构成了连接诸如村落、群居、区域或世系等较小集团的基础”。[②]

北非的部落组织主要包括两大类：一类是由土著的柏柏尔人或是已被阿拉伯同化的柏柏尔人组成的部落；另一类是伴随伊斯兰教的兴起及对外扩张，大规模进入和分散到北非各地区的阿拉伯部落。阿拉伯著名学者伊本·赫勒敦认为，部落中的每一个小区域、每一个小部分，都属于同一个大的部落，它们又可分为许多小的族群和小的家族，比大的宗谱血统团结得更紧密、更牢固。部落的领导权就属于它们中间的核心族群，掌握领导权的族群必须具备优势和控制能力。[③]由于历史和社会发展的局限，非洲的多数阿拉伯国家都是由不同的部落或部族发展而来，这些部落或部族历史悠久，血缘谱系关系密切，部落社会基础牢固，内部结构庞杂，社会政治影响极大。在非洲各阿拉伯民族国家构建过程中，家族和部落因素始终是困扰其实现民族和国家认同、确立公民意识的难以消除的障碍。在一些国家，家族和部落甚至扮演着决定国家稳定、左右国家发展方向的关键角色。

以利比亚为例，利比亚国内有140多个部落，其中影响较大者有30多个。但在国家社会、政治和经济生活中真正发挥主导作用的则属于三大部落联盟，即东部地区的萨阿迪部落联盟、中部地区的阿瓦拉德-苏莱曼部落联盟[④]、西部和西南部地区的巴哈尔部落联盟。历史上，利比亚的各家族、部落和部落联盟之间积怨很深，矛盾重重，难以形成所谓国家层面的公共权力。因此，以血缘关系和共同

---

① 〔美〕路易斯·亨利·摩尔根:《古代社会》上册，杨东莼等译，商务印书馆1977年版，第109页。

② 转引自〔法〕莫·戈德利埃:《部落的概念》，沈静芳译，《民族译丛》1984年第4期。

③ 〔突尼斯〕伊本·赫勒敦:《历史绪论》，李振中译，宁夏人民出版社2015年版，第163—164页。

④ 卡扎菲家族所属的卡扎法部落和利比亚最大的部落瓦拉法部落都属于该部落联盟。

祖先凝聚而成的家族和部落以及伊斯兰传统，始终是处理政治和社会问题的主要方式和依据，致使利比亚在历史上有部落无国家，呈现出“碎片化”的政治地理特征。[①] 1969年卡扎菲发动军事政变夺取政权后，采取一系列措施和“革命手段”，试图对利比亚的部落社会进行自上而下的彻底改造，以便打破部落藩篱，并以国家认同取代部落意识，强化国家的内聚力，但收效甚微。根据民调，及至20世纪90年代末，利比亚民众对部落的认同仍高达96%，城市人群对部落的认同也有90%。[②]正是由于利比亚强大的部落势力，迫使卡扎菲在其统治利比亚近30年后不得不改弦易辙，转而重新回归传统，更加仰赖利比亚的三大部落势力来维系其统治，直到2011年垮台。时至今日，政权更迭近10年后的利比亚，依然处于互不统属、一盘散沙式的部落割据态势，由此折射出部落因素对利比亚政局的根本性影响。

再以苏丹为例，根据考古学和人类学的研究成果，苏丹可能是世界上最早的人类诞生之地。早期的人类在苏丹经历了从氏族到部落再到部族的发展过程。在漫长的历史演进中，苏丹古老的部落体制经久不衰，并呈现多样化的特征，亦即以氏族部落构成的原始公社形态，或是以主体部落与不同血缘部落组成的酋邦，乃至大、小王国交替出现。因此，氏族部落自古以来始终是苏丹社会的基本单元和细胞。现今的苏丹大约仍有将近600个部落，使用2000多种语言。[③]苏丹的部落有南北之分，北方主要为阿拉伯部落和非阿拉伯部落。两者的区别有二：一是苏丹阿拉伯人必须以阿拉伯语为母语；二是其祖先必须来自阿拉伯半岛，或是具有阿拉伯的谱系关系，或是其部落已完全阿拉伯化。然而，所谓苏丹纯正的阿拉伯部落之说很可能只是一个历史虚构，它实际上反映了苏丹阿拉伯人对阿拉伯

---

① 闫伟、韩志斌：《部落政治与利比亚民族国家重构》，《西亚非洲》2013年第2期。

② Amal Obeidi, *Political Culture in Libya*, London: Routledge, 2001, p.121.

③ Mawut Achiecque Mach Guarak, *Integration and Fragmentation of the Sudan: An African Renaissance*, Bloomington: Authorhouse, 2011, p.12.

半岛谱系关联的强烈认同。这与出生于黎巴嫩的美籍历史学家希提的看法如出一辙：血缘关系，不管是虚构的，还是真实的，总是维系部族组织的重要因素。[①]苏丹北方规模最大、分布最广的阿拉伯部落是贾阿林部落，此外还有丹拿格拉和朱海纳部落。苏丹南方的部落主要为黑人部落，丁卡人构成了原苏丹的第二大部落，占原苏丹全部人口的10%，[②]约310万。[③]苏丹南北双方庞杂的部落结构，使它在独立后构建民族国家进程中屡遭挫折，内战绵延不绝，以至于在2011年苏丹南北双方分裂，南苏丹宣告独立。显然，苏丹的南北分裂同种族或部落冲突相关，但这只是一种表象，透过表象可以发现其中更深层的原因：一是南北双方明显存在伊斯兰教宗教文化和基督教宗教文化的差异，特别是当彼此的穆斯林和基督徒身份在强制性的伊斯兰化过程中被不断放大时，必然会导致矛盾的激化；二是苏丹土地贫瘠，自然条件恶劣，经济资源分配的不均衡致使不同部落和部族之间经常为争夺牧场、水源和其他生活物资而兵戎相见；三是苏丹南北双方政治权利方面的不平等。苏丹长期存在阿拉伯人和非阿拉伯人、白人和黑人之间的种族不平等，阿拉伯文明被人为地凌驾于黑人文明之上，北方隶属贾阿林部落的阿拉伯河岸部落[④]始终主导和控制着苏丹的政治和经济政策，并通过强制推行阿拉伯化和伊斯兰化把持国家大权，致使其他部落处于边缘化状态。家族和部落因素在苏丹民族国家构建中表现出了另一种特点。简言之，苏丹的家族和部落不过是民族国家构建过程中凸显各种矛盾冲突的一个载体。

---

① 〔美〕希提：《阿拉伯通史》，马坚译，第28页。

② John Obert Voll and Sarah Potts Voll, *The Sudan: Unity and Diversity in a Multicultural State*, Boulder, Colo.: Westview Press, 1985, p.13.

③ Mawut Achiecque Mach Guarak, *Integration and Fragmentation of the Sudan: An African Renaissance*, p.635.

④ 阿拉伯河岸部落是指那些生活在尼罗河河谷和青白尼罗河之间热带草原东、西部的部落，他们几乎都说阿拉伯语，均为穆斯林，并尽可能将自身谱系与阿拉伯半岛先知时代的圣裔家族联系在一起。参见R. S. O'Fahey, "Islam and Ethnicity in the Sudan", *Journal of Religion in Africa*, Vol.26, No.3,1996, p.259。

摩洛哥的部落社会，较之其他阿拉伯国家则有所不同。摩洛哥的部落社会主要由土著柏柏尔人构成，其人口约占摩洛哥全国总人口的40%，主要生活在摩洛哥南部的苏斯地区、中部的阿特拉斯山区和北部的里夫地区。尽管摩洛哥柏柏尔人人口众多，但摩洛哥柏柏尔部落社会与摩洛哥中央政府的关系却相对平稳，彼此之间总体上维持较好的融合度，代表了非洲阿拉伯国家部落与政府关系的另一类型。事实上，摩洛哥于1956年独立后，在民族国家的构建过程中同样经历了柏柏尔部落社会与中央政府长期的紧张对抗时期，双方为此都付出了沉重代价。直到20世纪80年代后，摩洛哥政府和柏柏尔部落在认真的反思中，渐次向理性回归，相互不断调整策略，管控矛盾和冲突，努力实现和解。促成这种变化的根本原因在于：摩洛哥作为一个“平民化”的君主制政体（摩洛哥阿拉维王朝国王的妻子、母亲、祖母和外祖母通常均来自平民，故而有平民化君主制之称），王权对柏柏尔部落的治理表现出适度的变通性和宽容性。例如，摩洛哥君主在政治上与柏柏尔部落上层和精英建立恩庇关系；在经济上实施安抚政策，承认柏柏尔部落土地的集体所有权；在文化上倡导将共同的宗教信仰，而不是单一的阿拉伯族群认同，作为摩洛哥的国家认同。而柏柏尔人的基本诉求也以温和的文化运动为主要内容，谋求柏柏尔语言文化应赋予的权利等，并不追求摆脱中央政府的自治、分立或独立。2011年，摩洛哥宪法修订案规定柏柏尔语和阿拉伯语享有同等的语言地位，从而为摩洛哥中央政府与柏柏尔部落关系的进一步发展创造了条件。然而，从长远看，如何解决柏柏尔部落社会内部不断扩大的贫富差距，以及柏柏尔偏远山区与摩洛哥城镇之间在社会经济发展方面存在的明显断层，依然是考验摩洛哥中央政府与柏柏尔部落关系深度融合的关键。

家族和部落因素在非洲阿拉伯民族国家构建中的影响无疑是多元而复杂的。其他国家诸如毛里塔尼亚、索马里和吉布提等国的家族和部落组织也都有自身发展演变的路径和规律，它们对各自民族国家构建的影响自然也是不同的。探究非洲阿拉伯国家的家族和部落问题必须把握两个维度：一是应该厘清非洲阿拉伯诸国主要家族和部落的基本情况，包括家族和部落的区域分布、成员的构成、生态环境和经济生产方式、组织结构和运作机制、内生矛盾冲突的调节、对外交往原则、文化传统和习俗的维护，等等；二是在全面认识非洲阿拉伯各国的家族和部落基本情况的基础上，需要运用经济基础决定上层建筑的唯物史观来阐释和解读非洲阿拉伯各国的家族和部落长期存续的原因。总体来说，非洲阿拉伯国家在获得独立和建立民族国家后，大都经历了不同程度的现代化发展，并对部落社会进行了相应改造，各国的部落呈现一定的萎缩之势。但家族和部落依然在国家的政治、经济和社会生活等领域发挥着重要影响，甚至是决定国家稳定的关键因素。而关于部落意识向国家认同的转化，也是一个双向度的问题。非洲阿拉伯国家滞后的社会发展和固有的传统文化，决定了各国根深蒂固的部落意识的转换将是一个缓慢的渐进过程。部落意识的弱化有赖于部落民众能够充分感受到他们在没有或失去部落庇护的情况下，同样能够享有更多的权益和更好的生活。这是一个不可替代的前提条件。而要实现这样的目标，不仅仰仗各国社会和经济发展所能提供的雄厚财力和物质基础，同时还依靠各国政府能够有效实施各种有利于协调部落与国家关系，促使部落民众生成国家认同的一系列相关手段和政策。因此，对上述问题的考量和辨析是探究非洲阿拉伯国家家族和部落问题的一种新的尝试。

四、列强对非洲阿拉伯国家的殖民统治及其影响。在近现代历史上，非洲阿拉伯国家不论大小，几乎都曾长期饱尝西方列强残酷的殖民掠夺和统治。法国率先在北非的马格里布地区建立了以阿尔及利亚为中心的殖民统治圈。1830年，阿尔及利亚沦为法国的殖民地；1881年，突尼斯成为法国的“保护国”；1888年，法国占领吉布提全境，并于1896年，在吉布提建立“法属索马里”殖民政权；[①]1912年，摩洛哥沦为法国的“保护国”，同年科摩罗四岛也成为法国的殖民地；1920年，毛里塔尼亚成为“法属西非洲”管辖的领地。英国紧步法国的后尘，它在奥拉比领导的埃及反英起义失败后，于1882年占领埃及，并将其变为“保护国”；1899年，在英国操纵下，苏丹成为英国和埃及的共管国；1887年，英国将索马里北部地区作为它的“保护地”，并于1941年控制整个索马里。1912年，意大利在意土战争后将利比亚变为它的殖民地；1925年，在索马里南部建立“意属索马里”。1943年，英国取代意大利，占领利比亚南、北两地区。西班牙在列强瓜分北非殖民地的浪潮中也分一杯羹。1912年，摩洛哥沦为法国的“保护国”后，西班牙旋即与法国签订《马德里条约》，摩洛哥北部地带和南部伊夫尼等地划归为西班牙的“保护地”。至此，非洲阿拉伯诸国陆续被西方列强纳入各自的殖民体系中。

马克思在《不列颠在印度统治的未来结果》一文中评价英国在印度的殖民统治时指出：“英国在印度要完成双重的使命：一个是破坏性的使命，即消灭旧的亚洲式的社会；另一个是建设性的使命，即在亚洲为西方式的社会奠定物质基础。”[②]但是，以法国为首的西方列强对非洲阿拉伯国家的长期统治只是完成了其破坏性的使命，即各国原有的传统社会经济结构在西方势力的冲击下遭到了毁灭性的破坏；而殖民者要完成的建设性使命则成了一个虚幻之梦。

以阿尔及利亚为例，马克思在马·柯瓦列夫斯基所著《公社土地占有制》一书摘要中揭露，自1830年法国入侵阿尔及利亚后，法国的殖民统治“手段有时改变，目的始终是一个：消灭土著的集体财产，并将其变成自由买卖的对象，从而使这种财产易于最终转到

① 在历史上，吉布提和索马里同属一个文化圈。法国于1850年前后入侵吉布提，1885年法国同吉布提地区的酋长们签订条约，确认法国在吉布提的统治地位。1888年，法国又同英国达成协定，两国以吉布提和泽拉之间的中线划分势力范围，吉布提一侧为“法属索马里”，泽拉一侧为“英属索马里”。1896年，法国在吉布提正式建立“法属索马里”殖民政府。

② 中共中央马克思、恩格斯、列宁、斯大林著作编译局编：《马克思恩格斯选集》第2卷，人民出版社1972年版，第70页。

法国殖民者手中"[①]。恩格斯撰写的《阿尔及利亚》一文，也对法国在阿尔及利亚的殖民统治进行了针针见血的深刻描述："从法国人最初占领阿尔及利亚的时候起到现在，这个不幸的国家一直是不断屠杀、掠夺和使用暴力的场所。征服每一座大城市或小城市，每一寸土地都要付出巨大的牺牲。把独立视为珍宝、把对外族统治的仇恨置于生命之上的阿拉伯和卡拜尔部落，在残暴的袭击下被镇压，他们的住宅和财产被焚毁和破坏，他们的庄稼被践踏，而幸存的受难的人不是遭到屠杀，就是遭到各种奸淫和暴行的惨祸。"[②]

利比亚被形象地喻为第二次世界大战后由联合国"制造"出来的一个国家。实际上，这也是域外大国之间相互博弈、各自谋求在利比亚权益的一种妥协的产物。美国驻利比亚首任大使亨利·赛拉诺·维拉德（Henry Serrano Villard）曾指出，利比亚的历史基本上是征服与占领交替更迭的历史。[③] 据统计，1912年利比亚被征服后，在意大利殖民统治的30年间，大约有11万利比亚人被关押在集中营，4万人死于疾病、虐待或者饥馑。最新的利比亚解密档案显示，意大利殖民者处死的囚禁者多达7万人。[④]而本土人口则从1907年的140万降至1933年的82.5万人。[⑤]

西方列强长期的殖民统治，造成非洲阿拉伯国家的贫穷和落后，社会发展异常缓慢。同时，被置于殖民体系中的非洲阿拉伯国家不得不在屈从或服务于各宗主国殖民权益的前提下，实施自身的政治、经济、外交和文化政策等，致使这些政策普遍带有明显的殖民依附色彩。例如，科摩罗的许多现代政治和法律制度就源于殖民时代，一位科摩罗律师比喻："科摩罗国家是从法国复制而来的，它是复印

---

① 《马克思恩格斯全集》第45卷，人民出版社1985年版，第316页。

② 《马克思恩格斯全集》第14卷，人民出版社1964年版，第104页。

③ Henry Serrano Villard, *Libya: The New Arab Kingdom of North Africa*, New York: Cornell University Press, 1956, p.11.

④ Ronald Bruce St. John, *Libya: From Colony to Independence*, Oxford: Oneworld, 2008, pp.73–74.

⑤ Ibid., p.81.

件。”又如，吉布提独立后，法国在此长期驻扎4000人的军队，并宣称为吉布提提供所谓的“安全保障”。

此外，西方列强对非洲阿拉伯国家实施的殖民手段和方式，也因对象国不同而有所区别：对于那些战略和经济利益重要的国家，通常采取直接统治的方式；对于那些小国或经济权益有限的国家，它们往往通过挑选代理人，诸如当地的封建主和有名望的部落酋长、首领等实行间接统治。非洲阿拉伯国家对于西方列强的殖民统治一直进行着顽强抗争，但各国谋求独立和解放的途径，则因国情和殖民者统治方式的不同而呈现反差。一般来说，在那些殖民统治最残酷的国家，民众浴血反抗的斗争就更加激烈。阿尔及利亚是一个最典型的案例。阿尔及利亚人自1954年在奥雷斯山区打响武装斗争的第一枪后，经过七年艰苦卓绝的反法解放战争，最终粉碎了法国强加于阿尔及利亚人长达132年之久的殖民枷锁，于1962年赢得独立。科摩罗、吉布提和毛里塔尼亚这些小国基于自身的局限，以及它们同前宗主国法国的无法割断的各种联系，因而选择了非暴力的和平方式走向独立。利比亚历来是大国逐鹿争雄之地，它的建国彰显了大国在联合国舞台上折冲樽俎、不甘舍弃已有权益的博弈。故此，西方列强在非洲阿拉伯国家的殖民史是非洲阿拉伯国家近现代史的重要研究内容。殖民统治对各国历史进程所衍生的各种关键问题及影响，都需要依据可靠的史料做出尽可能符合客观事实的更深层次的再分析和全新的解读。

五、现代化运动与阿拉伯社会主义的治国实践。现代化源于西欧，是伴随近代工业革命所聚集的强大内动力而兴起的。“二战”结束后，作为新生的现代民族独立国家，非洲阿拉伯国家在战后世界现代化浪潮的冲击和驱动下，陆续走上现代化发展道路。外源性和后发性是非洲阿拉伯国家推进现代化的基本特点。非洲阿拉伯国家启动现代化的原动力、经济结构、资源禀赋、社会基础和价值取向等完全不同于西方，由此决定了它们不可能照搬西方模式。

现代化是人类文明发展和演进的最复杂的过程。世界各国的现代化实践，按经济形态来区分，大致可归纳为三大类，即资本主义类型、社会主义类型、混合类型，而每一种类型都有多种发展模式。[①]但任何一种发展模式都要适应一定的生产力发展水平，符合本国的具体国情。非洲阿拉伯国家的现代化总体上都属于混合类型，是一种尚未定型的现代化选择。它兼采资本主义现代化和社会主义现代化两种模型的不同特色，是将两大对立模型合成而产生的一种中间发展形式；在本质上是一种边缘资本主义的发展模式。[②]

阿拉伯社会主义的发展道路堪称战后多数非洲阿拉伯国家推进现代化的一种主流。这一现象的出现同战后西亚北非地区盛行的阿拉伯社会主义思潮密切相关。阿拉伯社会主义主要由阿拉伯民族主义、伊斯兰传统和科学社会主义的个别原理所构成，是一种带有浓厚阿拉伯－伊斯兰特色的社会思潮。非洲阿拉伯国家的所谓社会主义主张，名目繁多，形式不一。其中包括埃及的纳赛尔主义、阿尔及利亚的自管社会主义、突尼斯的宪政社会主义、利比亚的伊斯兰社会主义，以及索马里西亚德总统自封的"科学社会主义"[③]等。阿拉伯社会主义有几个共同点：一是把社会主义等同于伊斯兰教的教义精神，认为伊斯兰教是社会主义原则的渊源；二是把社会主义作为一种发展经济和振兴民族，进而实现国家现代化的纲领和手段；三是拒绝科学社会主义，明确反对无神论，强调以伊斯兰教信仰为基础，尊重民族和宗教文化传统，主张阶级合作和私有制的永恒性。[④]纳赛尔就曾表示，他的阿拉伯社会主义与马克思主义存在根本

① 罗荣渠：《现代化新论——世界与中国的现代化进程》，北京大学出版社1993年版，第150页。

② 〔埃及〕萨米尔·阿明：《不平等的发展》，高铦译，商务印书馆1990年版，第169页。

③ 索马里总统西亚德·巴雷自称奉行"科学社会主义"，但从不提以马克思主义为指导思想。他宣称其"科学社会主义"是与伊斯兰教"和谐一致"的，"伊斯兰教义中有社会主义的基础"。参见唐大盾等：《非洲社会主义：历史·理论·实践》，世界知识出版社1988年版，第37页。

④ 黄心川主编：《世界十大宗教》，社会科学文献出版社2007年版，第310—311页。

性差异，并且具体表现在五个方面。[①]这便昭示了阿拉伯社会主义的特殊属性。

阿拉伯社会主义之所以能够成为多数非洲阿拉伯国家选择的现代化发展模式，一方面是由于非洲阿拉伯国家长期深受殖民主义之害，导致其本能地排斥西方发展模式。亦如研究者所言，当资本主义与殖民国家和剥削特权联系在一起后，社会主义作为一种相反的意识形态，在非洲无疑成为普遍的诉求。[②]自20世纪50年代中期到70年代中期，阿拉伯社会主义在多数非洲阿拉伯国家的实践，确实取得了一些不容否认的成效。一些数据也可说明这一点。例如，埃及的工业总产值从1952年的3.14亿埃镑增加到1979年的61.6亿埃镑，增长了近19倍。同一时期，农业总产值由3.87亿埃镑提高到36.6亿埃镑，增长了8.46倍。[③] 阿尔及利亚在1967—1978年国民经济保持年均7.2%的增长率，十多年间人均国民收入从375美元增至830美元。[④]突尼斯经过十年的建设，基本形成自身的民族工业体系，国有企业从1960年的不足25家发展到1970年的185家，国有经济在国民收入中的比例从1.8%上升到33.7%。[⑤]

然而，由于内外和主客观多种因素的局限，非洲阿拉伯国家在现代化进程中遭遇的挫折与失败远大于成功，是一种不成功的现代化尝试。它们面临一系列难题，诸如政治发展明显滞后于经济发展，经济发展对外的严重依赖性，生产结构的单一性与脆弱性，社会经济的二元性与对立性，工业分布的条块性与不均衡性，过度城市化和人口增长失控，生态环境不断恶化，等等。这些问题使非洲阿拉

① 1962年5月30日纳赛尔在全国人民力量代表大会上的发言，《金字塔报》，1962年5月31日。转引自唐大盾等主编：《非洲社会主义新论》，教育科学出版社1994年版，第96页。

② E. A. Alport, "Socialism in Three Countries: The Record in the Maghrib", *International Affairs*, Vol.43, No.4, Oct. 1967, p.692.

③ 唐大盾等：《非洲社会主义：历史·理论·实践》，第116页。

④ Massoud Karshenas, Valentine M. Moghadam, ed., *Social Policy in the Middle East: Economic, Political and Gender Dynamics*, New York: Palgrave Macmilian, 2006, p.42.

⑤ I. William Zartman, ed., *Tunisia: The Political Economy of Reform*, Boulder: Lynne Rienner Publishers, 1991, p.111.

伯国家在全球化时代难以摆脱被边缘化的命运。20世纪70年代中期以后，以阿拉伯社会主义为主导的非洲阿拉伯国家的现代化实践，无不经历了趋于衰势的变化。80年代末期，伴随东欧剧变和苏联解体，有关阿拉伯社会主义的议题在多数非洲阿拉伯国家逐渐成为一种历史记忆。从反思的角度看，理性处理宗教与现代化的关系问题，仍是非洲阿拉伯国家在现代化实践中不能回避的课题。宗教地域特征和传统文化使非洲阿拉伯国家的现代化之路充满了“悖论”。由于近代以来伊斯兰世界尚未真正出现比较彻底的宗教改革运动，未能在人的解放和价值取向等问题上实现跨越性的突破，伊斯兰世界在近代的各种社会改革基本上都没有超出改良范畴，其主轴大都以捍卫伊斯兰教传统价值观和巩固当权者的统治为目标。其所触及的仅仅是应对外来挑战的表象问题，而回避对其政治和思想体系的批判性内省与更新，从而制约着各国的文明演进和现代化进程。

阿拉伯社会主义作为一种民族主义思潮在战后的非洲阿拉伯国家盛行20年之久，它是独立后的非洲阿拉伯各国选择的一种现代化模式和社会制度。因此，其核心仍是国家定位和发展道路的问题，也是一个具有重大现实意义和理论价值的问题。对这些问题的深入研究和探索，将有助于充实和丰富马克思主义关于经济落后国家发展道路选择的相关理论。

六、早期的伊斯兰教和当代非洲阿拉伯国家的伊斯兰潮。恩格斯在《论早期基督教的历史》一文中指出：“伊斯兰这种宗教是适合于东方人的，特别是适合于阿拉伯人的。”[①]早期伊斯兰教在非洲的传播肇始于第二任哈里发时期穆斯林军队于公元639—642年对埃及的征服。非洲本土人最早的伊斯兰教皈依者大多为社会的上层，其中又以统治者和成功的商人最愿意改信伊斯兰教，穷人和乡村居民的改宗要晚得多。故此，早期的伊斯兰教在非洲被称为“宫廷和商业宗教”[②]，这一宗教首先在政界及商界权势人物中传播开来。后来埃

① 《马克思恩格斯全集》，第22卷，人民出版社1965年版，第526页。
② 〔美〕埃里克·吉尔伯特、乔纳森·T.雷诺兹：《非洲史》，黄磷译，第109页。

及人纷纷皈依伊斯兰教，这在很大程度上是因为当时的拜占庭统治者强加于埃及人的各种赋税过重，而新的伊斯兰政府所征税率很低。同时它对宗教自由的态度也比拜占庭要更宽容。科普特基督教徒直到11世纪依然占埃及人口的大多数，便是一个颇具说服力的佐证。

在伊斯兰教创立的初期，北非实际上也是那些发现自己与中央伊斯兰国家日益强大的逊尼派正统观念不合的穆斯林的庇护所。[①]伊斯兰教初期的两个重要少数派教派——什叶派和哈瓦利吉派[②]都在北非找到了避难地。哈瓦利吉派落脚于北撒哈拉沙漠中的小绿洲，以及卡比利亚和阿特拉斯山脉中的丘陵地带，他们同土著柏柏尔人建立了比较亲密的关系。什叶派在北非的势力和影响更大。什叶派首先在阿尔及利亚东南部站稳脚跟，并不断向外拓展。10世纪初，他们先后推翻了阿巴斯王朝在突尼斯的统治和打败柏柏尔-哈瓦利吉派。公元909年，什叶派首领奥贝德拉在突尼斯以先知穆罕默德之女法蒂玛的苗裔自居，被拥戴为哈里发，建立法蒂玛王朝，这是伊斯兰教什叶派的第一个王朝。国都为马赫迪亚。[③]随后，法蒂玛王朝征服摩洛哥，进而占领整个马格里布地区。969年攻占阿拉伯帝国统治下的埃及，973年迁都开罗，并在埃及实施了长达200余年的统治，直到1171年被推翻。基督教和伊斯兰教的初期，在北非的一个共同现象是：无论是基督教的少数派阿里乌斯派和一性论派，还是伊斯兰教的少数派什叶派和哈瓦利吉派，都把北非或是作为大本营，或是作为庇护地，这一现象的历史蕴含令人深思。或许正因为如此，近代以来北非阿拉伯诸国出现的各种伊斯兰复兴思潮或运动，都按

① 〔美〕埃里克·吉尔伯特、乔纳森·T.雷诺兹:《非洲史》，黄磷译，第95—96页。

② 哈瓦利吉派（Khawāridj），伊斯兰教早期派别之一。哈瓦利吉意为“出走者”。657年隋芬之战期间，穆阿维叶在面临失败时提出“以《古兰经》裁判”的停战要求。当时阿里营垒内分为主战和主和两派，阿里倾向和解,遂接受穆阿维叶的要求,引起主战派的极端不满，约有12 000人离开阿里的队伍出走，组成哈瓦利吉派。此外，该派认为哈里发应由穆斯林公选，当选者不应只限于古莱什人；同时主张在所有穆斯林中共同分配土地和战利品，故又称军事民主派。

③ 法蒂玛王朝初建都拉卡达，即今突尼斯的凯鲁万，后于920年迁都马赫迪亚，位于凯鲁万东南海岸。

照其自身的逻辑发展。就地缘政治来说，它不像西亚阿拉伯国家那样，处于中东各种矛盾的旋涡中，因而受外部影响相对较少。就对外交往来看，北非诸国毗邻欧洲，在历史上多为法、英等国的殖民地，与西方有密切的联系，故此对东西方文化和价值观差异的体验也比西亚阿拉伯国家更深刻。这些因素凝聚了北非伊斯兰复兴运动的多元化色彩。

20世纪80年代以来的北非伊斯兰复兴运动主要在埃及、苏丹和阿尔及利亚等国形成几个中心。一般来说，北非阿拉伯国家伊斯兰复兴运动的主调趋于温和与理性。这里并不否认在某些特定时空下出现的极端倾向。以埃及为例，由哈桑·班纳于1928年组建的穆斯林兄弟会（以下简称为“穆兄会”）是埃及最大的民间伊斯兰组织。20世纪70年代，虽然穆兄会分裂出一些激进组织，包括“赎罪与迁徙组织”和“圣战组织”等，但总体上看，埃及历届政府基本能够掌控来自宗教势力的挑战。纳赛尔时期，埃及政府与穆兄会的关系在合作、利用和打压中轮换。萨达特和穆巴拉克时期，穆兄会基本放弃暴力手段，转而采取和平、合法和半合法的斗争策略。穆兄会中占主导的温和派强调，以和平和渐进的方式实现伊斯兰化，以理性和现代的角度看待伊斯兰法和伊斯兰政府的功能。[①]由此，政府与穆兄会之间形成了容忍、妥协、限制和反限制关系的动态性变化，从而维持埃及社会的稳定。

哈桑·图拉比是20世纪90年代苏丹最有影响力的宗教政治思想家，有“非洲霍梅尼”之称。图拉比同1989年发动军事政变掌权的巴希尔合作，在苏丹建立了伊斯兰政权。图拉比主张实行政教合一，全面实现社会生活的伊斯兰化，并于20世纪90年代在苏丹实施所谓的“伊斯兰试验”。图拉比认为，他的伊斯兰试验是“建立在人民价值观基础之上，由知识分子引导，动用宗教资源促进不发达国家发

① R. H. Dekmejian, *Islam in Revolution: Fundamentalism in the Arab World*, New York: Syracuse University Press, 1985, p.181.

展的新尝试”[①]。他还认为，伊斯兰复兴最理想的情况是在没有内部压制和外部干涉的形势下通过和平、渐进的方式发展。[②]因而，一方面，他反对暴力，强调伊斯兰教的温和与宽容，认同与时俱进的宗教改革，倡导妇女解放和提高妇女地位等。这些都体现了图拉比伊斯兰试验的温和性。另一方面，图拉比的伊斯兰试验始终被限定在其合作者世俗的苏丹总统巴希尔设定的轨道内，巴希尔决不允许图拉比的宗教权势凌驾于其权力之上。事实上，代表国家政权的巴希尔与代表伊斯兰势力的图拉比的政教结合，从一开始就是一种权力借重和彼此利用的关系。在苏丹这种多部落多宗教的复杂的政治环境下，教权显然无法与世俗政权相抗衡。

阿尔及利亚是北非伊斯兰复兴运动的另一个类型，体现了阿尔及利亚宗教政治化和政治暴力化的双重特点。1989年诞生的阿尔及利亚“伊斯兰拯救阵线”（以下简称“伊阵”）是阿尔及利亚国内最大和最具影响力的伊斯兰复兴组织，其主要领导人阿巴斯·迈达尼是一个拥有英国教育学博士学位的大学教授，另一个是清真寺的伊玛目阿里·贝尔哈吉。实际上，他们分别代表阿尔及利亚伊斯兰复兴运动中的温和派与激进派两大势力。尽管存在思想意识上的分歧，但这并未成为双方合作的障碍，有研究者将他们对外发出的不同声音形象地喻为“双头性领导”下的“多声部合唱”[③]。两人迥然不同的风格，相得益彰，吸引了大批不满的阿尔及利亚人。[④]伊阵主张维护穆斯林共同体的统一，捍卫伊斯兰历史和文化遗产。[⑤]其最高目标是通过和平斗争的策略，实现阿尔及利亚的伊斯兰化。但是，军队作

---

① Hassan Al-Turabi, “U.S. House Foreign Affairs Africa Subcommittee Hearing on the Implications for U.S. Policy of Islamic Fundamentalism in Africa”, www. Islamonline.net/iol-english/qadaya/qpolitic-14/ qpolitic1.asp.

② 王铁铮主编：《全球化与当代中东社会思潮》，人民出版社2013年版，第269页。

③ 蔡佳禾：《当代伊斯兰原教旨主义运动》，宁夏人民出版社2003年版，第132页。

④ Robert Motimer, “Islam and Multiparty Politics in Algeria”, *Middle East Journal*, Autumn 1991.

⑤ John Ruedy, *Modern Algeria: The Origins and Development of a Nation*, Second Edition, Bloomington: Indiana University Press, 2005, p.252.

为阿尔及利亚独立战争胜利者的象征，不允许伊斯兰势力改变国家的世俗发展方向。当伊阵通过市政和议会选举即将掌控国家政权时，军队毫不犹豫地予以干涉，终止了其迈向权力舞台的步伐。而伊阵内部和政府内部对事态的不同认知，最终酿成了一个分裂的政府与一个分裂的伊斯兰反对派之间对抗的危机。[①]据统计，在随后四年多的时间里，暴力冲突和相互残杀此消彼长，约有6万平民和军人死亡。[②]阿尔及利亚被打上了暴力政治的特有符号。这种状况一直持续到1995年11月泽鲁阿勒赢得阿尔及利亚历史上首次自由选举的胜利，由此证明了阿尔及利亚人最终抛弃了困扰国家政治的宗教和世俗极端主义。[③]

从北非三国的伊斯兰复兴运动来看，尽管其目标和行动手段有相似之处，但三国互不统属，几乎不存在彼此的协调和支持。这种状态表明北非伊斯兰复兴运动的分散性和多样性，因而外溢影响有限。同时，它也揭示了北非伊斯兰复兴运动所聚集的能量和张力，无论是在同世俗政权合作还是在抗衡方面，都不足以占上风的总趋势，更无法改变世俗政权主导国家政治秩序和发展方向这一历史事实。

七、政治剧变和北非阿拉伯国家的未来走向。北非是2010年底2011年初阿拉伯政治剧变的发源地，诱发了整个阿拉伯世界的震荡。从本质上看，此次阿拉伯剧变的根源在于，阿拉伯威权主义政权在政治上的极度僵化和现代化发展的“错位”，以致无法满足阿拉伯民众对民生、民主、民权的期盼。换言之，阿拉伯变局实际上也是阿拉伯民众谋求重新选择现代化发展道路的一种抗争。

然而，旧政权的垮台并不意味着新制度的建立。早在政治剧变之初，巴林思想家贾比尔·安莎里在一篇文章中就写道：“一层厚厚的浪漫主义之膜，正裹绕阿拉伯国家当前的变革要求。这种情形，

---

① William B. Quandt, *Between Ballots and Bullets: Algeria's Transition from Authoritarianism*, Washington, D. C.: Brookings Institution Press, 1998, p.58.

② 蔡佳禾：《当代伊斯兰原教旨主义运动》，第135页。

③ Martin Stone, *The Agony of Algeria*, London: Hurst & Company, 1997, p.120.

我们这一代人也曾经历过，我们曾经梦想过统一、自由和社会主义，但我们等来的却是专制，它带给我们的只有挫败和失望。”①另一位阿拉伯政治家指出，变革不应止于改变统治者，而应致力于改变社会，即改变社会的经济、文化基础。问题是：如何让变革从表面及于纵深，从形式过渡到实质？②这些担忧和发问似乎已预感到阿拉伯变局前景的迷惘。而后来阿拉伯变局的走向也印证了这一点：埃及经历了翻烧饼式的政权“轮回”，从穆巴拉克的垮台，到穆兄会的穆尔西在权力之巅的昙花一现，再到穆尔西被军人政权所取代，民主政治似乎离埃及依然遥远；卡扎菲之后的利比亚陷入四分五裂的武装割据状态，各派系之间的混战绵延不绝，新的政治秩序的重建渺无音讯；唯有突尼斯的局势让人看到了一缕“阿拉伯世界微弱的曙光”。2014年12月，突尼斯诞生首位民选总统，国内局势趋于相对稳定。但突尼斯的腐败之风并未得到有效遏制，根据国际组织提供的数据，2010年突尼斯在“透明国际”清廉指数中位列178个国家的第59位，2016年则在176个国家中名列第75位。③因此，突尼斯的社会改造和政治变革任重道远。

与此同时，阿拉伯国家的政治生态因政治剧变而发生明显变化，一些地区和国家出现权力“真空”。为抢占地盘和扩张势力，不同派系之间的恶斗持续升温。北非马格里布地区和非洲之角的索马里成为两个恐怖主义的渊薮。利比亚境内的恐怖活动日甚一日，它们所释放的破坏力对近邻突尼斯的稳定构成威胁；索马里青年党作为东非臭名昭著的恐怖主义组织，在阿拉伯政治剧变后进一步扩大活动领域，频繁制造一系列暗杀和暴恐事件，破坏索马里和平进程与民

---

① 〔巴林〕贾比尔·安莎里：《只有革命浪漫主义还不够》（阿拉伯文），《生活报》，2011年4月25日。转引自马晓霖主编：《阿拉伯剧变：西亚、北非大动荡深层观察》，新华出版社2012年版，第437页。

② 〔叙利亚〕阿多尼斯：《布阿齐齐的骨灰》（阿拉伯文），《生活报》，2011年4月28日。转引自马晓霖主编：《阿拉伯剧变：西亚、北非大动荡深层观察》，第438页。

③ Sarah Yerkes, Marwan Muasher, “Tunisia’s Corruption Contagion: A Transition at Risk”, https://carnegieendowment. org/2017/10/25/tunisia-s-corruption-contagion-transition-at-risk-pub-73522.

权社会。同时，索马里猖獗的海盗劫持活动[①]，也在严重干扰着国际水道的航行安全和各国间的经贸交往。

阿拉伯政治剧变距今已有十余年，反观非洲阿拉伯诸国的社会、政治、经济和意识形态的现状，多数国家仍然在过去的老路上徘徊不前，尚未在探寻新的发展道路中取得突破性进展，也没有找到能够理性化解长期困扰国家的社会、经济和族群割裂问题的有效策略。非洲阿拉伯国家的发展和创新之路如此之艰难，可从两个层面来解析：一是缘于自身的局限。多数非洲阿拉伯国家实际上都没有经受过现代大工业血与火的洗礼，迄今还不能形成一个真正能够体现或代表先进生产力，领导民众并得到民众广泛支持的社会阶层。这表明非洲阿拉伯国家仍处于由传统农业社会向现代工业社会转型的过程中。二是基于非洲阿拉伯国家固有的宗教地域特点。宗教被人为地承载了过多的非宗教因素，因而需要不断理顺信仰与理性、宗教与世俗、传统文明与现代文明等方面的关系，并且必须防止伊斯兰教义被随意曲解和“工具化”，从而挑起宗教狂潮，使国家的正常发展迷失方向。“伊斯兰社会民主演进的障碍不仅是政治层面的，而且在根本上还与价值观念有关。因此，要建立相对性、多元化的民主理性，就必须撼动神学与教法的基本结构。”[②]由此可见，实现与时俱进的宗教变革和激活人的创造力，将是非洲阿拉伯国家长期和不可懈怠的使命。

八、关于国外文献史料的使用。任何一项研究都离不开相关资源的支持，丰富可靠的史料是完成非洲阿拉伯国家通史研究最重要的前提条件。因此，这一研究必然要借助国外的各种文本资源。从语种来说，以英语为主，并且尽可能地吸纳阿拉伯语、法语、俄语等，以及中译本的文献史料；从文本来说，包括有关非洲阿拉伯10国各个时期

---

① 据国际海事署报告，在索马里海域发生的海盗袭击次数为：2006年18起，2007年48起，2008年111起，2009年215起，2010年219起，2011年236起。参见Elwaleed Ahmed Talha, *Political and Economic Impact of Somalia Piracy during the Period (1991–2012)*, The University of Tokyo, 2013, p.14 (http://www.pp.u-tokyo.ac.jp/courses/2013/documents/5140143_9a., 2014-10-2)。

② 〔突尼斯〕本·阿舒尔：《民主派和神学派的政治活动》，阿拉伯联合酋长国《联合报》，2011年3月14日。转引自马晓霖主编：《阿拉伯剧变：西亚、北非大动荡深层观察》，第438页。

的历史著作，重要人物的传记和回忆录，对重要政策和重大事件的专题研究，相关国家陆续解密的档案资料，新媒体和网站的各种述评，以及国内外学者发表的一系列相关学术论文等。项目组在研究和写作过程中，对于这些庞杂的文献史料，都须经过审慎筛选、相互比对和甄别，以便使所用史料客观、可靠和可信。项目组遵循的原则是，注重对文献史料的合理吸纳和消化，确保研究成果的质量和应有水准。

如前所述，非洲阿拉伯国家作为一个国家群，各国国情独特而复杂，呈现纷繁和多元的色彩。但非洲阿拉伯国家同样存在共性，在历史演进中面临的许多问题也是相同的。按照传统观点，对于国别通史的研究，通常的聚焦点大多是诸如政治制度、经济模式、社会结构等这些显性要素在历史发展进程中的演化。毋庸置疑，这些要素是通史研究不可或缺的核心内容。但本项目的作者并不仅仅拘泥于这些显性要素，而是审慎地选择更贴近客观社会现实，且能折射事物本质的一些问题来解析非洲阿拉伯国家的历史发展。这实际上是力图从一个不同的新视角，来探讨非洲阿拉伯国家综合性通史的一种尝试。而这种尝试完全取决于非洲阿拉伯国家的固有的独特国情，也是非洲阿拉伯国家历史进程中必须直面的重大议题。它有利于突破惯性思维的窠臼或定式，从更深层次认知非洲阿拉伯国家的变迁。更重要的是，这些问题能够从根本上深刻反映不同时期非洲阿拉伯各国社会、政治、经济和宗教文化等领域的独特样貌及嬗变，凸显非洲阿拉伯国家历史演进的脉络和轨迹。从一定程度上讲，它们构建了非洲阿拉伯国家通史研究的一个总体框架，也提供了一种宏观的视野和路径，以便在纵横维度的比较研究中揭示非洲阿拉伯国家历史发展的基本规律和主要特点。我们企盼八卷本《非洲阿拉伯国家通史》的问世能够为读者和研究者深度了解非洲阿拉伯国家的历史提供借鉴，并发挥其应有的社会效应。同时，对于书中的不足之处，恳请行家不吝指正和赐教。

2022年3月于西北大学中东研究所

目　录

Contents

绪　论

2010年12月，突尼斯中部城市的一名失业青年自焚，引发了当地民众的游行示威，人们对国内腐败、贫富差距、高失业、高物价等社会问题纷纷表达不满。此后游行示威活动不断蔓延至周边国家，导致埃及、利比亚、也门等国政权相继倒台，在中东地区引起整体性政治动荡，突尼斯也因此成为国际社会关注的焦点。

突尼斯被喻为“北非明珠”，有“欧洲后花园”之称，地处非洲最北端，北部和东部与地中海相邻，扼守地中海东西航运的要冲。突尼斯国土面积163 610平方千米，陆地面积155 360平方千米，水域面积8250平方千米，边界线1424千米。全国有24个省，省下设257个市镇、260个县、1050个乡。海拔400米以上的高原和山区不到全国面积的1/3，千米以上的山地只占千分之一，沙漠占全国面积的1/5，森林面积不大，约占全国面积的6%。突尼斯人口为1145万，阿拉伯人占全国人口的90%以上，其余是柏柏尔人、少量犹太人和欧罗巴人。突尼斯居民中信奉伊斯兰教人数占98%，信奉基督教的占1%，信奉犹太教的占1%。1956年3月20日，突尼斯宣布独立，规定此后3月20日为独立日，6月1日为胜利日，即国庆日。[①]

突尼斯历史悠久、文明璀璨，柏柏尔人创造的卡普萨文化使突尼斯从母系社会向父系社会过渡，为王国的建立奠定了基础。迦太基帝国的建立是腓尼基人与本土土著文化的结合，形成了与希腊罗

① 杨鲁萍、林庆春编著：《突尼斯》，社会科学文献出版社2003年版，第1—14页。

马文明齐名的迦太基文明，其在对外征服中的文明传递对北非地区产生了深远影响。迦太基不仅是地中海地区的军事强国，还是上古时期重要的商业国家。马克思和恩格斯将迦太基与推罗、亚历山大里亚并称为世界三大贸易中心。位于首都突尼斯市17千米处的迦太基古城遗址，在1979年被联合国教科文组织列入《世界遗产名录》。迦太基城是奴隶制帝国迦太基的首都，据称它的城墙约35.4千米长，高约12米，厚约9米。迦太基城有两个港口，外港供商船用，内港为军港。该城占地300多公顷，人口约40万—70万，建有剧场、体育场、浴室、神殿等，是当时北非和地中海地区政治、经济、商业和农业的中心。

随着古罗马帝国、拜占庭帝国和阿拉伯帝国的入侵，突尼斯成为一个多种文明交融的地方。公元前264年到公元前146年，迦太基与罗马人发生了三次布匿战争，随后罗马人占领并烧毁了迦太基城。突尼斯进入了罗马化时代，竞技场、剧场、神庙等罗马风格的建筑随处可见，城市格局开始形成，人口向城镇集中。随着罗马统治后期的内部争斗和柏柏尔人起义，汪达尔人来到突尼斯，他们是日耳曼民族的一支。汪达尔人来到突尼斯并未建立自己的政治制度，在沿用罗马行省制度的同时，对原有文明进行破坏，拜占庭人的到来再次将突尼斯纳入罗马文化圈。突尼斯市以南约200千米的埃尔杰姆还保留着古罗马斗兽场古迹，据称它是目前世界上保存较好的三个古罗马竞技场之一。位于苏塞城与斯法克斯城之间的埃尔杰姆斗兽场，建于公元230—238年。竞技场造型宏伟，共有3层拱廊，高约36米，四周看台下有18圈坐台，上有4层包厢，看台南侧为国王的专用包厢，南门为王室专用，北门为普通民众出入口。奥斯曼帝国时期，为了镇压突尼斯的抗税起义，政府曾向场内群众开炮，导致埃尔杰姆斗兽场有所损毁。

公元698年，阿拉伯人击败拜占庭人占领迦太基城后，再一次放火烧城，突尼斯开始成为伊斯兰文明的一部分。尽管在罗马化时期，罗马当局强制使用拉丁语，但突尼斯很多民众并不认可，拉丁语仅限于在城市居民中传播。“就文化范畴看，语言既是文化的重要组成，同时也是文化最为重要的承载者，这是语言的显性文化职能；语言的隐性文化职能是起到身份认同、情感依存的作用。”① 随着阿拉伯帝国对北非的征服以及阿拉伯人的迁徙，阿拉伯语不仅是宗教语言，还是教育语言，并成为突尼斯的官方语言，伊斯兰文明开始在北非得到迅速传播，为现代突尼斯的诞生奠定了基础。突尼斯成为一个信仰伊斯兰教的国家后，伊斯兰的遗迹随处可见。凯鲁万城建成于公元 671 年，是早期阿拉伯人征服北非的据点。城市保持了典型的阿拉伯风格，据称有 300 多座大大小小的清真寺，被称为伊斯兰教第四大圣城。突尼斯人认为，到凯鲁万七次即等于去麦加（Mecca）朝觐。凯鲁万在 1988 年被评为世界文化遗产。阿拉伯人在这里建的第一座清真寺是奥克巴清真寺，它是北非历史最为久远的清真寺，大殿内可容纳 3000 人同时做礼拜。宰图纳清真寺建于公元 732 年，面积达到 5000 平方米，诵经大厅有 184 根从迦太基遗址上拆迁过来的石柱。该清真寺可容纳 2000 人同时祈祷，是突尼斯重要的宗教教育中心，也是阿拉伯世界最早的宗教学府之一，许多学生纷纷来到这里求学。突尼斯著名的历史学家、《历史绪论》的作者伊本·赫勒敦于 1332 年出生在距清真寺 150 米的地方，他也曾在清真寺中求过学。据称每年斋月，突尼斯的总统、议长等政要都会来此参加宗教仪式。

在阿拉伯人统治末期，突尼斯基本处于半独立状态。随着奥斯曼帝国的崛起，突尼斯开始成为奥斯曼帝国的一个行省。事实上，在奥斯曼帝国时期，突尼斯已经成为大国角逐的竞技场，法国、西班牙、葡萄牙和奥斯曼帝国是争夺突尼斯的主要国家。1830 年，法国占领阿尔及利亚，开始拓展在非洲的殖民活动。1881 年，法国以突尼斯赫鲁米尔部落（Khroumir）入侵其殖民地阿尔及尔（Alger）为借口，入侵突尼斯。随着《巴尔杜条约》的签订，突尼斯正式沦

① 李宇明：《和谐语言生活　减缓语言冲突》，《语言文字应用》2013 年第 1 期。

为法国的殖民地。突尼斯的行政区划被划为 13 个省，加强了中央对地方的管辖，在一定程度上为突尼斯近代民族国家的建构奠定了基础。为了与法国政治制度保持一致，突尼斯建立了具有议会性质的咨询委员会，但委员会完全由法国人控制。在法国殖民统治下，突尼斯逐步被法国化。首先，殖民政府引入法语－阿语双语学校，建立职业技术学校，鼓励穆斯林进入现代学校学习，为突尼斯培养了大量的政治精英，为突尼斯民族主义的崛起打下了基础。随后，殖民政府推出归化政策，为突尼斯人加入法国国籍提供便利。法国天主教势力也在突尼斯开展了针对穆斯林的改宗行动。

然而 19 世纪末 20 世纪初，世界各地民族主义不断觉醒，反对殖民主义的斗争如火如荼。突尼斯的民族主义斗争主张采取渐进的方式获得独立，即先争取政治权利，然后内部自治，最后获得独立。受伊斯兰世界民族主义运动的影响，20 世纪初青年突尼斯党成立。这个政党不反对法国的统治，但要求获得与法国人同等的地位。1919 年，青年突尼斯党改组为宪政党（Dustur Party），这是突尼斯历史上的第一个全国性政党。1919 年，突尼斯社会主义者成立了隶属于法国社会党的突尼斯共产党（Parti Communiste Tunisien, PCT）。20 世纪 30 年代，突尼斯开始进入争取民族独立和民族解放的快车道，新宪政党成立并开始领导突尼斯的民族主义运动。“二战”后，新宪政党和突尼斯总工会合作，掀起了民族独立解放运动的高潮。1956 年 3 月 20 日，《巴尔杜条约》被废除，突尼斯宣布独立。

随着突尼斯的独立，哈比卜·布尔吉巴（Habib Bourguiba）当选突尼斯首任总统，突尼斯开始进入布尔吉巴时代。布尔吉巴对西方现代化的成就非常推崇，他虽反对西方殖民主义，但不反对西方政治经济制度，在国家治理初期表现出世俗主义的倾向。布尔吉巴将西方发达国家作为效仿对象，并试图将突尼斯带入西方世界。[①]

① Andrew Borowiec, *Modern Tunisia: A Democratic Apprenticeship*, London: Praeger Publishers, 1998, p. 117.

1959 年，突尼斯制宪议会正式颁布宪法。宪法规定突尼斯以伊斯兰教为国教，阿拉伯语为官方语言，采用共和制，确立了突尼斯立法、司法和行政三权分立的原则，但总统拥有更广泛的权力。与此同时，他还进行了宗教改革，废除伊斯兰沙里亚法庭，弱化宗教教育，建立统一的教育体系等，希望将突尼斯人从伊斯兰教的束缚下解放出来。20 世纪 60 年代，突尼斯进行宪政社会主义试验，打着社会主义的旗号发展国家资本主义经济。布尔吉巴认为，突尼斯与西方国家保持着良好关系，与中东伊斯兰国家又密切相联，因此可以充当中东国家与西方沟通的桥梁。[①] 1974 年新宪政党大会上，布尔吉巴当选为党的终身主席。次年，突尼斯通过宪法修正案，布尔吉巴成为终身总统，使得威权主义政治在突尼斯得到进一步强化。

20 世纪 60、70 年代突尼斯的政治经济改革虽然取得一定的成效，但仍然面临挑战。布尔吉巴统治后期政府改组频繁，民众不满增加，伊斯兰势力不断上升。1987 年 11 月，本 · 阿里发动政变，宣布哈比卜 · 布尔吉巴的身体条件已经不适合继续担任突尼斯总统，从而本 · 阿里成为突尼斯新总统。本 · 阿里反对宪政社会主义，主张多元主义和西方的民主政治，社会主义宪政党也被更名为“宪政民主联盟”，主张民主、和解与变革。然而本 · 阿里的上台虽然号召民主政治，但并没有从根本上改变布尔吉巴时代威权政治的本质。随着突尼斯社会转型，威权政治面临的挑战越来越多。全球化的发展和世界经济危机的爆发，使得突尼斯的国内经济环境日益恶化。通货膨胀居高不下，失业率大幅度增加，腐败盛行，民众不满持续发酵，最终在 2010 年底爆发了“茉莉花革命”，本 · 阿里被迫下台，流亡沙特，从此引起中东地区整体性政治动荡，被西方称为“阿拉伯之春”。始于突尼斯的“阿拉伯之春”充分暴露了阿拉伯国家面临的众多矛盾，显示了阿拉伯民众求新、求变，寻求合适的发展道路的强烈愿望，开创了阿拉伯民众寻求经济快速发展、社会公正民主、外交独立自

① Norma Salem, *Harbib Bourguiba, Islam and the Creation of Tunisia*, London: Croom Helm Ltd., 1984, pp.182-193.

主的新的发展道路的历史时期。①

自“茉莉花革命”以来，突尼斯国内各种政治力量不断交锋，民众抗议也不断发生。2014年10月，突尼斯举行议会和总统选举，贝吉·卡伊德·埃塞卜西（Beji Caid Essebsi）领导的世俗政党——突尼斯呼声党在议会选举中获得39.2%的选票，击败伊斯兰政党——复兴运动党成为议会第一大党，埃塞卜西以55.68%的支持率当选总统。突尼斯的国内政治基本平稳下来，但内部分歧依然不断，议会中世俗主义政党和宗教色彩浓厚的复兴运动党相互掣肘，政治主张相异，使得国家决策困难，隐藏着新的不稳定因素。在经济上，突尼斯的通货膨胀率和失业率虽然有所下降，但仍然维持在较高水平，经济增速不断下降。2017年底，突尼斯议会通过2018财年法案，该法案目标是将通过增加消费税收等方式把财政赤字降低到GDP总量的5%以下。尽管政府承诺基本生活用品不会涨价，但仍引起民众担忧。总体来看，突尼斯的政治经济改革与发展，一方面受到长期以来威权政治负面效应的影响，另一方面与中东地区的整体形势密切相关。

① 张德广主编：《动荡加剧、变革深化的一年：2011年国际形势总览》，世界知识出版社2012年版，第399页。

第一章　突尼斯早期柏柏尔文明的形成

突尼斯在非洲历史上曾起过重要作用，它具有独特的地理环境和鲜明的文化特征，一度被视为非洲大陆的代名词。地处非洲北部的突尼斯，位于阿特拉斯山脉与海岸的交界处，属于地中海气候，适合人类生存，因此是人类文明起源较早的地区，也是历史上各种文明交汇的重要地区。柏柏尔人作为突尼斯早期历史的主要族群，早在一万多年前就出现了卡普萨文化，该文化以加工精致的小火石片为特征，用石片加工成切削器、砍刀和投掷武器，此外，柏柏尔人在该时期还掌握了制陶技术。在卡普萨文化的基础上，柏柏尔人逐步由母系社会过渡到父系社会，并形成初步的部落联盟。在战争时期，柏柏尔部落联盟还会推选首领统一指挥作战，从而为王国的建立奠定了基础，推动突尼斯的历史向前迈进。

一、突尼斯早期的地理环境

地理位置

突尼斯所处的非洲大陆是世界上的第二大洲，早在28亿年前的太古代，非洲南部最先形成了小块的陆地，在太古代之后，非洲大陆基本形成。在漫长的地质时期，非洲大陆由于板块运动与世界其他大陆由分到合，又由合到分。大约在古生代开始以前，非洲大陆与其他陆块中间隔着古大西洋，相互之间是分离的。从古生代开始后，古非洲逐渐与其他陆块接近，全球几个大陆块到古生代末期达到了最大程度的接近，形成潘加亚古陆，非洲在这块统一大陆的南半球部分，称冈瓦纳大陆，亦称南方大陆。到了中生代，潘加亚古陆又开始逐步解体。三叠纪末期，非洲与亚欧陆块之间形成裂缝，互相移开，形成今天这种海陆分布圈。①

突尼斯位于非洲大陆最北端，北部和东部毗邻地中海，与意大利的西西里岛之间相隔突尼斯海峡，东南部与利比亚为邻，西部和西南部与阿尔及利亚接壤。撒哈拉沙漠隔断了突尼斯与中部和南部非洲的联系，因此它在历史上更多地受到西方文明和伊斯兰文明的影响。

非洲的海岸线相对比较平直，且长达一千多千米，它是古代乃至现在重要的商品集散地，特别是苏伊士运河开通后，西欧各国商船经直布罗陀海峡、地中海和苏伊士运河来到印度洋，到达亚洲，这条航线成为世界最为繁忙的航线之一。所有经过这条航线的船只，都要经过突尼斯海峡，突尼斯每年都能从中得到丰厚的报酬。因此，突尼斯国土面积虽小，却拥有重要的航运价值。与此同时，突尼斯还具有重要的军事战略价值。突尼斯位于北非中心位置，与西欧国家隔海相望，还拥有独特的地理位置，历来是兵家必争之地。从突尼斯的历史发展来看，腓尼基人和罗马人来到北非，都是先占领突尼斯地区，并以此为跳板再向其他地方扩张。占领突尼斯后，可以北取西欧，东占利比亚和埃及，西取阿尔及利亚和摩洛哥，南下非洲各国，因而突尼斯一直是军事大国争夺的重要地区。

气候变化

非洲大陆是一个以热带气候为主的大陆，此外还有亚热带和温带气候。长时期的降水和几次洪积期明显地扩大了非洲大陆适宜人类居住的地带。非洲早期的地理特征对人类历史的发展影响极大，丰富的动植物资源为非洲人口的繁衍提供了重要保障，同时也具备

① 何芳川、宁骚主编：《非洲通史·古代卷》，华东师范大学出版社 1995 年版，第 16 页。

人口大规模迁徙的可能性。

气候对于人类生存的影响非常重要。突尼斯北部属于地中海气候，中部则属于热带草原气候，南部则是热带沙漠气候。即使是在最冷的1月，突尼斯的气温也能达到6—14℃，气温十分适宜人类居住。突尼斯的降水只有在沿海的狭长地带才充沛，距沿海一两百千米的地区年平均降水量只有400毫米，越往内陆降水量逐渐递减，至南部的热带草原地区，年降水量不足200毫米。

非洲大陆的气候是不断变化的，随着气候变化，非洲大陆的地形地貌也开始出现变化。几次严重的干旱期在南北回归线一带造成大量的沙漠，使得原先适宜人类居住的许多地区逐渐变成地球上最大最干燥的沙海，如南部的卡拉哈里沙漠和北部的撒哈拉沙漠。这种气候的变化和沙漠化的出现，阻碍了北部地中海地区同南部热带地区的交往，地中海地区的农业、建筑和手工艺等方面的发展受到了极大的限制，从而加剧了该地区的闭塞性。虽然突尼斯与南部交流的通道受阻，但它并没有像孤岛一样形成与世隔绝的状态，而是通过海路加强了与欧洲的联系。

地形与资源

非洲地形比较单一，主要以高原为主。在突尼斯，东北部以平原为主，其他地区大多是高原和山地，被阿特拉斯山脉紧紧围绕着。山地、平原和高原的交错分布，使许多区域被隔离开来，形成一些独立的部落组织。突尼斯的地势比较缓和，境内河流并不多，迈杰尔达河是突尼斯境内最大的河流，也是突尼斯古老文明重要的发源地。

阿特拉斯山脉横穿突尼斯境内，由西南向东北将突尼斯分成两部分；同时，也将突尼斯分成了三个地区：特勒区①、草原区和沙漠区。草原对突尼斯乃至非洲文明的发展起到了重大作用，草原迫使

① 特勒区是紧靠地中海的沿海地区，是非洲大陆与地中海的交界处，处于克鲁米里山和莫戈德山之间。特勒区分为东北特勒区和内陆特勒区，东北特勒区以平原为主，内陆特勒区森林居多，两地都属于地中海气候。

人们采取游牧生活方式，这也是突尼斯原住民柏柏尔人赖以生存的方式。在草原区，传统牧业日渐萎缩，部分牧民定居下来，但大部分仍过着游牧生活，橄榄树和杏树的种植比农作物普遍。由于多尔萨勒以南的草原与摩洛哥的草原连接在一起，它们在北非构成了一个非常发达的交往通道。在特勒区，地面多山，但山势不高，全区除北部沿海地带之外，大多是大陆性气候，温差较大，降水多集中在春季。这里是最早形成村庄的地区之一，人们很早就学会了种植作物，后来又成为以游牧为主的地区。由于特勒区主要是平原和山地，突尼斯湾的平原上曾经建立了迦太基城和突尼斯城，因此突尼斯成为非洲各部落交往的枢纽。而且突尼斯距离欧洲也只有 140 千米，很容易受到外来文明的影响。到了法国保护时期，法国的殖民化政策使粮食作物种植大大发展，牧民们几乎全部在特勒区定居下来。①

突尼斯矿产资源品种单一，比较贫乏，主要的矿产资源以磷矿为主，其次是石油、天然气、铁矿石，此外，还有少量的铅锌矿、萤石、水银和黄铁矿等矿产。突尼斯的磷酸矿储量为 20 亿吨，在世界排名第五，主要分布在突尼斯中部地区，尤其是地处突尼斯中部的加夫萨地区，这个地区的磷矿储量占突尼斯总储量的 90% 以上。突尼斯是少有的能将海岸、沙漠、山林同时兼具的国家。突尼斯农业资源丰富，2/3 的土地适合农牧业发展，农业集中在沿海平原，盛产小麦、大麦、柑橘、橄榄、葡萄。突尼斯国内的湖泊多为咸水湖，内陆湖和海岸成为优良盐场。

二、卡普萨文化的出现

非洲“能人”的出现

非洲是迄今为止发现人类化石较多的大陆，无论是种类还是数

① 〔法〕让·德普瓦、勒内·雷纳尔：《西北非洲地理》，西安外国语学院法语教研组《西北非洲地理》翻译组译，陕西人民出版社 1979 年版，第 182 页。

量都居于世界前列。古代人类是从古猿进化而来的，恩格斯在《劳动在从猿到人转变过程中的作用》中指出，人类之所以从动物界分化出来，是由于劳动的结果；劳动在从猿到人的转变过程中起着决定的作用，“以致我们在某种意义上不得不说：劳动创造了人本身”①。古猿大致是距今4000万年从猿类中分化出来，非洲最早的古猿是在埃及发现的。古猿经过长时间的进化，出现了森林古猿。大约距今1400万年，地球上的气候条件发生很大的变化，进入了冰河期。全球范围内热带地区减少，一些地区的森林退化成草原。古猿也发生了变化：住在森林中的古猿可以按原来的方式生活；生活在森林退化地区的古猿，则被迫来到地面寻找食物，这些古猿学会了直立行走，从而解放双手从事其他活动。拉玛古猿的发现可以说明这种演变，其表现出牙齿较小、口鼻较短、直立行走的特征。

非洲“能人”是在奥都威峡谷中发现的，生活在距今约180万年，脑容量近700毫升，能够制造石器工具，已学会采集和狩猎活动，开始脱离动物的状态，完成了由猿到人的转变过程。从非洲发掘的“能人”遗址中发现，在长达100万年的进化历程中，人类使用工具的水平也在不断提升。他们过着群居生活，大脑也得到不断进化，发展成为大脑更为发达的“直立人”。“直立人”生存适应性胜于“能人”，他们能够生活在森林、草原和山地。他们为了能够捕杀动物，制造出来了长矛。“直立人”在生存过程中不断改良工具，经过长期的劳动，身体结构也不断发生变化，他们的手变得更为灵巧，制造和使用工具的水平更高。距今约100万年，“直立人”发展成了“智人”，“智人”与现代人十分接近。

石器时代的突尼斯

人类石器时代的研究，多采用欧洲的石器时代划分方法，主要分为旧石器时代、中石器时代和新石器时代。以突尼斯为代表的北

① 恩格斯：《劳动在从猿到人转变过程中的作用》，载《马克思恩格斯选集》（第3卷），人民出版社1972年版，第508页。

非地区沿用这种欧洲石器时代研究的划分方法，人们在“能人”遗址中发现，他们使用的原始石器是通过敲打制成的简单工具。一些旧石器在奥都威峡谷的遗址中被发现，保存较好但制作仍处于最原始的水平。在旧石器后期，他们能够制造手斧、尖状物等石器工具，此外，还可能掌握了火的使用。到了中石器时期，石器工具有着鲜明的特点，体积变小，加工更为精致，经过打磨制造出切削器、挖掘和砍砸的工具，在数量上远远胜于旧石器时期。随着工具的不断改良和人们狩猎技术的提高，食物来源与旧石器时期相比更有保障，火的使用已经是相当普遍。男女之间出现分工，男性一般外出打猎，女性则负责采集和管理家务，出生的子女只知其母不知其父，形成了母系社会。

在新石器时期，石器的种类越来越多，制造劳动工具的水平进一步提高，出现钻孔和磨制工具以及陶器，还出现了农业和畜牧业。从食物采集到食物生产是人类历史上的一个里程碑，具有重要意义。长期以来，人们普遍认为食物生产开始于中东的肥沃新月地带，尤其是在巴勒斯坦和巴比伦地区。非洲地区农业的开始也是由中东地区经埃及传入。但人们后来发现，非洲地区存在许多与中东不一样的物种，具有非洲物种的独特性。①

有关古代柏柏尔人的相关文献非常少，最早的相关文献大多是后来的希腊人和罗马人记载的，考古学家们从日常工具、定居点、字母、铭文和历史记载中发现了一些补充资料。

卡普萨文化的特点

卡普萨文化（Capsian Culture）是非洲马格里布地区的一种文明形态，主要分为两个阶段：第一阶段为典型卡普萨文化时期，时间约为距今 9500 年至 8000 年，其特征表现为大型工具的出现，如背刀和月牙形的刮削器等；第二阶段为进阶卡普萨文化时期，时间

① Robert W. July, *A History of the African People*, Illinois: Waveland Press, 1992, pp. 12-14.

从第一阶段结束一直延续到距今约6000年，在这一阶段，大型工具的数量减少，几何形细石器开始出现。[①]到了后期，该文化是以加工精致的小火石片为典型特征，制作小石器或细石器，出现了主要用石片加工而成的切削器、砍刀和投掷武器，还有骨制的锥子和针。在卡普萨文化遗址中，除了发现一些几何图形的石器，还有很多由动物残骸和灰烬形成的小丘，这些小丘参差不齐，高度一般不超过10米。同样类似的文化现象出现在突尼斯南部的穆拉雷斯，这些小丘就是以前游牧人驻扎点和居民定居地的遗迹，有些地区的小丘十分稠密，可以说明卡普萨文化在当时北非得到迅猛发展。

卡普萨文化时期，当时的人们已经开始种植农作物，掌握了播种小麦和大麦，培育各种豆类植物，而且他们已经驯化了狗并能熟练使用弓箭。此外，他们还掌握了制陶技术，陶制的碗、盆、酒杯、盘子成为当地人的日常用品，有时也挂在墙上。在衣物方面，考古发现有带帽子的斗篷，这些衣物上编织着条纹和不同的花色，而且绵羊、山羊和牛已成为衡量财富的标准。从突尼斯出土的物品中，考古学家看出柏柏尔人有着强烈的田园色彩并且精心装饰的墓地。诺拉·拉赫曼尼认为，在进阶卡普萨时期，该文化中的一些物品制作已经非常精细了。[②]

在卡普萨人的艺术中，大量的洞穴壁画和以鸵鸟蛋装饰的物品保留了下来，它们与法国洞穴绘画和雕刻相比，能够描绘出完整的生活场景。这些绘画所表现的人像经常会出现夸张的肥臀，这种肥臀形象也见于地中海东部新石器时代的早期雕像中，甚至今天在非洲一些地方还被视为美的标准。因此，这也进一步证明了卡普萨人的非洲起源。[③]在墓葬中，死者埋在土墩里，实行屈肢葬，在人种上，具有显著凸颌和独特的黑人特征，但也有短头形的特征。卡普萨人

---

① Noura Rahmani, "From Mitred Cores to Broken Microliths: In Search of Specialization During the Capsian", *Lithic Technology*, Vol. 32, No.1, 2007, p. 80.

② Ibid., p. 94.

③ 〔英〕戈登·柴尔德:《欧洲文明的曙光》, 陈淳、陈洪波译, 上海三联书店2012年版, 第3—4页。

被认为是一种混合人种，包含了“地中海人”、黑人和短头形人种。

三、柏柏尔文明的形成

柏柏尔人的起源

非洲的人种按照人体形态特征可以分为五类：一、非洲北部和东北部，包括撒哈拉的一部分居民，属地中海人种，亦称高加索人种；二、分布在撒哈拉以南的广大热带非洲和南非的居民为尼格罗人种，即黑人；三、住在南非西南部的为科伊萨人种；四、平均身高只有 1.4 米的皮格迈人种（即矮人），他们的数量最少，居住点分散在刚果河流域的森林中；五、马达加斯加岛的主要居民属蒙古利亚种，即马来－印尼人，称马尔加什人。[①] 突尼斯人是地中海人种，属于闪语系。突尼斯的原住民主要是柏柏尔人，他们也被视为卡普萨文化的继承者。柏柏尔（berber）这个词来源于古希腊语中 barabaroi 一词，后来演变成拉丁语中的 barbari，意为“野蛮人”，阿拉伯人称之为柏柏尔人（berbers）。柏柏尔人自称为“阿玛齐格”，意为“大地人”“自由幸福的人”。但在历史上，其他国家对柏柏尔人的称谓非常多，如埃及人称之为利比亚人，希腊人称之为诺玛德人，罗马人称之为努米底亚人。同时他们自己在西部自称为毛里人，南部自称为加图利亚人。

在新石器时期，柏柏尔人就已经是突尼斯地区的主人。公元前 3300 年，埃及文献记载了利比亚人入侵埃及的故事，从提尼斯第一王朝开始，埃及就在石头上镌刻法老战胜利比亚人的情况。约公元前 2600 年，孟斐斯第五王朝与利比亚发生战争，这些石刻的文物上描绘着战争的场面，经过这次战争，利比亚人不再成为埃及的一个威胁。公元前 1279—前 1213 年，据说拉美西斯二世时期埃及曾雇

① 杨人楩：《非洲通史简编——从远古至一九一八年》，人民出版社 1984 年版，第 3 页。

佣利比亚人充当雇佣军。后来，美什维什部落的柏柏尔人首领老奥索尔孔成为了第一任利比亚人埃及法老。几十年过后，他的侄子舍松契一世（公元前945—前924年）利用埃及国内的王位继承危机和人民不满，成功成为了埃及法老，并建立了第二十二王朝。公元前926年，舍松契成功占领耶路撒冷。腓尼基人也是通过利比亚人法老第一次知晓了柏柏尔人。几个世纪以来，埃及一直被一个利比亚美什维什部落组织的松散政治体制所统治。许多证据表明柏柏尔人——利比亚人与埃及人融合在一起了，利比亚人还担任埃及的高级僧侣。因此在地中海的古典时代，所有的北非柏柏尔人都被称为利比亚人，这在一定程度上归功于埃及的美什维什王朝的统治。

关于柏柏尔人的起源问题，目前学界的观点并不一致，主要有三种观点：卡普萨文化继承者说、民族融合起源说、外来说。卡普萨文化是突尼斯的早期文化，主要是因这个遗址在突尼斯西南部卡普萨被发现而闻名的。这里的居民身材比较高大，属于地中海人种，被称为卡普萨人。当时卡普萨人主要兴盛于内陆地区，并没有延伸到非洲的西部和南部地区。根据阿拉伯史学家伊本·赫勒敦的记载，柏柏尔人分为三大支：一、马斯穆达人（Masmuda），他们居住在摩洛哥的里夫和阿特拉斯山区，多数是定居的农民；二、桑哈贾人（Sarthajn或Sanhadja），他们最为分散，住在卡比里的大半是农民，住在摩洛哥东南部的为半游牧民，住在撒哈拉的是游牧民；三、扎纳塔人（Zanata），他们是牧民或半牧民，分布在北非从东向西的草原。[①]突尼斯南部考古发掘出了属于新石器时期的黑人遗骸，可以证明柏柏尔人与黑人交往密切。直到后来撒哈拉沙漠的扩大，才阻碍了他们与南部非洲的联系。据推测大约公元前4500年时，卡普萨文化就已经消亡，而柏柏尔人在公元前3300年才主导马格里布地区，这之间产生的断层无从解释。由于在柏柏尔人的群体生活中发现一些卡普萨文化的影子，因此一些研究者认为柏柏尔人就是卡普萨文

① 杨人楩：《非洲通史简编——从远古至一九一八年》，人民出版社1984年版，第32页。

化的继承者，这种观点受到很大的质疑，因为它忽视了卡普萨文化的多样性。

第二种观点认为柏柏尔人是多个人种的混血种族。旧石器晚期非洲沿海地区所形成的伊比亚－毛鲁西亚文化，后来被卡普萨文化所取代。在东马格里布，卡普萨人的后裔过着半游牧的生活，生活方式较分散，以狩猎采集活动为主，混杂使用小石叶石器以及一些陶器，这种生活方式持续了将近 1500 年，即从公元前 4000 年到公元前 2500 年左右。“伊比亚－毛鲁西亚人的后裔主要分布在西马格里布，他们最终被食物生产者文化所融合则发生在公元前第二千纪。”[①] 有的学者认为柏柏尔人是由卡普萨人、伊比亚－毛鲁西亚人和新石器时期原始柏柏尔人三个人种混合形成，这三个人种之间并不是并列的关系，也不是继承的关系，而是人种演变过程中各种复杂关系交织的体现。柏柏尔人的形成，可以说是不同人种在历史演变进程中的产物。

最后一种观点则认为柏柏尔人是外来人种的产物。大约在公元前 20 世纪由亚洲高原迁徙而来，即原始的闪米特人，他们成为柏柏尔人重要的组成部分。伊本·赫勒敦比较赞成柏柏尔人来源于迦南族的看法，认为他们是从叙利亚迁徙而来，并与北非的人种相融合而形成柏柏尔人。

在三种起源上，支持民族融合起源说的学者相对较多。而且从语言学的角度来看，柏柏尔人和那些讲闪米特语的西亚人都属于一个大的古老的语系种群。最近的人口学研究表明，柏柏尔人与闪米特人有着共同的新石器血缘，人们普遍认为柏柏尔人混合了古老的族群，与古柏柏尔人有联系。而且很多年前，那里就已经有先人在居住，他们与原始柏柏尔人相互融合，在人种演化的过程中柏柏尔人的族群也繁衍扩大。因此，今天半数以上的现代突尼斯人或多或少都含有古代柏柏尔人祖先的血统。

① 何芳川、宁骚主编：《非洲通史·古代卷》，华东师范大学出版社 1995 年版，第 32 页。

柏柏尔人的社会组织

有关柏柏尔人社会组织的文献记载很少，柏柏尔人的社会组织是以父系社会为主的部落。定居的柏柏尔人居住在半独立的农业聚落，相互融合，在当地领袖的带领下结成部落联盟。柏柏尔人村庄日常事务的管理权在长老委员会手上。土地富饶的地区，会出现大型聚落。在边界，更多的柏柏尔人草原部落逐水草而居，放养牲畜。现代人推测部落间的争斗阻碍了古代柏柏尔人政治生活的开展，以至于其社会发展水平一直没有超过农庄水平。

部落组织联盟的出现不得不说是社会的一大进步，这为王国的形成奠定一定的基础。当时突尼斯的柏柏尔人，出现了两种生产方式：游牧和农耕。游牧民为了共同利用牧场而走向联合，农民则建立村落，抵御来自游牧民和外族的入侵。这些村落为了保持自治权，都会派出代表去参加部落会议。在战争期间，还会选出部落联盟首领统一指挥作战，这种首领逐渐将“公天下”变为“家天下”，将公共权力私有化并传承给自己的子嗣。这样常常会引起村落之间的内讧，他们相互攻击而四分五裂。部落组织联盟的出现是比父系家族更为强大的结合体，有利于游牧和农耕文明的发展以及社会进步。

当时的柏柏尔人处于父系社会阶段，实行的是父权制，因此男子是柏柏尔人社会中的主导力量。在家族中，家长对家族中的所有成员具有至高无上的权力。社会流行的是一夫多妻制，丈夫在家庭中拥有绝对的权力，所有妻子都要服从丈夫的命令。丈夫可以随意卖掉自己的女儿，儿子的婚姻大事也是由父亲决定。当时还没有出现父子继承制，父亲死后权力传给父系亲属中最年轻的一个人，而不是将权力传给自己的儿子。

柏柏尔人的信仰

早期柏柏尔人的宗教信仰主要是万物有灵和动物崇拜，是典型的多神信仰。祭祀的规矩也比较简单，在祭祀时不需要神像、寺庙和神职人员，主要是在山洞中、高地上或圣树下举行。除了古代的巫术仪式之外，柏柏尔人还宰杀牲畜献祭，还在坟墓前占卜，聆听妇女的预言。他们敬畏自然，早期柏柏尔人的信仰和习俗具有自然宗教的特点。公牛、狮子、公羊都是生殖力的象征。他们认为，超自然的力量可能附着在水里、树上、不寻常的石头上或是风中。后来许多其他超自然力量的实体被人们识别并个性化为神，这可能是受到古埃及或古迦太基人习俗的影响。根据柏柏尔人作家阿普列乌斯（生于公元前125年）早年关于本地祭拜的记载显示，柏柏尔人早期祭祀遗址可能是在石窟、山脉、裂谷、道路沿线，这些遗址有草皮覆盖的神坛、附着神性的泥质船舶。通常只有几个柏柏尔神祇为人所知，例如主神邦察（Bonchar）。

在突尼斯的早期历史上，柏柏尔人有着特别的丧葬风俗。最初，他们把尸体埋葬在山洞之中。后来，是在峭壁上开凿出四边形的墓穴，用来安葬死者。再后来，柏柏尔人把死者埋葬在居住地。最后，就改为埋葬在居住地外面，将尸体放在尸匣里面，埋在石块和泥土做成的圆锥体下面。坟墓一般朝东，一个坟墓中通常放几具尸体，把尸体弯曲并将他们的骨骼混在一起，估计是害怕死者还魂复活。事实上，关于柏柏尔人信仰的更多信息来自古典文学。希罗多德提及了那萨摩内部落，在祈祷后睡在自己祖先的坟墓，为占卜求梦。他们通常会选择最正直勇敢的祖先的坟墓，因为这样的坟墓充满精神力量，人们在发誓时也会这么做。因此，努米底亚王马西尼萨在死后得到了广泛的尊重。

柏柏尔人的语言与艺术

柏柏尔人的语言是与闪语同源的利比亚语。与闪米特语和埃及语一样，柏柏尔语也属于亚非语系（Afro-Asiatic）。从埃及西部到摩洛哥，整个北非都有人讲这种语言。柏柏尔文曾记录的古柏柏尔语主要包括古努米底亚语（Numidian）和古利比亚语。古努米底亚文字据说派生于迦太基文，早在公元前6世纪时，随着腓尼基人在北非的殖民活动，古努米底亚文字可能就已经处于演化中了，但目前发现最早的努米底亚铭文是公元前2世纪的。从公元前1世纪起，柏柏尔文就开始出现在西班牙的塞尔特伊比利亚钱币上，可能还同时出现于加那利群岛。柏柏尔文的使用贯穿了整个罗马占领期。[①]

柏柏尔人还创造出自己独特的艺术风格。他们能够在鸵鸟蛋上绘画，还在岩石上绘画，制作出项链和耳环。柏柏尔人对首饰情有独钟，不分男女。男人喜欢戴耳环，女人则是喜欢在脚踝上套圈，项圈和手环成为主要的装饰品。柏柏尔人偏爱几何图形，他们的绘画只限于几何图形，不善于使用弯曲的线条。柏柏尔人以素食为主，游牧民喜欢喝山羊奶，偶尔也宰杀牲畜获得肉食。此外，他们还会捕猎野禽作为自己的食物来源。古代的柏柏尔人以光头居多，或在脑门留下一缕发髻，不留胡须。从岩画中可以看见，部落首领戴着色彩斑斓的羽毛王冠，威风凛凛。发生战事时，柏柏尔人最初以石块作为武器，后来使用木棍和矛。

突尼斯的柏柏尔人在早期历史上曾创立了独特的文化，但由于他们生活的地域比较分散，游牧业的比重超过了农业，家族和部落联盟规模较小，人口比较稀疏，彼此之间距离较远，具有很大的独立性和流动性，并没有形成像埃及那样强盛的文明。他们的语言文字也没有质的发展，只是长期停留在口语阶段，很少使用书面文字。因此，对柏柏尔人的研究面临一个重要的问题，那就是该时期的史料严重匮乏，往往只能依靠考古发掘出来的文物，尝试着去研究关于突尼斯的早期历史。柏柏尔人时期是突尼斯重要的历史发展时期，这是突尼斯由野蛮走向文明的重要历程。人们开始摆脱刀耕火种的生活，可以遵循自然规律进行创造性劳动，社会组织的初步形成为王国的建立奠定基础。柏柏尔人虽然没有能够成为世界古老文明的创造者，但改变了突尼斯原始落后的面貌，使其逐渐脱离原始社会的愚昧，开始萌发文明的新芽。

---

① 〔新西兰〕斯蒂文·罗杰·费希尔：《书写的历史》，李华田、李国玉、杨玉婉译，中央编译出版社2012年版，第79页。

第二章　迦太基帝国时期突尼斯的对外征服

迦太基帝国是由来自东地中海沿岸的腓尼基人建立的，它在突尼斯历史上曾经创造了辉煌的文明，腓尼基人与本地土著文化的融合，形成了盛极一时的迦太基文明，与希腊、罗马文明齐名。迦太基从来没有真正占领并统治整个马格里布地区，除了阿尔及利亚和摩洛哥沿海的一些城市外，其势力没有超出目前突尼斯的边界，但它在对外扩张过程中带来的文明之间的传递和流动，使迦太基的影响力远远超越了突尼斯的地域范围。它的政治制度、宗教文化等在非洲留下了深刻的印记。

一、迦太基帝国的建立

迦太基的出现

迦太基（Carthage）帝国是在突尼斯地区建立的第一个帝国，也是世界上最早建立的帝国之一。迦太基在腓尼基语中意为“新的城市”，它晚于腓尼基人建立的乌提卡城，由一座城市逐渐发展成为地中海的大国，在鼎盛时期曾称霸西地中海。迦太基遗址就在突尼斯首都突尼斯市的郊区，位于突尼斯湖的北岸，在一个小岛之上，外港为商港，内港为军港，扼守着地中海的交通要道。关于迦太基建立的确切时间，学界仍有争论，最为流行的两种说法是“早期建城说”和“晚期建城说”。“早期建城说”的代表人物主要有希腊历史学家赛拉克斯·菲利斯托斯、圣·杰罗姆和罗马史学家阿庇安，他们认为迦太基建城时间应该在特洛伊战争前的几十年里。“晚期建城说”的代表人物主要有希腊史学家提麦奥斯和弗雷维尤斯·约瑟福斯，他们经过一套严谨的逻辑和考证，认为迦太基的建城时间应该在公元前 814 年。虽然学界普遍认同迦太基的建城时间就是公元前 814 年，但也有其他的观点。如 1953 年，亚述学家 E. O. 福雷尔认为，迦太基应建于公元前 673—前 663 年，因为当时正值埃及与亚述发生冲突，推罗为了避开威胁，在北非另建新都，“迦太基”意为“新都”。[①]不过，认同这一说法的学者为数不多。

关于迦太基的建立过程，相关史料非常欠缺。迦太基的建立充满着神话色彩，关于这个神话传说有着不同的版本，但讲述的内容大概一致。据尤斯廷努斯记载，这个神话故事大概起源于推罗国王穆通统治时期，他的儿子皮格马里昂和女儿艾丽萨在他死后为争夺王位发生冲突。艾丽萨在国内的威望远高于她的弟弟皮格马里昂，她的丈夫阿契巴斯是麦勒卡特神庙的大祭司。皮格马里昂将阿契巴斯杀死后，艾丽萨不得不选择逃亡。艾丽萨最初逃到了塞浦路斯岛，她在岛上救出 60 个将要献祭的女人，岛上的一些祭司也愿意跟随艾丽萨。他们乘船向西驶进，最终来到北非的一个海湾停泊上岸，也就是今天的突尼斯地区。她用随身带来的钱财向当地人买了一张牛皮大小的地方作为歇脚之地。在分土地的时候，艾丽萨吩咐随行的人将牛皮割成条状，拼接后圈了一个面积很大的地方，土著人虽然十分恼火，但不得不遵守约定。虽然艾丽萨可能是历史上的一个人物，但至今还不能证实。[②]但可以推断，迦太基的建立者与推罗国王不睦，因此有学者认为，迦太基有可能是推罗的子邦，但也有可能从一开

① 蔡磊主编：《世界通史》（卷一），西北大学出版社 2002 年版，第 191 页。

② 〔法〕夏尔－安德烈·朱利安：《北非史》（第一卷），上海新闻出版系统“五·七”干校翻译组译，上海人民出版社 1973 年版，第 106 页。

始建立就是独立的。公元前 6 世纪中叶，迦太基军力强盛的时候，它与推罗之间的关系越来越远。[①]

当时古老的柏柏尔人部落主要有三个，从西向东分别为毛里、努米底亚、加图利亚。毛里人占据西部（古毛里塔尼亚，现在的摩洛哥和阿尔及利亚西北），努米底亚人位于毛里和迦太基之间。努米底亚人和毛里人在乡村有着大量的定居人口，他们的民众既要耕种还要养殖家畜。加图利亚人很少定居，居住在撒哈拉边缘的南部。腓尼基人与柏柏尔人的早期交往多见于沿海地区，因为沿海地区方便补给和进行利润丰厚的贸易。腓尼基的商人们起初对与柏柏尔人做生意并不感兴趣，因为与柏柏尔人做生意获得的利润很少。最终迦太基作为腓尼基贸易站演变成永久定居点，后来变成小城镇。迦太基人从近东大陆带来了他们的宗教、法律、政府管理等概念，他们向土著柏柏尔人展示了一个更加纷繁复杂和充分发展的文化，从而将柏柏尔人带入了地中海世界，而此前柏柏尔人处于这个世界的边缘。迦太基的城市生活方式与柏柏尔人原始的农村居住方式之间的差距立刻显现出来。除了商业交易，双方的接触非常有限，都保留着明确的自我认同。而且腓尼基人与柏柏尔人的交往并不平等，腓尼基人雇佣柏柏尔人为他们从事劳动，许多柏柏尔人成为佃农，甚至是农奴。

迦太基的商业与贸易

迦太基的繁荣离不开发达的商业贸易，沿海贸易是迦太基城最初存在的理由，也是它的商业生命线。他们从腓尼基人那里继承了商业经验和航海技术。迦太基人占据有利的港口，积极对外进行商业贸易，被称为商业民族。迦太基的国库收入，很大一部分来自商业贸易，可谓以商立国。他们从东方贩来陶器、青铜艺术制品及装饰品，从西方和非洲运来锡、金、银、象牙等。他们自己生产的绛紫色颜料也是重要商品，他们还贩运粮食和橄榄油。[②] 最初的商业

① 蔡磊主编：《世界通史》（卷一），西北大学出版社 2002 年版，第 191 页。

② 唐河主编：《世界文明史 · 古代卷》，学苑出版社 1998 年版，第 259 页。

活动主要是简单的物物交换形式，并没有产生货币。大约在公元前4世纪后半叶，迦太基在撒丁岛使用青铜制造货币，后来又在西班牙建立银币铸造厂。货币的出现，极大地便利了迦太基商业贸易的发展。

腓尼基人进入迦太基刚开始是作为商人而不是殖民者的身份，他们在继承腓尼基文明的基础上进行创新，如他们应用“哑巴贸易”来拓展他们的贸易领地。古希腊历史学家赫罗多斯（生于公元前484年）曾这样描述这种贸易：商人们用他们的船运来陶器并将它们放在海滩上，当地人走近看这些陶器，在中意的商品旁留下一定数量的钱币后离开。如果价钱公道，商人们也会留在海滩等候；否则，商人们将开始返航。然后当地人可能会增加更多的钱，就这样反反复复地讨价还价。赫罗多斯认为，交易双方都是“绝对的诚实”。迦太基不仅从事海上贸易，还进行商品生产。据记载，迦太基城每天可以生产140个盾牌、300柄剑、500根长矛，以及1000个用于石弩的投射弹。此外，迦太基在被罗马军队包围时，每两个月还可以生产120艘有甲板的船。

迦太基的农业与手工业

迦太基的手工业发展较快，水平相对较高。在迦太基遗址的考古发掘中发现了很多带有骨头手柄的铜镜，在妇女的墓穴中还有许多精致的发夹、化妆盒和盛香水的器皿。[①] 由于发展商业和对外扩张的需要，迦太基的造船业十分发达，他们的船是当时世界上最好的海船，能够进行中短距离的航行。迦太基人还能够利用朱红给纺织品上色。他们还将青铜、铁和稀有金属进行加工，制造出武器和装饰品。还有一些小规模的家庭作坊，生产陶器、纺织品和玻璃等物品，由于规模较小，并没有成为大规模的商业。

迦太基还十分重视农业发展，主要的农作物是小麦和大麦。在迦

① David Soren, Aicha Ben Abed Ben Khader and Hedi Slim, *Carthage: Uncovering the Mysteries and Splendors of Ancient Tunisia*, New York: Simon and Schuster, 1990, p. 157.

太基的农业生产活动中，他们使用大量的奴隶，积累了一套奴隶制农场经营的方法。腓尼基人传入的葡萄、橄榄、无花果、石榴等果树在迦太基国内得到广泛种植，这促进了栽培技术的发展。由于城市人口的需要，他们还在城市周围种植大量的蔬菜。畜牧业也受到重视，特别是养马、骡子、牛和羊。迦太基还养殖家禽和蜜蜂，能够制造出优质的蜂蜡。此外，迦太基人在生活中还从事狩猎，一些靠近大海的地区，会进行海上作业，开展捕鱼，并将打捞的鱼进行腌制。当时，迦太基的农业已经能够自给自足，但不能进行大规模出口。

迦太基的政治与宗教

随着迦太基人的不断探索，他们与许多国家和地区建立了贸易联系，形成了一个庞大的商业帝国。随之而来的是强大的政治制度对这种商业贸易的保护和推动。迦太基的政治制度最初实行的是寡头政治，国王既是国家的首脑，还是军事领袖，权力很大。公元前5世纪，国王的权力开始受到限制，法官和行政长官的权力开始增强。法官每年由民众选举产生，与罗马相似，选出执政官2人和元老议会300人，从中再选30人主持日常事务。当权阶级是富有的商人和大地主，城邦公民是腓尼基殖民者的后代，大多从事工商业。迦太基人很早就利用利比亚土著居民和奴隶耕种土地，所以迦太基不像罗马有一个强大的公民农民阶层为后盾，他们对于被征服地区的压榨也比罗马苛刻，这可能与统治阶级的商业性质有关。平民大会有权选举军事首领和法官，并在法官和元老院出现分歧时充当仲裁者。迦太基还设有将军一职，由元老院提名和任命并获得平民大会的认可。在第二次布匿战争时期，迦太基的政治很民主，一切由平民大会决定。元老院权力逐渐遭到削弱，平民大会职能扩大、权力增强，国家民主化程度增强。但这可能是战争时期的权宜之计。[①] 虽然迦太基的政治制度中包含一些民主的因素，但寡头因素占据着主要的地

① 唐河主编：《世界文明史·古代卷》，学苑出版社1998年版，第259页。

位，因此迦太基的政治体制在某种程度上是寡头民主政治，平民不能从根本上改变国家寡头政治的性质。

迦太基的宗教信仰并不是一成不变的，从推罗继承而来的信仰进行了本土化改革。迦太基人的信仰主要是多神崇拜，主要信仰巴尔·哈蒙神。他是一个头戴王冠、手持长矛、穿着长袍的神，他是最主要的神，是诸神中的统治者。迦太基将他们信仰的神赋予人的形象，并建立一些神庙来供奉这些神像。祭司有着很高的社会地位，享有很高的威望。他们每天都进行祭祀和祷告。迦太基当时还流行献活祭的传统，每年在国家的监督下至少把两个童男作为祭物献祭。[①] 在国家遇到重大事情，特别是一些重大危机事件时，献祭的次数会变得更多。一些富有的人，通过购买一些男孩来代替自己的亲生儿子。但在迦太基帝国晚期，开始采用牲畜来代替活人献祭。

二、迦太基帝国的对外扩张

迦太基的海上扩张

从考古资料来看，早在迦太基建立之前，腓尼基人就开始在非洲进行殖民活动。最初的殖民活动进展得十分缓慢，从东海岸向西慢慢地推进。迦太基的建立，对其殖民活动和商业的发展有着十分重要的作用。它扼守着交通要道，是北非重要的商业和手工业中心。迦太基最终发展成为腓尼基世界中最大的城市。公元前 6 世纪末，迦太基帝国成为西地中海最强的国家，控制着的黎波里塔尼亚（利比亚西部）至大西洋的北非海岸。[②] 迦太基的兴起离不开一个强大的家族，即玛哥家族，它利用推罗的衰落，逐渐将推罗的一些子邦纳

① 〔法〕夏尔-安德烈·朱利安：《北非史》（第一卷），上海新闻出版系统“五·七”干校翻译组译，上海人民出版社 1973 年版，第 160 页。

② Donna Wheeler, Paul Clammer and Emilie Filou, *Tunisia*, Oakland, CA : Lonely Planet, 2010, p. 27.

入自己的庇护下。从公元前 7 世纪坟墓中发掘出来的用具来看，当时迦太基贸易规模扩大和财富增加的速度很快，使其迅速成为北非的一个强国。为了开辟商业市场和掠夺原料，迦太基也不可避免地走上对外扩张建立殖民地的道路。

迦太基殖民扩张最初的重心是在海上，它首先积极争夺地中海西部的原料和市场，这与西班牙的塔尔特苏斯国发生冲突。据尤斯廷努斯记载，迦太基派兵帮助位于西班牙的腓尼基殖民地加德斯，打败了经常困扰它的邻近西班牙诸部族，并且使一些地区处于自己的管辖之下。这次战争大概发生于埃布苏斯建立之后。这一战争的胜利，既削弱了西班牙的塔尔特苏斯国，又使加德斯处于迦太基的控制之下。①

随后，迦太基人开始在巴利阿里群岛建立殖民地。他们向东开辟殖民地的道路并不顺利，遭到向西发展殖民地的希腊人和福凯亚人的顽强抵抗。希腊人的殖民地马伊纳卡与腓尼基人的殖民地马拉卡仅有一千米的距离。公元前 6 世纪上半叶，福凯亚人在科西嘉岛建立自己的殖民地阿拉利亚之后，迦太基人在这一地区的处境更加恶化。福凯亚人劫掠自己的邻人，使迦太基人和意大利人的贸易陷入瘫痪。迦太基虽然遭到了失败，却并没有因此停止对外征服的步伐。公元前 535 年，迦太基联合伊达拉里亚人，在科西嘉岛东岸的阿拉利亚击败佛西斯人，占领了科西嘉岛。一般认为，伊达拉里亚人于公元前 11 世纪由小亚细亚渡海而来，住在意大利西部伊达拉里亚地区。语言属系不详，起源至今尚无定论。他们用希腊字母，有丰富的碑铭文献，迄今还未译解成功。他们以农业为主，手工业和商业在公元前 7 世纪至前 6 世纪才发展起来，能生产陶器、铁器、金制品等。公元前 6 世纪，伊达拉里亚人形成阶级社会，流行“庇护制”，即被征服者依附于特权阶级卢库蒙（军事首领、祭司等奴隶主贵族），担负赋税和劳役。全境约有 12 个城市，组成自治城市联盟。公元前

① 蔡磊主编：《世界通史》（卷一），西北大学出版社 2002 年版，第 192 页。

6世纪末，伊达拉里亚人在与希腊移民城邦作战时失败，渐趋衰微。公元前5世纪到前4世纪，他们经常与罗马作战，最终为罗马所灭。在伊达拉里亚力量衰落后，迦太基完全控制了科西嘉地区。

迦太基与希腊争夺西西里

大约公元前6世纪中叶，迦太基尝试在西西里地区开展殖民活动。最初迦太基没有足够的实力与希腊的殖民活动抗衡，只能容忍希腊人在西西里殖民。随着希腊对外贸易的昌盛，其陶器产品畅销地中海东西各地，酒和油也是其主要的大宗贸易商品。庇西特拉图统治时期非常注意控制雅典通往黑海的商路，还在小亚细亚西北角建立了雅典殖民地西吉昂。由于希腊商人提供的商品质量比迦太基商人的更好，他们开始打入迦太基传统优势领域。在公元前6—前5世纪，希腊商人已经严重威胁到迦太基的商业利益。[①] 迦太基与希腊之间的战争似乎不可避免，地中海控制权不断变化。[②] 大约在公元前6世纪中叶，迦太基不想长期处于这种被动的形势，迦太基的将军马尔赫开始争夺西西里，并在岛上控制了一些地区。迦太基人与希腊人对西西里的争夺持续近300年，胜负交织。公元前480年，迦太基人开始大规模的远征计划。迦太基的军队在帕诺尔姆登陆，在希梅拉进行决战，迦太基的统帅哈米尔卡被希腊两个僭主联合的军队所打败，赔款两千塔兰特[③]，这场战争使迦太基的野心和实力遭受重创。此后，在公元前474年，希腊人又在库麦附近的海战中击败了迦太基和伊达拉里亚的联合军队。公元前409年，哈米尔卡将军的孙子汉尼拔将希梅拉城摧毁，并将塞利农特和希梅拉纳入迦太基的统治之下。公元前406年，他又将阿克拉甘特征服。但在以后与希腊人的战争中，迦太基并没有取得绝对优势，并常常处于被动地位。

---

① Kenneth J. Perkins, *Tunisia: Crossroads of the Islamic and European World*, Boulder, CO: Westview Press, 1986, p. 15.

② Donna Wheeler, Paul Clammer and Emilie Filou, *Tunisia*, Oakland, CA : Lonely Planet, 2010, p. 27.

③ 塔兰特是古代最大的重量和币制单位。

公元前4世纪初，伯罗奔尼撒战争爆发，以雅典为首的提洛同盟与斯巴达领导的伯罗奔尼撒联盟之间发生战争。除了公元前421—前415年一度休战外，这场战争从公元前431年一直持续到公元前404年，几乎波及了整个希腊世界。公元前431年，伯罗奔尼撒同盟中的希腊城邦底比斯袭击雅典的盟友普拉提亚失败，雅典随后拘留了其境内所有的底比斯侨民。公元前431年6月，斯巴达军入侵雅典，战争全面爆发。在第一阶段的战争中，斯巴达军队占领郊区农村，使得农民纷纷逃到雅典城内，密集的人口和恶劣的卫生条件使得城内出现瘟疫。最后双方缔结了和约，规定各自退出占领的对方领土，交换战俘，保持50年和平。然而，公元前415年，雅典远征西西里期间，斯巴达不断出兵入侵雅典，结果雅典全军覆没，被迫求和。公元前404年，新的和约规定解散提洛同盟，雅典只能保留12艘警卫用的舰只，拆除海港防御工事，并加入伯罗奔尼撒同盟，希腊从此进入城邦危机时期。

迦太基来到北非

希腊经过伯罗奔尼撒战争后实力大大削弱，逐渐停止了在西西里的殖民活动，希腊与迦太基的对抗逐渐消失。迦太基也开始放弃自己的海上扩张政策，将扩张重心部分转移到北非地区。公元前5世纪后期，迦太基开始将利比亚纳入其殖民地，并在那里建立农业庄园，招募雇佣军。在非洲殖民时期，迦太基利用自身强大的军事力量，使腓尼基人在北非沿岸的城邦和当地的原始居民屈服于自己。迦太基人的领土从大锡尔特湾伸延到直布罗陀海峡，沿岸都有腓尼基人的城市和商站。迦太基在非洲建立的殖民地具有明显的军事目的，一般都建在有陡壁悬崖的山上。公元前6—前5世纪，迦太基与周边的非洲土著居民之间不断发生战争。

公元前5世纪，迦太基经过不断扩张，已经在欧洲和非洲拥有广阔的领地，还在地中海地区占领了一些岛屿，俨然成为一个强大的帝国。腓尼基人沿海岸线建立了一连串的点状殖民地，这些殖民地既是商业据点，又是他们船只的停靠点。[①] 迦太基在非洲的殖民地有锡尔特的恩波利亚市场、大雷普提斯和塔卡佩；在利比亚－腓尼基的港口有塔普斯、小雷普提斯、哈德鲁梅特、克卢佩亚、乌提卡、希波－迪阿里特；在布加隆角以西的有希波－勒吉斯、鲁锡卡达、萨耳代、鲁苏库鲁、鲁斯古尼亚、伊科西乌姆、谢尔谢勒、库巴德－西迪易卜拉欣、卡尔特内；在西班牙的有加德斯、马拉卡、赛克斯、阿卜德拉；在撒丁的有塔罗斯、苏耳基、卡拉利斯、奥利维亚；在西西里的有帕诺尔姆和利利贝等。[②] 但迦太基这种霸权地位只维系了很短暂的时间，一个更为可怕的对手正在迅速崛起，罗马的兴起使迦太基的霸主地位摇摇欲坠。

三、迦太基帝国被罗马征服

迦太基与罗马的早期关系

迦太基人与罗马人之间很早就有联系，最初罗马与迦太基保持着友好关系。公元前 6 世纪末，他们签订了友好条约，关于条约签订的具体时间学界有不同的意见。一些学者赞同古希腊历史学家波里比阿（约公元前 201—前 120 年）的意见，认为最早的条约是在罗马共和国第一年（公元前 509 年）签订的，这个时期革命削弱了罗马的扩张势力。这些学者的意见获得了这方面的权威——格塞尔的支持。但许多考古学家如尼森、梅耳切尔、帕伊斯、皮加尼奥尔认为，签订条约不可能早于公元前 348 年。[③] 事实上，当时迦太基的主要对手是希腊，罗马主要是在意大利半岛上进行扩张，商业与迦太基相比也不是很发达，因此与迦太基在殖民地和商业贸易上没有直接的利益冲突。

---

① Kenneth J. Perkins, *Tunisia: Crossroads of the Islamic and European World*, Boulder, CO: Westview Press, 1986, p. 15.

② 〔法〕夏尔－安德烈·朱利安：《北非史》（第一卷），上海新闻出版系统“五·七”干校翻译组译，上海人民出版社 1973 年版，第 141—142 页。

③ 同上书，第 119 页。

根据罗马与迦太基签订的条约，罗马可以在迦太基的一些殖民地和港口进行贸易，但禁止进入美丽角（西迪阿里马基角，在迦太基以北）以及马斯提亚－塔尔森城（靠近帕洛斯角，离后来的卡塔黑纳不远）以外的水域。在非洲和撒丁的港口，罗马商船躲避风暴不得超过五天。[①]可见当时罗马的实力并未超过迦太基，也不能撼动迦太基的地位。

罗马在意大利半岛的扩张，遭遇希腊殖民城邦的抵抗，伊庇鲁斯[②]国王皮洛斯率军打败了罗马的扩张活动。迦太基害怕皮洛斯攻打西西里，于公元前278年订立条约，向罗马提供军事和经济援助。罗马人逐渐扭转了战争形势，于公元前275年打败了皮洛斯。至此，罗马基本统一了整个意大利半岛。

罗马人统一意大利半岛后，一跃成为当时的一个强国，局势也逐渐开始变化。迦太基和希腊的争霸转变为罗马与迦太基的争雄。当时罗马的经济主要是农业，工商业并不像迦太基那样占主要地位。然而，随着自身的统一与强大，罗马也开始向海外进行扩张，来满足奴隶制不断发展的需求。罗马的海外扩张与迦太基发生了冲突和矛盾，两个昔日盟友变成敌人，两者之间爆发战争不可避免。

第一次布匿战争

罗马人在统一意大利半岛后，试图称霸地中海，势必与地中海世界的另一强国迦太基发生冲突。罗马与迦太基发生战争的原因在于罗马人认为迦太基人“不讲信用”，“不讲信用”在拉丁语中被称为布匿人，因此罗马与迦太基之间的三次战争被称为布匿战争。第一次布匿战争的导火索是对墨西拿（Messina）的争夺。公元前289年，叙拉古僭主阿加托克利斯去世。在他去世之前，意大利雇

① 〔法〕夏尔－安德烈·朱利安：《北非史》（第一卷），上海新闻出版系统“五·七”干校翻译组译，上海人民出版社1973年版，第119页。

② 伊庇鲁斯在现在的希腊西北部和阿尔巴尼亚南部，临伊奥尼亚海。最初由科林斯统治，公元前4世纪曾与雅典结盟。公元前4、前3世纪之交为皮洛斯王国的一部分，公元前198年附属于马其顿。公元前197年罗马战败马其顿后，伊庇鲁斯保持独立。公元前146年，伊庇鲁斯并入罗马版图，中世纪时先后被拜占庭和奥斯曼帝国征服。

佣兵玛尔美提带领军队攻占了墨西拿，建立自己的政权并从叙拉古独立出来。玛尔美提和他的雇佣兵自称“马墨尔提尼人”，意为“战神之子”。他们十分凶恶残暴，杀光这个城市的男人，将女人据为己有，并以此为据点开始对其他城市和地区进行骚扰。

大约在公元前 265 年，叙拉古的希罗二世包围了墨西拿城。当时墨西拿城内分为两派，一派建议向迦太基寻求援助，另一派提议与罗马结盟。玛尔美提决定同时向迦太基和罗马寻求帮助，罗马一开始对此并没有表现得十分积极。正在墨西拿海峡巡逻的迦太基军队很快到达墨西拿，解除了希罗二世对墨西拿城的包围。罗马人不能看到墨西拿城落入迦太基手中，因为这样的话迦太基将进一步控制西西里地区，攫取西地中海的霸权。

当时罗马的元老院意见分歧很大，因为迦太基有着雄厚的国力和强大的海军，一旦出兵墨西拿城就等于向迦太基宣战。最后罗马不得不将这个问题上交百人团大会，会上通过了出兵墨西拿的决定，并同意向西西里岛推进。公元前 264 年，罗马军队渡过墨西拿海峡，不宣而战。罗马顺利地攻下墨西拿城，并击溃了叙拉古的军队，直指叙拉古城。叙拉古不得不与罗马结为同盟，从而罗马的军事力量大增，继续向西西里东南方向推进。经过多次的征战，罗马于公元前 262 年占领了迦太基主要的据点阿克拉甘特。罗马人进城后开始抢掠，把两万五千名俘虏卖为奴隶。罗马人虽然在陆战中取得胜利，但面对迦太基的舰队封锁和海上报复无能为力。

为了争取最后的胜利，罗马人做出了巨大牺牲。在希腊人的指导下，他们迅速建立了一支舰队。这支舰队虽然在机动性和作战经验方面都远不如迦太基舰队，但他们发明了新的海战战术，即在每只船舰的舰首安装一种前端装有钩子、两侧装有栏杆的吊桥：前进时竖起，可以阻挡敌人投掷武器的攻击；接近敌人时放下，吊桥前端的钩子便像乌鸦嘴一样钩住敌舰的甲板，步兵如履平地从上面冲过去，与敌人展开短兵相接的战斗。公元前 260 年，罗马舰队和迦太基舰队在西西里岛北面的墨萨纳附近展开了一次大海战，罗马军队应用新战术第一次打败了迦太基舰队。为了庆祝这次海战的胜利，罗马广场建了一座大理石纪念柱，上面用俘获的迦太基舰首作装饰。罗马利用舰队乘胜追击，进攻科西嘉和撒丁岛。公元前 259 年，罗马在撒丁岛附近再次打败了迦太基舰队。①

罗马在陆上和海上取得了一系列胜利，使迦太基不得不退守西西里西部，凭借险要地势和坚固的城堡来抵抗罗马的进攻，战争开始进入相持阶段。罗马军队经过几次海战后战线无法继续推进，因此决定出兵攻打迦太基本土，并希望尽快取得胜利。公元前 256 年，执政官马尔库斯·阿蒂利乌斯·雷古卢斯和曼利乌斯率领由 330 只船舰组成的罗马舰队，载着 4 万名步兵，远征非洲，第一次布匿战争进入第二阶段。②

罗马舰队从墨西拿出发，在西西里南部的埃克诺穆斯附近展开了一次著名的大海战。迦太基舰队遭受重创，大约损失了 100 只舰船，而罗马仅仅损失了 24 只。罗马军队指挥官雷古卢斯率领罗马军队在迦太基的东部克卢佩亚登陆，势如破竹一直攻打到迦太基城附近。迦太基请求媾和，但雷古卢斯提出一些十分苛刻的条件。迦太基重整雇佣军，以斯巴达人赞提帕斯为将军，结果大败罗马军队。雷古卢斯被俘，只有两千人逃到克卢佩亚。公元前 255 年，罗马的剩余军队在归国时遇到风暴，这使得罗马远征军几乎全军覆灭。

罗马舰队的覆灭，使得迦太基重拾海上霸权，罗马只有再次集中力量对抗迦太基。公元前 251 年，罗马攻下西西里北部的帕诺尔穆斯，但无法占领西西里西部的利利贝和德勒巴伦。公元前 247 年，迦太基军队的指挥官由哈米尔卡·巴卡接任，他同时在陆地和海上对罗马进行反击。哈米尔卡·巴卡巧妙的战法，使得罗马没有取得绝对性的胜利。罗马重整舰队发起新一轮的攻势，最终占领了迦太基在西西里最后的据点——利利贝和德勒巴伦。公元前 241 年，迦太基和罗马在埃加迪群岛（Aegates Islands）附近进行海战，迦太

---

① 蔡磊主编：《世界通史》（卷一），西北大学出版社 2002 年版，第 194—195 页。
② 同上书，第 195 页。

基舰队几近覆灭。迦太基和罗马长达 23 年的战争，使双方精疲力竭、国库空虚，由于迦太基后备兵力不足，不得不向罗马请求媾和，第一次布匿战争结束。

根据和约内容，迦太基割让西西里以及分布在西西里和意大利之间的其他岛屿给罗马，并向罗马赔款。第一次布匿战争以罗马的胜利而告终，西西里成为罗马的一个行省。经过第一次布匿战争，迦太基舰队不仅覆灭，还耗尽国库中的财富，实力遭到削弱。

第一次布匿战争后，大约 2 万名迦太基雇佣军从西西里退回本土，迦太基政府无力发放军饷，从而引起了雇佣军的暴动。暴动持续了三年，一些被压迫的利比亚人和奴隶也加入了反抗的队伍中。暴动最终被镇压下去，却沉重打击了迦太基的统治基础。公元前 238 年，罗马以军事干涉威胁迦太基，让其割让科西嘉岛和撒丁岛给罗马，迦太基处在内忧外患的境地。

随后迦太基制订了一个重要的战略计划，即向西班牙进一步渗透自己的势力。他们利用西班牙的资源和战略地位扩充自己的实力，等待时机向罗马复仇。公元前 237 年，哈米尔卡・巴卡和他 9 岁的儿子汉尼拔进军西班牙，扩大在西班牙的殖民范围。哈米尔卡・巴卡死后，他的女婿哈士德路巴继续迦太基的扩张政策，他成功地将迦太基的殖民范围扩张到埃布罗河附近，并建立了迦太基的新城。

公元前 221 年，哈士德路巴被杀身亡，汉尼拔继任首领后，加快了迦太基殖民扩张的步伐，夺取了埃布罗河西部的土地。公元前 219 年，迦太基占领了萨贡坦城，引起罗马的戒心。这时不论在军事上或财力上，迦太基人都感到他们已有了和罗马人交战的条件。[①] 罗马和迦太基的第二次战争已经不可避免。

第二次布匿战争

第一次布匿战争并没有塑造出一个全新的地中海秩序，反而加

---

① 崔连仲主编：《世界通史》（古代卷），人民出版社 1997 年版，第 303 页。

大了迦太基和罗马之间的矛盾。迦太基被要求撤出西西里，并支付战争赔款 3300 塔兰特。[1] 罗马获得巨额战争赔款，但没有获得地中海的霸主之位。迦太基遭到罗马的沉重打击，但它利用商业贸易和殖民地丰富的资源，迅速从战后惨淡的境地中恢复过来。汉尼拔攻占萨贡坦城后，罗马以违反公元前 226 年签订的协议为由出面干涉，双方僵持不下，于是在公元前 218 年爆发第二次布匿战争。

在发动战争之前，罗马就制订了出兵西班牙和北非的计划。他们计划兵分两路，一方面以西西里为基地进攻迦太基本土；另一方面进攻西班牙，打击汉尼拔的军队。战争开始后，汉尼拔采取先发制人的策略，他以西班牙为基地，攻打罗马本土以彻底击败罗马。公元前 218 年，汉尼拔率领由 5.9 万名步兵和 9000 名骑兵以及几十头战象组成的军队从西班牙出发，开始对意大利进行大规模的远征行动。他率领部队渡过希伯鲁斯河，翻越比利牛斯山，横穿高卢南部地区。罗马人由于对汉尼拔的进军意图认识不足，拖延了出征西班牙的时间，当普·科尔涅利乌斯·斯奇比奥率军从海路到达罗丹河口时，汉尼拔已经进抵那里，并且迅速渡过了河，然后溯河北上，躲过了罗马军队的拦截。斯奇比奥悟出了汉尼拔的进军意图，便派自己的弟弟格·斯奇比奥率领军队继续去西班牙，自己则率一部分军队迅速上船，赶回意大利。[2] 经过长途的行军跋涉，汉尼拔在公元前 218 年翻过阿尔卑斯山，随从将士只剩下 2 万多名步兵和 6000 名骑兵，战象几乎全部被冻死。汉尼拔军队经过休整后，吸引一些高卢人加入他的军队中。当汉尼拔出现在波河平原时，罗马大为震惊。

罗马元老院召开会议，采取斯奇比奥的意见，由他率军在波河流域袭击汉尼拔的军队。汉尼拔轻而易举打败斯奇比奥，率军乘胜南下。此时，罗马由于连年征战，征兵越来越困难。根据罗马征兵的传统，所有年龄在 17 岁到 46 岁之间的男性罗马人都有义务服兵役，

---

① Mark Healy, *Cannae 216 BC: Hannibal Smashes Roman's Army*, Oxford: Osprey Publishing Ltd., 1996, p. 7.

② 蔡磊主编：《世界历史必读知识全书》，中国戏剧出版社 2007 年版，第 590 页。

这种兵役甚至扩展到几个被征服后获得罗马公民身份的区域。[①]罗马公民兵的兵源主要来自公民中的有产阶级，截至公元前 218 年，罗马的公民人数约 325 000 人，具备作战能力的人数约为 240 000 人。[②]但由于罗马军队在第一次布匿战争中损失很大，加上外省作战，兵源紧张。公元前 217 年 6 月，汉尼拔率军穿越阿尔努斯河下游沼泽地，出现在罗马军队的后方。汉尼拔在特拉西美诺湖北岸设埋伏，弗拉米尼的军队几乎全军覆没，他自己也阵亡了。在这次战役中罗马军队遭受重创，1.5 万人被杀，数千人成为俘虏。

汉尼拔的节节胜利，使得罗马变得十分紧张。一方面罗马人加强城防固守罗马城；另一方面任命出身贵族的费边为独裁官，统一军事行动。由于汉尼拔的兵力不足以攻下罗马城，他试图瓦解意大利同盟，从而孤立罗马。费边认为汉尼拔孤军深入，后援不力，应该避其锋芒采取拖延战术。就当时而言，费边的战术并没有什么问题，却蕴含着极大的风险。罗马元老院分为两派：一派拥护费边的拖延战术；另一派是速决派，主张与迦太基速战速决。而支持后者的呼声越来越高。

公元前 216 年，西乌·包路斯和盖约·瓦罗被选为罗马的执政官，瓦罗主张同汉尼拔进行决战。在这年夏天，双方在南意大利奥菲杜河下游坎尼发生激战。罗马军队约有步兵 8 万，骑兵 6000；汉尼拔约有步兵 4 万，骑兵 1 万。从整体来看，罗马兵力占有绝对优势，但汉尼拔的骑兵占有一定优势。汉尼拔采用两翼包抄战术，即将步兵排列成凸出的半月形，弱兵放在中间，精锐配于两翼，再将骑兵分置两侧。战斗一开始，罗马步兵猛冲迦太基步兵的中军，后者迅速退却；同时迦太基军两翼包抄前进，其优势的骑兵亦相应出击罗马骑兵，最后形成一个严密的包围圈。困人重围的罗马军陷于

---

① James Larry Taulbee, “Mercenaries and Citizens: A Comparison of the Armies of Carthage and Rome”, *Small Wars and Insurgencies*, Vol.9, No.3, 1998, p. 6.

② P. A. Brunt, *Italian Manpower 225 B.C.-A.D. 14*, Oxford: Oxford University Press, 1971, pp. 62-66.

混乱，失去了战斗能力。结果，罗马军大部分阵亡，被俘万余人，少数人得以逃脱，其中包路斯战死，瓦罗侥幸逃脱，汉尼拔军队损失约 6000 人。[①]直到坎尼大战前，罗马军队仍是一个以公民兵为基础的军队，战略战术并不成熟，步兵不能单独作战，而是被组成一个统一的方阵中，不够灵活。[②]因此，在坎尼战役中，汉尼拔取得了重大胜利，罗马军队遭到重创，但坎尼之战对罗马的军队发展产生了重要影响。

然而汉尼拔并没有直接进攻罗马城，而是对罗马实行包围，并结成反罗马同盟孤立罗马。西西里岛和希腊脱离了罗马，中部和南部的一些地区也脱离罗马的统治。汉尼拔还与马其顿结盟，共同打击罗马。罗马的情况十分危急，不得不规定全国 17 岁以上的青年全部参军，还将奴隶编入军队，组成两个军团。坎尼战役的惨败，使罗马内部开始重新拥护费边的战争策略。公元前 213 年，罗马攻下叙拉古，努力稳住当时的形势。而在迦太基方面，汉尼拔军队一直缺乏后方援助，他的兵力和财力逐渐削弱，处境也变得十分艰难。与罗马征兵制不同，迦太基没有随着帝国的扩张而扩大公民身份，也没有任何证据表明政治领导层曾公开努力确保迦太基之外的人的效忠。[③]

公元前 212 年，罗马开始转守为攻，攻占了卡普亚和一些城市。公元前 210 年，罗马派遣西庇阿进攻西班牙，占领了新迦太基城。汉尼拔的弟弟哈斯德路巴尔前来支援，但在意大利北部被罗马击溃，本人也阵亡了。汉尼拔孤立无援，只好退到意大利南部的布鲁提伊，第二次布匿战争的结局基本形成。对于第二次布匿战争，詹姆斯·拉里·托比认为，汉尼拔和迦太基输了，并不是因为他们使用雇佣兵，而是因为他们人数太少了。[④]

---

① 崔连仲主编：《世界通史》（古代卷），人民出版社 1997 年版，第 306 页。

② P. A. Brunt, *Italian Manpower 225 B.C.-A.D. 14*, Oxford: Oxford University Press, 1971, p. 94.

③ James Larry Taulbee, “Mercenaries and Citizens: A Comparison of the Armies of Carthage and Rome”, *Small Wars and Insurgencies*, Vol.9, No.3, 1998, pp. 6-7.

④ Ibid., p. 13.

公元前205年，斯奇比奥被任命为执政官。他率领3万罗马兵从西西里出发，进攻非洲，公元前204年在乌提卡附近登陆。迦太基立即将汉尼拔召回国内来抵抗罗马的攻击。公元前202年，双方在扎马附近展开决战。由于汉尼拔指挥的军队总体素质较差，斯奇比奥凭借有利的地势和努米底亚骑兵的帮助，最终取得战役的胜利，这是汉尼拔第一次也是最后一次失败。公元前201年，迦太基提出媾和，接受罗马人的苛刻条件：迦太基只能保留在非洲的领地，放弃非洲以外的领土；交出战象和舰队，可保留10艘舰船；50年内向罗马赔款1万塔兰特，其中1000必须立即偿付；不经过罗马允许不得与任何国家发动战争；派人到罗马为人质。从此迦太基失去了霸主地位，罗马攫取了西地中海的霸权，迦太基与罗马的关系开始处于不平等的状态。

第三次布匿战争

迦太基经过第二次布匿战争后，其军事力量彻底被罗马解体，但经济力量没有被摧毁，而且还有很大的潜力。迦太基利用在北非的殖民地和资源渐渐从战争中复苏，积极发展商业贸易，与埃及和本都等很多地区建立商贸往来。罗马担心迦太基经济上的复苏会带来军事上的恢复，所以对迦太基的复苏心有不安。在第二次布匿战争后，罗马继续进行扩张，在东方征服了马其顿、叙利亚等国家和地区，向西方则忙着镇压西班牙的内乱。迦太基强大的商业贸易影响了罗马新贵族的利益，这些崛起的新贵族要求打击迦太基。看到迦太基的恢复和繁荣，罗马是不能容忍的。

在迦太基与罗马的对抗中，柏柏尔人的势力在不断地扩大。柏柏尔王国建立的确切时间已无从考证，大约在公元前3世纪，在今天阿尔及利亚北部建立的王国。柏柏尔王国最初只是一个松散的部落联盟，处在迦太基的统治之下，不甘屈于迦太基人的统治而不断进行反抗。在迦太基与罗马进行布匿战争期间，迦太基无心顾及对柏柏尔人的严密统治，柏柏尔人的势力得到一定的发展。经济和政治结构的变化，促使柏柏尔人从松散的部落联盟发展成一个强大的王国。

如果说汉尼拔是第一个企图建立以马格里布为中心的帝国的非洲人，那么马西尼萨就是第一个致力于实施一种集权政治的柏柏尔人，按照他雄心勃勃的见解，集权政治是独立的序幕。[①] 王国的最早建立者马西尼萨（公元前238—前148）早年游学于迦太基，受到过良好的教育。他富有政治头脑，能够清醒地认识到时局的变化而改变内外方针和政策，让柏柏尔王国在罗马和迦太基的夹缝中不断壮大，最终建立了柏柏尔人的第一个王国——努米底亚王国。

马西尼萨是一个很有作为的领导者。他在统治时期，推行集权政治，改变松散的部落联盟制。他模仿迦太基的政治制度，将权力进行整合集中，加强国家的统一。为了使以游牧为生的柏柏尔人定居下来，马西尼萨大力发展农业，推广小麦、大麦等粮食作物的种植。他的举措不仅使努米底亚粮食能够自给自足，还使大批柏柏尔人定居下来。这样就能建立有效的税收制度，方便国家的管辖和统治。柏柏尔人在商业和对外贸易上也有了较大发展，他们已开始铸造铜币，并使之流通于市。首都塞尔塔（君士坦丁堡）发展成为一座繁荣的商业城市。[②] 马西尼萨有着高明的外交手腕，他训练了一支强大的骑兵来支撑其外交策略。在第二次布匿战争中，他并没有支持迦太基而是与罗马为伍。他派出的4000骑兵在扎马决战中起到重要作用，最终使西庇阿能够带领罗马军队取得胜利。在第二次布匿战争结束后，马西尼萨以“寻找祖先遗留土地”为借口开始在利比亚扩张。迦太基不得不做出让步，归还努米底亚祖先的全部领土。马西尼萨将势力范围向西扩张，统治范围达到了今天阿尔及利亚和突尼斯的大部分地区，统一了努米底亚并成为国王。在罗马的背后支持下，

---

① 〔法〕马塞尔·佩鲁东：《马格里布通史：从古代到今天的摩洛哥、阿尔及利亚、突尼斯》，上海师范大学《马格里布通史》翻译组译，上海人民出版社1974年版，第45页。

② 赵国忠主编：《简明西亚北非百科全书（中东）》，中国社会科学出版社2000年版，第64页。

马西尼萨进攻迦太基南部的一些城市。迦太基碍于第二次布匿战争所签订条约的内容，非经罗马同意不得宣战。面对努米底亚人的侵犯，迦太基向罗马抗议无效后对努米底亚宣战，罗马以迦太基违反条约为由对迦太基发动第三次布匿战争。

这场战争是罗马恃强凌弱的战争。迦太基人同仇敌忾，迦太基城将所有金属制造成武器，修筑工事。罗马军队包围迦太基城时，城里工事坚固，粮食储备充足，使得迦太基能够长时间抵抗罗马军队的围攻。第三年，城内发生饥荒，疫病流行，居民陷于极端困难。在城池被攻陷的最后几天，迦太基成立了一个长老会代表团，他们头戴橄榄枝，祈求罗马可以保留其臣民的性命。迦太基失败后，罗马提出了更为苛刻的条件：以迦太基贵族300名儿童作为人质；上缴所有武装和舰船；放弃沿海港口，搬入距海15千米外的内陆。迦太基被攻陷后，虽然要求上缴所有的武器，但被允许自由地生活在他们原有律法下，并为此付出代价，即要摧毁他们的城市。正如赛格·兰瑟所说，迦太基的神庙和坟墓被毁，偶像崇拜被取缔，是对它的致命一击，这比人口驱逐更可怕，因为这是对存在的否定。[①]据说，原有60万人口的大城迦太基，沦陷后只余下5万人。罗马元老院下令将迦太基夷为平地，将迦太基城付之一炬。象征性地在废墟上撒盐，显示罗马没有了耐心，可见罗马对这个昔日的敌人是多么惧怕。[②]正如历史学家汤普森所说："罗马人摧毁迦太基并不是对领土和经济的渴望，而是在恐惧和仇恨的推动下摧毁了迦太基。"[③]第三次布匿战争的结束和迦太基被毁，标志着北非一个新时代的来临，迦太基帝国彻底灭亡，成为了罗马的一个行省。

---

① Richard Miles, *Carthage Must Be Destroyed: The Rise and Fall of an Ancient Mediterranean Civilization*, Penguin Group, 2010, p. 340.

② Kenneth J. Perkins, *Tunisia: Crossroads of the Islamic and European World*, Boulder, CO: Westview Press, 1986, p. 18.

③ L. A. Thompson, "Settler and Native in the Urban Centers of Roman Africa", in L. A. Thompson and J. Ferguson, *Africa in Classical Antiquity*, Ibadan: Ibadan University Press, 1969, pp. 132-134.

对于迦太基的失败，琳达－玛丽·贡特尔认为，布匿战争期间迦太基内部的分歧与斗争是原因之一。尤其是以哈米尔卡·巴卡为代表的巴卡家族和汉诺尼家族之间的分歧，哈米尔卡代表着海外型政治，汉诺尼代表着利比亚大陆式政治。前者主张通过征服西班牙将国家从海权型转变为陆权型国家，为与罗马的持续战争做好充分准备；后者则希望维持现状。统治家族之间的强烈对抗经常在政治生活中表现出来。[①]

在第三次布匿战争中，马西尼萨还是选择与罗马为盟，成为战后最大的受益者。罗马胜利后只是在突尼斯东北部建立阿非利加行省进行管理，对北非其他地区并没有直接地管辖和统治。在很长时间里，努米底亚和罗马之间只是一种松散的联盟关系，它们掌握着北非地区的统治权。

马西尼萨在公元前 148 年去世，他生前有三个儿子，去世后大儿子密西普萨管理首都塞尔塔并主管行政事务，二儿子古卢萨主管军队，小儿子马斯塔纳巴尔负责法庭事务。后来密西普萨的两个弟弟死去，他成为唯一的统治者。在他统治时期，努米底亚继续保持着良好的发展势头。但他主张以文治国，大力发展经济和文化，避免与罗马发生冲突，并继续为罗马提供粮食和战象。在密西普萨统治下，当时首都塞尔塔大约有 20 万人，成为当时重要的文化和贸易中心。

密西普萨在位 30 年后去世，其子朱古达继位。从血缘关系上看，朱古达只是密西普萨的侄子，后因其战功显赫被密西普萨收为养子。虽然密西普萨有两个亲生儿子，但朱古达能力远胜于二子。后来，密西普萨的长子遭到暗杀，二儿子被迫流亡罗马，朱古达成为王位的继承者。朱古达智勇双全，文韬武略，在柏柏尔人中颇有声望。他反对罗马以阿非利加行省为基地向努米底亚进行掠夺，下令将首都塞尔塔的罗马商人和放高利贷者杀死。这个举动使罗马变得十分

① Linda-Marie Günther, “Carthaginian Parties During the Punic Wars”, *Mediterranean Historical Review*, Vol.14, No. 1, June 1999, pp. 20-22.

愤怒，决心要对朱古达进行报复。公元前111年，罗马对朱古达宣战，朱古达带领努米底亚人对抗罗马，最终还是被罗马人打败。此后，努米底亚国势大衰，罗马在努米底亚建立了直接统治。征服努米底亚后，罗马又开始对毛里塔尼亚王国发动战争。公元44年，罗马在毛里塔尼亚进行直接统治，并将其划分为两个行省。

经过三次布匿战争，罗马执掌了地中海地区的霸权，成为一个横跨欧、亚、非三大洲的帝国。罗马取得最终的胜利，很大程度上是因为迦太基和罗马政治制度的差异，罗马实行的共和制处于发展的上升阶段。平民经过长期的斗争废除了债奴制度，提高了平民参与国家事务的积极性。国内秩序的稳定是罗马对外扩张的基础和前提，掠夺的大量土地、人口和财富等，使罗马成为地中海地区最强大的国家。大量的奴隶和财富涌入罗马帝国，也引起了国内的社会阶级和经济结构的巨大变化。

第三章　罗马统治时期的突尼斯

罗马经过三次布匿战争将迦太基彻底打败，终于确定了其在地中海西部的霸权地位。此后，罗马继续向非洲扩张，从而形成一个横跨欧、亚、非的大帝国，并在殖民地建立行省制度，加强管理。罗马统治北非后开始向突尼斯移植罗马文化，在这段历史的发展中，突尼斯社会发生了巨大的变化。城市发展、土地制度、宗教和语言等都受到罗马文化的影响。突尼斯的罗马化是一个长期的过程，它打断了突尼斯原有文明自然发展的进程，形成一种融合迦太基文明和罗马文明的新型文明，并保持一定的活力，推动着突尼斯历史稳步前进。与此同时，北非地区的柏柏尔人从未停止过反抗。公元395年，罗马帝国分裂，削弱了罗马在北非的殖民体系。公元439年，汪达尔王国建立，摧毁了罗马在北非的统治。

一、罗马帝国征服突尼斯

罗马帝国的出现

古罗马发祥于意大利，早在新石器时代末期，罗马城地区就有了居民生活。公元前8世纪的时候，罗马居民已经普遍使用铁器，经营农牧业，其村落主要散布在罗马的诸多山岗之上。公元前7世纪末期，伊达拉里亚人来到罗马，建立了塔克文王朝，随后罗马的手工业开始得到迅速发展，城市逐渐兴起。公元前6世纪，罗马开始在城市挖掘水道、建立神庙、筑造房屋、铺街道、建城墙，城市的范围越来越大。与此同时，罗马社会也发生分化，氏族制度日趋瓦解，国家开始形成。王政后期的军事民主制开始被新的国家机关所代替，罗马逐步进入阶级社会。公元前 579 年，塞尔维乌斯进行了一系列的改革，其中包括建立新的地域部落，代替原有以血缘关系组织起来的部落；对公民及其财产进行普查，在此基础上把公民分为五个等级，并确定其相应的权利和义务；创设森都里亚大会作为新的公民大会，森都里亚大会实行集体投票制等。塞尔维乌斯改革是王政后期罗马社会发展变化合乎规律的产物，它不仅设立森都里亚作为国家权力机关，还以地域和财产原则为基础建立了公民兵，以此作为国家公共权力，从而标志着罗马国家的产生。①

随着塔克文家族统治的没落，王政时代结束，罗马开始进入共和国时代。废除王政后，执政官成为执掌国家权力的重要人物。在罗马，两个执政官的权力非常大，他们不仅掌握着最高裁判权和财政权，还负责召集元老院和公民大会，并执行决议。而元老院则是贵族势力盘踞的地方，在共和国初期并不像后来那样具有权势，在当时只是起到咨询的作用。执政官在遇到国家大事时都要提交元老院讨论，听取意见。而森都里亚大会虽然也有参与国家大事的权利，但其通过的决议需要得到元老院的批准。由于执政官本身就是元老贵族，因此总体来看，元老院在当时的罗马仍然处于权力的中心地位。由于执政官和元老院都属于贵族俱乐部，因此在这一时期，平民与贵族之间的矛盾也越来越尖锐。为了限制贵族滥用职权，平民要求制定成文法，公元前 451—前 450 年颁布的《十二铜表法》就是在这一背景下出现的。公元前 449 年，瓦列里乌斯和荷拉提乌斯当选为执政官后规定，全体公民都必须遵守平民决议，从而使得平民的权利得到一定程度提升。

罗马国内各种制度不断地创立和完善，罗马一方面抵御高卢人

---

① 吴于廑、齐世荣主编：《世界史：古代史》，高等教育出版社 1994 年版，第 316—318 页。

的侵略，另一方面对外扩张也在不断地进行。先后经过与萨莫奈人的三次萨莫奈战争，以及和高卢人的战争后，整个意大利开始全部落入罗马手中。在征服意大利的战争中，罗马军队得到了锻炼和发展，军事组织和军事技术也在不断地完善。公元前 4 世纪，罗马进行了军事改革，废弃了原来按财产等级所提供的武装来安排队列的原则，而是根据年龄、经验等将重装步兵分为枪兵、主力兵和后备兵。在军事组织上，罗马军队的最高司令由执政官担任，军团的指挥官由军事保民官担任，每两个军事保民官负责两个月，军事保民官下面还设有百人队长。在战术上，罗马营地周围挖壕筑墙，日夜巡逻。罗马军队纪律严明、赏罚分明，凡违反军令者将被处死，对临阵脱逃者进行“十一抽杀律”，即按照抽签法十人杀一人，对其他别的违反纪律者都有相应的惩罚，如服苦役、降职降薪、剥夺公民权等。

随着罗马军队改革的实施，军队的战斗力越来越强，对外扩张的步伐也越来越大。罗马在打败迦太基后并没有停止扩张的脚步，而是以迦太基城为中心继续在北非进行扩张活动。经过一系列的军事征服，罗马占领了迦太基人和柏柏尔人的土地，进行广泛的殖民统治。罗马帝国横跨欧、亚、非三大洲，使浩瀚的地中海成为其“内湖”。

罗马建立北非行省

经过不断的征服战争后，罗马在北非进行直接统治，并建立四个行省。在原迦太基的领地上设置总督领行省（即阿非利加行省），往西依次是努米底亚行省、恺撒毛里塔尼亚行省和丁吉毛里塔尼亚行省。罗马统治下的这一地区，史称“罗马非洲”。[①] 阿非利加行省主要区域包括的黎波里塔尼亚、突尼斯和一长条阿尔及利亚的土地，西面大约从希波－勒吉斯西北的地中海沿岸开始，直到迈杰兹－阿赫马尔附近形成塞布斯河的舍尔夫河和布哈姆丹河汇合处。土布尔

① 赵国忠主编：《简明西亚北非百科全书（中东）》，中国社会科学出版社 2000 年版，第 65 页。

锡库－努米达鲁姆、塔古腊和塔加斯塔、马达夫罗斯都在阿非利加境内。努米底亚的领土主要位于阿非利加西南，它拥有较大的自治权。它的西界从安普萨加河口开始，沿着右岸前行，然后偏向西南，顺着一连串的平原向南伸展。恺撒毛里塔尼亚行省和丁吉毛里塔尼亚行省则是以木卢河为界一分为二，成为两个行省。恺撒毛里塔尼亚的省长通常由高级军官担任，他可以调遣相当大的辅助部队来管理这个不太平的地区。省长负责征收赋税，领导公共建筑工程，主持裁判，管理城镇，他只受皇帝的约束。而丁吉毛里塔尼亚省长统辖的辅助部队比恺撒毛里塔尼亚省长统辖的要少，遇到紧急情况通常必须从其他行省调军队。①

行省（provincia）意为“管辖”和“委托”，最初只是指意大利境内的行政区，后专指意大利以外要向罗马纳贡的属地。罗马行省制度大约起源于公元前 3 世纪下半叶，随着罗马不断扩张，行省数量也不断增加，在公元前 130 年时已经建立了九个行省，逐渐形成一套完整的管理制度。每个省的法规、居民的权利与义务都由元老院制定，每个省的总督和财务官也是由元老院任命。总督通常由卸任的执政官担任，任期一年，在任期之中掌握着很大的权力，集军权、司法权和行政权等权力于一身，如果遇到特殊情况，总督的任期可以延长。

行省总督最主要的任务就是维护行省秩序稳定，还要征收赋税。关于征税的方法，罗马没有统一的具体规定，尽可能维持以前的财政体制，结果各行省的税收数目不等。但主要的税收由耕地和种植园的所有者承担。在大多数行省，土地税为固定数目。但在西西里、撒丁尼亚和亚细亚，根据实际收入，每年抽取数目不同的什一税的既成惯例仍然保持着。②公元前 146 年，罗马开始征收人头税，连牲畜也要收税，沉重繁杂的税负引起各个行省居民的不满。

---

① 〔法〕夏尔－安德烈·朱利安：《北非史》（第一卷），上海新闻出版系统“五·七”干校翻译组译，上海人民出版社 1973 年版，第 268—270 页。

② 于贵信：《古代罗马史》，吉林大学出版社 1988 年版，第 107 页。

罗马设立阿非利加行省之后，开始向被征服的地区收取战败税，这些税由每个区的纳税人承担。在北非的四个行省中，阿非利加行省的商业和农业最为发达，每年向罗马缴纳大量的财富。罗马在阿非利加行省编制纳税者名册，确保罗马在该地区的财政收益。因此罗马对阿非利加行省也最为重视，该省的总督享有较大的司法权和行政权。罗马设立阿非利加行省后，照例把土地分为许多方形的森都里亚，即大约50公顷一块的土地，[①]实行大地产制，积极发展庄园制经济，使用大量的奴隶进行生产劳作。一些农民可以从地主那里获得土地，但必须向地主缴纳租税。这种变化说明了北非部分地区奴隶制生产方式开始向封建制生产方式转变。

罗马在阿非利加的行政中心设在乌提卡，罗马当局没有公开干涉城市自治。当时的行省总督权力极大，他们可以任意任命地方长官，地方长官往往是总督的亲信，从而使总督在行省管理中更加肆意妄为。阿非利加地方长官的主要职责是维护社会治安的稳定，抵御努米底亚人和海盗对国土的袭击。当时军队数量并不是由总督，而是由元老院来决定。军队的数量通常很少，难以维护社会稳定和行省的安全，一旦发生战争和紧急事件，不得不对外求助。

阿非利加行省的面积只有25 000平方千米，仅是现在突尼斯的三分之一。为了增强罗马在北非的统治势力，罗马开始了移民活动。最先尝试在此建立移民区的是盖约·格拉古，当时他任职保民官，代表着广大平民的利益，积极为平民谋取更多的福利。因此，他计划通过海外移民活动来安置更多的平民。盖约·格拉古还将拉丁公民纳入罗马公民权的范围，并将拉丁公民权[②]范围扩大到意大利同盟。他的这项提议被元老院拒绝，这成为公元前1世纪爆发同盟战争的

① 〔法〕夏尔－安德烈·朱利安：《北非史》（第一卷），上海新闻出版系统“五·七”干校翻译组译，上海人民出版社1973年版，第195页。

② 拉丁公民权，是罗马人给予被征服地区的一种介于完整的罗马公民权和无公民权者之间的公民权，因最早授予拉丁人而得名。拉丁公民权最重要的内容包括交易权、通婚权和迁徙权。拉丁公民权通常作为罗马帝国的礼物给予它所偏好的个人或者市镇，有时甚至是整个行省。

原因之一，这也使罗马统治者内部发生了一场政变，盖约·格拉古及其跟随者被处死。政变最根本的原因在于盖约·格拉古的改革措施损害了贵族的利益，特别是贵族的大地产制。当时罗马奴隶制比较繁荣，自由民的生产方式必然使奴隶制生产方式遭受损失。因为移民可以卖掉自己开发的土地，这些土地进一步集中到了富人手中，他们利用奴隶和土著进行农业生产。但国家如果要收回这些移民的土地时，必须进行一定的经济补偿。

北非行省与罗马帝国的内部斗争

公元前 49 年，以庞培为代表的元老派和以恺撒为代表的平民派发生激烈斗争，最终引发罗马共和国内战，非洲成为庞培派和恺撒派冲突的主要战场。元老院宣布恺撒为公敌，庞培开始招募新军来消灭恺撒。公元前 49 年 1 月 10 日，恺撒拒绝对庞培妥协，以“保卫人民夙有权力”的名义，开始发动内战，率军渡过卢比康河。庞培派未完成征兵工作，他不得不放弃意大利，仓皇逃到巴尔干地区。庞培开始求助于巴尔干、非洲和西班牙各国国王，在这些地区集合了 11 个军团，包括 7000 名骑兵和 600 艘战舰，准备反攻恺撒。恺撒占领意大利后就开始进攻西班牙，肃清庞培在西班牙的势力。公元前 48 年，恺撒授命库里奥越过地中海到非洲，清除庞培在北非的势力。

库里奥率领两个军团在北非沿岸顺利登陆，庞培的地方长官阿提·瓦鲁斯与努米底亚国王尤巴结为同盟，他们控制着乌提卡和哈德鲁梅特地区。在军队数量上，庞培占据着绝对优势，在季拉基乌姆战役中，恺撒被庞培打败，损失惨重，庞培派成为非洲的主导者。公元前 48 年 8 月 9 日，庞培和恺撒进行最后一次决战，恺撒大胜庞培，庞培军团几乎全军覆灭。庞培失败后和一些追随者逃往埃及，后来他们被埃及国王托勒密十二世的宠臣派人杀死。

庞培战败被杀后，恺撒并没有控制这些地区，而仍是由原来的地方长官控制。庞培派所招募的军队主要驻扎在乌提卡和哈德鲁梅特地区，拥有相当数量的兵力。恺撒带领着军队渡海去北非征战，却遭到了暴风雨，只有3000名步兵和150名骑兵幸存下来，这对恺撒而言是一个巨大的挑战。庞培的残余势力将恺撒包围在鲁斯皮纳，恺撒军团依靠海上舰队的补给和增援，打败了西庇阿的军队。恺撒取得胜利后继续进攻乌提卡，很快就征服了这个地区，西庇阿和尤巴兵败自杀，庞培派残部逃往西班牙。至此，恺撒基本控制了整个北非地区。

恺撒将庞培派势力从北非地区肃清后，就着手调整非洲的统治机构。公元前1世纪，恺撒在该地区建立19个殖民地，并把阿非利加边界向南扩展到撒哈拉沙漠，向东推进到锡德拉湾南端。在西部，则把旧阿非利加与新阿非利加合并，以安普萨为界。戴克里先则将旧阿非利加行省的南部和东部分出去，设拜扎锡和的黎波里塔尼亚两个行省。[①] 恺撒制订计划在迦太基建立移民区，他还将无产者和老兵移居到旧阿非利加地区。除此之外，恺撒还在科尔巴、克利比亚和杰姆建立移民区。

恺撒去世后，恺撒派和共和派展开对旧阿非利加和新阿非利加统治权的争斗，导致北非重新陷入动荡之中。共和派掌握着旧阿非利加的统治权，新阿非利加的统治权归恺撒任命的地方长官所有，共和派和恺撒派之间的对立已经无可避免地引发冲突。公元前43年，恺撒的侄子屋大维、安东尼和雷必达组成后三头政治同盟。他们在瓜分行省的时候，屋大维获得阿非利加、撒丁岛和西西里地区。公元前42年，罗马重新划分行省后，雷必达名义上统治非洲地区，实际上屋大维控制着新阿非利加，安东尼控制着旧阿非利加。屋大维和安东尼的分裂造成这两地的对抗，安东尼最终占据上风并将旧阿非利加交给雷必达管理。然而，公元前36年屋大维取代了雷必达，成为阿非利加行省的实际统治者。公元前29年，屋大维将罗马的移民迁入迦太基，还积极推行突尼斯的罗马化和殖民化。

---

① 孙文范编著：《世界历史地名辞典》，吉林文史出版社1990年版，第258页。

二、突尼斯的罗马化

突尼斯的城市化

罗马在北非长达几百年的统治，对这些地区产生了重要影响。罗马文化随着殖民扩张而得到传播，经过长时间不断发展，罗马文化逐渐成为该地区的主导文化。当地的居民也逐渐接受了罗马文化，使得这一时期北非部分地区表现出鲜明的罗马化特征。突尼斯的建筑、城市、宗教、语言和教育方式等方面，都带有罗马文化的特征，突尼斯由此进入罗马化时期。突尼斯在罗马帝国的统治之下，逐渐成为罗马文化圈的重要组成部分。

城市是罗马文明的重要内容和载体，罗马化很大一部分内容就是城市化。城市化通常有两种含义：一方面是指某个地方随着人口的增加及建筑物的增多，整个地方由村落发展为城镇，最后成为城市；另一方面是指某个地区随着其新城市的兴起和城市规模的扩大，人口和经济力量日益集中到城市或城市地区，最后，总人口中城市人口居于优势地位，城市生活方式成为压倒一切的生活方式。[①] 现在的学者较为支持第二种观点。在罗马征服之前，突尼斯地区就已经开始出现城市，但其在规模、人口和规划方面远远不能与罗马城市水平相比。在迦太基帝国时期，非洲许多城镇的发展都是很有限的。由于地域广大、人口有限，人们普遍缺乏安全感，人口开始向城镇集中。尽管如此，当时的人们也经常是冬天居住在城镇，夏天则到乡村居住，这也成为当今许多地中海地区人们的生活习惯。[②] 罗马人的出现，使突尼斯地区的城市化发展获得强大的推动力。

突尼斯的城市化发展有着鲜明的特点，那就是殖民化推动城市

---

① 计翔翔：《近代法国城市化初探》，《世界历史》1992 年第 5 期。

② B. H. Warmington, *The North African Provinces from Diocletian to the Vandal Conquest*, New York: Greewood Press, 1969, p.55.

化的发展。在奥古斯都时期，罗马加快了在北非地区殖民化的步伐。他利用大量的土地来安置移民，一方面安置破产的农民，另一方面是为了满足贵族对土地的需求。奥古斯都建立了很多移民区，有的移民和当地居民居住在一起，另一些移民居住在罗马区。一些有权势的移民和商人都居住在城里，他们模仿罗马的生活环境，开始建造罗马式的建筑和城市格局，在突尼斯的大城市修建神庙、教堂、剧场、竞技场和浴室等，并带有鲜明的罗马风格。

在突尼斯地区的城市中，有的是迦太基人建立的，例如迦太基城和乌提卡，罗马人在这些基础上进行改造，因此这些城市具有明显的罗马风格。而另外一些城市的兴起主要是因为移民和军事需求建立的：亨希尔卡斯巴城就是通过移民活动而形成的，城里的神殿、浴室和市场建筑保存得相当完整；海德拉城和克夫城（Le Kef）是十分重要的战略要地，它们控制着从努米底亚到突尼斯的要道，因而有大量的士兵戍守，逐渐形成了城市。罗马统治时期，突尼斯的城市主要是沿海岸线分布，紧密相连。突尼斯很多地区至今可以看见罗马时期遗留下来的古迹，剧场、神庙、柱廊等建筑遗迹屡见不鲜。突尼斯以及北非的城市化不如说是罗马化，罗马文明以一种强大的生命力灌输进突尼斯的原住民心中，他们逐渐放弃了迦太基文明。这种转变是通过上层阶级向下层阶级传导，由城市向乡村传播，最终形成了罗马化的景象。

随着城市的扩张，建筑大量采用当地的材料，如大理石和各种各样的木材。非洲开始以精美的马赛克出名，所有装饰性和代表性的作品，都是由工匠精心制作的。在迦太基城，同时也在乡村别墅里的庭院地板上和天井上，可以发现许多大型的马赛克。除了迦太基城，许多柏柏尔人居住的城镇也充满了活力，一片繁荣景象。在罗马皇帝哈德良时期，建了一条长约 120 千米的水渠。另外，娱乐活动也开始在城市兴起，城市剧院曾上演著名的希腊悲剧和喜剧，也有同一时代的罗马表演。滑稽的哑剧表演一度很流行，表现的风格主要与贵族有关，关于平民的东西很少。

随着人口的聚集，城市贸易也越来越繁荣。当地的商业和贸易通过集市进行管理，很像现在的市场。城市贸易常常在广场，或是海滩周围，或是在私人商店进行。罗马人还会对小贩的工具进行测量和称重等检查。

突尼斯的语言与教育

在语言方面，罗马当局强制规定被征服的北非地区不能使用其他语言，只能用拉丁语。圣奥古斯丁写道："掌握统治艺术的罗马当局强加于被征服民族的不仅是压迫，还有自己的语言。"[①]拉丁语成为突尼斯的官方语言，也成为罗马文化渗透的有力武器。拉丁语最先是在城市中推广开来，许多城市中的柏柏尔人和迦太基人不得不学习拉丁语，因为国家行政机构的语言是拉丁语。虽然拉丁语得到不断推广，但并不是所有被征服地区的居民都接受拉丁语。拉丁语的使用者主要集中在城市，即便如此，城市中相当一部分人在私下仍使用利比亚语。对于突尼斯乡村居民来说，拉丁语是一种陌生的语言，村民使用的还是原来的语言。

在教育方面，罗马帝国十分重视教育的发展，不仅在本土积极发展教育事业，而且在广大的殖民地推广教育。罗马当局在殖民地的城镇设立学校，教学生最基础的读写，然后教学生学习文学作品，还训练他们用拉丁语演讲。除此之外，学校还开设数学、天文学、哲学和音乐等课程，培养学生的全面素质。学校招收的学生主要是贵族子女，他们的学习内容与罗马本土的授课内容十分相似，以学习修辞和诗歌为主，也学习文学、数学和自然科学。由于教育事关被征服地区的稳定，因此罗马当局牢牢掌握着教育权，通过建立罗马式学校，推广拉丁语，培养了大批的官僚和顺从的臣民。随着基督教的发展，公元 325 年，君士坦丁大帝宣布基督教为国教，以基督教神学教育逐渐取代了世俗教育，教会学校成为最主要的教育机构。

① 〔法〕夏尔－安德烈·朱利安：《北非史》（第一卷），上海新闻出版系统"五·七"干校翻译组译，上海人民出版社 1973 年版，第 332 页。

突尼斯的陶艺和宗教

制陶术和陶艺的技术源于之前的迦太基文明，在罗马化时期是城市文化的一种重要工艺。突尼斯可以生产相当数量的油灯和两耳细颈瓶。这种油灯所使用的油是由当地产的橄榄油加工而成，两耳细颈瓶的价值不仅是作为一种耐用品，还可用于当地的橄榄油运输，并通过货船出口到外地。在塞维鲁王朝时期，这种细颈瓶被传播到萨赫勒地区，包括小列普提斯和阿克拉，这些地方曾是油料运输和出口的中心。[①] 人们发现了大量的古代橄榄油精榨机，收获的橄榄油可以用于烹饪和食用，而且还可以作油灯的燃料。在陶器的制作过程中可以将大量的动物、人类、神的形象雕刻上去，这些东西在当时的宗教墓地中有大量发现。

在宗教信仰上，罗马在征服北非地区后实行宗教信仰自由政策，允许信仰其他的宗教，还鼓励被征服的居民崇拜皇帝。罗马每年都要举办崇拜皇帝的仪式，但这种影响力没有渗透到边远的山区和乡村中，他们信仰的还是传统的神灵。基督教主要通过突尼斯的港口传入非洲，然后在北非地区得到迅猛发展。在基督教还不是罗马国教的时候，罗马统治者对这些基督教徒进行迫害，这些教徒不得不在私下传教和举行宗教仪式。公元325年，基督教成为罗马的国教，具有了合法的地位，从而冲击了北非的原始信仰，很多人改变信仰，成了基督徒。随着信仰基督教人数的不断增加，罗马文化对突尼斯的影响进一步扩大。

罗马的殖民活动带来罗马文明的扩张。罗马化是对不同文明的整合，从而使罗马文明圈扩张到整个地中海地区。罗马化的主要方式是城市化，在城市化的基础上出现语言、宗教、艺术和教育方面的罗马化。罗马化将罗马文化的影响力扩大到了海外殖民地区，对这些地区

---

① David Gibbins, “A Roman Shipwreck of c . AD 200 at Plemmirio, Sicily: Evidence for North African Amphora Production During the Severan Period”, *World Archaeology*, Vol. 32, No.3, 2001, p. 328.

文明进程产生重要影响，在其历史进程中打上了罗马印记。

三、柏柏尔人起义

罗马帝国的内部危机

公元2世纪末3世纪初，罗马帝国发生危机，通常称为3世纪危机。帝国出现危机的根本原因是奴隶制的衰落和社会矛盾的激化。罗马奴隶制在帝国前期获得快速发展，但随着社会生产力水平的不断提高，奴隶制逐渐成为生产力发展的阻碍。罗马帝国就是建立在奴隶制的基础上，居于社会上层的奴隶主享受着奴隶创造的财富。大量破产的农民涌入城市，依靠救济和富人的施舍度日。他们终日无所事事，成为危害社会秩序的因素。此时，罗马帝国财政枯竭，货币含金量锐减，内战不断，社会动荡不安，自然灾害频繁，罗马帝国陷入全面危机之中。

统治集团内部为了篡夺元首位置，常常相互攻伐。安敦尼王朝的末代皇帝康茂德被杀后，罗马内部爆发了一场王位争夺战（193—197年）。经过四年的混战，潘诺尼亚军团拥立的塞维鲁取得了最后的胜利。塞维鲁是一位成功的将军，他上台不久就重新组建了新的近卫军，把边疆军团撤至后方，将其变为后备机动部队以防止帝国境内公民的反抗，而在边境地区使用定居的民兵。他不断提高士兵的军饷，给予士兵许多优越的待遇，如允许士兵可以晋升为军官，士兵在服役期间可以组建家庭等。塞维鲁的这种“士兵至上”的思想和行为既是现实生活的反映，同时也是士兵实力强大的一种表现。① 军人在罗马帝国混乱的政局中扮演了重要的角色，成为国家动荡的重要原因。塞维鲁死后，他的儿子卡拉卡拉继承王位。他为了实行军事独裁统治，不断增加军费。为了增加税收，扩大税源，

① 齐世荣总主编，杨共乐、彭小瑜主编：《世界史·古代卷》，高等教育出版社2006年版，第213页。

他在公元 212 年发布敕令，将罗马公民权授予帝国的全体自由民。公元 217 年，他被禁卫军杀死。罗马帝国在此后的几十年中，面临着严重的政治危机。在这段历史时期，帝国政局动荡，内战不断。军队成为帝国的主导者，制造内乱，削弱了国家的防御力量，导致蛮族入侵和形成地方割据势力。这些割据势力的发展，在某种程度上可以说加速了帝国的分裂。

罗马帝国 3 世纪危机不仅是一场社会、政治危机，而且还是一场经济危机。经济危机蔓延到帝国的每一个角落里，城市萧条，国库空虚，农民破产，帝国经济陷入绝望之中。公元 3 世纪，罗马的奴隶制出现新的变化，奴隶来源减少，奴隶价格上涨，从而使生产成本增加，奴隶制生产方式已经无利可图。在这样的背景下，大批的奴隶被释放，这些奴隶成为隶农。当时奴隶制危机最先表现在农业方面，意大利和许多行省的农庄走向衰落，许多小农破产后把土地献给大土地所有者寻求庇护，被庇护的小农失去自由，他们为庇护者服劳役，并从地主那里耕种自己原来的土地，逐渐沦为隶农。隶农制逐步取代了奴隶制，隶农制的发展使大庄园农业变为自给自足的经济方式，减少了与城市市场的联系，导致商业和城市衰落，进而引起社会动荡和蛮族入侵。罗马帝国内部各种矛盾交织在一起，加速了罗马帝国走向衰落和灭亡。

然而，政府开支并没有因为经济萧条而减少，当时帝国的官僚机构、军队和宫廷都在不断地膨胀。面对日益拮据的财政，统治者通常采用征收捐税来增加财政收入。他们想尽一切方法扩大税源，增加税收，甚至采用了包税制。包税人常常与地方总督勾结，对普通百姓进行肆无忌惮的勒索和榨取。为了逃避沉重的劳役和税负，许多土地荒芜，帝国经济遭到严重破坏。此外，元首们还制定各种货币政策，力图用货币贬值来达到搜括钱财的目的。在尼禄时代，银币的合金成分是 10%，在康茂德时为 30%，塞维鲁时为 50%，到约公元 260 年时，银的纯度甚至降到 5%。劣质货币的发行必然引起物价暴涨，在巴勒斯坦地区，1—3 世纪之间的物价上涨了 1000%。

埃及的通货膨胀更是无法控制，公元 1 世纪只值 8 德拉克玛的小麦，到 3 世纪末已涨到 12 万德拉克玛。许多地方都出现了物物交换的现象。罗马帝国经济的基础已经开始动摇。①

戴克里先改革

在戴克里先统治之后，罗马局势才趋于缓和。为防止罗马帝国崩溃，戴克里先把军权和民权彻底分开，并缩小行省范围，将行省数目扩大到 87 个，所有行省合并成 12 个行政区，其最高领导人是行政区长官，他在地方长官和近卫军长官之间担任仲裁。戴克里先上台后对非洲殖民地进行了改革。他把非洲行省的数目从四个拆分为八个，总督领行省一分为三：第一个行省是的黎波里；第二个是相当于今天突尼斯中部和南部，首府在哈德鲁梅特的毕撒曾；第三个是包括今天突尼斯北部、阿尔及利亚东北部，首府在迦太基的总督领行省。除了对行政领域进行改革，戴克里先还对军队进行改革，他将非洲的军队分为边防军和侍从军，边防军大多驻扎在边境，而侍从军则更机动，随时可以调往其他紧急地区。军区的边界与行省的行政边界也是不一致的，大的军区管辖范围通常会超越行省的行政边界，而小的军区有时会受制于非洲侍从官的管辖。

虽然戴克里先时期进行的改革在一定程度上缓解了罗马危机，但国内秩序仍然不够稳固，军团规模也在不断缩小。兵源得不到保证，因此不得不强迫土地占有者供应新兵，即从农民中抽出一部分人来当兵，或者让农民缴纳一定的新兵招募金来顶替征兵，更有甚者从奴隶贩子那里买人替自己去当兵。由此可见，罗马帝国后期，军队力量已经相当孱弱。

随着罗马帝国对外扩张步伐的停滞，奴隶的来源逐渐减少，而大地产的奴隶生产方式需要大量的廉价奴隶，从而市场出现奴隶供不应求的局面。奴隶的价格逐渐上升，增加了奴隶制经济生产方式

① 齐世荣总主编，杨共乐、彭小瑜主编：《世界史·古代卷》，高等教育出版社 2006 年版，第 216 页。

的成本。为了继续获得较高的利益，这些奴隶主增加了奴隶的劳动强度，使得奴隶的处境变得更加糟糕。与此同时，罗马统治者向佃农收取沉重的赋税，导致许多农民破产，处境如同奴隶一般。这些隶农和奴隶成为国内起义最主要的力量，摇撼着罗马的统治基础。

帝国危机下的殖民地起义

随着罗马帝国危机的出现，国内人民起义不断，社会动荡不安。公元 238 年，北非地区的奴隶、隶农和柏柏尔人爆发起义，法拉克森带领起义者与摩尔人结为联盟，沉痛打击了罗马在北非地区的统治。公元 263 年，西西里奴隶起义，这是一次规模浩大的奴隶起义。公元 273 年，罗马奴隶和造币工人发动起义，并得到城市贫民的支持和响应。此外，高卢的巴高达运动是规模最大、持续时间最久的人民起义运动。

对地处边远和山区的柏柏尔人而言，罗马化的影响力相对较弱，柏柏尔人在保持自己的语言、风俗和信仰的同时，从未停止对罗马的反抗。即使在罗马帝国的鼎盛时期，柏柏尔人也经常起义反抗罗马人的统治。他们本质上不是敌视罗马人，而是反对压迫者，反对罗马文化的扩张。他们十分敌视罗马化的柏柏尔人，通常会严厉地惩戒这些人。[①]

4 世纪至 5 世纪中叶即罗马帝国晚期，柏柏尔人不满罗马的大庄园主和贪官而频繁发动起义。基督教传入北非后，多那图斯教派的影响力最大。该派是流行于北非的基督教流派，以努米底亚卡扎·尼格拉城主教多那图斯得名。此教派并非是基督教异端，而是公元 303 年罗马皇帝戴克里先对基督徒大迫害的结果。在这种高压情况之下，许多基督徒否认自身的信仰，一些主教屈从于罗马当局的压力，甚至焚烧经典。多那图斯教徒认为这些人没有资格担任宗教中的职位，于是另立门庭，成立自己的教会。该派认为财富就是

① Kevin Shillington, *History of Africa*, London and Basingstoke: Macmillan Publishers, 2012, pp. 73-74.

罪恶之源；主张人人过淳朴的生活，教会内部平等；抨击罗马贵族，反对为罗马服兵役。多那图斯教派的主张迎合了人们对罗马统治的不满，该派在被压迫的人民中得到广泛传播，从而成为柏柏尔人进行起义的宗教外衣。

公元289年，柏柏尔人在萨黑尔发动起义，起义很快就蔓延到卡比里亚，但遭到罗马当局的镇压。公元297年，马克西米安皇帝亲自镇压柏柏尔人起义，最终将柏柏尔人起义镇压下去。虽然起义以失败告终，但多那图斯教派在下层社会中得到广泛传播，其教徒也遭到罗马帝国的迫害。公元373年至375年，柏柏尔人为了脱离罗马的统治，联合多那图斯教派占领凯撒里亚。罗马统治者一方面镇压柏柏尔人，另一方面利用基督教会来排斥多那图斯教派。公元405年，罗马基督教会宣布该教为异端，但柏柏尔人对罗马的反抗仍在继续。在其顽强的抵抗下，柏柏尔人自身的文化并未因罗马文化渗透而覆灭，从而保持了鲜明的民族性。此外，柏柏尔人不满罗马帝国的压迫统治，他们不断起义加速了罗马帝国统治秩序的崩溃。最终439年汪达尔人攻占了迦太基，取代了罗马在突尼斯的统治。

第四章　汪达尔人和拜占庭时期的突尼斯

伴随国内的分裂，罗马帝国对北非征服地区的统治越来越虚弱，罗马帝国内部的王位争夺和面临的政治与经济危机，使得汪达尔人乘虚而入。汪达尔人本身只是日耳曼民族的一支，经过不断发展和壮大，成为一个强大的族群，并建立了汪达尔王国。但汪达尔王国在最兴盛的时候，并没有建立起完善的政治制度，也没有对突尼斯地区进行有效统治。他们来到非洲后，沿用了罗马统治时期的制度，但又力图破坏罗马在北非的文明形态。因此汪达尔人统治时期的北非地区基本处于停滞状态。随着拜占庭帝国的崛起，北非开始被纳入拜占庭的统治范围。拜占庭来到突尼斯后开始对其进行改造，极力清除汪达尔人在突尼斯的不良影响，平定柏柏尔人起义，实行再罗马化的政策，将北非地区重新纳入罗马文化圈。随着阿拉伯帝国的兴起，信仰伊斯兰教的阿拉伯人来到非洲，突尼斯的历史又进入了一个新的轨迹。

一、汪达尔人来到北非

汪达尔人的起源

汪达尔人（Vandals）是一个古老的游牧民族，他们是日耳曼人中条顿人（Teuton）的一支，属欧罗巴人种，主要分布在马格里布北部沿海地带。[①]汪达尔人在迁徙过程中征服了部分西欧和北非地区，对被征服地区进行烧杀抢掠，具有游牧部落天然的野蛮性。因此，汪达尔人声名狼藉，“汪达尔”也具有贬义，意为“毁坏”。汪达尔人原来非常靠近波罗的海，后来分为两支，一支留在斯莱西亚（Silesia），称为斯令汪达尔人（Siling Vandals）；另一支称为阿斯丁汪达尔人（Asdings）。[②]由于受其游牧方式的限制，汪达尔人需要不断迁徙和扩张，来掠夺和获取新的生活资料。

汪达尔人只是日耳曼民族分支中的一支，关于汪达尔人的起源主要有两种说法。根据普罗科比《战史》中记载，汪达尔人最初居住在麦奥提克湖附近地区，由于食物匮乏常常挨饿，于是就迁徙到莱茵河畔，并与阿兰人结为同盟。阿兰人是西亚地区的古代民族，属欧罗巴人种，印欧语系伊朗语族。公元前后分布在东起南乌拉尔山和里海北部沿岸，西至第聂伯河下游的广大区域，后又逐渐南移占据了整个高加索地区。4—6 世纪，阿兰人先后被匈奴和阿瓦尔人征服，后来部分人居住在西欧的加利西亚南部和比利牛斯半岛的其他地区，其余的则南下进入高加索一带，并在高加索中央山区与当地居民结合形成阿兰尼人。关于汪达尔人起源的另一种说法则是根据塔西佗《日耳曼尼亚志》记载，汪达尔人最初是定居在易北河和维斯瓦河之间的地带，在马克曼尼战争时期迁徙到了西里西亚地区。[③]两种说法虽然有很大的差异，但我们可以从中发现汪达尔人如何由部落组织发展成部落联盟，逐渐成为人口众多的民族。

汪达尔人的迁徙

公元 5 世纪初，匈奴人的入侵冲击了这一地区的各个部落，哥

---

① 陈永龄主编：《民族词典》，上海辞书出版社 1987 年版，第 700 页。

② 张春林：《多米诺骨牌——民族迁徙与蛮族国家》，辽宁大学出版社 1996 年版，第 64 页。

③ History of the Vandals, http://www.roman-empire.net/articles/ article-016.html.

特人、阿兰人、汪达尔人和其他族群纷纷逃向西欧，产生一股浩大的民族迁徙潮。汪达尔人就是其中的一支，他们沿多瑙河向西或西南进行迁徙。当时罗马为了抵御西哥特人的攻击而将莱茵河的守军调走，使得莱茵河成为最空虚的边境线。汪达尔人联合斯维汇人[①]和阿兰人结为同盟，他们利用罗马边境守备空虚的时机，穿过莱茵河的边境进入高卢，遭到法兰克人的重创，在阿兰人的救援下汪达尔人才得以脱身。406 年 12 月 31 日，他们利用莱茵河冰封时期，进入高卢，并迅速占领了高卢地区。汪达尔人同阿兰人和斯维汇人对高卢进行毁坏性的掠夺，高卢的一些城市如美茵兹、沃姆斯等都遭到很大的破坏。

在随后的三年中，他们基本上没有遭到特别顽强的抵抗。罗马帝国已经日薄西山，无暇顾及本土以外的罗马化地区。汪达尔人很快就发展到了西班牙附近，沿摩泽尔河向西推进，劫掠了兰斯、亚眠、阿拉斯、都尔内等地，然后转向南方进入阿奎丹，于 409 年越过比利牛斯山进入西班牙，占领西班牙的西部和南部地区，进行大肆劫掠与破坏。罗马政府无计可施，不得不承认他们作为“同盟者”驻守西班牙，[②]从而使汪达尔人获得合法性地位。汪达尔人在占领西班牙期间，斯维汇人和汪达尔人的一支阿斯丁人定居在半岛的西北部，阿兰人则占领了葡萄牙。

汪达尔人与西哥特人的斗争

罗马皇帝霍诺里乌斯不愿看到西班牙行省被这些蛮族所占据，但罗马帝国无力反击这些蛮族，只能实行以蛮制蛮的政策。公元 410 年，西哥特人占领高卢地区的一些重镇。为了利用西哥特人对付汪达尔人，罗马帝国承认了西哥特人所占领土的合法性。西哥特

---

① 斯维汇人是日耳曼民族的一支。随着罗马帝国的衰落，日耳曼人入侵伊比利亚半岛。416 年，西哥特人涌入半岛，其他日耳曼民族，如汪达尔人和斯维汇人也随着侵入半岛，并在西部沿海的加利西亚和葡萄牙北部定居下来，斯维汇人在半岛的西北部占据着统治地位。公元 5 世纪，斯维汇人把梅里达作为其王国的首都。

② 朱寰主编：《世界上古中世纪史》，北京大学出版社 1990 年版，第 230 页。

人国王法利阿率领军队，向汪达尔人和阿兰人发起进攻。423 年，汪达尔人打败西哥特人，暂时缓解了汪达尔人在西班牙面对的紧张形势，但并不能从根本上扭转汪达尔人被动的局面。西哥特人很快就消灭了大部分阿兰人，溃散的阿兰人和汪达尔人会合在一起，逃往西班牙南部，占领了卡塔黑纳和塞维利亚，坚守海岸。汪达尔人和阿兰人在很短的时间里就掌握了航海技术，建立了汪达尔舰队，经常骚扰海岸线上的城市，逐渐占据了西地中海统治的主导地位。但在强大的罗马和西哥特人军队前，汪达尔人明显处于下风，他们只能选择躲避，于是将注意力转向非洲。

二、汪达尔人与拜占庭在突尼斯的争夺

罗马帝国的分裂

在罗马的统治下，突尼斯的经济发展迅猛，繁荣的农业赢得了“罗马粮仓”的称号。[①]阿非利加行省既是罗马帝国的粮仓，又是商业发达的富庶之地，在罗马的行省中占有重要地位。公元 3 世纪，罗马帝国内部出现危机后，国家大权旁落至禁卫军手中，他们可以随意废立皇帝。公元 235—284 年，禁卫军先后废黜了 24 个皇帝。公元 284 年 11 月 17 日，掌握禁卫军的戴克里先被士兵推举为新皇帝，对臣民有生杀大权，并把对领袖的称号由“元首”改为“君主”，标志着罗马帝国从元首制转向专制君主制。

戴克里先在小亚细亚的尼克美地城建都，他意识到罗马帝国疆域广大，一个人难以维系整个帝国的统治。他委任自己的好友马克米里安管理帝国的西部地区，马克米里安在意大利北部的城市米兰建都。第二年，戴克里先任命马克米里安为“奥古斯都”，罗马帝国出现两个最高统治者，国家的最高命令由二人的名义发出。公元

① Kenneth J. Perkins, *Historical Dictionary of Tunisia*, Lanham, Md. & London: Scarecrow Press, 1997, p. 5.

293年，这两个“奥古斯都”各任命一个“恺撒”作为自己的副手。出于维护统治的需要，两个“奥古斯都”都把自己的女儿嫁给“恺撒”。由此，罗马帝国由这四个人统治，这一制度被称为“四帝共治制”。虽然这一制度在一定程度上维护了帝国的统治，但这也为后来帝国的分裂埋下巨大的隐患。

公元305年，戴克里先和马克米里安同一天宣布退位，让他们的女婿继位，再各自任命自己的副手。但在他们退位以后，帝国陷入了群雄争霸的局面。306年，君士坦丁成为罗马帝国的“奥古斯都”，经过长达18年的战争，罗马帝国才恢复昔日的统一。

在常年的战争中，帝国西部逐渐衰落，东部却保持相对的繁荣。罗马城不再是昔日的政治经济中心，帝国的重心开始东移。君士坦丁把首都迁到黑海沿岸的拜占庭，并将拜占庭改名为君士坦丁堡。这里经济发达，扼守水陆交通枢纽，战略位置十分重要。公元337年，君士坦丁大帝死后，他的儿子们为了继承王位彼此之间发动战争，帝国分裂为东西两部分。公元394年，狄奥多西皇帝再度统一罗马帝国，但不到一年他猝然去世，帝国最终分裂。东部由其长子阿卡迪乌斯管理，西部由幼子霍诺里乌斯统治。帝国的版图一分为二，西罗马包括意大利、高卢、西班牙等地，东罗马则包括希腊、小亚细亚、叙利亚、埃及和巴勒斯坦地区等地。

西罗马皇帝霍诺里乌斯去世后，引发政局的混乱。霍诺里乌斯生前并没有留下子嗣，他的姐姐普拉契迪亚的儿子瓦伦提尼安三世没有得到拜占庭皇帝狄奥多西二世承认，普拉契迪亚担心拜占庭会以此为由恢复罗马帝国的统一。她希望得到卜尼法的支持。卜尼法是一个有名的罗马统帅，也是一个狂热的基督徒，却娶了一个阿里乌派教徒为妻，这一行为引起许多天主教徒的怀疑与不满。阿里乌教派是基督教历史中被视为异端的一个派别。阿里乌教派声称，基督既不是真神，也不是真人，是介于天父与人之间的半神，是被造者中的最高者。公元380年，阿里乌教派再次被斥为异端。

卜尼法在镇压柏柏尔人的起义后，树立了军事威信，但同时也引起罗马上层官员的担心，害怕强大的卜尼法在北非建立自己的王国。他渐渐失去了摄政女王普拉契迪亚的信任，一直没有得到重用。427年，卜尼法拒绝了西罗马皇帝召回的命令，开始在北非发动叛乱，在打败罗马军队的第一次进攻后很快陷入了困境。429年，卜尼法求助于汪达尔人，正好给汪达尔人出兵北非提供了良机。当时汪达尔人就已经开始关注北非地区，即使没有卜尼法的求援，他们也会找机会来到北非。富饶的北非有着许多条件良好的港口，盛产小麦、橄榄和葡萄，是一个物产富饶的地区，这对汪达尔人来说具有强烈的吸引力。当时北非混乱不堪，柏柏尔人不断起义，农民暴动和罗马内部政治斗争都给汪达尔人入主突尼斯制造了极为有利的时机。

汪达尔人来到突尼斯

429年5月，汪达尔国王吉塞里克率领军队渡过直布罗陀海峡来到北非，他带来了约8万人，其中有汪达尔人、斯维汇人和阿兰人。429年，除了迦太基城，汪达尔人几乎没有受到阿非利加行省的抵抗就占领了整个行省。[①] 汪达尔人势如破竹，占领了北非大片领土，这引起卜尼法的担心。当汪达尔人攻打到努米底亚时，卜尼法临时召集士兵抵抗，结果很快被汪达尔人打败。430年，汪达尔人入侵北非引起罗马摄政女王普拉契迪亚的恐慌，卜尼法和帝国暂时讲和，对付共同的敌人汪达尔人。431年，除了迦太基、希波城和塞尔塔还在罗马控制之中，北非的其他地区都被汪达尔人所占领，罗马对北非地区的统治越来越虚弱。

435年2月11日，罗马帝国与汪达尔人在希波城进行谈判，签订了《希波协议》，允许汪达尔人担任帝国的同盟军，只纳少量的贡赋。为了保证汪达尔人遵守协议，吉塞里克的儿子霍诺里克被送到罗马做人质。《希波协议》的签订给了汪达尔人喘息的时间，巩固了汪达尔人在北非的统治。汪达尔为换取罗马皇帝的信任，积极

---

① Kenneth J. Perkins, *Historical Dictionary of Tunisia*, Lanham, Md. & London: Scarecrow Press, 1997, p. 158.

与罗马合作治理被占领土，不久吉塞里克的儿子被送了回来。439年10月19日，汪达尔撕毁了当初与罗马的协议，攻占了迦太基。汪达尔人几乎没有遇到抵抗，轻而易举地攻下了迦太基城，对其进行大肆劫掠。当时的罗马非洲舰队就停泊在迦太基港口，汪达尔人轻易地缴获罗马舰队，从此结束了罗马在非洲地区的海洋霸权。迦太基城中的贵族和教士要么被驱逐，要么被贬为奴隶，阿里乌教派接管了城中的教堂和教产。至此，汪达尔人结束了罗马在北非五百年的统治，吉塞里克以迦太基城为首都建立了汪达尔王国。

汪达尔人虽然缺乏政治头脑，却创造了一个稳定的国家。他们军事技能出众，控制突尼斯近一个世纪。①汪达尔国王对内实行铁腕统治，但几乎没有改变罗马的法律和风俗习惯，罗马人也继续充当着管理者，因此许多完整的制度保存了下来。汪达尔贵族没收了大量的乡村地产，以前的拥有者罗马人担任管理者。②吉塞里克为了防止罗马从海上进攻，十分重视海军建设，建立了一支比较强大的海军队伍。440年，吉塞里克率领海军攻打西西里岛和撒丁岛，几乎占领了整个西地中海的岛屿。442年，罗马帝国为了安抚汪达尔人，承认北非大部分领土归汪达尔王国所有。公元455年，西罗马皇帝瓦伦提尼安三世被元老院议员西慕斯杀害并取而代之。瓦伦提尼安三世的王后请求吉塞里克出兵干涉，吉塞里克率领海军很快就攻下了罗马城，并杀死了西慕斯。汪达尔人占领罗马后，进行了为期两周的抢掠，许多珍贵的艺术品被毁，罗马文明遭受巨大的破坏。

罗马人对汪达尔人的行径极度不满，因此决心反击汪达尔人。455年7月，阿维图斯成为西罗马帝国的新皇帝。他派使者向拜占庭帝国求助，拜占庭只是对汪达尔人进行劝诫，并没有出兵。阿维

---

① Kenneth J. Perkins, *Historical Dictionary of Tunisia*, Lanham, Md. & London: Scarecrow Press, 1997, p. 5.

② Kenneth J. Perkins, *Tunisia: Crossroads of the Islamic and European World*, Boulder, CO: Westview Press, 1986, p. 23.

图斯面对汪达尔人的不断骚扰无能为力，456年，他被罗马市民驱逐出去，客死他乡。马约里安于457年4月继位，上台后他立刻着手抵抗汪达尔人。马约里安首先进军高卢地区，迫使西哥特人承认罗马的主权。随后，马约里安调集高卢和西班牙所有的兵力对汪达尔人发起进攻，这促使了西哥特人、斯维汇人与汪达尔人的联合。马约里安准备翻过比利牛斯山渡海去北非，汪达尔人在沿途的水井中投毒并夺取了罗马军队渡海的船只。结果马约里安被吉塞里克打败，几乎全军覆没。马约里安回到罗马后不得不与吉塞里克缔结和约，也因此马约里安的威望下降。461年，里西莫尔篡位。468年，拜占庭皇帝利奥一世经过长期的准备，联合西罗马军队，集结了1100只船舰和10万大军攻打吉塞里克，结果遭到吉塞里克的夜袭，许多船只被烧毁，最终以失败而告终。利奥一世只好与吉塞里克议和，经过谈判，罗马承认汪达尔人对北非和西西里岛、科西嘉岛、撒丁岛等岛屿的主权。汪达尔王国成为地中海的霸主。477年，吉塞里克以87岁的高龄去世，汪达尔王国随之走向衰亡。

汪达尔王国的内部斗争

在汪达尔王国最为兴盛的时期，王国并没有建立严密的行政组织，而是依靠吉塞里克的个人魅力和威望才使各个部族团结在一起。吉塞里克死后，这种团结关系很快就崩溃了。吉塞里克的长子胡内里克继承了王位，他是一个十分残忍且具有宗教狂热的君主。484年1月24日，他颁布新的宗教法令，改变了其父宗教宽容的政策。他首先将阿里乌教派的对手摩尼派教徒流放或烧死。受迫害最深的是天主教徒，他规定天主教徒不许做弥撒和举行宗教仪式，一切教产归阿里乌教派所有，罢免全部的天主教官吏。484年2月25日，胡内里克发布敕令，其主要内容为：禁止举行天主教宗教仪式及聚会；焚毁其宗教书籍；禁止在城内外修建教堂和接受赠送的教会房屋；没收土地；把教会财产移交给阿里乌教派神职人员；放逐不顺从的教徒；禁止世俗人士转让、遗赠、赠送或继承教会财产；按照官级处罚犯有过失的教徒。[1]这个敕令的颁布使天主教徒的境遇越来越悲惨。

面对汪达尔统治者的迫害，一些天主教徒选择反抗，其结果是天主教的神职人员遭受更严厉的刑罚和打击：一些神职人员遭到放逐和鞭笞，更为残忍的是一些信徒被割去舌头。宗教环境的变化，使得天主教徒开始做出改变，甚至改信阿里乌教派。当时国家规定只有阿里乌教派的人才能从事工商业活动，如果天主教徒想从事这个行业，就必须放弃信仰天主教改信阿里乌教派。484 年 12 月，汪达尔王国对天主教的迫害达到顶峰时，胡内里克却突然死去。

胡内里克死后，并不是他的儿子继位，而是他的侄子贡塔蒙德（484—496 年）。贡塔蒙德继位后并没有延续胡内里克对天主教徒迫害的政策，相反实行宗教宽容的政策。他允许一些主教恢复原职，天主教堂重新开放，宗教仪式也可以重新举行。496 年 9 月，贡塔蒙德去世，他的兄弟特拉萨蒙德（496—523 年）继位。特拉萨蒙德治国政策更加宽容。他不但没有驱逐天主教徒，还利用官职和金钱来吸引天主教徒。特拉萨蒙德采取宽容的治国之策，是为了缓和当时社会上的各种矛盾，以及汪达尔王国的内部斗争，尤其是平定柏柏尔人的不断起义。

特拉萨蒙德去世后，胡内里克的儿子希尔德里克继位。当时汪达尔王国已经摇摇欲坠，日薄西山。希尔德里克统治时期，他采取与拜占庭结盟的政策。同时，他继续实行宗教宽容政策，允许一些被流放的教士回来，恢复在迦太基地区设置的大主教职位，建造新的教堂。他的宗教政策在一定程度上受到了拜占庭的影响，因而渐渐引起部分汪达尔人的不满。与此同时，柏柏尔人的势力范围不断扩大，控制了许多地区，逐步形成一种独立的状态。希尔德里克的内外政策并没有缓和各种矛盾，而是进一步激化了当时的矛盾，加速了汪达尔王国的灭亡。

---

① 〔法〕夏尔－安德烈·朱利安：《北非史》（第一卷），上海新闻出版系统“五·七”干校翻译组译，上海人民出版社 1973 年版，第 465—466 页。

530年5月，希尔德里克的统治引起统治阶层内部的不满，吉塞里克的曾孙格利梅尔领导军队发动政变，把希尔德里克和他的两个侄子都抓起来，攫取了王位。汪达尔王国的内部骚乱给拜占庭提供了机会，查士丁尼一直想要恢复昔日罗马的疆域，他自然不会错过这个有利的机会。查士丁尼假意劝说格利梅尔放弃王位，建议让年迈的希尔德里克复位。格利梅尔拒绝了查士丁尼的劝告，甚至要终结与拜占庭的同盟关系，脱离其对汪达尔王国事务的干涉。这使得查士丁尼决定对汪达尔人发动战争，恢复罗马最初在非洲的统治。

查士丁尼对汪达尔王国的作战计划遭到大臣们的反对，因为他们害怕这次远征会再次惨败。公元527年，为争夺高加索通往黑海的出海口，开展对东方的贸易并牢牢掌握对小亚细亚地区的统治权，刚刚即位的查士丁尼一世任命22岁的贝利撒留为拜占庭军东方战线的统帅。贝利撒留上任后，大力整治军纪，加强防务。波斯国王科巴德一世得知贝利撒留出任拜占庭军东方统帅并致力于军务的消息后大吃一惊，他认为拜占庭的发展对波斯威胁很大。于是，他决定先发制人，于公元528年先向拜占庭宣战。拜占庭与波斯的第一次战争爆发。战斗一开始，求胜心切的波斯军队向对方发动了猛烈的进攻，拜占庭军接连失利。就在这紧要关头，贝利撒留指挥两翼骑兵突然从战壕中冲出，从两个方向夹击敌人，一举挫败波斯军队的进攻，扭转了战局。波斯统帅贝利则斯眼见大势已去，扔下军队仓皇逃走。公元531年，波斯军从叙利亚沙漠方向发动进攻，贝利撒留统兵2万前往救援。波斯军发动的多次进攻，都被贝利撒留巧妙地瓦解了。面对胜利，拜占庭军中的骄傲情绪日益高涨，加上统帅贝利撒留还不满26岁，其部下各将领都认为他年轻可欺，不服从他的指挥，以致在卡尔基斯城与波斯主力交战时陷入绝境，使波斯军队没费多少工夫就赢得了胜利。公元531年秋，波斯国王科巴德一世逝世，国内发生继位之争，政局动荡不安。而拜占庭皇帝查士丁尼一世急于尽快结束与波斯的战争，以集中全力对非洲用兵，进攻汪达尔王国。这样，双方在公元532年达成协议，第一次波斯战争结束。[①]当时拜占庭军队的元气还没有从与波斯的战争中恢复过来，国库空虚，这使远征军面临着巨大的挑战。查士丁尼在大主教的支持下，坚持对汪达尔王国发动战争，一方面是为了恢复昔日帝国的版图，另一方面是为了把天主教徒从阿里乌教派的压迫下解救出来。533年6月，查士丁尼征集1万名步兵、5000名骑兵，此外还有贝利撒留招募的600名匈奴雇佣兵，在500只运输船和92艘战舰的护送下，浩浩荡荡地驶向北非。[②]

贝利撒留担任这次远征的统帅，舰队缓缓离开了君士坦丁堡。贝利撒留害怕遭到汪达尔舰队的袭击，因而舰队行军速度十分缓慢，直到9月初才到达北非海岸。贝利撒留并没有直接攻打汪达尔国都迦太基城，而是在距哈德鲁梅特南部100千米的地方登陆，军队缓慢地向哈德鲁梅特行进。在行进过程中，贝利撒留严格约束自己的军队，不侵扰当地居民。一些反对格利梅尔统治的居民开始加入拜占庭大军中，还向贝利撒留军队提供给养。汪达尔人收到情报后，积极应战。格利梅尔首先命令自己的兄弟安马塔斯杀死国内以希尔德里克为首的反对者，然后在迦太基城西南的德齐穆军事关口袭击贝利撒留，但安马塔斯没有能完成格利梅尔的军事计划，导致贝利撒留突破了这条防线，直接攻打汪达尔王国的首都迦太基城，并获得胜利。格利梅尔急忙逃往努米底亚，不久便被贝利撒留所俘，汪达尔王国从此灭亡。

汪达尔王国是一个短命的王朝，汪达尔人占领迦太基不到一个世纪就被拜占庭帝国所灭。[③]汪达尔人本身只是日耳曼民族的一支，经过不断发展和壮大，成为一个强大的族群，并建立了汪达尔王国。他们来到非洲后，没有创建新的制度，而是沿用罗马统治时期的制

① 参见刘乐土编著：《世界战争解焦点：100场战争》，华夏出版社2012年版，第59—60页。

② 张春林：《多米诺骨牌——民族迁徙与蛮族国家》，辽宁大学出版社1996年版，第72页。

③ Andrew Merrills and Richard Miles, *The Vandals*, Hoboken, NJ: Wiley-Blackwell, 2010, p. 3.

度。汪达尔人破坏了许多城市的建筑物，城市经济发展倒退。当时作为国都的迦太基城，其经济发展和政治建设都趋于停滞甚至是倒退。

三、拜占庭在突尼斯的统治

拜占庭帝国的建立

330年，罗马皇帝君士坦丁一世在古希腊移民城市拜占庭建立了帝国首都君士坦丁堡，东罗马帝国因其首都君士坦丁堡旧名拜占庭而被称为拜占庭帝国，其疆域包括欧洲的巴尔干半岛、爱琴海诸岛，亚洲的小亚细亚、亚美尼亚、叙利亚、巴勒斯坦、美索不达米亚上游地区，以及非洲的埃及、利比亚等地区，成为横跨欧、亚、非三洲交界处的庞大帝国。拜占庭帝国继承了古典希腊文明的成果，是典型的基督教文明。拜占庭是罗马帝国中世纪的实际继承者，不仅继承了罗马帝国的名义，而且在管理制度和统治方式上仍然照搬古代罗马的政治结构、法律制度、机构设置以及管理方式。拜占庭帝国是一个多民族、多种族、多文化融合的国家，是东西方多种文化元素混合而成的帝国。由于其所处的地理环境，拜占庭帝国成为多个不同的文化圈相互重叠的地方，东西方文化在该地区的交融和碰撞极为剧烈。

查士丁尼统治时期（527—565年）是拜占庭帝国历史上的第一个“黄金时期”。他对内巩固奴隶主阶级的统治，对外进行领土扩张。在对内政策上，查士丁尼禁止卖官鬻爵，惩治贪污；限制贵族权力，实行长子继承制；成立罗马法编纂委员会，对历代法典进行整理，为形成系统完备的法律文献奠定了基础，并于529年编成了《查士丁尼法典》。在对外政策上，查士丁尼力图恢复古罗马的版图。533年，贝利撒留率军进攻北非汪达尔王国，军队由18 000人组成，92艘战舰护卫的500艘运输船缓慢地驶向希腊沿海，穿越西西里，来到北非。[①]

查士丁尼对迦太基的改造

拜占庭帝国的军队来到北非时，贝利撒留认为，这是一场将"我们的人民"从外来统治者手中解放出来的运动，命令他的军队尊重当地居民，不准抢劫。[②]533年9月15日，贝利撒留以罗马居民的解放者而不是征服者的身份进入迦太基。拜占庭帝国在打败汪达尔人之后，开始对迦太基进行改造，对一些城镇保留原来罗马的名字，部分城镇的名字是为了纪念皇帝和皇后，如迦太基变成了迦太基查士丁尼亚，瓦格变成了瓦格西奥多里娜等。[③]同时，拜占庭帝国重建当时的行政组织，平定柏柏尔人的起义。他极力将迦太基城中汪达尔人的痕迹清除，把担任公职的汪达尔人开除，收缴汪达尔人的财产和土地，阿里乌教派的教堂也被天主教徒占有。拜占庭的信仰主要是天主教，而不是阿里乌教派。拜占庭收复北非地区后开始实行再罗马化的政策，将北非地区重新纳入罗马文化圈。罗马化的关键步骤就是宗教的罗马化，简而言之即是恢复天主教在北非的势力。拜占庭的政策得到非洲天主教徒的欢迎，他们将阿里乌教派的教堂收回，惩罚那些阿里乌教徒。天主教将过去受到阿里乌教派的压迫发泄出来，不但打击阿里乌教徒，还镇压多神教徒、犹太教徒。天主教恢复了昔日的宗教组织，被阿里乌教徒损坏的教堂又重新盖起来了。天主教会在查士丁尼时期达到强盛，其很少关注神学理论问题，更多的是关注人类得救问题。而广大柏柏尔人既有对传统土著祭祀仪式的崇拜，还有对天主教的信仰，这种信仰十分脆弱，很难形成一个较为系统的信仰，在一定程度上受到罗马文化的影响。

---

① Richard Edis, "The Byzantine Era in Tunisia: A Forgotten Footnote?", *The Journal of North African Studies*, Vol.4, No.1, 1999, p.49.

② Ibid.

③ Ibid., p. 51.

大多数的柏柏尔人一直处于社会最下层，承担着沉重的赋税劳役，经常会举行起义活动，削弱拜占庭帝国在迦太基甚至是北非的统治。拜占庭帝国的首要任务就是确保各个族群之间的和平相处，稳定当时的社会秩序。公元6世纪末，拜占庭的皇帝逐渐在迦太基建立了一种军政合一的行政管理方式——总督制。他把北非的几个行省合并为一个独立的行政区，加强拜占庭对新占领地区的统治。在查士丁尼时期，拜占庭虽然恢复了帝国对北非、意大利和西班牙的统治，但一直受到伦巴德人和摩尔人的扰乱。伦巴德人是古代日耳曼人的一支，原为斯维汇人中的一部分。1世纪初，伦巴德人主要分布在易北河下游左岸。5世纪中，他们迁居到多瑙河中游的班诺尼亚（罗马帝国的一个行省，在现在的匈牙利西部）。568年，伦巴德人越过阿尔卑斯山，占领了今意大利北部的波河流域，建立了伦巴德王国。在罗马文化影响下，伦巴德人信仰基督教，属阿里乌教派，被正统教会斥为“异端”。8世纪，伦巴德人为法兰克人所征服，后成为意大利民族构成的一部分。摩尔人也被称为“西撒哈拉阿拉伯人”，主要指生活在撒哈拉沙漠西部地区的柏柏尔人后裔。公元7世纪，摩尔人被阿拉伯人征服后，讲阿拉伯语，信仰伊斯兰教，摩尔人泛指公元8—13世纪从北非西部进入并统治伊比利亚半岛的柏柏尔人和阿拉伯人。摩尔人曾将新的农作物品种（稻、甘蔗等）和农业技术（灌溉、养蚕等）带进西班牙，与当地居民共同创造出高度文明，并在数学、医学、地理、哲学、建筑方面都有成就。15世纪末西班牙人收复半岛后，摩尔人被迫放弃伊斯兰教，改信基督教，称摩里斯科人。

拜占庭皇帝莫里斯以迦太基为中心建立了北非迦太基总督区，以巩固拜占庭在北非的统治。总督是拜占庭皇帝在地方事务中的代表，有着很大的权力，是当地军事、政治、文化和宗教事务的最高仲裁者，地方行政长官必须服从总督的管理。由于总督权力并没有强有力的约束，很容易助长贪污舞弊的行为，因而也很容易引起被统治阶级的不满和反抗。

福卡斯上台后的突尼斯

拜占庭皇帝福卡斯上台后，实施残暴统治，对贵族发动清洗，使拜占庭帝国内外矛盾激化，迦太基成为反对其统治的中心。610年，迦太基总督在元老院的支持下，派希拉克略进攻首都君士坦丁堡，推翻福卡斯的政权。福卡斯被身边的大臣出卖，最后被城里的平民所杀害。

610年10月5日，希拉克略在主教塞尔吉加冕下称帝，成为拜占庭历史上一位杰出的统治者。希拉克略上台后的首要任务是对内稳定社会秩序，对外则平定阿瓦尔人的骚乱，结束与波斯的战争。他收复被波斯占领的亚美尼亚地区后，参照迦太基的总督组织方式，在亚美尼亚地区实行军区制①。7世纪中叶后，阿拉伯人对拜占庭的国土不断地进行圣战。为了防范阿拉伯人的攻击，拜占庭帝国的统治者将军区制推广到帝国全境。军区制在后来的发展中也不断完善，军区数量不断增多，在北非地区设置了四个军区。军区制将大量的自由民变为世袭的屯田兵，这样既解决了兵源问题，又促进了农业的发展，减轻了国家的军费负担。但随着军区制的发展，形成了军事封建主阶级，他们拥有雄厚的军事力量，是拜占庭帝国的重要支柱，也成为反抗拜占庭的潜在因素。

当拜占庭的将军贝利撒留收复昔日罗马领土时，贝利撒留和汪达尔人都企图拉拢柏柏尔人站在自己一方。汪达尔人为了获得柏柏尔人的支持，宣布只要获得一个罗马士兵的首级就能获得丰厚的赏赐。当时汪达尔人的政策吸引了一些柏柏尔人，但并没有获得柏柏尔人族群首领的支持；罗马人则是直接将大量的奇珍异宝赠送给柏柏尔人以换取他们的忠心。柏柏尔人并没有参与双方的作战，而是尽量保持中立。然而，当贝利撒留准备返回君士坦丁堡的时候，柏

---

① 拜占庭军区制又称塞姆制，是7—12世纪在拜占庭帝国境内推行的一种军事和行政制度，这种军政兼容、兵农合一的制度有利于拜占庭农兵阶层的形成和发展，对于加强拜占庭军事力量、稳定社会经济都起到极为重要的作用。

柏尔人开始爆发起义反对罗马人，从此拉开了拜占庭与柏柏尔人之间战争的序幕，造成北非地区的长期动荡。

为了降服这些生性倔强的柏柏尔人，罗马和柏柏尔人之间进行了无数次的小规模战争。拜占庭军队的士兵受到良好的训练，有着较高的军事素质，因而作战能力比柏柏尔人更强。柏柏尔人大多是散兵游勇，只是偶尔袭击一下，战败后就跑到边远地区或沙漠中去。但胜利的拜占庭一旦放松警惕，这些柏柏尔人就会卷土重来。在当时的柏柏尔社会中，部分柏柏尔人已定居下来，另一部分还是处于游牧状态。罗马人通常能够抵挡定居的柏柏尔人，但应对游牧的柏柏尔人却束手无策，常常败北。在查士丁尼去世后的几十年里，柏柏尔人不断起义。柏柏尔人认为拜占庭并没有给他们带来好处，只有动乱与饥饿。

查士丁尼统治时期，所罗门将军曾派一支18 000人的军队，来镇压柏柏尔人的反抗。双方的战争十分激烈，柏柏尔人在拜占庭的铁骑下，很快就溃败了。据说，一万多名柏柏尔人遭到屠杀，女人则沦为奴隶。但由于所罗门任人唯亲，引起士兵的不满，加上柏柏尔人的反抗，当时情势逐渐失去控制。拜占庭皇帝不得不重新任命新的长官治理非洲，依靠强大的军事力量巩固对土著居民的控制。

在拜占庭统治下，作为联系北非、西西里以及埃及商业中心的迦太基逐渐繁荣起来，从而使北非重新发挥了为君士坦丁堡提供谷物的重要作用。正如理查德·埃迪斯所说，拜占庭统治全盛时期，突尼斯比当时已知世界的大部分地区更加稳定和繁荣。这里拥有重要的和充满活力的文化生活，尤其是在宗教领域。拜占庭在突尼斯抵抗了50年时间才屈服于阿拉伯人的围攻，这与阿拉伯人在其他地区的迅速征服形成鲜明的对比。[①]拜占庭人在很长时间内维持并延续

① Richard Edis, “The Byzantine Era in Tunisia: A Forgotten Footnote?”, *The Journal of North African Studies*, Vol.4, No.1, 1999, p.45.

了罗马人的成就，尽管他们的政府常常是腐败和贪婪的。[①]565年，查士丁尼去世之后，他恢复罗马帝国的梦想很快就破碎了。7世纪以后拜占庭帝国开始全面衰落，政治、经济、社会矛盾交织在一起，整个世纪拜占庭几乎都是在战争和战争威胁中度过的。533—554年，拜占庭与西方打了20多年战争。527—628年，又因与波斯争夺两河流域平原断断续续打了一个世纪。7世纪也是阿拉伯人崛起的世纪，阿拉伯帝国建立后东征西讨，很快建立了一个庞大的帝国。到了7世纪50年代，拜占庭帝国失去了叙利亚、巴勒斯坦、埃及、美索不达米亚和小亚细亚的大部分地区。阿拉伯军队强大的战斗力与拜占庭军队形成鲜明对比。到了7世纪70年代，阿拉伯舰队几乎每年都要出征君士坦丁堡，对拜占庭帝国的生存产生巨大威胁。而拜占庭从640年后很少再出现非常具有才干的军事指挥官，为帝国开疆拓土。拜占庭军队的许多训练方法开始停滞不前，战略战术都在逐步被时代淘汰。[②]尽管拜占庭帝国后来的几代君王也出现过中兴改革，但衰落的趋势不可阻挡。根据阿拉伯作家埃尔埃德里西的说法，拉丁语在20世纪的加夫萨地区仍被使用，今天突尼斯的许多城镇的名字仍带有罗马和拜占庭时期的风格。[③]随着拜占庭对北非地区的控制力越来越弱，阿拉伯人征服北非已不可避免。

---

① 〔美〕菲利普·C. 内勒：《北非史》，韩志斌、郭子林、李铁译，中国大百科全书出版社2013年版，第52页。

② Walter E. Kaegi, *Muslim Expansion and Byzantine Collapse in North Africa*, Cambridge: Cambridge University Press, 2010, pp. 101-102.

③ Richard Edis, "The Byzantine Era in Tunisia: A Forgotten Footnote?", *The Journal of North African Studies*, Vol.4, No.1, 1999, p. 60.

第五章 阿拉伯人的征服和突尼斯的伊斯兰化

公元 7 世纪上半叶，伴随伊斯兰教的创立，一个横跨欧、亚、非三大洲的阿拉伯帝国建立。阿拉伯人的铁骑很快踏上了马格里布地区。伊斯兰教也随之传入。阿拉伯人的征服与统治改变了马格里布地区的政治和文化格局，最终造就了突尼斯的伊斯兰文化特征。突尼斯在哈夫斯王朝时期完成了伊斯兰化，成为伊斯兰世界的重要组成部分。伊斯兰文明是东方三大文明体系之一，虽然晚于中华文明和印度文明，但伊斯兰文明的传播力和影响力是空前的。突尼斯成为一个伊斯兰国家后，国内的大部分人信仰伊斯兰教，讲阿拉伯语，从而使伊斯兰文明根植于突尼斯。阿拉伯文化在突尼斯也发展到很高的水平，造就了伊本·赫勒敦（1332—1406 年）这样著名的历史学家和思想家，他的《柏柏尔人和非洲穆斯林诸王朝的历史》等著作，至今仍是研究北非历史与文化的重要文献。[1]突尼斯古都凯鲁万成为伊斯兰教四大圣地之一，对现代突尼斯的发展产生了重要影响。

① 杨鲁萍、林庆春编著：《突尼斯》，社会科学文献出版社 2003 年版，第 31 页。

一、阿拉伯人的崛起

阿拉伯人的起源

阿拉伯人属于闪－含语系的闪族人，古代的巴比伦人、亚述人、迦勒底人、阿马拉人、腓尼基人、希伯来人（即犹太人）、阿比西尼亚人（即埃塞俄比亚人）都属于闪族人。经过历史的大浪淘沙，现今只有两个足以代表闪族的民族生存于世，即阿拉伯人和犹太人。而阿拉伯语则是闪族语中最为年轻、最富有活力、使用范围也最广的一种语言。[①] 阿拉伯半岛上的闪族人来自何方，至今颇有争议：有的学者认为是来自东非地区，有的学者认为是来自两河流域，还有的人认为闪族人起源于阿拉伯半岛。但有一个事实是无可争议的，那就是阿拉伯人是古老闪族人的后裔。

阿拉伯半岛自然条件恶劣，大部分是沙漠地区和草原地区，并不适合人类居住，只有一些河流附近的狭长地带适合居住，当人口过剩时，人们不得不向外寻找出路。大约公元前 3500 年，一些闪族人迁徙到埃及，与当地的居民融合形成埃及人；另一部分闪族人则进入了两河流域，并与该地区的苏美尔人融合，形成了巴比伦人。在阿拉伯半岛上的闪族部落主要分为游牧部落和定居部落。游牧部落主要分布在阿拉伯半岛北部地区，以放牧为生，主要以贝都因人为主。他们生活在农业边缘的沙漠和荒原地区，逐水草而居，放牧牛羊和饲养骆驼，在十分艰苦的环境中生存着。南部的阿拉伯人主要是定居的农业部落，相比于北方的游牧部落更为开化，曾经创造出更为发达的文明。

游牧的贝都因人主要分布在阿拉伯半岛的中北部，他们自认为是阿拉伯民族最高贵的代表，是阿拉伯民族最纯正的代表者。南方

① 郝时远、朱伦主编：《世界民族·第四卷：文明与文化》，中国社会科学出版社 2013 年版，第 135 页。

的阿拉伯人文明层次较高，曾经建立一系列的国家，如赛伯伊王国、米奈王国和希木叶尔王国，这些国家的建立有一个共同的特点，即是依靠商业才发展壮大起来。阿拉伯半岛位于三洲五海之地，自古以来就是交通要道，发展商业贸易有着明显的先天优势。阿拉伯人学习借鉴了埃及和两河流域的先进文明，并且不断与其发展商业贸易。在密切交往期间，阿拉伯人受拜占庭和波斯萨珊王朝影响最大。阿拉伯人依靠垄断商路而获取巨大利益，公元 6—7 世纪，拜占庭帝国和波斯萨珊王朝为争夺对商路的控制权而进行长期的战争。战争不仅使商路改变，还使许多城市的商人破产，进而引发了阿拉伯半岛的严重危机。面对半岛的混乱与无序，民众强烈渴望社会安定和统一。在这样的背景下，穆罕默德创立了伊斯兰教，迎合了当时社会发展的需要，并建立政教合一的国家。

伊斯兰教的产生

阿拉伯半岛出现伊斯兰教之前盛行拜物教，在不同部落之间存在着多种信仰。人们认为，神灵存在于一切事物之中，并崇拜鬼魂和祖先。此外，农业区居民崇拜太阳神，牧区的贝都因人多崇拜月神。阿拉伯人最重要的宗教仪式就是朝觐，特别是拜谒麦加的克尔白（天房），参加当地一年一度的典礼和祭祀。克尔白原是一个简单朴实的立方体建筑物，自古被认为是神圣的禁地，其墙上有一块黑色的陨石被当作神物崇拜，麦加因此成为阿拉伯人多神教的中心。[①] 在外来宗教如犹太教和基督教的影响下，阿拉伯人逐渐接受了一神教的观念，形成了哈尼夫教派。哈尼夫教派的出现为伊斯兰教的诞生奠定了基础。

伊斯兰教的出现有着深刻的社会背景，社会的动荡、商路的变化和外来势力的干涉，造成部落之间的频繁战争。这不仅造成阿拉伯半岛社会经济倒退，还造成了当时信仰的混乱。因此，在某种程

① 彭树智主编，王铁铮、黄民兴等著：《中东史》，人民出版社 2010 年版，第 77 页。

度上，当时社会出现问题与整个经济和社会生活联系在一起，而伊斯兰教的许多观点正好指向了这些问题。① 先知穆罕默德就是在这样的背景下出现并创立了伊斯兰教的。

穆罕默德是唯一出生在已有充分历史记载时期的“先知”。可是，人们对于他的早年生活知之甚少，在提供他传记材料的圣训中，为现代史学家确认为信史的内容并不多。据伊斯兰教传说，他出生于象年，根据各种推算，他大约出生在公元 563—573 年，一般都定为 571 年。② 穆罕默德出生在麦加的古莱氏族，他的父亲阿卜杜拉是一位商人，在他出生之前就已经去世。在他 6 岁那年，他的母亲阿米娜也去世了。此后，他在祖父阿布杜·穆塔里布和伯父阿布·塔里卜抚养下逐渐长大。穆罕默德随祖父的商队四处奔波，这开阔了他的眼界，丰富了他的阅历。穆罕默德在常年的经商旅行中，经常会遇见一些犹太教徒和基督教徒，这让他获得了丰富的犹太教和基督教知识。

穆罕默德在他 25 岁时和富孀赫蒂彻结婚，帮助她管理商务。自从与赫蒂彻结婚之后，穆罕默德的生活出现重大转变，经济上变得宽裕了，从而摆脱了靠雇佣为生的困境。经济条件的改善，使得穆罕默德有更多的时间去关注社会问题。在近 40 岁的时候，穆罕默德经常到麦加城郊外的希拉山的一个山洞里冥思，昼思夜想。公元 610 年，穆罕默德忽然得到“启示”，引导人类走向真主之道。伊斯兰教由此诞生，这一夜被伊斯兰教称为“高贵之夜”。

统一阿拉伯半岛

阿拉伯半岛的统一是伴随着伊斯兰教的传播和发展完成的。穆罕默德创立伊斯兰教后开始在麦加传教，最初他是以秘密的方式在亲友间传播伊斯兰教。他的家人和朋友加入了伊斯兰教，继而吸引

---

① W. Montgomery Watt, *Islamic Political Thought: The Basic Concepts*, Edinburgh, UK: Edinburgh University Press, 1968, p.4.

② 金宜久主编：《伊斯兰教史》，江苏人民出版社 2006 年版，第 40 页。

了处于社会下层的民众，后来古莱氏族的一些贵族也接受了伊斯兰教。穆罕默德为了吸引信徒，在 615 年开始公开传教。他提出禁止高利贷、买卖公平、施济贫民、善待孤儿等主张，这些主张遭到古莱氏贵族的反对，他们担心传教活动会影响部落的统一和商业贸易利益。古莱氏贵族对伊斯兰教信徒的迫害没有使伊斯兰教信徒人数减少反而日益增加，使穆罕默德传教活动更加积极，影响力得到迅速扩大。

617 年，一些重要人物加入伊斯兰教，对当时伊斯兰教的传播有着重要影响。特别是欧麦尔的皈依提高了伊斯兰教的影响力，欧麦尔在麦加有着很高的声望，使伊斯兰教在麦加的窘境得到一些改善。但这些重要人物的加入并没有从根本上改变穆斯林被迫害的情况，在麦加的传教活动没有能取得新的进展。在古莱氏贵族的迫害下，伊斯兰教面临夭折的危险，穆罕默德不得不对外寻找出路。622 年，穆罕默德及他的门徒迁徙到叶斯里卜，并将此城改名麦地那。这次迁徙被称为“希吉来”，伊斯兰教就是以这一年为纪元的开始。

迁徙到麦地那后，穆罕默德的传教事业进入一个新的阶段。穆罕默德创立了乌玛公社，并建立穆斯林军队保护穆斯林公社的安全。穆罕默德以麦地那为基地，开始与麦加的古莱氏人进行对抗。624 年 3 月，穆罕默德袭击麦加古莱氏的商队，双方在麦加西南的白德尔进行战争。穆罕默德以少胜多取得胜利，大大鼓舞了穆斯林的士气。627 年，麦加贵族联合其他部落组成大约 1 万人的武装队伍，准备大举进攻麦地那。穆罕默德命令士兵在麦地那城周围挖了一条壕沟，据城避战消耗敌人的给养，最终取得战役的胜利。628 年，穆罕默德与麦加的贵族签订和约，并在两年之后，彻底征服麦加。他将城中的偶像全部捣毁，城中的许多人皈依伊斯兰教，从而为阿拉伯半岛的统一事业奠定了基础。统一后建立的伊斯兰社区既是宗教性的也是政治性的，成员倾向于从宗教的角度被定义，因此这个政治社区的性质也具有了宗教性。[①]

穆罕默德占领麦加之后，公元630—631年阿拉伯半岛的许多部落派遣代表团前来示好归顺穆罕默德，并表示效忠穆罕默德，这就是伊斯兰教史上的“代表团年”。此外，穆罕默德又征服了其他地区和部落。公元632年3月，穆罕默德率领朝圣团来到麦加进行朝圣活动，回到麦地那三个月后就病逝了。

二、阿拉伯人征服突尼斯

阿拉伯人的对外征服

穆罕默德去世之前并没有指定继承人，各派为争夺继承权展开激烈的斗争。最终艾布·伯克尔成为继承人，开启了四大哈里发统治时期。他上任之后，平息内部斗争，缓和各派之间的关系，巩固自己的统治。不久之后，艾布·伯克尔开始对外发动扩张战争，大规模的征服活动由此拉开序幕。

阿拉伯国家的统一有助于阿拉伯半岛地区的发展，但是人口的增加与有限的生存资源之间的矛盾仍然无法解决，荒芜的沙漠已经不能满足他们的需求。阿拉伯人将内部血腥厮杀以解决人口增长与资源相对不足的方式转变为大规模对外扩张，其矛头指向发达富庶的两河流域和尼罗河三角洲地区。633年，穆斯林骑兵在阿拉伯著名将领、被誉为“真主之剑”的哈立德·伊本·瓦利德统率下冲出了阿拉伯半岛的沙漠，挥舞着“圣战”的旗帜，开始了征服世界的远征。[②]不管是在阿拉伯内部还是更大范围的扩张，圣战都是伊斯兰扩张机制的重要部分。[③]游牧部落的战士有着强大的战斗力，他们出

---

① W. Montgomery Watt, *Islamic Political Thought: The Basic Concepts*, Edinburgh, UK: Edinburgh University Press, 1968, p. 59.

② 陈志强：《拜占庭帝国通史》，上海社会科学院出版社2013年版，第147页。

③ W. Montgomery Watt, *Islamic Political Thought: The Basic Concepts*, Edinburgh, UK: Edinburgh University Press, 1968, p. 14.

征不用携带大量的辎重，具有灵活的机动性。艾布·伯克尔很快将领土扩张到巴勒斯坦地区，但不久之后就去世了。

阿拉伯人的大规模征服活动主要是在第二任哈里发欧麦尔统治时期。当时，阿拉伯人的征服活动有着良好的国际环境。拜占庭和波斯萨珊帝国正进行着长期战争。613 年，拜占庭军队在安条克惨败之后，波斯帝国则利用这个有利的时机在近东地区取得很大的进展。波斯帝国夺取了大马士革、加利西亚地区，并将拜占庭人从亚美尼亚地区驱逐出去，占领了耶路撒冷，波斯帝国几乎控制了整个近东地区。希拉克略的改革为拜占庭帝国注入新的活力，创立了军区制，兵源得到了保证。627 年，拜占庭和波斯在尼尼微决战，波斯军队被彻底击溃，希拉克略最终赢得胜利。但长时间的战争导致两国国力衰落，社会矛盾丛生，都面临着严重的政治危机。穆斯林军队面对这样有利的国际环境，同时向拜占庭和波斯萨珊帝国开战。阿拉伯人很快就占领了拜占庭的叙利亚地区，并攻陷了圣城耶路撒冷。640 年，阿拉伯人征服了美索不达米亚地区，在强大的阿拉伯军队面前，拜占庭和波斯萨珊帝国毫无还手之力。

波斯帝国还没有在拜占庭的打击下恢复元气，就受到来自阿拉伯人的不断攻击。在阿拉伯人猛烈的攻击下，波斯帝国军队节节败退，阿拉伯军队一直攻打到波斯帝国的腹地。642 年，双方在尼哈旺德进行决战，阿拉伯人以少胜多最终获胜。651 年，波斯萨珊帝国最后一位国王亚兹迪格德三世（Yazdegerd Ⅲ，632—651 年在位）在木鹿城附近被杀，波斯萨珊帝国从此灭亡。639 年，阿拉伯人开始征服拜占庭在北非和埃及的领土。埃及是拜占庭帝国一个非常重要的行省，尼罗河的土壤肥沃，盛产粮食，一直是君士坦丁堡的粮仓。征服埃及是经过严密计划的征服活动而不是偶然的袭击。当时拜占庭军队只是集中在大城市中，阿拉伯军队几乎没有遭到强烈抵抗就征服了埃及大部分地区。641 年，阿拉伯人攻占了亚历山大里亚城，结束了拜占庭帝国对埃及百余年的统治。

欧麦尔时期形成伊斯兰教对外扩张的高潮，阿拉伯人将叙利亚、巴勒斯坦、埃及、两河地区和波斯都纳入帝国的版图之中。阿拉伯人经过一系列的战争，逐渐打败了拜占庭和消灭了波斯萨珊帝国，获得广袤的土地和大量的人口。这种军事上的胜利给予阿拉伯人的更多是一种民族自信，并依靠这种民族自信将伊斯兰教传到非洲，扫除拜占庭在马格里布地区的势力。

在哈里发欧麦尔时期，阿慕尔·本·阿斯轻而易举就完成了对利比亚地区的征服，接着计划征服迦太基地区，但没有获得哈里发欧麦尔的同意。阿慕尔向欧麦尔奏疏，向其说明迦太基地区人口稠密，物产丰富，是一块膏腴之地。欧麦尔担心阿慕尔孤军深入，再加上迦太基城堡防守严密，于是命令阿慕尔返回埃及休整。

第三任哈里发奥斯曼时期，是阿拉伯人扩张的重要发展阶段。在奥斯曼时期一个重要发展即是建立阿拉伯人的舰队，从而改变了依靠陆军进行征服活动的方式。奥斯曼统一叙利亚后，总督穆阿维叶建立舰队，从而使阿拉伯人有了海上力量。654 年，阿拉伯人海军在齐萨瓦里打败了拜占庭的海军，阿拉伯人开始对迦太基地区进行实质上的征服。

奥斯曼任命阿慕尔·本·阿斯和上埃及总督共同管理埃及事务，阿慕尔·本·阿斯对此任命坚决不予服从，因而被奥斯曼罢黜。伊本·萨阿德担任行省总督时，对迦太基的广大地区不断地进行军事骚扰，目的是为侦察敌情，并获得战利品。经过多次侦察，萨阿德对敌人的兵力和装备一清二楚，开始制订作战方案。但哈里发奥斯曼对征服迟疑不决，担心阿拉伯人征服迦太基地区会遭到失败，一旦同意出征就意味着帝国要提供军队和武器。伊本·萨阿德在迦太基边界取得小捷之后，奥斯曼才同意出征迦太基。

伊本·萨阿德率领大军从巴卡尔出发，这支大军成分十分复杂，由不同地方的军队组成，队伍中既有埃及军、麦地那军，也有巴卡尔驻军。他们白天休息晚上行军，既可以避暑，又可以躲避敌人的侦察。阿拉伯人征服的黎波里城后，就向迦太基地区进发。斯贝特拉城是拜占庭为防止柏柏尔人进攻而建立的城市，这个城市有着重要的军事意义。伊本·萨阿德在距离斯贝特拉城不远的地方驻扎，并派遣使者招降斯贝特拉城的长官贾尔吉尔。招降失败后，伊本·萨阿德决定用武力征服斯贝特拉城。当时，守城的拜占庭军队人数众多，装备精良，伊本·萨阿德不得不想出巧妙的作战计划对付这些强大的敌人。他将部队分为两个部分，一部分与拜占庭军队正面交锋，另一部分则是采取游击战的做法。最终，在阿拉伯人的不断攻击下，斯贝特拉城最终被攻陷。阿非利加行省的总督被杀，斯贝特拉战争以阿拉伯人的胜利而告终。伊本·萨阿德获得大量的战利品、人口和牲畜，由于分配不均，人们呼吁罢黜伊本·萨阿德对阿非利加的领导权。哈里发奥斯曼同意了这一要求。

倭马亚王朝征服北非

倭马亚王朝建立后，阿拉伯人并没有止于已取得的战果，而是继续进行东、西、北三个方向的征服活动。在穆阿维叶统治时期，他任命阿慕尔·本·阿斯为埃及总督。但倭马亚王朝的中央集权远没有达到拜占庭帝国和波斯帝国那样的程度，行省总督具有很大的独立性。然而，倭马亚王朝的建立，将阿拉伯人的对外扩张提升到一个新的高度，达到一个新的顶峰。

在倭马亚王朝时期，阿拉伯人对以迦太基为首的阿非利加地区进行了彻底征服，目的是为了建立稳定和持久的统治，而不是先前单纯的劫掠性质。奥克巴·本·纳菲厄被任命为这次远征军的统帅，他的这次远征目的就是为了长期统治马格里布，在此基础上传播伊斯兰教。

奥克巴·本·纳菲厄兴建了凯鲁万城，但后来因私自发动袭击而被撤职。在柏柏尔人顽强的攻击之下，奥克巴·本·纳菲厄不得不被重新起用，并被授予最高军事指挥权。在西征途中，他获得大批的俘虏，其中就包括一些柏柏尔人的首领。奥克巴·本·纳菲厄为了发泄愤怒，将柏柏尔人的首领用铁链锁着带走，对其进行侮辱，因而他后来遭到了柏柏尔人的加倍报复。

奥克巴·本·纳菲厄并没有打算攻占奥雷斯以北的城市，而是去攻打贝加亚和兰贝兹地区。他征服了瓦丹、杰尔马城，进而占领了哈瓦尔。休整一段时间后，他开始对突尼斯南部地区发动远征。公元670年，穆阿维叶任命奥克巴·本·纳菲厄管理阿非利加，但奥克巴·本·纳菲厄的铁腕手段引起人们的不满，而且他一旦离开被征服地区，这些地区就会出现叛乱，又不得不重新去征服这些地区。

当时的国际环境有利于阿拉伯人的征服活动。拜占庭国内政局动荡，君士坦丁二世被杀，新上任的君王忙于处理国内事务。拜占庭为了夺回西西里岛，把马格里布的大部分驻军都调走，奥克巴·本·纳菲厄在这次远征中几乎没有受到很大的阻碍。奥克巴·本·纳菲厄为了传播伊斯兰教和防止当地民众的叛乱修建了一些新城，新城市的兴建，使阿拉伯人的局面得以稳定。接踵而来的捷报，促使奥克巴·本·纳菲厄开展进一步的征服活动。他直接攻打杰里德北部巴加亚城，这里有着数量众多的拜占庭守军，双方经过激烈的鏖战，最终阿拉伯人战胜了拜占庭。在扎卜地区，阿拉伯人打败拜占庭的守军，从而控制了这个地区。

迦太基被毁

面对强大的阿拉伯军队，拜占庭当时已经无力应对，于是着手联合柏柏尔人。奥克巴·本·纳菲厄来到提阿雷特时，发现自己的敌人竟然是一个强大的拜占庭人和柏柏尔人组成的联军。面对这样的艰难形势，阿拉伯人最终还是以少胜多取得胜利。

奥克巴·本·纳菲厄在西征归途中来到了达卡拉地区，他号召当地的民众皈依伊斯兰教，遭到了反叛，奥克巴·本·纳菲厄与他们交战，结果战败损失惨重。阿拉伯军队返回凯鲁万的时候，突然遭遇拜占庭和柏柏尔人的联军，奥克巴·本·纳菲厄被杀，联军攻占了凯鲁万城，统治马格里布东部地区达三年之久。最终柏柏尔人库塞拉入主凯鲁万城，统治阿非利加地区。

哈里发马利克任命祖赫尔·本·盖斯为阿非利加总督，命令他消灭库塞拉的武装力量。688年，祖赫尔·本·盖斯从巴尔卡出发，前往阿非利加地区。库塞拉对祖赫尔·本·盖斯的到来早就做好准备，他集结拜占庭和柏柏尔人组成的军队，与阿拉伯人进行决战，经过一天的战斗，阿拉伯人打败了拜占庭和柏柏尔人的联军，祖赫尔·本·盖斯途经巴尔卡被杀身亡。为了巩固这次阿拉伯人的胜利，哈里发马利克派总督哈桑攻打迦太基，这个历史悠久的城市很快就陷落了。但拜占庭的舰队很快就收复了迦太基，哈桑为了占领奥雷斯地区不得不暂时放弃迦太基。奥雷斯地区的部落大部分受到卡西娜势力的控制，并将阿拉伯人驱赶到的黎波里。卡西娜势力主要是以游牧为生，没有城市概念，他们朴素地认为阿拉伯人需要的是城市和财富，只要把这些东西毁掉就不会招惹阿拉伯人。在卡西娜的号召下，许多城堡和村庄被毁。最终哈桑召集增援部队打败了卡西娜并将其处死。

哈桑重整军队再度攻占迦太基后，将其变为一片废墟，一个古老的城市就这样被彻底毁灭了。哈桑将政治和军事重心转移到了凯鲁万，他在凯鲁万修建大清真寺。此外，他还重视财产管理和军队建设。在财政方面，他强制阿非利加地区的柏柏尔人和拜占庭人中的基督徒缴纳税赋。在军事方面，他征服了广大地区，并传播伊斯兰教和推动伊斯兰化。事实上，阿拉伯人踏上北非的第一天就开始传播伊斯兰教。当时有数量众多的柏柏尔人在阿拉伯军中服役，他们开始接受伊斯兰教。哈桑派人教他们学习《古兰经》，这也意味着他们也要学习阿拉伯语，一些阿拉伯的风俗习惯也开始在北非地区传播。哈桑·哈里里认为，伊斯兰教在地中海区域的扩张并不是毁灭性的，也没有打断人类文明的演进。[①]

① Hassan S. Khalilieh, “Capacity and Regulations Against Overloading of Commercial Ships in Byzantine and Islamic Maritime Practices”, *Journal of Medieval History*, Vol. 31, 2005, p. 262.

三、突尼斯的伊斯兰化

建造新城

哈桑既是迦太基城的破坏者，又是突尼斯城的修建者。当哈桑在凯鲁万城站稳脚跟后，就开始考虑再修建一座新城以取代迦太基。哈桑经过谨慎的思考后将此事请示哈里发马利克，哈里发马利克意识到港口城市的重要性就同意了哈桑的想法。哈里发马利克下令让埃及总督派遣一千户造船工匠前往阿非利加。柏柏尔人为突尼斯城的建立做出贡献，他们从偏僻的山区砍伐木材，并且服劳役。

公元 703 年，为建造新城，哈桑外出寻找建城的合适地点。他在突尼斯附近的村庄与当地人交战，最终率领骑兵占领了这个地方。“突尼斯”一名从何而来，至今说法不一。一种说法为：先前这个地方住着一个修道士，人们都住在他的周围，因为经常和修道士唱赞美诗而熟悉起来，大家称修道士的住所为“突阿尼斯”，因此这个地方被称为“突尼斯”；另一种更为可信的说法是：这里曾经有个叫突尼斯的村落，故把新城叫作突尼斯。突尼斯和迦太基一样，都是处于半封闭的海湾中，不向海洋完全敞开。突尼斯的位置和迦太基相比，更靠近内陆，这样就会有一个很好的战争缓冲地带。湖水很浅，不能承受战舰的航行，必须开凿出运河联系地中海。一旦出现军事险情，就可以封锁湖泊出口。因此，突尼斯成为对付拜占庭海军的基地，同时也是阿拉伯人的兵工厂。在造船业的带动下，阿拉伯人不断战胜拜占庭帝国。突尼斯的崛起意味着阿拉伯人的海军变得更为强大，成为一支强大的海上武装力量。同时拜占庭的海上力量正在退化，海洋霸权正在受到挑战。

皈依伊斯兰教

阿拉伯人对突尼斯的征服最开始只是军事占领。他们通常给被征服者几种选择：缴纳人头税、皈依伊斯兰教或被处死。这些非穆斯林通常是国家重要的税收来源。当时并没有出现大规模的改宗现象，这也是阿拉伯帝国早期穆斯林被免除税赋的原因。在阿拉伯人征服之前，突尼斯文明主要受罗马文明的影响，属于地中海文明圈。阿拉伯人征服之后，伊斯兰文明的影响力逐渐取代了西方文明，对被征服的突尼斯地区进行了伊斯兰化。突尼斯的伊斯兰化是一个十分复杂的过程，其中包括宗教信仰、经济利益和社会因素等。突尼斯的情况比较复杂，当时突尼斯的一些地区已经罗马化，开始信仰基督教。柏柏尔人主要信仰自身的传统宗教，经常反对罗马和拜占庭统治当局，伊斯兰化同样也是举步维艰。

这种最初的皈依具有很大的反复性，大多数人是在阿拉伯征服之后改宗的，一旦阿拉伯人放松对他们的管理，柏柏尔人就会恢复自己的信仰。早期柏柏尔人加入穆斯林的军队，并在与马格里布地区和西班牙作战时获得一些利益。[①]所以，柏柏尔人接受伊斯兰教最初是在军队中进行的。随着阿拉伯人的不断征服，有很多被俘虏的柏柏尔人士兵被纳入穆斯林的军队，他们接受了伊斯兰教，并成为伊斯兰教的传播者。阿拉伯人是统治者，伊斯兰教是统治者的宗教，柏柏尔人一旦皈依伊斯兰教就意味着可以减少税赋，因此伊斯兰教在当地居民中得到广泛传播。另外，西亚北非的游牧民族对传播伊斯兰教和阿拉伯语言文化起到了重要作用。例如 1050 年，23 万阿拉伯游牧民族从埃及向西进入马格里布地区。13—14 世纪，阿拉伯化的贝都因人从马格里布向东进入埃及。也正是在这个阶段，埃及和马格里布地区的大多数当地人开始讲阿拉伯语。[②]因此，安东尼·布莱克说，对于伊斯兰教的崛起以及伊斯兰文化区域的形成，只有将

① Kenneth J. Perkins, *Tunisia: Crossroads of the Islamic and European World*, Boulder, CO: Westview Press, 1986, p. 28.

② Kevin Shillington, *History of Africa*, London and Basingstoke: Macmillan Publishers, 2012, pp. 157-158.

宗教作为满足其社会认同的需求才能很好地理解它。[①]

伊斯兰教法的引入和阿拉伯语的传播

随着穆斯林人数的增加，为了管理和约束这些人，突尼斯引进了伊斯兰教法。当然，移植伊斯兰教法的最终目的并不在适用于原伊斯兰教徒，而是为了取得统治广大被征服臣民的合法性，因为按照伊斯兰教法，这种征服是合法的，是为了解放被征服地的百姓并给他们带来福祉。此外，阿拉伯人能够借此摆脱在非洲行使权力所带来的许多义务。[②]伊斯兰教法的引进，进一步促进了突尼斯政教一体的发展进程，行政机构逐渐伊斯兰化，宗教人员在国家管理部门扮演着重要的角色。伊斯兰教法并不是一种简单的意识形态，而是一种宗教与法律相结合的生活方式。伊斯兰教法具有很大的入世性，它渗透到突尼斯社会的各个方面。

阿拉伯语和伊斯兰教渐渐地在北非当地人中传播开来，阿拉伯语迅速地成为官方语言，也是新的宗教语言和书写、教育语言。阿拉伯语、民众读写能力和伊斯兰教事实上是一回事，都是通过学习《古兰经》而学会的。[③]随着阿拉伯人征服的脚步，伊斯兰教得到迅速传播和发展。至10世纪初，被征服的突尼斯以及马格里布地区大部分居民都已皈依伊斯兰教，成为穆斯林。

当时，有大量的阿拉伯人移民到这里，并与当地人通婚，这大大加快了突尼斯的伊斯兰化。伊斯兰文明逐渐取代了西方基督教文明在该地区的影响力，成为当地的主导文明。突尼斯的伊斯兰化是一个长时间的复杂过程，并不是一蹴而就的。突尼斯的伊斯兰化有着自身鲜明的特点，这种伊斯兰化进程依托伊斯兰教的传播与渗透，两者之间紧密相连。阿拉伯人征服之后，就着手在突尼

---

① Antony Black, *The History of Islamic Political Thought: From the Prophet to the Present* (2nd Edition), Edinburgh, UK: Edinburgh University Press, 2011, p.10.

② 刘琼杰：《伊斯兰教法在非洲的移植与本土化》，湘潭大学硕士学位论文，2010年，第17页。

③ 〔美〕凯文·希林顿：《非洲史》，赵俊译，东方出版中心2012年版，第88页。

斯建立长期的统治。他们采取多种手段，使当地的居民信仰伊斯兰教，并承认他们统治的合法性。从而突尼斯开始脱离了西方基督教文明圈，成为中东伊斯兰文明的重要组成部分。

四、阿拉伯帝国统治时期的柏柏尔王朝

法蒂玛王朝

阿拉伯人在北非的统治并不是一直稳定的，从8世纪中叶至11世纪中叶，阿拉伯人的统治就处于十分混乱的时期，这种混乱主要体现在游牧部落的冲击和阿拉伯帝国内部的分裂。主要有两股游牧民族势力涌入马格里布地区，他们分别是穆拉比特人（Murabit / Murabitun）[①]和希拉勒人（Hilal）。柏柏尔人在动乱之中建立了柏柏尔人王朝，疆域主要包括摩洛哥、瓦赫兰等地区，是对阿拉伯人征服活动的有力回应。柏柏尔人虽抵制阿拔斯王朝在马格里布地区的统治，同时他们也接纳来自东方的避难者。柏柏尔人乐意汲取来自东方文明的元素，接受了伊斯兰化，这在历史上是一个十分奇特的现象。

当时阿拔斯王朝在国家治理方面陷入重重困难，中央和地方的权力冲突很难调和。埃米尔[②]们拥有地方上的绝对权力，有着很强的独立性。在埃米尔之下的长官都要受到埃米尔的监督，这些长官的职责和权力并没有明确的规定，他们的权力很大，但交叉重叠，大大降低了行政效率。当时，这些长官是由埃米尔亲自挑选，很容易形成一个有凝聚力的官宦集团，成为地方的独立势力，中央权力机构很难对地方行政进行有效统治。中央一旦处理不妥当，就会引发

① 穆拉比特人是柏柏尔人的一支，在撒哈拉沙漠中以游牧和劫掠为生。他们生活比较简朴，吃驼肉，喝驼奶，不种植农作物。部落流行原始的图腾崇拜，崇拜树、石头和动物等。

② 阿拉伯语音译，是阿拉伯人的贵族头衔，意为总督或统帅，也是伊斯兰国家对地方长官的称谓。

地方割据势力的发展。

随着大规模征服活动的结束，伊斯兰教教派分裂愈演愈烈。在这些派别斗争的背后，是对政治统治权和教法阐释权的争夺。在阿拉伯帝国内部，什叶派是反对倭马亚王朝和阿拔斯王朝的主要力量。他们认为只有穆罕默德的后裔才有世袭权力的资格，不承认倭马亚王朝和阿拔斯王朝统治者的合法性。什叶派遭到哈里发残酷镇压后分成了许多支派，法蒂玛王朝属于伊斯梅尔派。与此同时，北非的穆斯林宣布他们独立于阿拉伯世界的哈里发。公元 950 年，法蒂玛王朝攻占了突尼斯北部地区和阿尔及利亚大部分地区。公元 969 年时，法蒂玛王朝征服了埃及，建立了闻名世界的城市开罗。

法蒂玛王朝强盛时期，十分重视对外贸易的发展，工商业和农业比较发达。该王朝与意大利的热那亚、威尼斯等地贸易往来频繁，还与印度洋沿岸的地区有联系，红海逐渐取代波斯湾成为东西方之间重要的商路。亚历山大里亚城成为东西方货物来往重要的集散地。11 世纪末，西方的十字军入侵东方，埃及最先受到冲击。1099 年，法蒂玛王朝在巴勒斯坦被十字军打败，这严重影响了红海商路，切断了通往叙利亚的商路。

齐里王朝

齐里王朝（937—1148 年）的建立者是布卢金・伊本・齐里，被法蒂玛王朝的统治者任命为凯鲁万总督，统治今天的突尼斯和阿尔及利亚东部地区。齐里人的各个分支先后统治易弗里基叶（今突尼斯和阿尔及利亚东部地区）和格拉纳达。齐里人原在阿尔及利亚的卡比里亚群山一带居住，从事农牧业，都城在艾希尔。[①] 与之前法蒂玛王朝信奉什叶派不同，齐里王朝主要信奉逊尼派。1016 年，埃米尔穆伊兹继位后，宗教领袖大肆建造逊尼派的清真寺，并屠杀什叶派信徒。1048 年，穆伊兹宣布脱离法蒂玛王朝的统治，正式获得

① 中国伊斯兰百科全书编辑委员会编：《中国伊斯兰百科全书》，四川辞书出版社 1994 年版，第 440 页。

独立。他宣布逊尼派为国教，从而恢复逊尼派在突尼斯的统治地位。1052 年，法蒂玛王朝将许多贝都因人迁移到这里，后来为了减少与这些游牧部落的冲突，穆伊兹不得不将国都从凯鲁万迁到马赫迪亚城。1148 年，齐里王朝被来自西西里岛的诺曼人推翻。此后，突尼斯经常处于混乱状态，直到哈夫斯王朝的建立，结束了动荡的年代，建立起新的社会秩序。

哈夫斯王朝

1228 年，柏柏尔人艾布·扎卡里亚·叶海亚（Abu Zakaria Yahya）以突尼斯城为首都，在此基础上建立哈夫斯王朝（1228—1574 年），“哈夫斯”是柏柏尔人的部落名。哈夫斯王朝的统治区域不仅包括今天的突尼斯，还有阿尔及利亚和的黎波里塔尼亚（又称塔布拉鲁斯，在今天利比亚西北部）的一部分领土。哈夫斯王朝成立初期，频繁遭遇外来民族的入侵。在阿布·法里斯统治时期，他大力发展畜牧业和手工业，经济呈现一片繁荣景象。对外贸易往来频繁，突尼斯城、凯鲁万、加贝斯成为著名的城市。

突尼斯地处地中海商路的重要位置，是非洲与欧洲之间贸易的主要港口。优越的地理位置，一方面促进了突尼斯的繁荣发展，另一方面使突尼斯常常成为强国之间争夺的对象。在哈夫斯王朝的统治下，突尼斯发展为一个重要的商业点。突尼斯城成为政治和经济中心，突尼斯取代伊夫齐亚成为这个地方的称呼。[①]哈夫斯王朝大力发展对外贸易，特别是与欧洲和亚洲的一些国家贸易往来频繁，并在重要的商路上建立了很多商业据点。欧洲人与突尼斯进行商业贸易时，一些威尼斯商人垄断商业贸易，牢牢控制着商品的价格。15 世纪，威尼斯人向的黎波里和突尼斯提供玻璃制品、纺织品、铜和珊瑚以换取黄金，垄断了从东方和塞浦路斯及克里特岛来的部分商

① Kenneth J. Perkins, *Historical Dictionary of Tunisia*, Lanham, Md. & London: Scarecrow Press, 1997, p. 7.

品。[①]突尼斯在与威尼斯商人的贸易中获取大量财富，黄金源源不断流入突尼斯国内。

从10世纪至12世纪，法蒂玛王朝用金子来铸造优良的货币。欧洲人对黄金的渴求是其进行对外贸易的重要动力，还有许多欧洲人到非洲的内陆地区寻找黄金。当时欧洲的一些征服者通过提供一种保护权而获得大量的财富，在12世纪时，突尼斯的国王每年要向西西里交付3.3万拜占庭币，以保证不受海盗的侵扰。[②]此外，出租舰队或军队也是常有之事。如1304年摩洛哥曾用3万第纳尔向阿拉贡租用一支舰队。1302年和1309年，阿拉贡国王詹姆斯以每条船每月500第纳尔将装备齐全的舰只租给马林王朝。他在1309年又以同样条件将舰只租给哈夫斯王朝，每条船每月实际收益可达250第纳尔。[③]哈夫斯王朝通过对进口的货物收税获取大量的收益，15世纪时，哈夫斯王朝每年仅在突尼斯海关就有15万第纳尔的收益。

哈夫斯王朝时期，突尼斯国力得到不断提升，而且在突尼斯城内修建了大量的清真寺和宗教学校。凯鲁万和突尼斯城成为当时伊斯兰文化中心。凯鲁万城在哈夫斯王朝时期有着重要的作用，成为仅次于麦加、麦地那和耶路撒冷的第四大圣地。来自欧洲各地的基督教徒来到突尼斯，与阿拉伯人、柏柏尔人一起生活。[④]随着十字军东征的到来，13世纪70年代，哈夫斯王朝与欧洲国家的冲突使得突尼斯基督教徒与穆斯林之间的交往减少，哈夫斯王朝不得不向欧洲国家缴纳贡税，突尼斯和欧洲之间的贸易也受到影响，在意大利的港口很少再见到穆斯林商人。[⑤]尽管如此，麦克·劳尔仍然认为，

---

① 〔塞内加尔〕D. T. 尼昂主编：《非洲通史·第四卷：十二世纪至十六世纪的非洲》，中国对外翻译出版有限公司2013年版，第589页。

② 同上书，第592页。

③ 同上书，第593页。

④ Michael Lower, “Tunis in 1270: A Case Study of Interfaith Relations in the Late Thirteenth Century”, *The International History Review*, Vol. 28, No. 3, 2006, p.505.

⑤ Dominique Valérian, “Ifrîqiyan Muslim Merchants in the Mediterranean at the End of the Middle Ages”, *Mediterranean Historical Review*, Vol.14, No.2, December 1999, p.51.

该时期在与欧洲国家的交往中，突尼斯是一个参与者，而不是一个傀儡。[①]1390 年，哈夫斯王朝打败了法国国王查理六世对突尼斯的侵略。14—15 世纪，哈夫斯王朝战事不断，国力逐渐衰微。

14 世纪和 15 世纪，北非地区与欧洲一样多次发生瘟疫和灾荒，饱受黑死病的折磨。马格里布各民族人口总数降至 300 万到 600 万，从而导致生产萎缩。而且沙漠不断侵蚀许多农田，耕作遭到破坏，人口稀少地区的安全条件恶化。[②] 1346 年第一次暴发黑死病时，突尼斯的经济和社会遭到破坏。在此后的 500 年中，这个瘟疫周期性地复发，严重扰乱了乡村经济，直到 1820 年黑死病才在这个区域最终被根除。[③]在哈夫斯王朝统治末期，城市出现衰落，商业活动萎缩，农业生产停滞，食物短缺，社会危机严重。游牧部落传统的生活方式具有很大的流动性，国家很难对其做到有效管理和约束。这些游牧部落在国家衰落和社会危机之时，开始侵犯农耕地区。游牧部落的冲击使哈夫斯王朝陷入一片混乱之中。国家收入的减少，使其很难维持庞大的军队和官僚队伍。中央权力机构的式微，造成一些远离统治中心的地区出现离心倾向。哈夫斯王朝苏丹在王朝末期不得不拿起武器抵御游牧部落的侵犯，哈夫斯王朝对突尼斯的统治已经处在风雨飘摇之中。

哈夫斯王朝在 16 世纪的衰落，引起外国势力的干涉，突尼斯开始成为西班牙和奥斯曼帝国的角逐场。1535—1541 年，神圣罗马帝国皇帝对突尼斯和阿尔及尔发动远征。1573 年，奥地利唐·约翰[④]在勒班陀大败土耳其舰队两年后，从土耳其人手中夺回了突尼斯。

---

① Michael Lower, “Tunis in 1270: A Case Study of Interfaith Relations in the Late Thirteenth Century”, *The International History Review*, Vol. 28, No. 3, 2006, p. 505.

② 〔肯尼亚〕B. A. 奥戈特主编：《非洲通史·第五卷：十六世纪至十八世纪的非洲》，中国对外翻译出版有限公司 2013 年版，第 203 页。

③ Kenneth J. Perkins, *Historical Dictionary of Tunisia*, Lanham, Md. & London: Scarecrow Press, 1997, p. 37.

④ 西班牙国王菲利普二世的同父异母的兄弟，原为奥地利的总督。1570 年，以西班牙和威尼斯为首的国家为了应对奥斯曼帝国的扩张而成立了海上十字军，约翰被任命为舰队司令。他以炮击代替传统的接舷肉搏的战略，取得辉煌的胜利，标志着旧海战时代的结束。

经过远征，西班牙人占领了奥兰和的黎波里，并在非洲土地上建立若干强大的要塞，如通向阿尔及尔的佩尼翁（1511—1529 年）和位于突尼斯外港的古莱特（1535—1574 年），从而为守卫西西里海峡的南部海岸奠定基础。[①]哈夫斯王朝的苏丹在西班牙和奥斯曼人面前，不得不想出巧妙的策略在两者之间斡旋。在王朝末期，哈夫斯王朝在列强的干涉下，失去了独立性。在末代苏丹穆罕默德统治时期，突尼斯处于半独立的状态，国家的部分权力被割让给西班牙。此外，虽然哈夫斯王朝的统治者与游牧部落结为联盟，但奥斯曼帝国的军队太过强大，他们对哈夫斯王朝的政策是打压，而不是怀柔。[②]土耳其人进入突尼斯后推翻了哈夫斯王朝，开启了奥斯曼帝国的统治时期。

---

① 〔肯尼亚〕B. A. 奥戈特主编：《非洲通史·第五卷：十六世纪至十八世纪的非洲》，中国对外翻译出版有限公司 2013 年版，第 205 页。

② Kenneth J. Perkins, *Tunisia: Crossroads of the Islamic and European World*, Boulder, CO: Westview Press, 1986, p. 55.

第六章　奥斯曼帝国统治时期的突尼斯

随着哈夫斯王朝的衰落，突尼斯成为大国政治的竞技场。奥斯曼帝国起源于小亚细亚地区，是突厥民族中乌古斯部落中的一支，经过几个世纪的扩张与征服，建立了一个庞大的奥斯曼帝国。1574年，西纳恩帕夏率领军队占领突尼斯，结束哈夫斯王朝在突尼斯的统治，并将其纳入奥斯曼帝国的行省。最初，奥斯曼帝国通过阿尔及尔统治突尼斯，随后直接为突尼斯任命了最高长官。但突尼斯实际上是由地方贝伊控制的自治省，具有相当大的自治权。19世纪，随着奥斯曼帝国各种现代化改革的不断出现，突尼斯总督开始尝试对突尼斯的政府机构以及经济进行现代化改革。然而，事与愿违，改革使得突尼斯的国债越来越庞大，最终无法管理，突尼斯面临破产危险。正是在这一背景下，法国乘虚而入。1881年法军进攻突尼斯，建立起法国在突尼斯的殖民统治。

一、奥斯曼帝国的兴盛

奥斯曼帝国的建立

奥斯曼人在历史上被称为突厥人，其祖先原本生活在北方草原和沙漠地带，属于游牧民族。受当时政治、文化、经济和环境变化的影响，奥斯曼人不断进行迁徙。在常年的迁徙中，游牧文明和农耕文明发生碰撞，奥斯曼人学习农耕文明中的先进因素，许多游牧部落逐渐转为定居。在部落社会中，部落氏族的首领依靠血缘和宗亲为纽带维系自身的统治。由于部落社会生产力低下，部落之间为争夺土地、牧场和水源等资源时常发生冲突和战争。奥斯曼人经常生活在战乱之中，很少有安宁的生活。

公元7世纪，伊斯兰教伴随着阿拉伯帝国的扩张而得到广泛传播。突厥人皈依伊斯兰教前，他们的信仰十分混杂，崇信万物有灵、灵魂永存，他们信仰太阳、月亮、山川、河流等偶像。每个部落都有自己的图腾崇拜，都有自己的部落神，信仰的多样性造成突厥内部分裂，形成很多部落。阿拉伯帝国不断扩张，突厥人生活的中亚和西亚地区被纳入了帝国的统治范围。一些勇猛善战的突厥人被招募到了伊斯兰军队中，其中一些人因赫赫战功进入帝国的统治阶层，他们成为最早皈依伊斯兰教的突厥人。据称，在早期突厥人的伊斯兰化过程中，传教士起到重要作用，尤其是到处漫游的托钵僧、到处流浪的苦行僧和神秘主义者，以及往返两地通商的穆斯林商人。对于当时存在各种宗教信仰的游牧民族来说，突厥人的伊斯兰化给他们带来了新的活力，使其社会生活发生了巨大变化。伊斯兰教在突厥人中起到了重要的纽带作用，使得过去庞大杂乱的突厥游牧部落在历史上第一次在一个共同信仰和理念之下联合在一起，并迅速成为世界伊斯兰文化圈中最重要的组成部分。[①]

突厥人形成统一的信仰后，在塞尔柱突厥人的领导下，势力发展迅猛。起初他们只是阿拉伯帝国亲王的雇佣军，但不久就成为了省总督，最后竟成为了阿拉伯帝国境内广大地区的自主统治者。[②]拜占庭帝国曾经在历史上几乎占领了整个中东地区（伊朗除外），包括现在的埃及、以色列、巴勒斯坦、黎巴嫩、叙利亚、约旦、土耳其和伊拉克的部分地区，还有北非地区，但7世纪后拜占庭逐步失

---

① 彭树智主编，黄维民著：《中东国家通史·土耳其卷》，商务印书馆2002年版，第37—38页。

② 黄维民：《奥斯曼帝国》，三秦出版社2000年版，第12页。

去了很多领地。[①]突厥人利用拜占庭帝国的衰微和阿拉伯帝国的分裂，将阿拉伯帝国的哈里发变成他们手中的傀儡，国家实权落入塞尔柱突厥人手中。此外，他们还与拜占庭帝国发生战争，夺取了大量的土地。他们入侵亚美尼亚、美索不达米亚，占领了伊斯兰法罕，并向高加索挺进。1056年，塞尔柱人入侵巴格达，征服了小亚细亚。1040年，托格鲁尔建立塞尔柱帝国，成为塞尔柱突厥人最为辉煌的时期。1071年，曼齐克特之战后，塞尔柱突厥人打败了拜占庭帝国的军队，大批突厥人开始迁徙到如今土耳其共和国所在的小亚细亚。

13世纪时，蒙古铁骑大军横扫中东和西亚地区，塞尔柱突厥人无力抵抗蒙古铁骑的入侵，迁徙到小亚细亚。随着塞尔柱帝国的衰落和消亡，奥斯曼人接受了伊尔汗国的宗主权，定期缴纳贡物，还要时常派出士兵参战。[②]当时小亚细亚处于权力的真空，为奥斯曼人建立新的政权提供了便利。而且奥斯曼人长期戍守边关，与拜占庭帝国作战。在这种环境下，奥斯曼人在军事上和组织上形成了一种强大的凝聚力。奥斯曼人的首领埃尔托格鲁尔打着向异教徒发动圣战的旗帜，向拜占庭帝国的疆域扩张。1288年，埃尔托格鲁尔去世，其子奥斯曼继位。奥斯曼极具才干、骁勇善战，把涣散的突厥部落组织成具有较强战斗力的武装力量。他还以伊斯兰教的圣战思想武装战士，吸收周边地区的圣战者参加他的队伍。许多突厥部落在其首领的带领下前来投靠奥斯曼。他们在奥斯曼的带领下，依靠勇猛的骑兵和宗教狂热，多次对拜占庭发动战争，掠夺财富和土地。当时的拜占庭帝国已经日薄西山，内外交困，在奥斯曼的侵袭下屡屡受挫。奥斯曼率领大军横扫巴尔干半岛，并占领埃斯基谢希尔和卡拉贾西撒尔地区，牢牢控制了从中央安纳托利亚高原至提尼亚的通道。1300年，奥斯曼自封为苏丹，并宣布其领地独立。奥斯曼人的

---

① Donald Quataert, *The Ottoman Empire, 1700-1922* (2nd Edition), Cambridge: Cambridge University Press, 2005, p. 15.

② 〔美〕斯坦福·肖：《奥斯曼帝国》，许序雅、张忠祥译，青海人民出版社2006年版，第22页。

崛起是有一定的历史背景的，其中包括：突厥人的入侵动摇了拜占庭人在小亚细亚地区的统治；蒙古人的入侵给中东地区带来了混乱；奥斯曼人富有弹性和务实的政策吸引了很多支持者。[①]

此后，它的疆域不断扩大，从两个方向扩张：一是向黑海扩张，二是向马尔马拉海扩张。短短几年时间，奥斯曼的铁骑就征服了这些地区。1301年，在巴法翁战役中，奥斯曼军队打败了拜占庭帝国的军队，占领了小亚细亚最富庶的俾斯尼亚平原。1326年，奥尔汉继位后，开始了奥斯曼历史上大规模的对外征服。拜占庭帝国在小亚细亚的领土、巴尔干地区很快开始被纳入奥斯曼帝国的版图。1363年，拜占庭帝国皇帝向奥斯曼人求和，承认奥斯曼人在巴尔干地区的主权，并向其缴纳赋税。

奥斯曼人的对外扩张

奥斯曼人的崛起恰逢有利的国际环境，对于那个时代和那片区域，政治、文化、宗教、经济和社会的极度混乱是其主要特征。[②]当时周边大国普遍衰落，国家内部、国与国之间秩序混乱，这为奥斯曼人大规模扩张提供了可能。在奥斯曼时期，国家雏形初现。奥尔汉继位后，拉开了奥斯曼王国对外大规模征服的序幕。奥尔汉建立了一支劲旅作为征服活动的利器，他组建的常备军有两种：一种是由得到采邑的封建主提供的军队；另一种是通过招募组建的正规新军，奥尔汉把获得的战利品的五分之一收归国库，作为新军的薪饷。奥尔汉组建的新军也称为加尼沙里军团，欧洲人称之为近卫军团。[③]他首先征服了尼西亚岛和安纳托利亚西北部的土地。随后，奥斯曼国将小亚细亚地区纳入其疆域之中。征服这些地区之后，奥尔汉将注意力转向欧洲。1341年，拜占庭皇帝安德罗尼库斯三世死后发生

---

① Donald Quataert, *The Ottoman Empire, 1700-1922* (2nd Edition), Cambridge: Cambridge University Press, 2005, p. 13.

② Ibid.

③ 黄维民：《奥斯曼帝国》，三秦出版社2000年版，第46页。

皇位之争，约翰六世拒绝承认约翰五世统治的合法性，双方之间不断地发生战争。1346 年，约翰六世为了攫取王位，开始与奥斯曼人结盟，并将自己的女儿迪奥多拉许配给奥尔汉为妻。同年，奥尔汉率领大约 6000 名士兵进入色雷斯帮助约翰六世登上王位，控制了伊斯坦布尔以北的黑海沿岸地区。奥斯曼人的铁骑踏上欧洲的土地，东南欧逐渐沦为奥斯曼人的势力范围。在奥尔汉统治时期，奥斯曼国的疆域增加了一倍，这为奥斯曼国发展成为帝国奠定了基础。

1360 年，奥尔汉病逝后，穆拉德一世继位。当时的形势还是有利于奥斯曼国的进一步扩张。拜占庭持续衰落，处于支离破碎的状态。穆拉德一世继位后扩充军队数量，将征服的重心放在东南欧地区。1369 年，他攻占了亚德里亚堡，打开了东南欧的门户。亚德里亚堡战略位置十分重要，是拜占庭首都君士坦丁堡通往巴尔干半岛的必由之路。穆拉德一世将首都从布尔萨迁于此，将之改名为埃迪尔内。穆拉德一世在欧洲所向披靡，攻占索菲亚、尼什、撒罗尼卡等。1389 年，拉扎尔公爵率领由塞尔维亚人、保加利亚人、匈牙利人等组成的 2 万联军与奥斯曼人在科索沃平原进行会战。在战争中双方互有胜负，穆拉德一世被刺身亡。巴耶济德继位后扭转了战争的局面，将联军彻底打败。1396 年，巴耶济德打败了十字军的侵犯，控制了黑海沿岸和巴尔干半岛。在 15 世纪时，强大的帖木儿王朝出现，与奥斯曼人在安卡拉城附近进行会战，帖木儿取得最终的胜利。奥斯曼国成为帖木儿帝国的藩属国，奥斯曼人陷入王位争夺的内战之中，对外征服的步伐趋于停滞。

1421 年，穆拉德二世继位后，收复大量的失地，并开始对拜占庭的首都君士坦丁堡发动攻击。1453 年君士坦丁堡被攻破，标志着拜占庭帝国彻底灭亡。穆拉德二世将首都迁于此，并改名为伊斯坦布尔，奥斯曼帝国成为这个地区的霸主。君士坦丁堡位于地中海和黑海的交界处，是连接东西方商路的枢纽。奥斯曼人对商路的垄断使帝国获得了大量的财富，这在一定程度上刺激了西方开辟新商路，客观上促使了新航路的开辟。

奥斯曼帝国的鼎盛时期

经过历代君主的努力，到苏莱曼大帝统治时期，奥斯曼帝国达到了鼎盛时期，成为地跨欧、亚、非的大帝国。这个大帝国本质上仍是由奥斯曼家族控制的王朝，它与各种势力和制度既合作又竞争，以此维护其长治久安。[①]为管理这个庞大的帝国，它吸收了多种文化，一方面接受了伊斯兰文明，另一方面在财政税收上受到拜占庭帝国的影响，博采众长的奥斯曼人创造了一种新的统治制度和管理体制。作为一个封建军事专制的伊斯兰君主国，奥斯曼帝国的苏丹自称是"真主在大地上的影子"，集政治、经济、军事等权力于一身，苏丹既是奥斯曼帝国的世俗统治者，也是最高宗教领袖。此外，苏丹之下还设有国务会议，它由数名大臣、大法官和国务秘书组成。大臣称为"维齐"，辅政的宰相称为"大维齐"，代表苏丹处理国家的日常政务。最早的国务会议是由国王亲自组织，但后来由于日常政务繁重，国王很少参与，国务会议慢慢转到大维齐的官邸召开。在国务会议下面，还设有各种机构用来分管行政、财务等。到了19世纪，国务秘书的办公地点改为外交部。除了国务会议，地方也设有各种行政机构，主要是以省为单位，而省又由若干个县组成。行省设有省督，由苏丹亲自任命，其任务主要是管理地方政务，但省督通常有着大臣的地位和帕夏的官衔。

在司法方面，奥斯曼帝国也吸收了多种文明的精华，继承了阿拉伯帝国的法律制度。伊斯兰教法居于主要地位，将伊斯兰教的信仰与民法、刑法相结合，苏丹颁布的敕令则是对伊斯兰教法的补充。此外，奥斯曼帝国还规定，被征服的各民族成员，无论居住在什么地方，一律适用本民族的法律，但外族人即使长期居住在此地，也不受这个地方主要民族法律的保护。

---

① Donald Quataert, *The Ottoman Empire, 1700-1922* (2nd Edition), Cambridge: Cambridge University Press, 2005, p. 90.

此外，奥斯曼帝国为了对被征服地区进行有效统治，创造了米勒特制度。米勒特是对非伊斯兰教的宗教团体或宗教社区的统称。由于奥斯曼帝国经过对外扩张后，疆域急速扩大，各种种族和宗教信仰交错在一起。为了方便统治和维护被征服地区的稳定，奥斯曼帝国对被征服地区人民的身份认定主要是根据宗教信仰。每个米勒特都可以使用自己的语言，发展自己的宗教、文化和教育，还有自己的宗教领袖专门负责与帝国政府沟通，以及缴纳赋税等。这种米勒特制度在一定程度上保证了奥斯曼帝国对被征服地区的有效统治，同时也表明了奥斯曼帝国的宗教宽容性。

二、奥斯曼帝国来到突尼斯

奥斯曼帝国与西班牙在北非的争夺

16 世纪是奥斯曼帝国对外扩张的鼎盛时期。奥斯曼土耳其人在 1453 年实现了他们长久以来的雄心——攻占君士坦丁堡，随后进一步成功地入侵到巴尔干半岛地区，在那里建立起统治，紧接着在南面又占领了叙利亚和埃及。1514 年，塞利姆一世攻打萨法维王朝，将整个美索不达米亚平原纳入帝国的版图。1517 年，奥斯曼帝国打败了埃及的马穆鲁克王朝，结束了马穆鲁克王朝在埃及的统治，埃及沦为奥斯曼帝国的附庸。奥斯曼帝国为了减少被征服地区的社会动荡，对这些地区的统治和管理没有做大的变动，因而被征服地区具有一定的独立性。

突尼斯当时处于哈夫斯王朝统治末期，是西班牙人、海盗和奥斯曼人争夺的目标。16 世纪时，哈夫斯王朝已经名存实亡，形成许多独立于中央政权的部落和公国。外部势力极力向突尼斯渗透，在此建立自己的统治。外国势力的干涉，加剧了突尼斯混乱的局面。西班牙和奥斯曼帝国都是当时的新兴帝国，一个是基督教世界强国，另一个则是伊斯兰世界霸主，双方都在进行扩张活动，发生冲突不可避免。

16 世纪，西班牙人和土耳其人展开了对西地中海控制权的争夺。双方都雄心勃勃，因为此前双方都在一系列的扩张行动中取得了胜利。其中，西班牙人占领了非洲海岸的许多港口城市，如 1505 年占领了米尔斯 - 克比尔，1509 年占领了瓦赫兰，1510 年占领了的黎波里和贝贾亚。1511 年，西班牙在阿尔及尔获得一个挡住海港入口的小岛，在岛上筑了佩尼翁要塞，占领了距离海岸 40 千米远的特累姆森。靠近突尼斯的科莱特港后来也被西班牙军队占有，并在那里建立了一个庞大坚固的要塞。西班牙在北非的间接统治促使一部分穆斯林统治者对土耳其军队进入该地区驱逐西班牙人采取了欢迎态度。然而，哈夫斯统治者逐渐意识到土耳其人以及他们支持的海盗是一个更大的威胁，于是，他们又与西班牙人联合起来。

海盗活动的猖獗

当时地中海充斥着另一股强大的势力，那就是海盗。海盗活动十分猖獗，他们拥有强大的武装力量，建立了自己的组织。从杰尔巴岛（Djerba）到摩洛哥，各港口城市都形成了海盗帮。他们依靠强大的武装力量，对来往地中海的商船进行劫掠。16 世纪，海盗活动进入了高度组织化时期，还组成了“海盗船长帮会”。海盗船长帮会会长由船长在雷伊斯理事会上确定的名单中推选，而雷伊斯理事会是由所有的海盗船长组成的权威机构，当地的居民也有参与。海盗成员有三个来源：基督徒叛教者、国外穆斯林（大多数是土耳其人）和一些马格里布地区的土著。船长、海盗成员都住在阿尔及尔西部地区的港口码头一带。后来，奥斯曼帝国近卫军团统治下的阿尔及尔逐渐控制了大部分的海盗舰队并资助他们多次进行远征。所得战利品的分配有严格的规定：首先归于真主的代表国阿尔及尔；其次归于港口所在地的政府部门；然后船主、队长和海盗成员都有一份。截获的商品货物也会被拿去拍卖或者卖给在阿尔及尔居住的欧洲商人。

奥斯曼帝国在马格里布地区的扩张得到了阿鲁杰（1474—1518年）和他的弟弟赫尔丁（1483—1546年）的支持，此二人被称为“巴巴罗萨兄弟”。在东地中海发生的一系列斗争中，阿鲁杰和他的弟弟赫尔丁积累了许多海上战斗经验。随后，兄弟俩以海盗头子的身份到达了突尼斯。巴巴罗萨·赫尔丁在奥斯曼帝国的支持下，以阿尔及尔为基地对外进行扩张。他利用哈夫斯王朝的宫廷内讧和居民对苏丹穆莱·哈桑的不满，在奥斯曼帝国政府的支援下对突尼斯发动了进攻。[①]1504年，他们与哈夫斯王朝苏丹穆罕默德·哈桑（1493—1526年）达成协议，哈夫斯王朝承认他们海盗头领的地位，允许他们在地中海上劫掠，抢劫的战利品（船只、货物和俘虏）双方共享。兄弟俩在科莱特和杰尔巴岛（突尼斯东南海岸以外的岛屿）活动。在杰尔巴岛上，阿鲁杰是最高统治者。在此期间，西班牙要求包括穆斯林在内的非基督徒离开西班牙。阿鲁杰用船将一大批安达卢西亚的摩尔人运到北非，尤其是突尼斯，因此，他赢得了赞扬，许多穆斯林前来加入他的组织。海盗在地中海地区大肆劫掠，严重威胁到以西班牙为首的基督教国家的利益。在这种情况下，西班牙开始制订清剿海盗的计划，这也标志着西班牙开始插手北非局势。

西班牙有着浓厚的宗教热情，从十字军东征到收复失地运动，宗教狂热的背后夹杂着世俗野心。16世纪，西班牙依靠新大陆的发现，一跃成为一个世界性强国。16世纪初，西班牙开始采取军事行动，占领了米尔斯-克比尔、瓦赫兰等城市，控制了沿海的一些据点，势力范围并没有深入内陆地区。西班牙占领这些据点是为了维护商业利益，并不是建立政权。在其占领期间，守卫据点的西班牙士兵生活十分困难，一方面是因为海上补给困难，另一方面是这些守卫军常常受到海盗和当地游牧部落的攻击。

地中海地区的海盗活动日益猖獗，海盗逐渐成为地中海的重要势力。由于许多商船往来于此，掠夺商船使得很多人一夜暴富。很

---

① 〔法〕夏尔-安德烈·朱利安：《北非史》（第一卷），上海新闻出版系统“五·七”干校翻译组译，上海人民出版社1973年版，第489页。

多城市居民开始从事海盗活动，很多逃亡者也加入海盗的行列。拜占庭帝国灭亡之际，这个地区的统治秩序遭到严重破坏，地中海东部的海盗活动日益盛行。由于西班牙与奥斯曼帝国在地中海进行激烈角逐，奥斯曼帝国不得不求助于海上实力雄厚的海盗集团。巴巴罗萨兄弟的海盗活动并不是一帆风顺的，他们需要一个强大的庇护者，以提高自己的威望。在海盗活动陷入困境的时候，巴巴罗萨兄弟最终选择与奥斯曼帝国结盟。15 世纪至 16 世纪，奥斯曼帝国占领了从阿尔及利亚到的黎波里之间的漫长海岸线，并在东地中海称霸。在这一时期，海盗得到奥斯曼帝国的庇护和支持，在北非地区日益猖獗，成为土耳其对外扩张中的一支力量。[①]16 世纪初，哈夫斯王朝将杰尔巴岛卖给了巴巴罗萨兄弟。在西班牙侵入北非的时候，巴巴罗萨兄弟在阿尔及尔建立了摄政国。

群雄逐鹿的北非地区

1543 年，西班牙哈布斯堡王朝与奥斯曼帝国的冲突席卷了整个欧洲。奥斯曼帝国在法国国王弗朗索瓦一世的帮助下，占领了属于神圣罗马帝国的尼斯。作为回报，奥斯曼帝国允许法国在其境内自由贸易而且免于征税。与西班牙哈布斯堡王朝的敌对，使得法国和奥斯曼帝国结为同盟。随着欧洲局势的发展，英格兰王国和荷兰共和国也加入奥斯曼帝国的同盟中，西班牙哈布斯堡王朝、意大利和奥地利公国缔结同盟，两大阵营展开了激烈的角逐。以奥斯曼帝国为首的同盟取得一系列的胜利，打败了以西班牙哈布斯堡王朝为首的海上神圣同盟，奥斯曼帝国的势力范围向西延伸到阿尔及利亚。

西班牙人和土耳其人的关系从一开始就不是太好，他们在地中海地区、北非地区以及欧洲发生了一系列的战争。[②]在北非地区，奥

① 张婉婷编著：《海盗王传奇》，外文出版社 2010 年版，第 82 页。

② Wayne H. Bowen, “The Spanish and Ottoman Empires in the Mediterranean, 1714-1914”, *Journal of the Middle East and Africa*, No. 1, 2010, p. 86.

斯曼帝国为了增强与西班牙对抗的实力，与北非海盗结盟，在北非扩张领土，驱赶西班牙势力。1529年，巴巴罗萨兄弟打掉了阿尔及尔城外西班牙人的佩尼翁要塞。1551年和1555年，奥斯曼人还从西班牙人手中先后夺取了的黎波里和贝贾亚城。1553年，奥斯曼帝国开始控制原属西班牙人的保护国特雷姆森，并对其进行有效统治。1571年，西班牙和奥斯曼两大帝国的舰队在希腊海岸的勒班陀相遇，双方发生冲突，韦恩·H. 波文认为，这次冲突不仅是两支舰队之间的冲突，还是两种宗教之间的冲突，也是两大帝国和两大文明之间的冲突。[①]1574年，奥斯曼帝国进入原来受西班牙人保护的突尼斯。奥斯曼帝国在西地中海的南岸获取一个网状结构的港口系统，取得了在北非地区长期争战的胜利，控制了从直布罗陀到的黎波里的整个北非海岸。随后，双方在1581年签订了停战协议，西班牙把精力转向大西洋和西北欧，而奥斯曼帝国则把注意力转移出了地中海。“利益的分散暂时把巴尔干和地中海剧场转移出历史的主流。”[②]至此，奥斯曼人终于在这个较量中取得胜利，突尼斯开始进入奥斯曼帝国统治时期。1588年，西班牙海上的“无敌舰队”被英国彻底摧毁，西班牙逐渐从世界一流强国的阵营中退出。

16世纪，西班牙和奥斯曼帝国都达到了鼎盛时期。西班牙在新航路开辟后，在美洲建立了广泛的殖民地，攫取了大量的财富，在很短的时间内，一跃成为欧洲的霸主。奥斯曼帝国依靠强大的铁骑不断进行征服活动，成为横跨亚、非、欧三大洲的帝国。以西班牙为代表的基督教文明和以奥斯曼帝国为代表的伊斯兰文明之间发生冲突，奥斯曼帝国联合地中海的海盗集团最终战胜了西班牙，突尼斯乃至整个北非地区基本上成为奥斯曼帝国的势力范围，被纳入奥斯曼帝国的版图。至此，东南欧与西亚、北非广大地区成为伊斯坦

---

① Wayne H. Bowen, “The Spanish and Ottoman Empires in the Mediterranean, 1714-1914”, *Journal of the Middle East and Africa*, No. 1, 2010, p. 86.

② 宋保军、王晋新：《奥斯曼扩张与16世纪欧洲国际均势的演变》，《史学集刊》2010年第5期。

布尔苏丹的属地，黑海和红海俨然成为奥斯曼帝国的内湖，多瑙河、尼罗河以及幼发拉底河与底格里斯河则被视作奥斯曼帝国横跨三洲之辽阔疆域的象征。[①] 奥斯曼帝国成为世界上独一无二的强国，辉煌一时。

三、奥斯曼帝国在突尼斯的统治

奥斯曼帝国与海盗

奥斯曼帝国在地中海海盗的帮助下，将西班牙从突尼斯境内驱逐出去，奥斯曼人成为突尼斯的统治者。最初，奥斯曼帝国将突尼斯与北非的其他地区合并为一个省，将北非的广袤疆土委任给阿尔及尔的贝勒贝伊[②]统治。贝勒贝伊是奥斯曼帝国在西地中海的最高权威，担负着对抗基督教国家的重任。当乌勒杰·阿里去世后，奥斯曼苏丹废除了这一职务。

事实上，海盗势力并未因奥斯曼帝国对西班牙的胜利而削弱，相反呈现一种日益增长之势。奥斯曼帝国在北非地区的统治者不得不与海盗势力妥协。当奥斯曼帝国的利益和海盗集团的利益发生冲突时，社会局势就会出现动荡。一旦调和失败，海盗集团就会出现离心活动。在拉姆丹统治时期，海盗集团劫掠了两艘法国商船，奥斯曼帝国要求海盗集团将商船归还法国，却遭到了拒绝。奥斯曼帝国为了稳定局势，派遣哈桑·威尼斯阿诺作为新的帕夏。哈桑·威尼斯阿诺向海盗集团彻底妥协，任由海盗集团在地中海沿岸肆意劫掠。

奥斯曼帝国对突尼斯的统治

1587 年，乌勒杰·阿里去世后，苏丹认为时机已经成熟，可以

---

① 哈全安：《中东史：610—2000》（上），天津人民出版社 2010 年版，第 333 页。

② 贝勒贝伊指的是奥斯曼帝国的总督。

把征服的非洲纳入奥斯曼帝国国家体制范围内。他把的黎波里塔尼亚、突尼斯和阿尔及利亚三个地区改为三个摄政国，由定期更换的帕夏加以统治。① 在苏莱曼一世去世之后，奥斯曼帝国从鼎盛之势开始逐渐衰落下去，的黎波里塔尼亚、突尼斯和阿尔及利亚三个摄政国由于远离帝国的中心伊斯坦布尔，很快就出现离心活动，形成一种独立于帝国的政权形式。

奥斯曼帝国时期，突尼斯的最高统治者被称为帕夏，同时设立由帕夏和近卫军军官组成的国务会议机构，称作迪万。突尼斯被占领后实行的是军人政体，迪万逐渐不听从奥斯曼帝国的号令。军人在突尼斯的统治阶层有很大的影响力。奥斯曼帝国近卫军团的军饷很低，他们只有靠英勇作战，多打胜仗，从战利品中得到丰厚的报酬。根据奥斯曼帝国的有关规定，近卫军团的成员在服役期间不准结婚，他们在军营里过着集体生活，装束也都一样，每日进行操练。② 近卫军团在严格的训练下，成为一支骁勇之师，并逐渐发展成为一支政治力量。近卫军团的力量壮大后，无视苏丹的号令，肆无忌惮，甚至开始干涉朝政。突尼斯最高管理者帕夏逐渐失去了权力，军团长官成为实际的统治者。

奥斯曼帝国第一批驻防突尼斯的是4000名土耳其近卫军。土耳其近卫军纪律严明，在15世纪创建伊始主要是一支由奴隶组成的军团。后来军团士兵逐渐拥有了特权，可以升迁到更高的职位，成为穆斯林，也能够结婚。驻守突尼斯的近卫军士兵来自阿尔及尔的占领军，主要是招募于安纳托利亚的土耳其人。土耳其近卫军团士兵有很高的集体荣誉感和平等主义精神，他们推选军团指挥官阿加保护他们的团体利益。身为土耳其人，他们在帝国里有很高的特权：他们不受普通法庭的司法管辖，有权享受粮食、肉和食用油的配额供给，定期领取军饷，海盗的战利品他们也会分得一份。随后，奥

① 〔法〕夏尔－安德烈·朱利安：《北非史》（第一卷），上海新闻出版系统“五·七”干校翻译组译，上海人民出版社1973年版，第523页。

② 黄维民：《奥斯曼帝国》，三秦出版社2000年版，第174页。

斯曼帝国任命的帕夏开始从不同的地区招募士兵，突尼斯的土耳其近卫军团也开始不再受奥斯曼宫廷的控制。1591 年以前，突尼斯的土耳其近卫军团名义上处于奥斯曼帝国任命的帕夏的控制之下。但 1591 年，土耳其近卫军团的下级军官们推翻了他们的长官，推选的新领导者被称为德伊，德伊掌握着法律的制定和首都的社会秩序以及军事事务，逐渐成为国家的“实际统治者”。土耳其近卫军团的德伊享有很大的权力，而帕夏对近卫军团和海盗集团没有任何的约束力，突尼斯只是名义上属于奥斯曼帝国的统治。突尼斯与奥斯曼帝国的联系日渐衰微，逐渐成为一个独立的实体。

同时，阿尔及利亚和突尼斯为了中马格里布地区的领导权冲突不断，社会秩序混乱不堪。海盗活动更加肆无忌惮，他们劫持商船，袭击沿海的基督教村镇。到了后来，突尼斯船队打着反对基督教“圣战”的旗号，公开从事海盗活动。这个时期，以英、法为首的西欧各资本主义国家的海上贸易有了进一步发展，它们与突尼斯的海盗有过长期的冲突。[①] 突尼斯国内外局势面临着严峻的挑战。

德伊掌握突尼斯的实权之后，改变突尼斯原来的管理机构。在德伊之下设置管理税收和统率各部落军队的官员贝伊，还设置了舰队长官。贝伊在德伊和部落之间充当中间人的角色，德伊依靠贝伊镇压各部落的叛乱活动，抵抗阿尔及利亚人的入侵。为了稳定国内外的局势，德伊需要近卫军团的支持，贝伊的势力无疑得到快速增长，势必与德伊产生权力之争。

穆拉德家族的统治

贝伊权力的日益增强对德伊产生很大的威胁，对国家事务很多方面产生重要影响。一个叫作穆拉德·科索的科西嘉人自小就被罗姆丹贝伊抚养，1613 年罗姆丹贝伊去世以后，穆拉德继承了他的贝伊一职。他的治理有效英明，最终也获得帕夏这一称号，但仍处于

① 杨鲁萍、林庆春编著：《突尼斯》，社会科学文献出版社 2003 年版，第 34 页。

德伊之下。他的儿子哈穆达贝伊（1631—1666年在位）在当地权贵的支持下获得了帕夏和贝伊两个称号。在哈穆达时期，他控制着官员任命权，平定了阿拉伯部落的叛乱，还将杰尔巴岛纳入突尼斯的管辖范围。为了巩固家族在突尼斯的势力，他开始与突尼斯商人和乌里玛密切联系，这样不仅能够使家族获得大量财富，而且还能够在政治上获得合法性。1640年，随着德伊的去世，哈穆达贝伊成为突尼斯的最高统治者。

德伊意识到贝伊权力不断膨胀的问题后，开始采取措施限制和削减贝伊的权力。1673年，德伊公开镇压贝伊哈穆达的儿子穆拉德二世，内战随即爆发。德伊与贝伊之前平定的反叛部落结盟，穆拉德二世主要依靠近卫军与德伊作战。德伊很快就以失败而告终，被穆拉德二世囚禁狱中。穆拉德家族成为突尼斯的最高统治者。穆拉德二世从奥斯曼帝国招募士兵，来镇压随时可能叛乱的部落，保证税收和巩固自身的统治。

1675年，穆拉德二世去世后，穆拉德家族内部发生权力斗争。他的儿子和兄弟为了获得至高无上的权力，彼此之间进行了长达20余年的内战。突尼斯混乱不堪的社会秩序，造成阿尔及利亚再次入侵。阿尔及利亚的入侵震惊了穆拉德家族，穆罕默德迅速结束家族内战。1686年，来自阿尔及利亚的士兵在当地部落的帮助下占领了突尼斯。在阿尔及利亚的干涉下，穆拉德家族的政权成为一个傀儡政权。1700年，穆拉德三世残暴的统治引起国内的广泛不满，百姓怨声载道。1702年，他被自己的随从易卜拉欣·谢里夫（Ibrahim Sharif）杀死，穆拉德家族在突尼斯的统治最终结束。

易卜拉欣·谢里夫终结穆拉德家族的统治后，自封为贝伊。1704年，他又获得了德伊的封号。奥斯曼帝国的苏丹随后又授予易卜拉欣·谢里夫帕夏的封号。1705年，易卜拉欣·谢里夫开始集结军队反击阿尔及利亚的侵略活动，结果兵败身亡。侯赛因·本·阿里把残兵败将集合在自己的旗号下，在突尼斯闭关紧守，最终打退了阿尔及利亚人。但他并不满足于把各种不同的封号简单地集中在自己身上，因此在1705年取消了德伊这个封号。[1]他结束了突尼斯统治混乱的局面后，建立了侯赛因王朝。侯赛因·本·阿里名义上承认奥斯曼帝国是突尼斯的宗主国，实际上突尼斯已经独立于奥斯曼帝国。

总体来看，奥斯曼帝国征服突尼斯之后，并没有对其进行有效治理。突尼斯表现出一种独立倾向，海盗和军队的离心作用使得帝国很难对其进行有效管理。突尼斯混乱的社会秩序、统治阶层时常的内讧和部落反叛活动、阿尔及利亚人的入侵，都对突尼斯形成严峻的挑战，使其一直处于动荡不安之中，这是其历史上的一段黑暗时期。

奥斯曼帝国统治下的突尼斯社会

突尼斯是奥斯曼帝国三大摄政国之一，奥斯曼帝国的许多政策和制度对突尼斯产生了一定的影响。与此同时，突尼斯作为自主性较大的摄政国，在被征服不久之后就脱离了奥斯曼帝国的实际统治，因而突尼斯社会也呈现出新的特征。

在政治上，1574年以后，奥斯曼帝国在突尼斯实行了行省制度，苏丹亲自派遣帕夏管理突尼斯地区。帕夏在突尼斯的权力受到突尼斯的政治环境和各派力量的影响，逐渐被近卫军团所架空，帕夏一职毫无实权。突尼斯最高权力落到军队手中，权力中心从德伊向贝伊转移，因此彼此之间冲突不断。由于这些军人并不擅长治理国家，突尼斯的局面变得更加混乱。

16世纪以前，突尼斯城市贸易繁荣，城市与城市间的联系十分紧密，农村经济也发展迅速。1500—1800年，城市和港口逐渐衰落，究其原因是西班牙和葡萄牙对这一地区实施了扩张性的经济掠夺政策，既是暴力的，又是破坏性的。中世纪曾经富饶的城市和港口于1492年逐步衰败，当时西班牙、葡萄牙的国王开始驱逐突尼斯、阿

---

① 〔法〕夏尔－安德烈·朱利安：《北非史》（第一卷），上海新闻出版系统“五·七”干校翻译组译，上海人民出版社1973年版，第529—530页。

尔及尔的犹太人和穆斯林。[①] 西班牙对北非实行了灾难性的侵略，北非经济日渐萧条，海盗活动在这一地区盛行。

1574 年，奥斯曼帝国占领突尼斯时，这种掠夺式的经济形态已成为了一种常态。奥斯曼帝国并没有对突尼斯实施直接统治，其代理人贝伊逐渐与当地的近卫军团、海盗船长和地方上层相互勾结，一起实施经济掠夺。由于海盗活动可以迅速积累大量财富，因而对国内的青壮年有着巨大的吸引力，劳动力的缺失使得国内经济更加萧条。

同时海盗活动严重影响欧洲国家的正常贸易，欧洲在 17 世纪时对海盗采取了行动，势力扩张到突尼斯。1662 年，英国联合荷兰海军，要求和贝伊签订协约，确保其商船的安全。法国强制突尼斯接受新的商业条约：法国在突尼斯拥有特权，准许法国人建立商业据点，确保法国从突尼斯进口大量小麦。随着贸易活动日益频繁，突尼斯对主要的出口商品实行国家垄断，获取更多利益。随着海盗活动的减弱，突尼斯的贸易活动逐渐走向正常化。

突尼斯城逐步发展成为一个国际性的城市，许多其他地区的人移居这里。城市建筑除了高塔表现出东方的影响外，其余完全是本地的古老风格。突尼斯还建有一所哈乃斐学派的学校，以及奴隶市场贝尔卡。[②] 从 15 世纪中叶开始，奴隶成为一种特殊的商品。奴隶买卖成为一种普遍的交易，形成专门的奴隶市场。奴隶主在市场中出售男女奴隶，买主则根据自身的需要打量他们的年龄、体质和容貌，从中挑选中意的奴隶。奴隶的处境十分艰难，他们做着最为艰苦的工作和苦役，只有极少数奴隶拥有自由。18 世纪末以前，突尼斯的黑人不管是获得自由的还是仍处于奴役状态的，大多数是在农业领域辛苦劳作，主要集中在突尼斯南部。突尼斯南部的很多地区，

---

① 〔肯尼亚〕B. A. 奥戈特主编：《非洲通史·第五卷：十六世纪至十八世纪的非洲》，中国对外翻译出版公司 2013 年版，第 35—36 页。

② 〔法〕夏尔－安德烈·朱利安：《北非史》（第一卷），上海新闻出版系统“五·七”干校翻译组译，上海人民出版社 1973 年版，第 533—534 页。

如杰里德、加贝斯等，在历史上都是依靠奴隶劳动来维持农业发展的。[①]

就文化方面而言，突尼斯地区一直是多种文化的交融之地，突尼斯文化在多元文化碰撞中呈现出活力。1534 年，巴巴罗萨海盗集团率领奥斯曼舰队攻占了突尼斯，将其重要城市洗劫一空，突尼斯的古典文化遭到严重破坏。突尼斯政治局势动荡、海盗活动猖獗以及西方国家的扩张，使其文化出现一种衰落的趋势。

四、侯赛因王朝的统治与法国入侵

侯赛因王朝的建立

18 世纪初，突尼斯建立了侯赛因王朝。王朝的创建者侯赛因·本·阿里（1669—1749 年，1705—1735 年在位）原是出生于克里特岛的奥斯曼帝国骑兵军官，他于 1705 年成功地获得了突尼斯的统治权，依靠的是击败阿尔及利亚入侵者的突尼斯武装力量。侯赛因反对土耳其近卫军推选他们自己的德伊作为统治者，于是向突尼斯城市权贵、宗教人士以及当地部落寻求支持，尽管他也是一个说土耳其语的外国人，但还是最终获得了当地人的支持并击败了土耳其军队，取得了最终的胜利。他任命一位突尼斯的马立克教法学家作为大法官，代替奥斯曼帝国更推崇的哈乃斐派教法学家。1715 年，奥斯曼帝国任命了一位新总督来到突尼斯想要代替他，侯赛因召集了一个由当地人和军队首领组成的委员会来支持他对抗奥斯曼帝国，最终奥斯曼帝国默认了他在突尼斯最高统治者的地位。

侯赛因王朝统治下的突尼斯，是一个中央集权的封建国家。国

---

① Ismael M. Montana, "European Capitalism and the Effects of Agricultural Commercialization on Slave Labor in Tunisia, 1780s-1880s", *Labor History*, Vol. 58, No. 2, 2017, p.201.

内部落的对抗和分治现象，与北非的其他国家相比弱很多。贝伊独揽大权，国家划分为24个行政区，均由贝伊委任的卡伊德（Qaids，州长）管理，卡伊德下面又分设若干谢赫、哈利法等官员。尽管贝伊还是以奥斯曼土耳其帝国苏丹的名义进行统治，但享受着国家君主的权力。突尼斯有自己的军队，可以铸造钱币，与他国建立外交关系、宣战和签订条约，并得到奥斯曼帝国承认的国旗。[①]侯赛因对突尼斯的管理有一套完整的国家管理机制，却保留了奥斯曼帝国帕夏和贝伊的封号，因此奥斯曼帝国始终将突尼斯视为自己国土的一部分。侯赛因这样做，给突尼斯的政治选择提供了更大的空间。

在王朝初期，突尼斯的经济形势发展良好，对外输出大量的粮食、皮革、海绵等商品，许多外地商人来到突尼斯经商。欧洲国家也与突尼斯进行贸易往来，侯赛因·本·阿里先后与法国、英国、西班牙、荷兰和奥地利缔结贸易条约，突尼斯焕发出新的活力。在侯赛因王朝贝伊的统治下，突尼斯和欧洲的商业贸易往来每年都有所增加。越来越多的外国人，尤其是意大利人在突尼斯获得了永久居住权。但突尼斯境内的政治斗争加剧。1729年，侯赛因王朝爆发了全国性的叛乱。1735年，侯赛因的侄子埃尔特帕夏因王位继承权被剥夺发动叛乱，并由此引发了内战，埃尔特帕夏与其族人被迫逃亡摩洛哥。1756年，侯赛因的子孙在阿尔及利亚人的帮助下推翻了阿布尔政权。突尼斯城被阿尔及利亚军队抢劫一空。此后，阿里二世（1759—1782年）和哈穆达（1782—1814年）执政时期重振了突尼斯的政治经济。1807年，哈穆达率领部队取得了决定性胜利，结束了自1756年起阿尔及利亚人在该地区的主导地位。

法国入侵突尼斯

1819年，在法国的强烈要求下，贝伊同意了法国让其终止依

① 杨鲁萍、林庆春编著：《突尼斯》，社会科学文献出版社2003年版，第34—35页。

靠政府垄断出口商品来控制对外贸易的政策，突尼斯开始向国际商贸公司开放。1830 年，贝伊被迫同意在突尼斯推行奥斯曼帝国在几个世纪里与法国和其他欧洲列强签订的投降条约的有关规定。根据这些条约，欧洲商人在奥斯曼帝国统治范围内享有治外法权，包括领事裁判权。到了 19 世纪中期，来自欧洲国家政府及其商人的压力迫使突尼斯不断对外国商人开放，尤其是突尼斯北部和萨赫勒地区。[①]

法国在 1830 年占领阿尔及利亚后，继续在北非地区开拓殖民地，并对突尼斯表现出很大的兴趣。法国强迫突尼斯贝伊签订禁止海盗活动的条约，结束政府商业垄断的行为，对外国商人完全开放突尼斯市场。法国在北非的行为，严重威胁奥斯曼帝国在北非的统治。第二年，奥斯曼苏丹决心恢复昔日的统治，他派遣土耳其舰队到北非地区，但奥斯曼帝国军队远不是法国的对手。1837 年，法国开始侵犯突尼斯，突尼斯求助于英国。在英国的协调下，法国从突尼斯境内退兵。

艾哈迈德改革

18 世纪和 19 世纪，奥斯曼帝国的统治者推行了一系列的全面改革，如教育改革、司法改革、行政改革、军事改革等，尤其是坦齐马特时代的改革是奥斯曼帝国改革的高潮。1839 年 11 月 3 日，奥斯曼帝国颁布了《花厅御诏》，御诏提出了一些改革措施，其中包括废除租税仓收制度、实行正规的征兵制度、任何宗教信仰的人在法律面前人人平等，还提出开设银行、进行财政制度改革等。1840 年 5 月，奥斯曼帝国颁布了一部新刑法，确定了奥斯曼帝国所有臣民在法律面前一律平等的原则。1845 年，奥斯曼帝国再次颁布诏书，进行教育改革，任命了一个由精通司法、宗教、军事等各类

① Ismael M. Montana, “European Capitalism and the Effects of Agricultural Commercialization on Slave Labor in Tunisia, 1780s-1880s”, *Labor History*, Vol. 58, No. 2, 2017, p.207.

学科人士组成的七人委员会，该委员会的主要任务是对帝国现有学校进行调查，设立新式学校。1846年8月，委员会起草了一个教育发展规划，将小学到大学的现代化教育体制进行全面规划，建立初等和中等学校教育制度，建议建立国立奥斯曼大学，并成立一个永久性的公共教育会议，该会议于1847年被改为教育部。奥斯曼帝国在接下来的40年间非常缓慢地推行着各种改革措施。但改革并不是一帆风顺的，根源在于统治阶层的分化，意见不一，而继续推行改革则会给改革的拥护者带来危险。

艾哈迈德贝伊（Ahmad Bey, 1806—1855年，1837—1855年在位）在一个异常复杂且变幻莫测的情势下登上王位。面对错综复杂的局势，他锐意改革，增强突尼斯的综合国力。他采取了一系列的改革措施，开启突尼斯现代化的进程。艾哈迈德贝伊效法奥斯曼帝国苏丹马哈茂德二世（1808—1839年在位）和埃及的穆罕默德·阿里（Muhammad Ali, 1805—1849年在位）改革，加紧推进突尼斯军队的现代化改革。艾哈迈德改革突尼斯传统军队的训练方法和装备，从西方国家引进先进的武器和装备，并雇佣西方国家的军官训练士兵，极力打造一支现代化的军队。为了提高突尼斯军官的战争素养，他在巴尔多宫设立军官学校。许多毕业的学员在军队和政府部门担任要职，成为新式军队的骨干力量。他还建立了一所军事院校，各种军事工业也不断兴起以装备陆军和海军。艾哈迈德还开创了突尼斯人的征兵制，代替了雇佣兵和部落军队。至于与奥斯曼帝国的关系，艾哈迈德贝伊力图弱化与奥斯曼帝国的政治联系，但鼓励与奥斯曼哈里发的宗教关联，以此提升他在国内的社会威望，获得社会各阶层的支持来反对欧洲列强的干涉。艾哈迈德贝伊多次拒绝在突尼斯实行奥斯曼帝国坦齐马特改革关于公民权利的法制改革。相反，他公布了自己的法律改革方案，认为任何来自奥斯曼帝国的改革在突尼斯都是无效的，以此显示突尼斯掌握本国现代化改革的权威性。1841年，突尼斯废除了奴隶贸易。1846年，奴隶制度在突尼斯被正式废止。

在军事改革中，艾哈迈德急于求成反而出现很多问题，改革的效果并没有达到预期的目标。在军队现代化进程中，士兵的武器和装备得到质的提高，但缺乏大量的优秀军官，军队缺乏有效的管理。艾哈迈德对工业也没有足够重视，由于国家的经济重心在农业方面，从而失去了发展工业的大好机会。因为缺乏稳定的财政来源，艾哈迈德的军事现代化改革很快陷于停滞。

1853 年，欧洲形势发生新的变化，俄国和奥斯曼帝国发生领土之争，爆发了克里米亚战争（Crimean War），进而演变成欧洲大陆的混战，奥斯曼帝国与英国、法国和撒丁王国联合起来共同对俄宣战。当时突尼斯的经济形势出现衰退，国库空虚，处境十分艰难。艾哈迈德不顾国家的艰难现状，坚持派遣军队参加克里米亚战争。他想通过战争让突尼斯获得欧洲国家那样的地位，但他通过改革建立的新式军队并没有获得成功，冒险的举动使突尼斯的军事改革宣告破产。

艾哈迈德在军事改革破产后，开始学习西方国家改革的经验，对突尼斯进行政治和法律方面的改革，改善国民的政治经济条件，废除了残余的奴隶制度，但改革没有完成他就去世了。1855 年穆罕默德贝伊继位后继续推行改革。他极力疏远欧洲国家，避免它们干涉突尼斯内政。1857 年，穆罕默德在一次争执中处罚了辱骂穆斯林的突尼斯犹太人，英国和法国以此为借口要求全面干涉突尼斯事务。[①] 许多法国人来到突尼斯后，带来了法国大革命倡导的自由民主思想，穆罕默德受到极大的影响。同年，他宣布所有公民一律平等，人身和财产不受侵犯。在法国的建议下，突尼斯在政府部门中设立专门处理国外事务的机构。

1859 年，穆罕默德·阿里·萨迪克贝伊继位，他将突尼斯政治改革运动推向高潮。1861 年，突尼斯通过了新的刑法和民法，颁布了突尼斯的第一部宪法，建立最高会议作为咨议机关。1861

① Kenneth J. Perkins, *Tunisia: Crossroads of the Islamic and European World*, Boulder, CO: Westview Press, 1986, p. 73.

年宪法（Constitution of 1861）还允许外国人在突尼斯有经营工业、手工业和拥有不动产的权利，这给外国资本向突尼斯渗透开了方便之门。[①] 然而，正当突尼斯朝着现代化方向前进时，国家经济却由于贪污腐败、地方不满和政治混乱而陷入困境。后来欧洲的各国银行借款给突尼斯政府用于社会改革、军事改革、公共工程和开发项目建设等。然而，偿还贷款加剧了突尼斯的经济困难。1869年，突尼斯宣布经济破产。随后，一个由法国领导、成员包括意大利和英国的国际财政委员会组建，这个委员会控制了突尼斯的经济。

与此同时，欧洲国家与突尼斯签订条约，外国资本迅速进入突尼斯，开设银行、修建铁路和发展电信业，将突尼斯本土的工业彻底击垮，还购置了很多土地。突尼斯的民族经济在外国资本干涉下处境十分艰难，突尼斯向欧洲国家借了大量的外债，国家经济命脉被欧洲列强所控制。贝伊为了增加国库收入，对人民征收重税，导致国内矛盾重重，出现严重的政治危机。

最初，意大利是最有兴趣把突尼斯置于其势力范围之内的国家。意大利的强烈动机来源于地理上的接近，因而意大利人大量定居于突尼斯并进行商业投资。同时突尼斯也一直是法国殖民扩张的目标，法国控制下的阿尔及利亚与突尼斯接壤，法国在突尼斯进行大量的资本输出，其势力不断地增强。英国占领临近突尼斯海岸的马耳他岛之后对突尼斯也产生了兴趣，力图避免一个大国势力单独控制西西里岛海峡两岸。1871年至1878年间，法国与英国联合抵制意大利的政治影响。1878年柏林会议（Congress of Berlin 1878）召开，讨论的焦点集中在巴尔干地区的归属问题上。最终，会议达成一致，德国允许法国将突尼斯纳入其势力范围，意大利得到塔拉布鲁斯，英国支持法国占有突尼斯以此换取法国支持英国占有塞浦路斯，以及英法联合镇压埃及的民族主义叛乱。这样，法国就完成了它吞并

① 杨鲁萍、林庆春编著：《突尼斯》，社会科学文献出版社2003年版，第35页。

突尼斯的外交准备。[①] 1881 年 4 月，法国以突尼斯赫鲁米尔部落入侵法国殖民地阿尔及利亚为借口，对突尼斯进行军事入侵，在短短一个月内就占领了突尼斯。突尼斯从此丧失了独立的地位，沦为法国的殖民地。但侯赛因王朝并没有灭亡，它一直延续到 1957 年突尼斯共和国的成立。

① 杨鲁萍、林庆春编著：《突尼斯》，社会科学文献出版社 2003 年版，第 36—37 页。

第七章　法国对突尼斯的征服及殖民统治

19 世纪后半期，西方国家殖民扩张达到了高潮。突尼斯以其重要的战略位置备受瞩目，英、法、意为了得到突尼斯或在突尼斯获得特权地位展开激烈竞争。面对日益严重的民族危机，突尼斯实施了现代化改革。但由于计划失误，接连几次改革未能取得显著成效。相反，突尼斯在改革过程中大量举债，便利了西方列强的资本入侵。西方列强先是用“国际财政委员会”（International Finance Commission）控制了突尼斯财政，继而以军事为后盾攫取大量特许权。列强之间的竞争时常引发各种矛盾，而贝伊政府则摇摆不定。1881 年 4—5 月，法国政府出兵占领突尼斯，突尼斯沦为法国殖民地。

一、突尼斯的危机

列强逐鹿突尼斯

在苏伊士运河开辟（1869 年）之前，列强角逐地中海沿岸的据点成为国际关系的重要内容。对突尼斯的争夺，最初存在于两大殖民帝国——英国和法国之间。意大利 1871 年完成国家统一后，也加入它们当中。

英国试图控制突尼斯，与其在地中海的其他据点连成一片，保证经济和战略利益。英国在获得直布罗陀、马耳他后，进一步觊觎突尼斯，并不断地向其渗透。得益于英国驻突尼斯公使理查德·伍德（Richard Wood）的积极活动，英国在突尼斯的商业利益也在逐渐上升。1871 年，英国“突尼斯铁路公司”取得在突尼斯城郊建筑突尼斯—古累特—马尔萨铁路的租让权。1872 年，另一家英国公司取得突尼斯—苏克—艾尔巴铁路（Tunisia-Suk-Elba Railway）的建筑权。该线路将使突尼斯城和阿尔及利亚连接起来。同年，英国公司获准在突尼斯城建造煤气厂。[①]1878 年，英国占领塞浦路斯，进一步加强了在地中海的力量。

由于地理上的便利，法国一直在地中海推行扩张战略。这种扩张态势甚至早于英国。早在十字军东征时期，法国路易王就曾尝试占领突尼斯。拿破仑主政期间，地中海霸权也在其国家战略之中。随着 1830 年吞并阿尔及利亚的完成，突尼斯逐渐呈现在法国的战略计划当中。1837 年，法国进行试探性进攻，派兵侵占突尼斯的一些绿洲。1848 年开始，法国参谋总部掌握了有关突尼斯一切相关情报。[②]1863 年，法国强迫贝伊接受了利息为 5 厘的贷款，开始插手突尼斯内政。在法国资本家的努力下，到法国入侵前夕，突尼斯 1.25 亿法郎的债券中，1 亿法郎掌握在法国金融巨头的手中。1876 年，突尼斯—苏克—艾尔巴铁路的建筑权由英国公司转让给了法国的“巴提纽勒建筑公司”。不久该公司把包工权转让给了自己在阿尔及利亚的子公司“波尼—格勒马铁路股份公司”。这表明法国资本家力图使突尼斯和阿尔及利亚在经济上联系起来。1876 年，巴提纽勒建筑公司在法国政府的支持下获得开发杰巴铅矿的租让权。1879 年，法国资本家在突尼斯成立银行（后来改名为“突尼斯银行”），这是法国在突尼斯的第一家信贷机构。1880 年，波尼—格勒马铁路股

① 〔苏〕维·卡·达什克维奇：《突尼斯人民民族解放斗争简史》，上海新闻出版系统“五·七”干校翻译组译，上海人民出版社 1972 年版，第 77 页。

② 同上书，第 89 页。

份公司取得建筑突尼斯港的租让权。

在欧洲列强中，意大利距离突尼斯最近，突尼斯东北角的邦角（Cap Bon）距离西西里岛仅80英里。侨民人数意大利也是最多的，是法国、英国的好几倍。即使在英国吞并马耳他并宣布马耳他人处于其保护之下，马耳他人获得英国侨民身份，法国人大举移民突尼斯的情况下，意大利在突尼斯的人口优势也没有发生根本性逆转。历史上，罗马帝国曾经击败迦太基，并将突尼斯划为“阿非利加”进行统治。但在近代殖民扩张中，意大利落在了后面。19世纪初，意大利在突尼斯建立了第一所欧洲学校。1860年，意大利人获得了在突尼斯购买土地的特权。意大利公使为意大利公司谋得了铺设古累特与西西里岛之间海底电缆的权利。意大利在完成国家统一后迅速走上了对外扩张的道路，北非地区首当其冲。但是，由于意大利统一进程滞缓让法国捷足先登，最终未能获得对突尼斯的统治权。1870年，意大利政府曾将征服突尼斯的计划提上日程，但由于英国的反对而作罢。[①]1876年，意大利政府支持其铁路公司鲁巴提诺接手英国公司放弃的从突尼斯城到古累特的铁路修筑权。

意大利的进展引起了法国的强烈不满，两国对于突尼斯的竞争日趋激烈。法国政府以意大利政府部门参与公司间的竞争为由表示了强烈的抗议。此后，法国还针对意大利的野心，专门发出警告。1878年10月，法国驻罗马大使诺阿耶侯爵在递交给意大利政府的照会中明确宣称：“在突尼斯发生的任何事情不能与法国政府无关。长期以来，法国政府把摄政区看成是一个属于法国利益范围并受法国影响的国家……意大利必须十分清醒地认识到这一点，不能沉湎于征服突尼斯的美梦之中，否则就有同法国发生冲突的危险。”[②]

---

① Dwight L. Ling, *Tunisia: From Protectorate to Republic*, Bloomington & London: Indiana University Press, 1967, p. 24.

② 〔法〕让·加尼阿热：《法国对突尼斯保护权的起源（1861—1881年）》，上海人民出版社编译室法文组译，上海人民出版社1975年版，第490页。

三国组建国际财政委员会

突尼斯危机的积累最初是在金融层面开始的。突尼斯在近代转型过程中，金融领域的失守使其最终遭到列强的宰割，而这个过程仅短短二三十年。突尼斯在 1837 年之前财政状况良好，财政收支大致平衡。收入和支出遵循传统习惯，加之领导人循规蹈矩，并没有发生危机。但 1837 年艾哈迈德贝伊上台后，财政状况很快出现了严重问题，财政赤字连年增加。

造成突尼斯金融危机的原因来自国外和国内两个方面。就外部环境来看，进入 19 世纪之后，资本输出成为西方国家主要的殖民手段之一。向相对落后地区进行资本输出，往往可以使得资本家获取超额利润。英、法等国资本家在政府的支持和牵线下积极向突尼斯进行放贷，并且展开竞争。他们不仅攫取了大量的利权，而且还扰乱了突尼斯的发展势头。

就突尼斯国内形势而言，艾哈迈德贝伊的统治开启了一个新时代，但同时也给突尼斯的财政造成了很大压力。艾哈迈德贝伊有感于阿尔及利亚的形势，开启了突尼斯现代化的进程。在他统治时期，政治、经济、文化、军事各个领域都发生了变化。他建立了大量的工厂，以制造军需。他还在巴尔杜宫创建军官学校，培养现代军事人才。但同时，他也有许多铺张浪费之举。尤其是在昂贵的欧洲之行后，动工营建穆罕默迪亚新宫，试图与凡尔赛宫的辉煌攀比。这使得财政不堪重负，赤字飙升。再加上艾哈迈德贝伊起用的新首相穆斯塔法·哈斯纳达尔（Mustafa Khaznadar）中饱私囊、贪赃枉法，将突尼斯推向了深渊。穆斯塔法·哈斯纳达尔是突尼斯财政的巨蠹。他负责贝伊政府的财政事务，但对财政管理缺乏应对能力，反而热衷于不断借款。面对财政紧张的问题，他的办法是通过借新债来还旧债。他的这种办法不仅未能使突尼斯摆脱金融危机，反而加剧了危机。事实上，在大量的借贷过程中，他更关心的是从中获取大量金钱利益。

突尼斯由于借款金额远远超过了还款能力，只能宣布财政破产。

1868年底，突尼斯向国外借款失败，被迫停止了还款付息。1869年，主要的债权国法国、英国、意大利共同组成了“国际财政委员会”，直接插手突尼斯财政管理。在该委员会中，三国各派出了两名代表，另由一名突尼斯官员充当委员会主席。委员会建立的目的是确保突尼斯优先向各债权人还款，同时监督突尼斯政府的各项收支。未经委员会同意，突尼斯政府不得开征新税，不得进行投资，也不得批准新的借款。委员会成立之后，突尼斯事实上已经处于列强共管之下，主权受到了极大削弱。

德·桑西事件

进入19世纪70年代，英、法、意在突尼斯的争夺更加激烈。各国投机者、领事以及他们在突尼斯的代理人相互勾结起来，以各种手段进行渗透。随着这种经济渗透越来越密集，帝国主义者之间的矛盾也开始展现出来。但在事态发展的过程中，外国领事往往以本国军事力量为后盾，迫使突尼斯政府屈服。

菲迪朗·德·桑西男爵（Count Ferdinand de Sancy）是一个法国破落贵族，他在1864年设法取得了贝伊在西迪塔贝的土地授予权。根据协议，德·桑西应当在他所获取的土地上为贝伊政府牧养军马，并以此换取报酬和土地投资的权益。

作为土地投机者，德·桑西并没有履行协议。直到1877年，这片位于突尼斯北部的肥沃土地仍处于荒芜中。贝伊政府在屡次催促无效之后，决定收回土地。但是，这一决定面临严重阻力。英、法利用这一事件借题发挥，使得问题更加复杂。这一时期，英国领事通过耐心工作，使英国在突尼斯的势力稳步上升，法国领事对贝伊宫廷和突尼斯重要官员的影响力在下降。为了恢复法国在突尼斯的优势地位，1874年开始派驻的法国领事提奥多尔·努斯唐（Theodore Roustan）决定干预。他以贝伊政府损害法国公民的财产权为由要求进行仲裁。1879年，由三名法国法官组成的仲裁庭判定德·桑西败诉，支持贝伊的正当权益。但努斯唐蛮横地解除了仲裁法官的职务，并坚持要求贝伊予以补偿。而且，他还提出了24小时的最后通牒。[①]努斯唐的举动得到了法国外交部的支持，而突尼斯则处于孤立无援的境地，贝伊在权衡利弊后被迫屈服。作为对抗的代价，贝伊还按照法国领事的意见，调整了政府官员，任用了亲法官员。

经过这次事件，英国的势力有所下降。法国对突尼斯的控制得到了进一步加强，但这种优势地位并不可靠。英国之所以选择退让是为了与法国调和关系，避免对抗。英国对突尼斯的政策主要在于保持现状，倾向于认可奥斯曼帝国对突尼斯的宗主权。真正与法国展开激烈竞争的是意大利。作为历史上成功的殖民者，意大利人对罗马帝国的荣光念念不忘。意大利在完成统一后，对外侵略的愿望非常强烈。意大利裔移民是突尼斯最大的移民群体。在地理上，意大利比法国更接近于突尼斯。历史上，意大利与突尼斯的关系也更为密切。德·桑西事件表明，突尼斯贝伊几乎失去了对局势的掌控，事实上突尼斯已经成为了半殖民地国家。突尼斯不仅在经济上受到帝国主义国家的控制，在政治上也失去了自主权，再加上军事改革的失败，最终的沦陷在所难免。

列强争夺昂菲达

19世纪70年代末期，列强对突尼斯的争夺达到了白热化程度。为了扩展本国利益，各国领事使出浑身解数积极活动：法国领事在贝伊宫廷的影响力不断上升；英国领事极力为本国资本家争取优惠项目；意大利领事则以庞大的意大利移民为依托，试图取代法国，最终占领突尼斯。列强之间的这种争夺最终在昂菲达事件中暴露出来。

昂菲达（Enfida）是突尼斯首相赫雷丁（Khairal-Din）的地产，面积达1000多平方英里。这片土地位于突尼斯和苏塞（Sousse）之间，

---

① Dwight L. Ling, *Tunisia: From Protectorate to Republic*, Bloomington & London: Indiana University Press, 1967, p. 22.

适于种植橄榄，经济价值极高。赫雷丁因为保守派的反对而下野之后，开始兜售自己的地产，为前往君士坦丁堡做准备。经过谈判，1880年12月底，一家法国公司马赛信用银行获得了转让权，并成功完成了交易。

但是，马赛信用银行获得的这一产业遭到了其他国商人的反对，意大利对此反应尤为激烈。很快，一位英国籍犹太地产商人优素福·莱维（Youssef Levy）以沙里亚法中的优先购买权提出了自己的要求。根据沙里亚法，卖主在出售自己的地产时，与其毗邻的地主拥有优先购买权，他可以用同样的价格购买这一地产。不过，行使这一优先购买权时，买主必须证明他的地产和他要购买的地产相连，而且愿意付出同样的价格。在大多数情况下，优先购买权根本无法实现。因为即便在土地毗邻的情况下，由于买卖双方掌握交易的具体细节，外人无法知晓，不可能以原价行使这一权利。但事情的变化很快失去控制，成为赤裸裸的抢夺。优素福·莱维根据这一模糊权利，在意大利方面的暗中支持下，绕开买卖双方和突尼斯政府，于1881年1月12日迅速进入这一区域，并与当地农民签订新的租佃协议，开始耕作。优素福·莱维并没有付出相应的资金，却成功获得沙里亚法庭的支持，造成了既成事实。马赛信用银行通过法国领事提出抗议，并驱赶优素福·莱维雇佣的马耳他人管家，但未能说服当地民众接受其获得的地主身份。此时，一直与法国领事存在矛盾的英国领事也站出来支持优素福·莱维。优素福·莱维雇佣律师团，前往伦敦在政界和新闻界活动，使英国议会和舆论相信英国公民的海外财产和尊严面临威胁。由此，昂菲达事件发酵成了英法两国外交事件。英法两国对此展开了针锋相对的行动。3月，法国外交部派出了“弗里德兰”号巡洋舰到突尼斯沿海示威。英国则派出两艘“雷霆”号巡洋舰尾随而至。[①] 双方剑拔弩张，互不相让。法国眼看威胁无法奏效，选择撤兵。最终，法、英都撤出地中海，此次危机英国获得表

① 〔法〕让·加尼阿热：《法国对突尼斯保护权的起源（1861—1881年）》，上海人民出版社编译室法文组译，上海人民出版社1975年版，第564页。

面上的胜利。

不过，随着事态的发展，英国政府开始意识到优素福·莱维对昂菲达地产的要求证据不足，并对意大利政府的企图有所觉察，因而减缓了对立行为。意大利方面原本希望拉拢英国，共同对抗法国，从而在突尼斯获得优势地位，但没有取得成功。通过昂菲达事件，法国政府意识到意大利的强烈决心和英国的犹豫不决。昂菲达事件后，法国最终下定决心吞并突尼斯，以免其落入意大利的掌握之中。为了扩大法国利益和保证在突尼斯的优势地位，法国议会最终决定派遣军队夺取突尼斯，将其并入法国的势力范围。在法国占领突尼斯后，昂菲达最终回到了法国资本家的手中。

突尼斯的陷落

围绕对突尼斯的特权地位，欧洲列强展开了长期争夺。柏林会议前夕，突尼斯的政治腐败和列强的占领阴谋使得突尼斯处于非常危险的境地。到 1876 年时，法、英、意三国争夺突尼斯控制权的斗争达到了尖锐化的程度。英国的势力不断增长，意大利恢复罗马帝国荣光的愿望日益强烈。为了突尼斯，意大利甚至公开叫板法国。虽然法国从 1830 年代起逐渐占据了优势地位，但最终的吞并计划出现在 1878 年柏林会议之后。法国在拿破仑战争后，国势遭到极大削弱，大量殖民地易手。进入 19 世纪中期后，法国的国力逐渐增强，并重新开始了对外扩张的势头。但在整个欧洲，相比普鲁士的崛起，法国的实力增长有限。因此，法国一直无法在突尼斯实现独占统治。1871 年普法战争失利后，法国的地位进一步下降。法国被迫割地赔款，接受战败国地位。但在民族主义情绪中，法国一直试图收复阿尔萨斯－洛林地区，重新崛起为欧洲大国。1878 年柏林会议上，法国通过支持英国削弱俄国在奥斯曼帝国地位的政策，承认英国吞并塞浦路斯的既成事实，换来了英国在突尼斯问题上的支持。德国为了转移法国的注意力和挑拨法意关系的需要，转而支持法国在突尼斯的立场。在获得英国的默许和警告意大利之后，法国决定听从俾斯麦的建议，摘取这颗成熟的“梨”。[①]

到 1881 年的时候，法国入侵突尼斯的条件基本具备。法国政界对突尼斯问题达成以下战略共识：法属阿尔及利亚的安全必须得到保障；突尼斯肥沃的土地适合投资和经济渗透；突尼斯政府难以维持稳定秩序；债券所有者的利益面临危机；意大利公司在政府支持下对法国的优势地位造成了严重威胁。[②]

法国借突阿边界地区部落冲突，决定向突尼斯进军。1881 年 3 月 30 日，数百名赫鲁米尔部落民跨越边界洗劫了阿尔及利亚。次日，法阿联军与赫鲁米尔部落武装发生了激烈战斗，法方有 4 名士兵死亡，6 人受伤。[③] 这为法国人制造了口实。法国公使努斯唐受命向突尼斯贝伊提出抗议，并要求严惩部落民。萨迪克贝伊允诺补偿法国人 30 万法郎，但被努斯唐拒绝。他坚持采取军事手段制裁不服管教的部落民。[④]4 月 7 日，法国议会通过决议，拨款 56 952 762 法郎，授权法国军队出征突尼斯。4 月 24 日，由福尔若莫尔·德·波斯康纳尔将军（General Fornomore de Bosconal）指挥的 31 000 名士兵组成的兵团和海军上将孔腊指挥的舰队同时向突尼斯进发，借口是惩罚边界地区的赫鲁米尔部落。很快，法国陆军便击败了赫鲁米尔部落，并攻克了邻近的克夫城。而在海上，法国舰队在 5 月 1 日进驻比塞大港。由 8000 人组成的舰队向突尼斯城进发。几天后法国军队包围了位于突尼斯首都近郊的巴尔杜宫。5 月 12 日，法军统帅希列阿尔向突尼斯贝伊提出建立保护制的要求，并限定 5 小时内答复。萨迪克贝伊被迫签字，史称《巴尔杜条约》（Traité du Bardo）。

---

① 〔法〕让·加尼阿热：《法国对突尼斯保护权的起源（1861—1881 年）》，上海人民出版社编译室法文组译，上海人民出版社 1975 年版，第 496 页。

② Dwight L. Ling, *Tunisia: From Protectorate to Republic*, Bloomington & London: Indiana University Press, 1967, p. 31.

③ Ibid.

④ Ibid.

《巴尔杜条约》签订

《巴尔杜条约》签订后,突尼斯正式沦为法国“保护”下的殖民地。突尼斯几乎丧失了一切政治和经济自主权，成为法兰西第三共和国的一笔海外财产。

《巴尔杜条约》为法国殖民统治突尼斯提供了合法性，并以此确定两国关系的基本原则。该条约的主要内容包括：

第一条　两国之间的和平、友谊和之前签订的所有商业条约继续有效，可以重新调整。

第二条　为了维持边境地区的和平安宁，贝伊为法国军队提供便利，法国军队有权占领部分据点和沿海城市。法国军队的占领由双方共同授权，地方管理由突尼斯当局承担。

第三条　法兰西共和国政府承诺保证贝伊王国或个人免于任何危险或威胁，或者被迫向其他国家妥协。

第四条　法兰西共和国将保证摄政国执行与欧洲其他国家的条约。

第五条　法兰西共和国将派驻总督以确保条约实施，并由总督报告突尼斯事务，沟通两国间的共同利益。

第六条　法国外交部和领事负责保护摄政国人民和国家的利益。作为交换，贝伊未经法国政府和总督同意不得签署任何条约，不得加入国际条约。

第七条　法兰西共和国与贝伊政府成立金融机构，以保障债权人的利益。

第八条　对叛乱部落和沿海城市将继续进行战争。随后将确定贝伊政府负责的数量和规模。

第九条　突尼斯的杰尔巴岛、加贝斯港口和突尼斯南部的其他口岸禁止引进任何枪械弹药。

第十条　本条约须经法兰西共和国政府批准生效，批准书将在最短的时间内提交给突尼斯贝伊。[①]

虽然法国政府不乏反对声音，但参众两院几乎以全票（1票反对）通过了这一条约。条约签订之后，突尼斯正式沦为法国的保护国。法国则实现了其战争目标，即保证阿尔及利亚的安全和法国资本在突尼斯的独占地位。这场战争最终解决了存在于法国与英国、意大利之间的种种利益纠纷，法国实现了其长期追求的特权地位。

二、突尼斯人民的应对

1864年起义

随着突尼斯民族危机的加深，突尼斯政府被迫进行政治改革。1857年，突尼斯颁布《基本法》（*Ahd al-Aman*），明确了公民应当享有的一些基本权利。该法规定：不论宗教、民族或种族，国家保证其私有财产的安全；全体国民在法律面前一律平等，缴纳相同的税；所有人享有同样的商业地位；犹太人和穆斯林地位平等。[②]这一法律的颁布，开启了突尼斯政治现代化的进程。但是，这同时也方便了外国势力的渗透。

由于突尼斯《基本法》符合西方国家的利益，欧洲列强对此表示赞赏。拿破仑三世还专门派出使节对穆罕默德贝伊表示嘉奖和祝贺。1861年，在拿破仑三世的支持下，突尼斯制定了宪法。宪法规定突尼斯的行政权由侯赛因家族世袭，国家议会行使咨政权力。议员人数为60人，任期5年，大部分由贝伊指定。议会协助贝伊制定法律，对国家预算拥有否决权。[③]这部宪法是阿拉伯世界的第一部宪法，其历史意义不言而喻。但是，宪法的颁布并没有给突尼斯带来

① Habib Boularès, *Histoire de la Tunisie: Les grandes dates de la préhistoire à la révolution*, Cérès Éditions, 2011, pp. 499-503.

② Dwight L. Ling, *Tunisia: From Protectorate to Republic*, Bloomington & London: Indiana University Press, 1967, pp. 14-15.

③ Ibid., p. 15.

发展，也没有挽救突尼斯混乱的政治局面，权力仍然掌握在旧官僚手中。旧人行政的结果使得局势更加糟糕。由于触及当权者的利益，以首相穆斯塔法·哈斯纳达尔为首的保守派从中进行破坏。1863 年，议长赫雷丁辞职后，哈斯纳达尔增加了税收。贝伊政府妥协退让和官员贪得无厌引发了突尼斯民众的强烈不满，他们在 1864 年发动了起义。

1864 年春夏之交，萨哈勒地区的民众首先组织起来，公开反叛。起义的中心在斯法克斯（Sfax），并向周围地区蔓延。起义群众攻打政府部门，拒绝纳税，并要求废除宪法，改善民众的生活。起义声势浩大，多次打败了政府军。但是，由于起义队伍缺乏统一的领导和纲领，在取得初步胜利后没有继续发展。首相哈斯纳达尔通过金钱收买，制造起义队伍内部的不和，分化瓦解了参加起义的各个部落。秋收到来后，部分民众离开起义队伍，剩余的起义军无心恋战，起义最终归于失败。不过，此次起义虽然失败了，但对突尼斯政府造成了很大的震动。突尼斯有识之士开始着手进行更加深入的改革。起义也暴露了贝伊政府的软弱，突尼斯传统的统治者马穆鲁克已经失去了战斗力，难以维持国内统治。奥斯曼帝国围绕镇压策略，与英国、法国展开了博弈。英国支持奥斯曼帝国进行镇压，而法国则坚决反对，并以武力相威胁。在法国的压力之下，奥斯曼帝国没有出动军队，而是采取资金支持。此次事件表明，突尼斯在强权环伺的地中海，已经难以争取到强有力的外部支持，独立地位岌岌可危。

赫雷丁改革

1873 年，保守派代表穆斯塔法·哈斯纳达尔下台后，以开明和改革著称的赫雷丁将军担任了突尼斯的首相。赫雷丁毕业于巴尔杜军校（Bardo School），他在与外部接触的过程中，不断加深了对改革的认识。他在当政之后，针对突尼斯的各种问题进行了大刀阔斧的改革。

赫雷丁将军试图重新振兴突尼斯。鉴于突尼斯混乱的财政金融状况，他首先整顿税收，废除各种苛捐杂税，代之以简单明了的直接税。这样，突尼斯政府将得到有保证的税收，从而恢复还款能力和投资能力。一个健康的财政收支系统有助于突尼斯保持独立和稳定。

另外，赫雷丁将军进行了教育改革，在他任内创办了突尼斯最早的现代化学校——萨迪克中学（Sadiqi College）。赫雷丁并不反对伊斯兰教，他认为伊斯兰教要为改革服务。突尼斯要摆脱落后的状态，必须学习西方的先进技术，进行自救。因此，他亲自主持修订课程体系，在其中增加了大量自然科学教育，并采用法语作为教学语言。萨迪克中学的学生在毕业后，还可以前往欧洲国家深造。赫雷丁的改革改变了突尼斯传统教育中只重视宗教教育的弊端。在赫雷丁当政时期，突尼斯的文盲率极高，连政府官员都不例外。哈斯纳达尔和赫雷丁的受教育程度都非常有限。赫雷丁的教育改革，为突尼斯现代化提供了人才储备。甚至在突尼斯沦为保护国之后，萨迪克中学的毕业生仍然是突尼斯的精英阶层，突尼斯民族解放运动的领导人大部分是萨迪克中学的毕业生。

赫雷丁的改革最初得到了法国的支持。哈斯纳达尔的亲英政策招致了法国的强烈不满，而赫雷丁受法国的影响颇深，且在其担纲国际财政委员会时期和法国有过密切合作。但赫雷丁把突尼斯的独立地位寄希望于奥斯曼帝国。经验表明，突尼斯不论倒向英国还是法国，都将引来另一方的强烈反弹。只有奥斯曼帝国和突尼斯面临类似的情况，倒向奥斯曼帝国非但不会削弱突尼斯的独立地位，反而会抵消列强的侵略。因此，在赫雷丁的主导下，突尼斯与奥斯曼帝国重新恢复了松散的联盟关系。此举遭到了法国的强烈反对，法国因此放弃了对赫雷丁将军的支持，转而寻求新的代理人。

1877 年，突尼斯出现严重的旱灾，税收大为减少。赫雷丁为了解决财政问题，大幅度削减侯赛因王朝的王室成员俸禄，引起了宫廷的反对。在法国的压力面前，贝伊撤换了赫雷丁。赫雷丁的改革最终归于失败。

赫雷丁改革是突尼斯近代史上第一次真正的现代化改革。他提出的各项改革方案都领先于他的时代。但突尼斯当时已经面临严重的金融危机，处于国际财政委员会的监管之下，缺乏必要的财政支持。另外，保守势力还相当强大，阻碍了改革的实施。而且，列强不希望突尼斯富强，反对改革，注定了其失败命运。

突尼斯人民反侵略斗争

突尼斯贝伊在法国入侵之际，派他的弟弟、王位继承人阿里贝伊前往西部边境，试图稳定局势。但这支队伍仅有 3000 人，在法国大军面前毫无抵抗力，只能束手就擒。当时，贝伊政府的军队已经由 1848 年的 2.5 万人锐减至 1.5 万人，而且战斗力低下。[①] 在欧洲旅行者的游记中，贝伊的军队被当作异域见闻记叙。这些军队要么军容不整，要么举止怪异。而且，在严重缺饷的情况下，装备奇差，战斗力低下。

相比正规军低下的抵抗力，突尼斯民众自发组织的抵抗更具威力。突尼斯民众自发在西部地区的非兹—卡勒一线和哈扎尔—门库尔一线组织了抵抗，战斗十分激烈。但当法国侵略者逼近号称坚不可摧的突尼斯西部地区的重镇克夫城时则没有组织像样的抵抗，市长西·拉希德主动开门投降。这使得民兵因难以得到有效的支援而溃败。

萨迪克贝伊害怕自己的王位落入其他竞争者手中，选择与侵略者合作。7 月 15 日，萨迪克贝伊为了表达与占领军的合作，在王宫召开了盛大的欢迎宴会，突尼斯达官贵族悉数出席。萨迪克贝伊对法国人的唯一要求是法国军队不占领他的首都突尼斯城。这样，贝伊就能够保住威严，从而维持名义上的最高统治者形象。法国侵略

---

① 〔苏〕维·卡·达什克维奇：《突尼斯人民民族解放斗争简史》，上海新闻出版系统“五·七”干校翻译组译，上海人民出版社 1972 年版，第 98 页。

者为了减轻可能遭遇的抵抗，满足了贝伊的要求。但是，突尼斯人民的抵抗仍然此起彼伏，法国军队不得不逐一平定。

起义的重点地区在南方，以斯法克斯为中心。斯法克斯居民摧毁了欧洲人住宅区，枪毙了拿着《巴尔杜条约》进驻该城的法国参议员们。起义的首领为阿里·本·哈利法（Ali Ben Khalifa），起义队伍包括游牧部落、农民和市民。1881 年 7 月 2 日，阿里·本·哈利法开进斯法克斯。法国殖民者决定进行镇压，并迫使贝伊也派出军队。但贝伊派出的 1000 多人军队投降了起义军。[①]

1881 年 8 月 15 日，在斯特贝拉城召开的部落大会上，民众决定在南部草原地区起义。起义领袖为艾哈迈德·本·优素福（Ahmed Bin Youssef）和侯赛因·本·迈萨伊（Hussein Bin Messai）。起义很快蔓延到了毗邻阿尔及利亚的边界地区。在克夫地区，阿乌纳、阿乌埃尔和德里德三个部落揭竿而起，举行起义。起义领袖为阿里·本·阿玛尔（Ali Bin Amar）。起义的规模越来越大，一度蔓延到了突尼斯北部贝贾地区。起义在 7 月到 10 月间达到高潮。

但是，突尼斯起义军之间缺乏必要的协作，各自为战。艾哈迈德·本·优素福和侯赛因·本·迈萨伊拒绝接受阿里·本·哈利法的领导。这就为法国侵略军各个击破提供了良好的条件。加之双方实力悬殊，9 月法国援军到来之后，起义很快被镇压了下去。这年 7 月法军占领了斯法克斯，10 月占领了凯鲁万，11 月占领了加夫萨和加拜斯。起义者退往南方与的黎波里塔尼亚接壤地区，法国宣布对南部地区实行军事管制，直至 1955 年突尼斯独立前夕。南部地区的民众抵抗直到第一次世界大战之后才基本肃清。1881 年至 1883 年间，在镇压突尼斯人民起义的战争中，突尼斯 3 万农民和手工业者被屠杀，10 万突尼斯人背井离乡，逃亡的黎波里塔尼亚。起义地区惨遭侵略者蹂躏，十室九空。[②]

---

① 〔苏〕维·卡·达什克维奇：《突尼斯人民民族解放斗争简史》，上海新闻出版系统“五·七”干校翻译组译，上海人民出版社 1972 年版，第 101 页。

② 同上书，第 104 页。

三、法国的殖民统治

“保护国”下的双轨制

1881年，法国正式吞并了突尼斯。在此后长达75年的统治中，殖民政府对突尼斯的行政、金融、司法、文化都产生了重要影响。法国帝国主义政策改造了突尼斯。保护国的主要任务是不断改进殖民地的经济和道德、政治，并使其不断融入法国文化圈。①

通过法突之间签订的《巴尔杜条约》（1881年）和《马尔萨条约》（La Marsa Convention，1883年），法国确立了对突尼斯的保护权。根据《巴尔杜条约》，突尼斯世袭君主仍然具有绝对权力，总督以贝伊的名义行使外交权力。《马尔萨条约》第一条规定贝伊有为法国实施行政、司法和金融等改革提供便利的义务；第二条规定突尼斯的债务由双方共同偿还；第三条规定贝伊每年的开支为200万皮阿斯特。在实际运作中，经过几任总督的努力，突尼斯逐渐形成了由总督和贝伊组成的双轨制统治方式。②贝伊保持名义上的最高地位，总督掌握实权。

在“间接统治”模式下，贝伊丧失了大部分权力，沦为总督控制下的傀儡。贝伊虽然拥有自己的小朝廷，但其部长数目突尼斯人仅为两名，其余十名都为法国人。贝伊被剥夺了军队指挥权，仅仅保留了王宫卫队和仪仗队。贝伊发布的敕令往往要得到总督的批准。这种权力分配进一步降低了封建朝廷的地位和作用，贝伊的威望遭受重大打击，为突尼斯由传统专制君主国向现代威权主义政治过渡创造了条件。法国将突尼斯保护国置于外交部的管辖之下，由一名二等秘书担任总督。

---

① Raoul Aglion, “French Colonial Policy”, *World Affairs*, Vol. 107, No. 2, June 1944, pp. 78-79.

② Jacob Abadi, *Tunisia Since the Arab Conquest: The Saga of a Westernized Muslim State*, Berkshire, UK: Ithaca Press, 2013, p.333.

突尼斯的保护国制度是“保护制之父”保罗·康邦（Paul Cambon）制定的。1882年2月18日，保罗·康邦接替了任期已满的法国公使提奥多尔·努斯唐，担任法国驻突尼斯首任总督。康邦坚持结束对突尼斯的军事占领，由文官政府管理突尼斯。总督拥有一切重要权力。总督属下有六大总署：（1）财政总署；（2）公务总署；（3）经济总署；（4）邮电总署；（5）公安总署；（6）文教总署。[①]总督拥有立法权，控制陆军和海军，并主持部长会议，而且掌管诸如金融、公共事业、教育、交通和农业。他还建立了国库、海关、间接税税务局、工务处和教育处等管理机构。[②]在中央领导机构中，由法国人担任的秘书长也是一个关键的岗位。秘书长负责起草、登记、公布所有的政府法令，以及突尼斯城与地方政府的公文往来。秘书长的职级与贝伊执笔大臣平行，但是权力远远超过后者。

在地方事务上，总督手下的法国官员节制宗教和世俗领导人。殖民政府在各级岗位派遣了法国人担任顾问。法国还从阿尔及尔抽调了一批行政人员管理地方行政、司法和财政事务，加强对突尼斯的统治。在成为保护国之前，突尼斯贝伊的权威通常仅限于突尼斯城周围。突尼斯中央政府对地方的统治相当松散。卡伊德相当于地方行政长官，集军政、民政、司法权力于一身。卡伊德往往由贝伊任命，通常是王公显贵，但也有地方部落领袖。他们没有固定的薪俸，但有权获取所在省份税收的5%作为报酬。卡伊德的职责在于维持辖区秩序，征收税收，裁定世俗事务纠纷。卡伊德手下的哈利法或谢赫是基层政府行政人员，他们受卡伊德的派遣，并协助卡伊德进行地方治理。突尼斯沦为法国殖民地之前，全国大约有80个卡伊德辖区。成为保护国后，突尼斯加快了政治现代化进程。中央

---

① 〔苏〕维·卡·达什克维奇：《突尼斯人民民族解放斗争简史》，上海新闻出版系统“五·七”干校翻译组译，上海人民出版社1972年版，第113页。

② Jacob Abadi, *Tunisia Since the Arab Conquest: The Saga of a Westernized Muslim State*, Berkshire, UK: Ithaca Press, 2013, p.333.

对地方的控制明显加强。突尼斯中央政府的行政、司法权力都有所提升。殖民当局把突尼斯划分为民政管辖区和军事管辖区。前者由34个卡伊德辖区组成，后者包括4个分布在南方的卡伊德辖区。在南方卡伊德辖区实行军事管制，目的是镇压突尼斯人民起义，同时还可以把民政管辖区里的“危险分子”和“可疑分子”放逐到南方，由军事当局加以监视。卡伊德跟过去一样，行使行政、司法、财政的职权，也可以裁决民事和刑事诉讼轻罪案件，征收捐税，统辖谢赫、卡西亚和哈利法。卡伊德往往由贝伊从法国殖民者宠信的人员中选任，并拥有广泛的权力。法国为了防止以卡伊德为代表的地方势力坐大，由中央派驻代表予以节制。根据1884年10月4日法国总统法令，在突尼斯建立了民政督察制。将民政管辖区划入19个专区，每一个专区最多包括4个卡伊德辖区。专区的最高领导人为民政督察，由总督任命和撤换。民政督察的任务是对地方政权进行监督。根据1887年7月22日的总督通令，民政督察有权监督突尼斯人行政官员的活动，可以召见他们，与他们公文往来，对他们发号施令。如果没有督察在场，任何突尼斯官吏不得向其上司请示或接受命令。突尼斯政府机关的公文只有在民政督察批阅之后才能生效。因此，民政督察也担当了地方行政长官的职能，直接领导地方政权的官员。在军事管辖区，地方机关的领导权属于法国军官，他们领导四个民事管理局。由直属总督领导的警备司令担任局长，其不仅具有民政督察的职能，而且具有警察法官的职能，可以对可疑人物处以罚金或监禁。法国殖民当局也很重视城市的管理。1887年，殖民当局在突尼斯各主要城市设立了市政府：市长（突尼斯人），副市长（法国人），以及由贝伊任命的若干参议（他们之中既有突尼斯人，也有法国人）。不过，贝伊的每项任命必须经过总督签字才能颁发，因而所有市政府的成员都必须得到法国人的同意。市政委员会的决定只有事先取得首相或秘书长的同意才能生效。后来经过突尼斯人的长期斗争，1945年首都突尼斯市的市政府取得设立民选市政府的权利。

突尼斯的行政区划被确定为13个省。卡伊德的数目由1883年的80个减为1886年的60个，到1900年时只有38个。[①]殖民统治在客观上加强了突尼斯中央政府的权力，增强了中央对地方的管辖，促进了突尼斯的民族国家建构进程。但是，主要由法国人担任的顾问和地方行政秘书削弱了卡伊德的自主权，夯实了法国殖民统治的基础。

在司法领域同样存在双轨制。殖民政府司法改革的目标是建立一个统一的司法体系，在保留宗教法庭的同时保证所有的欧洲人都能够接受法国司法管辖。在殖民政府的交涉下，英国和意大利分别于1883年12月和1884年7月放弃了领事裁判权，为殖民政府制定统一的司法体系创造了条件。殖民政府以法国法院为蓝本，在突尼斯建立了7个高等法院和1个上诉法院，并在突尼斯城组建了2个高等法院和1个复审法院。但穆斯林内部的纠纷仍由传统司法体系裁决。贝伊仍拥有大赦权力。此外，法国殖民当局还建立了专门的商业仲裁机构，用于处理商业纠纷。法国殖民者通过贝伊发布命令取消了奴隶制，禁止突尼斯人买卖、使用奴隶。到1890年，突尼斯彻底废除了奴隶制度。作为司法制度改革的一部分，法国人还明确了犯人应该享有的权利，改善了监狱条件，规定必须在48小时之内对嫌疑人予以问讯。

殖民当局移植了法国的政治制度，并着手建立议会制度的雏形。突尼斯在第二任总督时期，成立了咨询委员会。该委员会完全由法国人组成，代表殖民者的利益。咨委会内部又分为农民组、商人组和不属于这两个组的其他公民组。[②]法国公民可以通过普选的方式组成咨委会。咨询委员会虽然没有批准预算的权力，但对突尼斯政府的政策有建议和批评权。咨委会每两年开一次全会，对部长们的工

① Jacob Abadi, *Tunisia Since the Arab Conquest: The Saga of a Westernized Muslim State*, Berkshire, UK: Ithaca Press, 2013, p. 338.

② 〔法〕马塞尔·佩鲁东：《马格里布通史：从古代到今天的摩洛哥、阿尔及利亚、突尼斯》，上海师范大学《马格里布通史》翻译组译，上海人民出版社1974年版，第398页。

作进行质询。1905 年后，突尼斯土著由间接选举的形式组成了咨委会。由于法国人不屑于同突尼斯土著共同议事，咨委会逐渐演变为两院制。同时，突尼斯政府开始在突尼斯各个主要城市成立市政委员会，以指导和监督政府的工作。最初选出来的代表主要由法国顾问构成，他们事实上发挥了中央和地方中介的作用。

经济调整与发展

法国政府的目标是让突尼斯成为阿尔及尔的屏障，同时尽量不致成为法国政府的负担。因此，提振突尼斯千疮百孔的经济成为殖民政府的首要任务。

殖民政府进行了金融改革。由于不断对外举债和官员中饱私囊、腐败盛行，突尼斯财政 1869 年宣布破产。法国、英国、意大利随之组成国际财政委员会监管突尼斯的财政。但这种托管并未使突尼斯财政出现好转，反而使其雪上加霜。在国际财政委员会的监管之下，突尼斯的财政收入优先偿还欠欧洲债权人的债务，从而使其公共事业难以开展。1883 年时，突尼斯需要偿还的债务为 1750 万法郎，而突尼斯的收入还不及这个数目的零头。

保护国建立后，为了金融重组和帮助贝伊清偿债务，殖民政府进行了金融改革。1884 年，法国政府担保以 4% 的年利率向突尼斯提供了 1420 万法郎的贷款。这一利率低于 5% 的商业贷款，并在数年之后降为 3%。经过数年的努力，突尼斯的财政实现了盈余。[①]在税收方面，法国保护当局在保持原有税种的同时，加强了对征税的监管。税收主要包括阿舒尔（Ashour）、卡努（Canoun）和马杰巴（Majba），由卡伊德负责征收。[②]由于很好地遏制了舞弊，税收收入得到了保证，殖民当局决定减税。到 1930 年时，突尼斯人负担的税收为 30%。同时，由法国牵头，突尼斯还与法国、阿

---

① Jacob Abadi, *Tunisia Since the Arab Conquest: The Saga of a Westernized Muslim State*, Berkshire, UK: Ithaca Press, 2013, p.337.

② Ibid.

尔及利亚建立了关税同盟。为增加收入，加强了突尼斯原有的税收工作和对烟草、盐的专卖管理。这保证了突尼斯以举债来清偿旧债，并调整债务利息。为了节省开支，法国殖民者还限制了贝伊的宫廷费用，裁减了军队。

殖民政府促进了法国殖民者的投资兴业。在法国入侵前，突尼斯的土地制度并不明确。除首都突尼斯城及沿海大城市的土地主要归突尼斯贝伊和一些大地主拥有之外，还存在大量的公共土地。在突尼斯，一切未耕种的土地即“死地”，都是由国家控制的，直到它们经过人力耕种变成“活地”为止。“活地”可分为三类：“迈勒克”土地、“阿尔什”土地和“哈布斯”（Habus）土地。“迈勒克”土地是指地面及其一切地下资源均属私人所有的土地，而且这类土地的所有者必须是穆斯林。“阿尔什”土地是指属于突尼斯部落的公有土地。[①]“哈布斯”土地是指经业主提出而成为永远不能变卖、不能征用的土地。这类土地的收益名义上规定用于清真寺和伊斯兰教学校的各类慈善事业，而事实上却由伊斯兰教长老支配。由部落或清真寺掌管的公共土地，其所有权并不明确。

保罗·康邦到任之后首先实行土地登记政策。凡是无法提供土地证明的土地都被收归殖民当局，并由其出售给法国殖民者。由于注册金额很高，许多突尼斯农民望而却步。由此导致大量土地落入大地主手中。在殖民政府的帮助下，法国殖民者获得了大量的土地。除了正常交易大量公有土地和私人土地外，哈布斯土地也被投入市场。殖民当局采取的方式包括购买、置换和租借。对于部分难以提供确切证据的哈布斯土地，殖民当局首先开放登记，在经历一段时间的认领期后，如果没有人提出异议，便由政府组织拍卖。对于部分公有哈布斯土地，在不改变所有权的情况下，殖民者设法与宗教管理人士协商，勾结他们将其置换，往往将能够耕种的肥沃土地置

① 〔苏〕维·卡·达什克维奇：《突尼斯人民民族解放斗争简史》，上海新闻出版系统“五·七”干校翻译组译，上海人民出版社 1972 年版，第 118—120 页。

换成了贫瘠土地。对于有些哈布斯土地，如果确实难以通过上述途径改变所有权，则可以采取租种的方式。根据沙里亚法，第一次租种的时间为10年，可以延长2次，即最多可以租种30年。这样就可以保证对相应土地长时间占有。

总之，殖民政府建立后，殖民者在获取土地方面的障碍已经基本上被克服了，殖民者通过种种手段，获取了他们想要的肥沃、适宜耕种和靠近市场的土地。[①]殖民政府制定的土地法极大地便利了对突尼斯土地的攫取。1885年和1892年两次注册土地的法令剥夺了许多突尼斯人的土地。到1900年时，有30万公顷土地被欧洲殖民者占据，其中法国人占据了17.5万公顷。而且，在法国殖民统治下，欧洲殖民者往往享受减免税收的特权。殖民政府4/5的税收被转嫁到了突尼斯民众身上，这加剧了突尼斯农民贫困的生活境遇。[②]

法国人侵前，突尼斯主要农作物是小麦、大麦和燕麦，但产量不高。突尼斯农民经营方式粗放，加上缺乏公共灌溉工程，农业发展异常缓慢。法国人定居突尼斯后，带来了先进的技术。殖民政府鼓励农民放弃效率较低的阿拉伯犁，改用欧洲国家普遍使用的法国犁。1882年，殖民政府成立了公共事业部，专门负责修筑桥梁、铁路、公路、水利设施和市政建筑。

法国殖民者还引进了橄榄种植。突尼斯的橄榄、葡萄、椰枣等经济作物备受殖民者的青睐。保罗·康邦的继任者之一朱斯坦·马西科（Justin Massico）创设了农业局、试验场、实验室、葡萄种植者工会、合作酒窖和谷仓以促进突尼斯农业发展。他在任内，大力发展橄榄种植，使得这一产业成为突尼斯的重要收入。橄榄的种植

① Dwight L. Ling, *Tunisia: From Protectorate to Republic*, Bloomington & London: Indiana University Press, 1967, p.64.

② Jacob Abadi, *Tunisia Since the Arab Conquest: The Saga of a Westernized Muslim State*, Berkshire, UK: Ithaca Press, 2013, p. 342.

主要集中在斯法克斯一带，这里分布着一望无际的橄榄树林。[①] 在罗马统治时期，橄榄曾经在突尼斯大面积种植，并且享有盛誉。但是，由于橄榄树维护成本高，投资昂贵，并且结果时间长，突尼斯的橄榄种植在法国入侵前夕仅仅在沿海部分地区有所种植。《世界报》记者保罗·布尔德（Paul Bourde）1892 年担任农业部部长后，大力推动橄榄的大面积种植。在他的推动下，从埃尔杰姆（El Djem）到佳贝斯（Gabes）的广阔土地上都种植了橄榄树。这些地区自罗马帝国毁灭迦太基之后就再也没有种植过橄榄。殖民者与突尼斯农民签订协议，以每棵橄榄树 2—3 法郎的价格由农民负责照顾 15—16 年，直至橄榄结果为止。突尼斯的气候适宜葡萄种植。但是由于葡萄主要用于酿酒，在突尼斯种植面积非常有限，1882 年时仅有 100 多亩。由于殖民者的大力拓植，10 年后竟增长到了 5159 亩。[②] 椰枣也是突尼斯的重要经济作物。突尼斯农民采摘椰枣的方式粗放，影响了果树的生长。殖民者推行更为有效的方式培育果树，使得椰枣的产量也有所增加。

除此之外，突尼斯还拥有大量的森林资源，尤其是西北部地区的阔叶林是突尼斯重要的木材产区。突尼斯沿海的渔业资源丰富，是吸引地中海沿岸国家的捕鱼场所之一。

突尼斯境内分布着大面积的阿尔法草，这是一种优良的造纸材料。但是，突尼斯当地人并不掌握这种技术，而是用其编制箩筐。英国人很早就发现了这种资源，并且大量收购。突尼斯部分游牧居民便靠收集阿尔法草为生。

突尼斯缺乏现代工业所需要的动力，交通也极不发达。贝伊政府在数十年间仅仅修筑了一条突尼斯到古累特的公路。殖民者到来之后开始兴修铁路、港口，加大了对突尼斯的资源掠夺。1881 年，

---

① 〔法〕马塞尔·佩鲁东：《马格里布通史：从古代到今天的摩洛哥、阿尔及利亚、突尼斯》，上海师范大学《马格里布通史》翻译组译，上海人民出版社 1974 年版，第 396 页。

② Dwight L. Ling, *Tunisia: From Protectorate to Republic*, Bloomington & London: Indiana University Press, 1967, p. 75.

突尼斯没有一条像样的铁路。20 年之后，突尼斯的铁路里程达到了 900 千米。这一数字在 1900—1913 年间又翻了一番。1885 年，法国人菲利普·托马斯（Philip Thomas）在斯法克斯附近发现了磷酸盐矿。1897 年斯法克斯港投入使用。[①] 之后，殖民政府又建成了比塞大港。

突尼斯最初仅有面粉厂、榨油厂等传统工业，现代工业几乎为零。殖民者到来之后，短期内也难以建立像样的工业，而且，他们的目的也不是为突尼斯建立完整的工业体系。他们除了经营有利可图的经济作物种植外，又将目光转向了突尼斯的矿藏。突尼斯自然资源并不丰富，煤和石油的储量都微不足道，但锌、磷酸盐等资源储量相当可观。因而，在经过 10 年时间的探索之后，殖民政府加强了对突尼斯矿产资源的开发和掠夺。从 1898 年到第一次世界大战之间，突尼斯锌矿的年开采量为 3 万吨。铅矿的开采量从 1900 年的 6000 吨增加到了 1910 年的 37 000 吨，"一战"期间进一步增长到了 59 000 吨。突尼斯主要矿产磷酸盐的开采量，1900 年是 17.8 万吨，1905 年是 52.1 万吨，1910 年是 130 万吨，1913 年更达到了 200 万吨。[②]

与资源开发出现的欣欣向荣局面相反，突尼斯的传统手工业遭遇了沉重打击。费兹帽、珠宝、皮革、纺织品、武器产量严重下滑，只有制陶和制毯得以生存。由于交通的改善以及关税的调整，突尼斯的出口稳步增长。突尼斯从进口远远大于出口开始向贸易平衡，甚至出超转变。1900—1904 年的贸易额为 1.28 亿法郎，1905—1909 年为 1.95 亿法郎，1910—1913 年则达到了 2.8 亿法郎。第一次世界大战前夕，突尼斯第一次实现了出超。在突尼斯的贸易伙伴中，法国占其出口的 1/2 和进口的 2/3。[③] 这基本上实现了法国的预期目

① Jacob Abadi, *Tunisia Since the Arab Conquest: The Saga of a Westernized Muslim State*, Berkshire, UK: Ithaca Press, 2013, p.343.

② Ibid.

③ Ibid., p.344.

标，突尼斯不仅没有成为法国政府的累赘，反而成为法国帝国主义过剩劳动力和资本的输出场所。

同化政策的实施

为了在突尼斯实现长期统治和完成其“文明开化”的任务，法国在突尼斯推行同化政策，这主要体现在教育改革和归化、宗教改宗方面。

突尼斯传统教育主要依靠清真寺的宗教教育。毛拉们在清真寺对学龄儿童进行识字教育和宗教启蒙。大部分贫苦百姓并不参加初等教育，或者清真寺之后的教育。只有富裕人家才将子弟送往更高级的学校继续接受教育。萨迪克中学建立后，突尼斯富家子弟也可以选择接受部分西方教育。殖民政府建立后，法国并没有强行推行教育改革，而是采取了渐进方式。殖民政府引入了法－阿双语学校，建立了职业学校和女子学校。首先，外国人都接受了法国或意大利学校的教育，部分穆斯林也加入其中。这些学校对突尼斯民众产生了重要影响。在法国文化熏陶下，许多突尼斯民族主义者形成了西化、世俗化的自由主义政治理念。据统计，突尼斯独立之初的政治精英中约 75% 拥有国外求学经历，他们中的 70% 在法国完成了高等教育学业。

鉴于法国殖民者定居突尼斯的人数增长缓慢，殖民政府推出归化政策。1887 年法令规定，突尼斯人只要年满 21 岁，在法国、阿尔及利亚或突尼斯居住满三年，或者在法国军队或行政部门服务三年，都可以申请取得法国国籍。一段时间后，居住和服役期限又改为了一年。而且获取法国国籍的程序也很简单：凡是有意取得法国国籍的外国人在相应的区政府向法国民事官员提交申请，经后者审查后，将报告提交给总督，在获得法国外交部批文后即可完成入籍。1899 年后，居住和服役期限的规定进一步放松，变得可有可无。但是由于突尼斯人和法国人在宗教、生活习惯方面的巨大差异，突尼斯人改变国籍的情况寥寥无几。反而是大量马耳他人、意大利人取得了法国国籍。部分突尼斯犹太人也加入了法国国籍。殖民政府的归化政策增加了殖民者的数量，特权阶级的扩大加重了突尼斯民众的负担，迫使他们奋起反抗。

法国天主教势力在突尼斯开展了针对穆斯林的“改宗行动”，其中以红衣主教查尔斯·马歇尔·拉维杰里（Charles Martial Lavigerie）最为著名。拉维杰里是一位充满传奇色彩的法国宗教人士。他生于1825年，1855年开始投身宗教事业。1859年拉维杰里前往叙利亚慰问那里的基督徒。在叙利亚，拉维杰里为那里的基督徒所感动，立志推进教会事业。在返回途中，他拜会了教皇庋敬九世，表达了要将基督徒从异教徒的统治中解救出来的愿望，并获得了教皇的支持。1862年，他被任命为南锡主教。1867年，他成为阿尔及利亚大主教。拉维杰里吸引当地民众皈依基督教的策略包括建立学校和医疗站。他发现让穆斯林改宗并不容易，如果操之过急，反而会引发民众的反感和抗议。为此，他专门建立了自己的宗教使团——“非洲使团”。他们身着白色的袍服，因而也被称为“白衣神父”。1875年，拉维杰里访问了路易九世[①]的陵墓，其宗教活动进一步拓展到突尼斯。他从教皇手中获得了迦太基教区的管理权，为法国天主教的渗透发挥了关键作用。1881年，拉维杰里主教获得了掌管整个突尼斯教区的权力，意大利圣方济会也归他领导。1882年，拉维杰里大主教荣升红衣主教，成为教皇在突尼斯的代表，这进一步激发了拉维杰里的热情。由于拉维杰里红衣主教的广泛号召力，马耳他人、西西里人都追随他的指令，这加强了法国对突尼斯的控制。[②]然而，“改宗行动”比“归化政策”更令突尼斯穆斯林不满，因此不断激起民众反抗。殖民政府在突尼斯各地都建立了天主教堂，数目达数十座。1930年5月11日，天主教会在突尼斯纪念圣奥古斯

① 路易九世（1226—1270年在位），法国国王，曾经发起第七次、第八次十字军东征，是十字军重要领袖，1270年殁于突尼斯海岸。

② Dwight L. Ling, *Tunisia: From Protectorate to Republic*, Bloomington & London: Indiana University Press, 1967, pp. 83-91.

丁 1500 周年诞辰，这一活动激起了突尼斯的民族主义情绪。布尔吉巴后来在谈及自己走上民族主义道路时，曾提到对“改宗行动”的不满。“改宗政策”的推行成为突尼斯民族主义运动兴起的一个重要因素，即文化认同危机，宗教和文化因素的注入加速了突尼斯民族意识的觉醒。

第八章　突尼斯民族解放运动

20世纪初，突尼斯民族意识觉醒后，开始逐渐走上民族解放的道路。突尼斯的独立大致经历了争取政治权利、获得内部自治和实现完全独立三个阶段。与其他国家的不同之处在于，突尼斯以渐进方式获得了独立，没有出现大规模流血斗争。突尼斯民族主义者最初并不主张完全独立，而是希望实现法国式的现代化。然而，他们很快意识到两个法国的存在，即“自由的法国”和“剥削的法国”。[①]他们很难实现政治理想。因而，在争取更多的民族民主权利的过程中，突尼斯将民族解放运动推向一个又一个的高潮。

一、突尼斯民族主义意识的觉醒

民众的自发抗议

法国入侵突尼斯之时，仅在西部部落山区遇到了微弱的抵抗。法国建立保护国之后，开始整顿突尼斯的经济，构建突尼斯行政系统，治理突尼斯的财政。经过几年的努力，突尼斯整体状况较贝伊统治时期发生了很大变化。因此，突尼斯民众逐渐接受了法国统治。突尼斯精英也被遴选为新政府的官员，他们以实际行动

① 〔法〕马塞尔·佩鲁东：《马格里布通史：从古代到今天的摩洛哥、阿尔及利亚、突尼斯》，上海师范大学《马格里布通史》翻译组译，上海人民出版社1974年，第466—477页。

支持法国统治。

法国对突尼斯的殖民很快被证明是低风险、低投资、高回报的扩张行动。[①]然而，法国建立保护国的目的并不是为突尼斯人民造福，而是服务于其自身利益。法国在突尼斯确立统治地位后，制定了鼓励移民和殖民掠夺的政策。经过一段时间的准备之后，法国对突尼斯的掠夺逐渐加深，突尼斯民众的负担越来越重。突尼斯的土地不断被转入殖民者手中，农民被赶入贫瘠的南部和山区，矿产被掠夺。突尼斯的精英被限制在低级职位上，很少有机会进入实权部门。突尼斯产业工人和农业工人在本国遭到歧视，成为名副其实的二等公民。突尼斯人民逐渐认识到，法国殖民者虽然在突尼斯重建了秩序，但也加强了掠夺。突尼斯在保护制下永远只能为法国的繁荣服务。

第一次世界大战之前，法国政府认为其在北非的统治异常坚固，不存在任何挑战者。阿尔及利亚已经被吞并，处于法国内政部直接管理之下。突尼斯和摩洛哥均为傀儡政权，处于法国外交部管辖之下。但法国政府并没有形成完整的殖民政策，各个部门处于各自为政的状态。[②]在殖民地，法国的强大形象也很稳固。法国所代表的现代文明征服了殖民地的许多知识分子，他们对法国的态度更多是主动接近和崇拜。然而，随着殖民者的不断涌入，突尼斯的资源被殖民者侵占，突尼斯人的利益遭到野蛮剥夺。这激起了民众的自发抵制和精英阶层的反抗。同时，殖民者与土著之间也缺乏实质性接触。法国推行的“文明使命”最终造就了一个主要由欧洲人和西化派组成的精英阶层，在身份认同方面形成对立。这也推动了突尼斯人民族意识的增长。

进入20世纪以来，随着法国向帝国主义阶段过渡，对突尼斯

---

① Sanford H. Elwitt, “French Imperialism and Social Policy: The Case of Tunisia”, *Science & Society*, Vol. 31, No. 2, Spring 1967, p. 148.

② Ann Williams, *Britain and France in the Middle East and North Africa, 1914~1967*, New York: St. Martin’s Press, 1969, p. 58.

的掠夺日趋激烈。法国殖民者在突尼斯积累了一定的基础之后，对突尼斯的开发达到新的高度。法国在突尼斯的进出口总额中的比例都提升到 60%。[①]法国与突尼斯的经济联系日趋紧密，政治控制进一步加强。相反，突尼斯人越来越感到自己在本国地位低下，备受种种压制。不仅底层民众面临殖民者的蚕食鲸吞，萌发了敌对情绪，即使那些亲近西方文化、欢迎殖民者改造突尼斯僵滞局面的中产阶级也难以容忍殖民者的胡作非为。这种不满情绪不断从零星的反抗演变成了有组织的进攻，最终汇聚成了强大的民族解放浪潮。

在突尼斯，欧洲人和本地人之间的冲突时有发生。在突尼斯市，明显形成了欧洲人区和老城区。在欧洲人区，是宽阔的马路、各种现代化的建筑以及娱乐设施；而在老城区，则是狭窄的街道、拥挤的人群和污浊不堪的街区。殖民者一般都生活在欧洲人区，过着舒适的生活。一些发了财的犹太人也竞相向这一地区迁移。除此之外，在沿海大城市，如苏塞、莫纳斯提尔、斯法克斯，也逐渐出现了欧洲人定居区。

突尼斯形势的转折发生在 1911 年。这一年，殖民主义者下令对贾里亚扎的穆斯林墓地进行登记。聚集在墓地的一大群突尼斯民众，对殖民当局的决定提出抗议。贾里亚扎墓地（Cemetery of Jellaz）归突尼斯市政府管辖，对其进行处置的权利早已被政府收走。但当地民众奉献给隐士西迪·阿布·哈桑（Sidi Abu al-Hassen）的山洞也位于这一墓地，这对他们具有特殊意义。在他们看来，殖民政府此举是新一轮掠夺的前奏。法国 1885 年 7 月 1 日法令曾助长了大量类似事件的发生。墓地被登记后很可能用作其他用途。因而，示威群众与法国军队发生了冲突。殖民当局调集武装部队，下令向手无寸铁的人群开火。突尼斯示威群众抵挡不住军队的袭击，只得离开

① 〔苏〕维·卡·达什克维奇：《突尼斯人民民族解放斗争简史》，上海新闻出版系统“五·七”干校翻译组译，上海人民出版社 1972 年版，第 126 页。

墓地。殖民当局逮捕了大量示威者，被判刑的35人中，6人被判处强制劳动，7人被判处死刑。7名死刑犯中，5人被执行死刑。[①] 殖民当局宣布实施紧急状态，并一直持续到1921年。

贾里亚扎墓地事件本来是法国推动殖民化的寻常事件，但恰巧与意大利侵略利比亚的战争同时发生，这点燃了突尼斯人的民族主义情绪。突尼斯民众将法国对摩洛哥的进攻和意大利向的黎波里塔尼亚的进攻看作是又一次十字军东征。突尼斯人声援与他们有着相同历史经历的邻国。翌年发生的另一次冲突事件，则进一步推动了突尼斯人的反欧倾向。

墓地事件3个月后，1912年2月在爆发示威游行的同一个街区巴布·苏伊卡（Bab Souika）发生了一起电车事件，一位意大利籍电车司机开车撞死了一名突尼斯儿童。民众愤恨异常，提出突尼斯人和外国人同工同酬、改善工作环境的要求。这事实上是对殖民当局给予突尼斯电车公司意大利籍员工优待的抗议。电车公司拒绝了民众的要求，民众随即发动对电车公司的抵制。在民族主义情绪高涨的形势下，首都居民大都参与此次抵制活动。殖民当局指控青年突尼斯党煽动了此次事件，因而封闭了该党的刊物，逮捕了该党领导人巴什·哈姆巴和萨阿列比等人。殖民当局异常紧张，宣布突尼斯全国戒严。然而，穆罕默德·努曼尼（Muhammad Numani）等人在瑞士日内瓦另外出版《马格里布评论》（*Maghreb Review*），继续揭露法国殖民掠夺。突尼斯民族解放运动还与阿拉伯－伊斯兰世界的其他民族主义者取得了联系，阿里·巴什·哈姆巴（Ali Bash Hamba）与摩洛哥、阿尔及利亚的民族主义者一道，在伊斯坦布尔创建了“马格里布解放委员会”（Maghreb Liberation Commission）。[②]

---

① Jacob Abadi, *Tunisia Since the Arab Conquest: The Saga of a Westernized Muslim State*, Berkshire, UK: Ithaca Press, 2013, p.352.

② 〔法〕马塞尔·佩鲁东：《马格里布通史：从古代到今天的摩洛哥、阿尔及利亚、突尼斯》，上海师范大学《马格里布通史》翻译组译，上海人民出版社1974年，第464页。

资产阶级民主派的宪政运动

突尼斯之所以被法国征服，并建立殖民统治，除了帝国主义的扩张之外，还在于包括突尼斯在内的伊斯兰世界的整体衰落。在这种强大的压力之下，大量具有爱国主义精神的穆斯林知识分子进行了艰苦的探索。突尼斯沦为保护国之前，就产生了改革主义思潮。这主要包括两个方面。一种是“萨拉菲主义”（Salafism）运动，以塞努西等人为代表。他们主张回到原初教育，改变穆斯林在政治、经济、思想、文化等方面出现的滑坡。另一种思潮则以突尼斯前首相赫雷丁将军为代表的现代主义，基本上反映了精英阶层的思想主张。他们主张在传统文化范围内进行面向西方的改革，并以政治改革作为重点。赫雷丁在短暂的首相任期内曾经尝试对突尼斯的行政体制、税收体制和司法机构进行改革，但由于面临广泛的抵制，并未取得成功。不过，他所创立的萨迪克中学却幸存下来。萨迪克中学这一兼具传统与现代办学方式的教育机构培养的毕业生代表了一种进步的趋势，在保护国建立后发挥越来越重要的作用。保护国当局为了维持统治的需要，也大量招募其作为翻译和低级官吏。因此，萨迪克中学毕业生基本上构成了最初的资产阶级的主流。

法国在突尼斯建立保护国之后，许多资产阶级知识分子事实上接受了这种统治。他们寄希望于和殖民者合作，改变突尼斯的落后面貌，实现现代化。本·巴古什就是一例。他是保护国突尼斯人部长之一，而且还主持突尼斯第一份民族主义报纸《首都报》（*al-Hadirah*）。这份报纸由于其温和倾向，一直到 1910 年都是突尼斯的官方报纸之一。

受阿拉伯 - 伊斯兰世界民族觉醒和民族主义运动的影响，以及青年土耳其党人的影响，20 世纪初突尼斯也出现了“青年突尼斯”（Young Tunisian）运动。最先认识到法国殖民掠夺的危害并提出反对意见的突尼斯精英代表是时任哈布斯主管官员的巴希尔·斯法尔（Bashir Sfar）。他于 1896 年创办了赫勒敦尼亚协会（Khalduniyya

Association），鼓励宰图纳大学（Zaituna Mosque University）的毕业生学习神学以外的知识。1906年，他向法国总督斯蒂芬·皮雄（Stephen Pichon）发表演说，要求在尊重法国利益的同时，在突尼斯进行改革。他认为，“是法国殖民主义使突尼斯遭受陷入贫困的危险”，殖民当局应为突尼斯提供就业和政治自由。①

1905年12月23日，律师阿里·巴什·哈姆巴建立了“萨迪克校友会”，呼吁推动突尼斯的现代化。1908年，巴希尔·斯法尔、阿里·巴什·哈姆巴、阿卜杜勒·阿齐兹·萨阿列比（Abd al-Aziz Tha'albi）等人成立了“青年突尼斯进化党”，也就是通常所称的“青年突尼斯”党。该组织受到青年土耳其党的影响，同时也受到西方文化的影响。不仅“青年突尼斯”的名称来自“青年土耳其”，而且骨干力量如巴希尔·斯法尔和阿里·巴什·哈姆巴等人都有土耳其血统。②

“青年突尼斯”党是一个现代、温和的民族主义政党。他们不反对法国的殖民统治，认为这是通向现代化的一种有效途径。但是，他们要求享有与法国人相同的待遇。阿卜杜·贾利勒·扎乌什（Abd al-Jalil Zaouche）认为，一旦突尼斯人展现出了和法国人一样的品质，就应享有与英国人、诺曼人和高加索人相同的待遇。

“青年突尼斯”党关注的问题主要集中在教育和文化方面，在其出版的法语报纸《突尼斯人》（*Al-Tunisi*）的栏目中，教育部分基本占了1/4。“青年突尼斯”党人特别重视教育的作用。他们的口号是“法语教育，阿拉伯语言”。③与保守派认为用阿拉伯语就能实现现代教育目标不同，他们认为通过法语才能使突尼斯人掌握先进的西方技术。“青年突尼斯”党也十分关注其他阿拉伯兄弟的命运，并将其视为阿拉伯人走向自由的必由之路。该组织成立后，曾鼓励

① Dwight L. Ling, *Tunisia: From Protectorate to Republic*, Bloomington & London: Indiana University Press, 1967, p.107.

② Charles A. Micaud, Leon Carl Brown, Clement Henry Moore, *Tunisia: The Politics of Modernization*, New York: Frederick A. Praeger, 1964, p. 24.

③ Ibid., p. 31.

穆斯林秘密潜入利比亚抵抗意大利的入侵。在政治上，他们追求平等地位，这包括扩大突尼斯人在政府机构的职位，给予突尼斯人同等教育、法律权利，以及在工资待遇方面同工同酬。正因为如此，“青年突尼斯”党存在期间，并没有遭到殖民当局的镇压。相反，突尼斯总督还订阅他们的报纸。“青年突尼斯”党被认为是保护国与保护民合作的典范。他们被认为是有文化的、受过教育的、富有活力的、公正的沟通者。[①]但是，殖民当局难以接受他们追求平等的要求。1912 年发生的电车事件中，“青年突尼斯”党积极参与并组织群众的和平抗议，引发殖民当局的强烈反应。1912 年 3 月 13 日，殖民当局逮捕了 7 名“青年突尼斯”党领导人，并流放了其中的 4 人。接着，殖民当局在突尼斯开始实行军事管制，长达 9 年时间。“青年突尼斯”党遭此镇压，再也没有恢复其活动。

第一次世界大战改变了欧洲的政治格局，也对世界政治产生了深远影响。就突尼斯与法国的关系而言，这种变化也是广泛而深刻的。一方面，突尼斯人通过直接参与战争，既感受到了现代战争的残酷，也对法国优势地位认知发生动摇。约 10 万突尼斯人被法国政府征召，参与了第一次世界大战，其中伤亡达到 6 万。[②]在战争中，突尼斯人亲眼看到了殖民者的虚弱，之前的敬畏之心荡然无存。另一方面，由于战争征召了大量管理人员，使得保护国的治理有所松懈。这使突尼斯又回到了缺乏有效治理的老路上。随着法国殖民者的剥削日益加重，突尼斯人对殖民当局的怒火越燃越旺。

自 1912 年“青年突尼斯”党被镇压以来，殖民当局一直以军事管制的形式保持政治高压。“一战”后，伍德罗·威尔逊“民族自决”理论的影响也扩展到了突尼斯，突尼斯民族主义者逐渐产生了建立独立国家的观念。

民族主义领导人阿卜杜勒·阿齐兹·萨阿列比提出了以下主张：

---

① Charles A. Micaud, Leon Carl Brown, Clement Henry Moore, *Tunisia: The Politics of Modernization*, New York: Frederick A. Praeger, 1964, p. 22.

② Ibid., p. 38.

（1）理解法国并与之合作；（2）进行突尼斯行政改革；（3）重新启用突尼斯1861年宪法。[①]然而，萨阿列比的这些温和主张在“一战”后完全落空，民族主义者开始探索新的方式。1919年，“青年突尼斯”党改组为宪政党，继续向法国施压，推动政治改革。宪政党人包括：宗教领袖，即乌勒玛；宗教司法领导人，如穆夫提、卡伊德等；巨商大贾；高级手工业者；城市传统领导人；等等。宪政党是突尼斯历史上第一个全国性政党，在许多城镇有分支机构，但其领导人主要来自首都突尼斯市的上层和外省的贤达名流。宪政党主要代表城市上层阶级的利益，不主张发动群众，对底层老百姓的疾苦基本上漠然视之。

民族主义者向纳赛尔贝伊提交了新的9项主张，作为宪政党的基本纲领，即：（1）通过普选建立既包括法国人又包括突尼斯人的议会；（2）建立向该议会负责的政府；（3）立法、行政、司法三权分立；（4）向有能力的突尼斯人开放所有行政职位；（5）法突职员同工同酬；（6）建立经选举产生的市议会；（7）在与法国人情况相同时，突尼斯人优先购买土地；（8）出版、集会、结社自由；（9）实行义务教育。[②]这些主张得到突尼斯王室的支持，并扩充形成了18条主张提交法国总督。另外9项主张是：（1）首相由贝伊选定；（2）首相主持内阁会议；（3）贝伊授权成立立法机构；（4）停止突尼斯人归化活动；（5）突尼斯军队使用自己的旗帜；（6）尊重所有的瓦克夫，不论是公共的还是私人的；（7）建立大学教育；（8）加大对突尼斯家庭的关爱；（9）应根据传统、优越性和职位尊重王室。[③]

突尼斯民族主义者对法国迟迟不肯给予突尼斯人政治自由感到不满。而20世纪20年代各兄弟国家取得的进展激励了他们，发生

① Dwight L. Ling, *Tunisia: From Protectorate to Republic*, Bloomington & London: Indiana University Press, 1967, p.110.

② Ibid., p.111.

③ 〔苏〕维·卡·达什克维奇：《突尼斯人民民族解放斗争简史》，上海新闻出版系统“五·七”干校翻译组译，上海人民出版社1972年版，第138页。

在利比亚、埃及、土耳其的政治成就激发了突尼斯民族主义者进一步斗争。1920 年，宪政党领导人阿卜杜勒·阿齐兹·萨阿列比在巴黎匿名出版了《苦难的突尼斯》一书，对民族主义者产生了很大影响。萨阿列比在书中回顾了突尼斯的著名历史人物，揭露了法国殖民使突尼斯人丧失了政治自由，陷入了屈辱的地位，要求建立保障基本权利的政治民主。法国殖民当局逮捕了萨阿列比，但随后释放。1922 年，萨阿列比被迫离开突尼斯，流亡法国，一直到 1937 年回国。

突尼斯人对 1922 年改革的反应

第一次世界大战对中东局势产生了重要影响，突尼斯也受到了冲击。首先是突尼斯通过参与这次战争切实感受到了现代世界的发达和殖民地的不平等地位。其次是“民族自觉”观念在战后的流行，民族主义情绪在民众中开始广泛传播。最后，法国对叙利亚和黎巴嫩的委任统治为突尼斯树立了一个参考对象。根据委任统治的要求，法国要在合适的时候给予叙、黎两国人民以独立权利。这当然也适合法国统治下的其他地区。

1920 年，宪政党秘书长艾哈迈德·萨菲（Ahmed Safi）和党内温和派塔哈·本·阿玛尔（Tahar Ben Ammar）分别于 6 月和 12 月率领代表团前往巴黎与法国政府直接磋商，但没有得到任何积极回应。突尼斯纳赛尔贝伊也支持民族主义者恢复宪政的主张，因而与法国政府产生了摩擦。为了安抚突尼斯的民族主义情绪，法国总督圣·吕西安（Saint Lucian）同意进行改革。改革在 1922 年春法国总统亚历山大·米勒兰（Alexandre Millerand）访问突尼斯后逐渐展开。

圣·吕西安明确拒绝了宪政党人恢复宪法和议会的主张，另外引进了一套有名无实的议会制度。根据他的改革计划，突尼斯被分为比塞大、克夫、突尼斯、苏塞和斯法克斯五个大区，每个区设立一个咨议会，由卡伊德、农业和商业委员会成员构成，并由文官主持。在首都突尼斯市，则成立一个大议会。大议会包括法国和突尼斯两个代表团：前者为44人，而后者的名额仅为18人；前者代表5.4万法国公民，后者代表186.5万穆斯林和5万犹太人。大议会可以就预算和其他经济活动提出建议，但不能在任何领域行使立法权和否决权。两个议会团体对提交议事的一致意见可以要求政府接受他们的建议，但法国外长根据总督的建议对议会的决定有绝对否决权。议会产生之后取代了之前的协商会议。[①] 另外，保护国当局还分解了秘书长的职责，将其司法职能分割为司法和内政两部分。穆斯林事务归总督本人直辖。此次改革的一个重要进步在于给予突尼斯人与法国同事相同的经济待遇。不过，有鉴于贝伊可能支持民族主义运动，新的改革进一步降低了贝伊的地位，削弱了他的作用。

改革并没有取得预期的效果。改革后建立的理事会无权讨论政治事务，无权过问财政问题。突尼斯人对于这种微小的让步难以满意，而法国人则对突尼斯人地位的有限改善深感担忧。宪政党对这种表面上的改革表示反对，并呼吁符合选举资格的选民抵制大议会的选举。之后，宪政党又派出了代表团与法国政府接触。在接触的过程中，只有来自左翼的法国共产党和社会党对突尼斯代表团表达了同情，其他的右翼团体完全无视突尼斯人的民族主义情感。因此，宪政党与法国左翼政党的联系开始增强。这种合作是突尼斯政治发展的结果，也对突尼斯的民族主义运动产生了影响。针对与共产党的合作问题，宪政党内部很快陷入了分裂。激进派欢迎这种合作，并与深受共产党影响的工人阶级取得了联系。温和派对这种合作持保留态度，希望继续与法国殖民当局合作，接受有限的改革。[②] 两种意见尖锐对立，突尼斯民族主义者急需新的领导结构。

---

① 〔英〕肯尼斯·帕金斯：《突尼斯史》，姜恒昆译，东方出版中心2012年版，第81页。

② Jacob Abadi, *Tunisia Since the Arab Conquest: The Saga of a Westernized Muslim State*, Berkshire, UK: Ithaca Press, 2013, p.365.

工人运动的兴起

突尼斯工人运动结构复杂，特色鲜明。就民族成分而言，突尼斯工业无产阶级主要由突尼斯人、意大利人和法国人组成。就构成力量而言，工人阶级分为三个等级：高级技术人员主要由欧洲人组成，其中以法国人为主；其次是一些从事次要工作和殖民地农场工作的农业工人以及码头工人；突尼斯人属于最低的等级，且不被殖民者信任和重视，只能从事一些没有技术含量的粗活。因此，在薪资结构和工作待遇方面便形成了欧洲人和突尼斯土著之间的巨大差别。而且，即便从事相同的工作，如码头工人和农业工人，突尼斯工人也处于受歧视的地位。

20 世纪初是世界工人运动活跃的时代。在法国社会主义者的影响下，突尼斯也成立了全国总工会，并在民族解放过程中成长为一支重要的政治力量。1919 年，突尼斯社会主义者成立了隶属于法国社会党的突尼斯共产党。1920 年，在法国社会党图尔代表大会上，突尼斯共产党人一致赞同加入第三国际。大会闭幕之后，突尼斯共产党并入法国共产党，并成为法国共产党的一个支部。

突尼斯的工会组织是在殖民者的影响下建立的。突尼斯最早出现的工会组织事实上是法国工人工会组织的延伸，主要成员为包括法国人、马耳他人和意大利人在内的欧洲人，以及少量的突尼斯人。由于其经济基础建立在殖民地经济分工之上，他们追求的往往是本阶层权利的保障，并不关心广大工人整体利益，也不反对针对突尼斯人的歧视性政策。在突尼斯人的工会组织出现之前，“劳动者总工会”（Confédération Générale des Travailleurs, CGT）是唯一的工会组织，人数有 4000 人左右。[①] 广大突尼斯工人被排斥在外。

---

① Charles A. Micaud, Leon Carl Brown, Clement Henry Moore, *Tunisia: The Politics of Modernization*, New York: Frederick A. Praeger, 1964, p. 54.

随着社会主义思想的传播和突尼斯民族主义运动的兴起，突尼斯也出现了社会主义者。宪政党内部的一些党员在民族主义运动中有意识地开始组织工人运动，代表性的人物有穆罕默德·阿里和哈达德。

1923 年《莫里诺法》（*Morinaud Law*）[①]公布之后，意大利人以及其他欧洲人获取法国国籍变得非常便利。这使得突尼斯工人处于被抛弃和被孤立的地位，突尼斯工人承受保护地的歧视性待遇。1924 年，突尼斯物价上涨迅速，民众生活广受影响。同时，突尼斯出现了严重的农业歉收，农产品缺乏。这进一步刺激了民族主义情绪。

宪政党领导人越来越重视工会运动，催生了突尼斯第一个民族工会。1924 年，穆罕默德·阿里与突尼斯共产党一道成立了“突尼斯劳动者总联盟”（Confédération Générale des Travailleurs Tunisiens, CGTT）。工会的中坚力量为穆罕默德·阿里尝试建立的消费者协会、码头工人组织和突尼斯社会主义组织。突尼斯劳动者总联盟建立后提出了保护突尼斯工人权益、提升工人的技能和生产力、建立消费者合作社（Cooperative）的奋斗目标。工会支持突尼斯市、斯法克斯、比塞大、哈马－里弗和开普角的工人罢工，取得了丰硕成果。

法国殖民者认为共产主义运动最具威胁。因此，殖民者迅速行动起来逮捕了穆罕默德·阿里和其他 5 位领导人。总工会没有得到宪政党和广大群众的支持，使其最终成为突尼斯工会史上的惊鸿一瞥。穆罕默德·阿里流亡沙特阿拉伯，并于 1932 年在沙特去世，而他建立的组织也遭解散。突尼斯在 1944 年之前这段时间里再也没有建立新的工会组织。1926 年 1 月 29 日，突尼斯总督连续发布了两条法令，将反抗保护国的行为定义为犯罪，并限制出版自由。因此，

---

① 该法规定在突尼斯出生的欧洲人自动获得法国国籍，在突尼斯居住三年以上的欧洲人可以申请成为法国公民。在该法提供的便利下，大量意大利人和一部分突尼斯犹太人获得了法国国籍。

在 1926—1931 年间，突尼斯的民族主义运动又转入了低潮。[①]

突尼斯的第一个工会组织虽然很快遭到失败，但是这次建立工会的尝试对突尼斯的工人运动和民族主义运动都具有重要作用。该组织的建立，挑战了以欧洲工人为主导的劳动者总工会的地位，为保护突尼斯人的权利和尊严而战。这标志着突尼斯人开始追求独立自主的政治、经济地位。他们不再依赖外力，不论这种力量是来自另外一个国家或组织，还是来自社会团体。突尼斯人建立本国工会组织的尝试，也为后来突尼斯全国总工会的建立积累了经验。

二、突尼斯独立运动

突尼斯民族解放运动新局面

突尼斯自 1881 年沦为法国保护国之后，一直到 1956 年获得国家独立，经历了 75 年时间。在法国统治的前 50 年，法国几乎没有遇到突尼斯民众的挑战，突尼斯民众很少诉诸暴力或政治抗争。随着法国殖民统治的加剧和殖民掠夺的变本加厉，法国与其保护国的矛盾也越来越多。突尼斯人民不断觉醒，并投身民族主义运动中。

对突尼斯而言，20 世纪 30 年代是一个关键的年代。这一时期，中东地区的民族主义运动风起云涌，出现了相互联合的趋势。黎巴嫩埃米尔阿斯兰谢赫的独立思想在突尼斯拥有许多支持者。摩洛哥、阿尔及利亚和利比亚的局势则对突尼斯的民族解放运动产生了直接作用。一批具有独立思想的民族主义者的成长和新宪政党的成立推进了突尼斯的民族主义进程。

20 世纪 30 年代之后，觉醒的突尼斯民众将国民的悲惨境遇归

① Jacob Abadi, *Tunisia Since the Arab Conquest: The Saga of a Westernized Muslim State*, Berkshire, UK: Ithaca Press, 2013, p.366.

结为法国殖民者贪得无厌的大肆掠夺，并开始了争取民族独立和解放的历程。由于法国对突尼斯的殖民统治也是世界殖民体系的一环，突尼斯独立运动受到了国际政治的间接影响和法国国内政治的直接冲击。具体而言，突尼斯的独立运动经历了以下几个阶段：（1）1934—1938 年，新宪政党成立并开始领导突尼斯的民族主义运动；（2）1939—1944 年，第二次世界大战期间突尼斯民族主义运动处于蛰伏期，但突尼斯民众因战争接受了一次精神洗礼；（3）1945—1955 年，新宪政党和突尼斯总工会合作，掀起了民族独立解放的高潮，并最终迎来了内部自治和民族独立。

第二次世界大战进一步推动了突尼斯民族解放运动的高涨。一方面，世界各地的被压迫者们不断地起来进行反抗。中东民族主义解放运动从肥沃新月地带开始，逐渐波及尚未获得独立的国家。北非地区的摩洛哥、阿尔及利亚、突尼斯、利比亚都感受到了这种冲击。另一方面，殖民主义体系开始受到严重冲击，再也难以维持。法国的殖民统治不仅在黎凡特地区开始终结，其在中南半岛和非洲大陆的统治也不断地被挑战。

第二次世界大战的战火直接烧到了突尼斯国土上，使突尼斯真真切切地感受到了缺乏独立自主带来的屈辱。帝国主义国家之间的争夺使得被压迫人民充当了炮灰。不论是法西斯国家阵营还是同盟国阵营，都对突尼斯的命运毫不在意。德国占领军的真实意图不是帮助突尼斯人获得独立，而是希望取得法国殖民者的特权。法国恢复对突尼斯的宗主权后，对于突尼斯人民的贡献虽然口头上不得不承认，但自私地不想进行回报。法国殖民者将突尼斯当成了重要的拓殖基地，难以割舍。但是，突尼斯民众对于法国的认识在这一时期发生了很大变化。一方面，“二战”初期，法国塞内加尔黑人军团对突尼斯的蹂躏使得突尼斯人民对其非常愤恨；另一方面，法国在“二战”开始后的迅速溃败也暴露了其弱点。正如突尼斯伟大的民族主义领袖哈比卜·布尔吉巴所言，“法国很虚弱，而突尼斯人民则声势浩大”。[1] 双方的力量对比已经发生了根本性转折。

新宪政党的兴起

突尼斯的经济状况对民族主义政党的兴起和发展产生了重要作用。由于在20世纪20年代和30年代对农民艰难处境的漠视，宪政党逐渐失去了影响力。到1930年代时，殖民者掌握了突尼斯全国1/5的可耕地。殖民者占据了最肥沃的土地，而突尼斯农民却失去了土地，或被赶入贫瘠的不毛之地。另外，金融危机爆发后，法国转嫁危机，使得突尼斯农民进一步贫困化。农村地区也开始呼唤代表自己的政党。1930年，殖民当局在突尼斯市举行圣体大会，庆祝非洲重新回到基督教的怀抱，刺激了突尼斯的民族情感。尤其是基督徒的游行和鼓吹改宗的宣传言论，激怒了突尼斯市民。1931年，法国庆祝保护国成立50周年的活动也令突尼斯人极为不满。殖民者将对突尼斯的占领包装为文明使命、现代化和行政管理的进步，而广大突尼斯民众则对殖民者的掠夺日益不满。世界性的经济危机的蔓延则使得突尼斯人对这种地位更为愤怒。

殖民当局应对这种状态的措施是放宽归化政策，即凡满足一定的教育程度和在政府中服务的突尼斯人可以申请成为法国公民。但是入籍后须恪守法国法律，同时与传统宗教法庭脱离关系。由于法国法律与传统宗教习惯往往存在冲突的地方，这种归化的后果是使穆斯林处于与其久已形成的宗教习惯相抵触的状态。因此，突尼斯人对于那些选择加入法国国籍的穆斯林进行了坚决抵制。这种抵制在一些宗教活动中尤为明显，归化的穆斯林死后被拒绝葬入传统穆斯林公墓，乌莱玛也拒绝提供宗教服务。所以，归化活动在突尼斯穆斯林中产生的影响不大。

1930年，哈比卜·布尔吉巴等人创办了宪政党的报纸《突尼斯之声》（*La Voix du Tunisien*），表达年轻一代民族主义者的观

---

① Jacob Abadi, *Tunisia Since the Arab Conquest: The Saga of a Westernized Muslim State*, Berkshire, UK: Ithaca Press, 2013, p.384.

点。1933 年，不满于宪政党的保守立场，他们又创办了《行动报》（*Action*），但该报很快被查封。虽然历时短暂，但该报明确提出了突尼斯人团结一致与殖民主义进行坚决斗争的主张。以此为标志，更加激进的民族主义者从宪政党内部分离出来，他们被称为“突尼斯行动者”。1934 年 3 月，哈比卜·布尔吉巴和马赫穆德·马塔里（Mahmud Matari）创建了新的民族主义政党——新宪政党（Neo-Dustur Party），二人分别担任总书记和党主席。突尼斯人民已经觉醒，突尼斯民族主义者开始行动起来争取突尼斯的完全独立。宪政党宗教色彩浓厚，是传统主义者，政治立场落后，而且不知变通；相反，新宪政党由西化、世俗、进步和主张社会革命、灵活应对殖民者的民族主义者组成。新宪政党主要领导人来自萨赫勒地区的中产阶级，关心民众疾苦，他们认识到要改变殖民统治的命运只有诉诸群众运动。

新宪政党成立后，布尔吉巴等人深入突尼斯城乡做巡回演讲，努力动员突尼斯人行动起来与殖民主义者做斗争。新宪政党一开始采取的策略是温和的民族主义运动方式。新宪政党号召其党员拒绝纳税，抵制法国货。但即使这种温和的举动也引起了法国总督的激烈反应。1934 年 11 月，哈比卜·布尔吉巴等人被捕，新宪政党遭到重创。1934—1936 年，先后有 68 人被流放到突尼斯南部沙漠地区，其中绝大多数是新宪政党党员，有 53 人，旧宪政党党员 3 人，共产党党员 12 人。[①]

1934 年，新宪政党科萨赫拉勒（Ksar Hellal）大会后，布尔吉巴等人借鉴共产党的组织机构，在各地设立了分支机构。这保证了在党的领导被捕的情况下，新宪政党仍然可以发挥作用。1935 年到 1936 年，在被解散的突尼斯工会成员的帮助下，新宪政党成功向法国殖民当局施压，促使法国召回了总督。布尔吉巴等民族主义者敢为民族事业而牺牲的斗志赢得了广大支持者。

---

① Jacob Abadi, *Tunisia Since the Arab Conquest: The Saga of a Westernized Muslim State*, Berkshire, UK: Ithaca Press, 2013, p. 370.

1936 年，人民阵线在法国上台执政，为突尼斯民族主义者创造了机遇。左翼政府在法国国内改善工人待遇的政策也扩及突尼斯，突尼斯工人也享受到了每周 40 工时和带薪休假的权利。在改善突尼斯殖民地地位方面，突尼斯民族主义者也满怀希望，他们认为左翼联盟可能会放松对殖民地的管控。突尼斯民族主义者被释放后，双方开始商谈妥协与合作。1936 年秋天，布尔吉巴获释之后与殖民政府取得了联系，重新提出他的民族纲领。他明确指出，突尼斯政治发展的未来是取得完全独立。短期目标则包括以下内容：停止鼓励法国人定居的项目；殖民官员减少 1/3；重建并改革财政系统；加速建立经过普遍选举产生的宪政制度；扩大大议会的职权。① 同时，突尼斯还迎来了保护国建立以来最为开明的总督阿尔芒·吉荣（Armand Guillon）。显然，以布尔吉巴为代表的新宪政党对于民族解放的目标仍然很坚定，只是调整了斗争的策略，寄希望于与殖民者妥协。吉荣总督也认识到殖民政府必须进行改革，才能更好地协调殖民者与殖民地人民的利益，从而有利于维持在突尼斯的殖民统治。但是，即使这种温和的主张也遭到了法国政府以及殖民者代表的激烈反对。人民阵线政府执政时间短暂，且对殖民地政策没有做出根本性改变，民族主义者的幻想很快破灭。

1937 年 10 月 30 日至 11 月 2 日，新宪政党在突尼斯市召开全国代表大会，700 名代表与会。大会审议了新宪政党的继续斗争和扩大党的基础的行动纲领，并且主张将斗争目标由“自由”改为“独立”。布尔吉巴由于对大会的热情投入，成为新宪政党的领袖。新宪政党逐渐取代了宪政党，成为民族主义运动的中坚力量。新宪政党第一次提出党的任务是将突尼斯从政治和经济剥削下解放出来，同时与法国民主和自由的力量进行合作。许多民族主义者如斯利曼·本·斯利曼（Sliman Ben Sliman）、希迪·努埃拉（Hédi Nouira）、蒙吉·斯利姆（Mongi Slim）、阿里·阿拉拉·巴勒哈

① Jacob Abadi, *Tunisia Since the Arab Conquest: The Saga of a Westernized Muslim State*, Berkshire, UK: Ithaca Press, 2013, p. 371.

瓦尼（Ali Allala Balhaouane）等人在这个阶段回国，加强了新宪政党的力量。新宪政党全国委员会代表由19人增加到29人，杰尔巴岛的优素福·努伊斯（Youssef Rouissi）、突尼斯市的蒙吉·斯利姆、莫纳斯提尔的希迪·努埃拉、斯法克斯的希迪·沙克尔（Hedi Chaker）补充到了全国代表大会当中，进一步增强了该党在民族解放运动中的代表性。新宪政党的队伍不断壮大，1937年时自称有10万名成员，400个分部。虽然这一数据可能有所夸大，但保守估计新宪政党的积极党员的数量为28 000名，分支机构则有432个。[①]新宪政党的支持者包括手工业者、店员、农民等强烈要求改变命运的被压迫者。学生、商人、政府公务员等原先支持宪政党的中上层阶级，由于保护当局的歧视政策也逐渐转变了立场。1937年宪政党领导人阿卜杜勒·阿齐兹·萨阿列比获准回国，受到了民众的热烈欢迎。

突尼斯民族主义运动同时存在两个领导机构，二者的竞争不可避免。温和的宪政党寄希望于《巴黎和平条约》和英法给予殖民地最终独立地位的承诺，希望与殖民者合作实现这一过程。而激进的新宪政党呼吁民众对这种空洞的承诺予以警惕，并谴责宪政党与殖民者同流合污。1938年，双方的暴力冲突愈演愈烈，新宪政党主席马塔里以退党抗议。至此，新宪政党基本上掌握了民族解放运动的领导权，民族解放运动走向高潮。随着马塔里的退出，布尔吉巴成为突尼斯民族领袖。

1937年6月，突尼斯出现了第二个工会组织。突尼斯全国各界的民族情绪不断高涨，引起了法国殖民当局的警惕。1938年初，为了抗议法国逮捕摩洛哥和阿尔及利亚民族主义领导人并表示阿拉伯人的团结，布尔吉巴号召突尼斯举行全国罢工。1938年4月9日，法国殖民当局进行残酷镇压，造成了22人死亡，数百人受伤，包括布尔吉巴等新宪政党人在内的约3900人被捕入狱。殖民者将布尔吉

① Habib Boularès, *Histoire de la Tunisie: Les grandes dates de la préhistoire à la révolution*, Cérès Éditions, 2011, p. 564.

巴带往法国审判，并一直关押至1940年。1938年新宪政党领导人被捕，引发反法示威游行。

突尼斯战役

突尼斯的重要战略地位在第二次世界大战期间再次向世人展现了其不可忽视的价值。突尼斯战役（Bataille de Tunisie）是同盟国军队和轴心国军队在北非地区的一次决战。此次战役发生在阿拉曼战役和同盟国军队开展“火炬”计划之后，是英国军队重新取得北非优势后，彻底击败轴心国军队的一次关键战役。战争之前，轴心国的设想是继续保持在北非地区的存在，威胁同盟国军队在地中海，乃至埃及的势力，从而与欧洲战场形成相互配合的态势。而同盟国由于已经开始占据优势，则计划迅速击败轴心国军队，取得第二次世界大战的彻底胜利。突尼斯战役既关系到北非战场的局势，也关系到欧洲战场，乃至整个战争的走势。

突尼斯战役从1942年11月开始，次年5月结束，持续了半年时间。轴心国集团纠集所有的非洲兵力，同盟国则调动原先参与阿拉曼战役的部队和在卡萨布兰卡登陆的美英联军，以及部分法国军队。防守突尼斯的非洲集团军群（司令阿尼姆上将）辖德坦克第5集团军和意第1集团军，共17个师（德7、意10）和2个旅。其各兵团在以前的战斗中，兵员和技术装备损失惨重。由于英美空军完全掌握了制空权，英美海军完全控制了地中海，德意军队在补给和补充人员方面困难重重。该集团军仅得到少量飞机的支援。意大利海军16艘驱逐舰和21艘潜水艇，以及德国22艘潜水艇前来支援。德意军队占据“马雷特”沿线阵地，固守非洲的最后一个登陆场。

英国亚历山大上将指挥的第18集团军群，下辖英第1、第8集团军和美第2军，共18个师（英12、美4和法2）另2个旅，同盟国空军作战飞机3241架和同盟国地中海海军（战列舰3艘、巡洋舰8艘、驱逐舰40艘、扫雷舰23艘、14个小型战斗舰艇区舰队）。同盟国远征军总司令美国艾森豪威尔上将任战役总指挥。与德军对比盟军占优势：步兵多1倍，火炮多2倍，坦克多3倍。仅德国潜艇对盟军稍有威胁。突尼斯战役的构想是：英第8集团军在滨海方向上沿马雷特—加贝斯公路实施主要突击，并协同美第2军，歼灭意第1集团军的基本兵力；而后全部盟军向突尼斯市发动进攻。美第2军向米克纳西和加贝斯湾方向实施辅助突击，插向意第1集团军后方并断其退路。德国和意大利军队在斯大林格勒城下被歼，苏联红军在几乎整个苏德战场展开冬季攻势所形成的军事政治总态势，以及同盟国在兵力上所占之巨大优势，为迅速歼灭突尼斯之敌和结束整个北非战局创造了极为有利的条件。①

1943年4月19—20日，英第8集团军发起进攻。22日，英第1集团军和美第2军开始进攻，遭顽强抵抗，未能占领朗斯托普峰和609高地，仅美第2军左翼第9师有所进展。23—26日，英军经反复争夺占领朗斯托普峰，美第2军屡攻609高地不克。30日，盟军以两个师加强英第1集团军。同日，美军攻占609高地，第9师进抵海岸，威胁德意军侧后。5月6日，盟军经炮火准备后再次发起攻击。德意军退至邦角（今提卜角），企图从海路撤出北非。7日，美第9师占领比塞大。英第1集团军占领首府突尼斯市，其左翼于8日占领普罗维尔，与美军会合；其右翼于11日占领整个邦角半岛。德意军因同盟国海空军严密封锁，未能撤往意大利。5月13日，阿尼姆率德意军余部投降。此役，盟军全歼北非残敌，俘25万人。北非战局至此结束。②

经过突尼斯战役，德意“非洲”集团军群被歼。该集团军群在突尼斯损失30多万人，其中被俘约24万人，包括德军12.5万人（一说被俘德军10万人）。同盟国攻占了地中海的整个北非沿岸，从而保障了地中海交通线的安全，为进攻西西里岛和亚平宁半岛创造了有利条件。英美军队在突尼斯获得了实施大规模进攻战役突破敌

① 〔英〕J. F. C. 富勒：《西洋世界军事史》（卷三），钮先钟译，广西师范大学出版社2004年版，第427页。

② 同上。

预有准备防御的经验。使用空军重兵支援陆军的进攻引起了人们的注意。

第二次世界大战与突尼斯

“二战”前夕，突尼斯成为法意争夺的对象。法西斯主义者依托在突尼斯的大量意大利侨民，非常活跃。意大利文报纸刊登了大量鼓吹法西斯的文章，墨索里尼被塑造为穆斯林的救星和伊斯兰教的捍卫者，意大利南部的广播针对突尼斯进行动员。突尼斯民族主义者和一些不满殖民者的民众倾向于法西斯阵营，希望法西斯势力能够击败法国，使他们摆脱殖民统治，这就包括宪政党的领导人哈比卜·塞缪尔（Habib Samuel）等人。但是，总体而言，大多数突尼斯民众仍然支持法国。一方面，他们对于意大利入侵阿比西尼亚和的黎波里塔尼亚非常不满，对意大利的野心十分不安；另一方面，突尼斯与法国的经济联系非常紧密，突尼斯民众依靠法国收益。同时，有经验的政治家都相信同盟国会获得最终的胜利，而不赞成寄希望于法西斯阵营。1939 年夏天，当欧洲局势日益趋紧的时候，突尼斯民众明确表达了他们对宗主国的支持。斯法克斯市民代表向法国人表达了他们的忠诚。1939 年 6 月 6 日，突尼斯民众举行游行，表示将与法国同进退。[①]

经历了 20 年的和平之后，西方国家爆发了第二次世界大战。突尼斯的民族解放运动因为此次大战发生了根本性转折。第二次世界大战爆发后，突尼斯不仅作为法国的殖民地付出了劳力和战士，而且本身成了北非地区的主战场。

战争期间，突尼斯沿海城市遭到轰炸，法西斯阵营与同盟国阵营展开了激烈的角逐。德意法西斯在 1942 年 11 月赶在同盟国军队之前占领了突尼斯。而在 1940 年法国本土维希政府建立后，事实上其殖民地的指挥权也掌握在德意法西斯手中。海军上将让·厄斯特

① Jacob Abadi, *Tunisia Since the Arab Conquest: The Saga of a Westernized Muslim State*, Berkshire, UK: Ithaca Press, 2013, p. 386.

瓦（Jean Esteva）担任了突尼斯总督（1940—1943年）。1942年12月，厄斯特瓦释放了大批政治犯。

战争期间上台的蒙塞夫贝伊（Munsif Bey）摆脱了法国殖民当局的控制，自己任命了突尼斯政府，试图争取突尼斯的解放。以蒙塞夫为首的王室成为民族解放运动的旗手。突尼斯战役期间，蒙塞夫贝伊充当了民族主义的代言人，他向法国提出了7项要求：（1）建立更多突尼斯人参加的协商会议；（2）突尼斯人更多地参与政府管理；（3）突尼斯雇员享受与法国人相同的薪资待遇；（4）突尼斯人自己掌管中央行政机构；（5）限制法国民政督察的权力；（6）使用阿拉伯语教学；（7）政府行动以公共利益为准绳。[①]同时，他要求各地的卡伊德接受他本人的指示，而不是根据法国人的命令行事。1942年底，在未经保护当局批准的情况下，蒙塞夫贝伊任命穆罕默德·谢尼克（M'hamed Chenik）组阁，许多民族主义者进入了这个内阁。新宪政党的前主席马塔里博士担任了内政部部长。蒙塞夫贝伊为了使突尼斯免于战火的破坏，曾经致函罗斯福总统，要求承认突尼斯的中立国地位。

为了争取突尼斯民族主义者的支持，德意联军释放了被法国殖民者逮捕的民族主义者。此举确实获得了部分民族主义者的好感，他们热切希望德国取得胜利，从而给予突尼斯独立地位。但是，德军因为强行征购粮食和征用人力，激起民众的不满。大部分突尼斯民族主义者采取了与法国合作的立场。新宪政党领导人陆续被释放。1941年，布尔吉巴在法国被德军释放，1943年4月重新回到了突尼斯。其他关押在突尼斯的一些新宪政党领导人也被维希政府释放。

盟军很快在北非战场取得胜利，"自由法国"控制了突尼斯。但是，直到战争结束，法国政府也没有承诺给予突尼斯独立。突尼斯人民对法国的支持没有换来法国对其独立的承认；相反，法国政府迁怒于突尼斯在战争期间的中立态度，而且对于突尼斯民族解放运动在

---

① Dwight L. Ling, *Tunisia: From Protectorate to Republic*, Bloomington & London: Indiana University Press, 1967, pp. 125-126.

蒙塞夫周围团结起来的势头非常恐慌。

1943 年 5 月 8 日，突尼斯战役结束。5 月 14 日，法国将军阿尔弗尼·茹因（Alphones Juin）和前总督佩鲁东，以蒙塞夫贝伊在战争期间与德意占领军合作和通敌之名，废黜了深受民众爱戴的贝伊。许多上层人士，包括旧宪政党成员组成了蒙塞夫主义团体，谋求恢复蒙塞夫的王位，并争取突尼斯独立。接替蒙塞夫贝伊继任的穆罕默德·阿明贝伊已经 61 岁，因他与殖民者保持合作关系，被称为“法国人的贝伊”。[①]

为了恢复对突尼斯的控制，法国任命了新的总督夏尔·马斯特（Charles Mast，1943—1947 年）。根据 1943 年 6 月 21 日和 1944 年 3 月 27 日令，总督加强了法国政府对突尼斯的控制，由法国政府直接任命突尼斯政府秘书长。突尼斯民族主义组织都被宣布为非法，这引起了突尼斯民众的强烈不满。新宪政党和蒙塞夫主义者联合起来向法国保护国当局施压。

1944 年 9 月，新宪政党、宪政党、突尼斯共产党领导人，蒙塞夫贝伊的支持者，工会积极分子，教育家和宗教人士联合发表宣言，要求突尼斯内部自治和建立民选议会。此后，民族主义者阵营进一步扩大，并组成了“七十人委员会”。1945 年 2 月 22 日，该委员会发表了《突尼斯阵线宣言》（Manifesto of Tunisian Front）。[②]突尼斯民族主义者形成了统一战线，共同为争取平等主权地位而奋斗。他们要求内部自治，民主政治，也希望获得主权国家公民的尊严。突尼斯内部的团结气氛为争取外部的支持也起到了一定作用。阿拉伯联盟（Arab League）于当年成立后，也开始接纳突尼斯作为代表之一，原因是其有统一的纲领。

新宪政党为了动员民众，开始组建代表学生、工人、农民利益

---

① Jacob Abadi, *Tunisia Since the Arab Conquest: The Saga of a Westernized Muslim State*, Berkshine, UK: Ithaca Press, 2013, p.391.

② Habib Boularès, *Histoire de la Tunisie: Les grandes dates de la préhistoire à la révolution*, Cérès Éditions, 2011, p. 604.

的团体。法哈特·哈希德（Farhat Hached）筹建了著名的工会组织“突尼斯总工会”（Union Générale des Travailleurs Tunisiens, UGTT）。这一组织建立后对突尼斯的民族主义运动产生了重要作用。

三、突尼斯的独立

第二次世界大战后突尼斯民族解放运动的发展

“二战”结束后，法国只是提出了一些改革措施应对突尼斯民族主义者的要求。这让突尼斯民众难以接受。法国不仅没有诚意进行改革，而且对于突尼斯的控制变本加厉。突尼斯的一切决定都取决于总督，突尼斯政府完全受由法国人担任的政府秘书长左右。

作为突尼斯民族主义运动的领导人，布尔吉巴面临着是继续以暴力活动向法国施压还是争取国际支持的选择。布尔吉巴选择了后者。从 1945 年开始，布尔吉巴将突尼斯问题带到了阿拉伯国家联盟和联合国。但是由于当时的国际社会主要关注巴以问题，突尼斯问题被忽视。

布尔吉巴在国外活动期间，新宪政党和它领导下的突尼斯民族解放运动也发生了很大的变化。新宪政党的秘书长本·优素福联合宰图纳大学的学生，政府公务员、工人、中小商人等中产阶级，壮大了该党的力量。新宪政党成为殖民政府的首要对手。

突尼斯总工会的活动则进一步加强了新宪政党和民族解放运动的力量。总工会与新宪政党相互支持、配合，使得法国殖民当局进行镇压时再也难以为所欲为。在突尼斯国内，新宪政党和突尼斯总工会联合起来向法国政府施压。1946 年开始，突尼斯总工会不断地发动罢工和示威游行。法国政府迫于压力，被迫承诺改革，但是定居突尼斯的法国人坚决反对。

1947 年 2 月 21 日，蒙斯接替马斯特就任新总督，试图通过审慎行动推动改革，改善双方关系。然而，突尼斯不仅没有从战争创伤中恢复过来，这年春天暴发的旱灾还进一步加剧了民众的生活困苦。8月5日，在突尼斯总工会组织下，斯法克斯爆发群众示威游行。法国军队出兵弹压，造成30人死亡的惨剧。

1947年，亚非民族解放运动取得重大进展，这也影响到突尼斯。布尔吉巴的外交活动成功地争取到了阿拉伯民众的支持，并将突尼斯问题国际化。

1949年12月8日，布尔吉巴争取国际支持失败后回到突尼斯，将主要力量重新投入了国内的民族主义运动。布尔吉巴回国后举行全国性巡回演讲，动员大量的支持者，进一步凝聚力量。新宪政党的群众基础进一步得到扩大。布尔吉巴的斗争策略也推动了突尼斯和法国在既斗争又合作中发展。

1950年4月15日，布尔吉巴前往巴黎，向法国殖民政府提交他的建议。这包括：重组突尼斯政府；采用以王室为首的新宪法；建立由普选产生的议会；成立新的、能同时代表突尼斯人和法国人利益的市政委员会；取消由法国人担任的政府秘书长的职位；取消对突尼斯人官员的监控；解散宪兵队。①

同时，利比亚的独立为突尼斯的民族解放运动添了一把火。由于地理上毗邻，突尼斯与利比亚的关系非常密切，两国边境地区的民众甚至可以进行自由迁徙。两国的政治制度和历史沿革也很相似。1949年底，联合国同意1952年给予利比亚独立后，突尼斯人争取民族独立的愿望进一步高涨。因为就社会发展程度而言，突尼斯的发展水平明显高于利比亚。突尼斯人民要求与利比亚人一样获得自主地位。

在国际上，随着中华人民共和国的成立和社会主义阵营的形成，在其支持下民族解放运动持续高涨。共产主义学说和社会主

① Jacob Abadi, *Tunisia Since the Arab Conquest: The Saga of a Westernized Muslim State*, Berkshire, UK: Ithaca Press, 2013, p.403.

义思潮进一步传播。突尼斯的共产党在这一时期也积极活动，推动了团结局面的形成。

舒曼计划

法国殖民者在突尼斯民族主义运动的压力下被迫调整政策，提出了“共同主权”理论。然而，法国政府为右翼势力所把持，拒绝做出让步。蒙斯由于被认为过于软弱，被召回。在压力之下，法国希望改善双方关系，但主张有控制的渐进改革，反对任何迅速的变革。

1950 年 5 月，路易斯·佩里利耶（Louis Perillier）成为新总督。法国政府承认其突尼斯政策失败，并转而与突尼斯民族主义者妥协。法国外交部部长罗伯特·舒曼（Robert Schuman）明确宣布将使突尼斯走向完全独立。[①]1950 年 6 月 10 日，舒曼对突尼斯独立问题提出了具体意见。这些意见包括：一、突尼斯政府将由 9 名突尼斯人部长和 3 名法国人部长组成；二、部长理事会将由突尼斯人主持，而不再由法国总督主持；三、废除每个部的法国顾问；四、突尼斯人将有资格担任所有政府岗位；五、突尼斯人参加地方政府，作为承担更多责任的铺垫。[②]

6 月 13 日，新总督佩里利耶发表广播讲话，列出了突尼斯改革的框架：一、政府重组；二、公共职务向突尼斯人开放；三、进行市政改革。[③]根据这项改革计划，突尼斯部长理事会将由突尼斯籍首相主持，总督不再主持。由法国人担任的政府秘书长将不得在具体事务上干预突尼斯人部长们的决定。同时，为了改变突尼斯政治格局，总督希望从市政管理出发，逐渐给予突尼斯人自治的权利，为中央政府改革做好准备。

---

① Salah Ben Youssef, “Tunisia’s Struggle for Independence”, *Pakistan Horizon*, Vol. 7, No. 2, June 1954, p.58.

② Ryo Ikeda, *The Imperialism of French Decolonisation: French Policy and the Anglo-American Response in Tunisia and Morocco*, London: Palgrave Macmillan, 2015, p. 30.

③ Ibid., p. 31.

但是，佩里利耶总督的改革同时遭遇了法国殖民者和突尼斯民族主义者的反对。法国殖民者难以接受突尼斯土著权利的上升，因此拒绝配合。这引起了突尼斯人政府的强烈反对。他们原以为法国人会很快兑现他们的承诺，却发现在具体行政事务当中仍然受制于法国人。1950 年 6 月到 7 月间，贝伊和他的首相曾数次向总督提出抗议。7 月 10 日，突尼斯大议会中的法国议员集体辞职，以抗议给予突尼斯内部自治的计划。7 月 20 日，舒曼再次发表讲话，要求打破僵局推动突尼斯改革。经与法国外交部沟通后，佩里利耶总督宣布了新的内阁重组计划。8 月 17 日，法国宣布成立由突尼斯人组成的政府。新政府由民族主义人士谢尼克担任首相，新宪政党党员第一次获准进入政府内阁。新宪政党秘书长萨拉赫·本·优素福（Salah Ben Youssef）担任司法部部长，另一位新宪政党人穆罕默德·巴德拉（Mohammed Badra）担任社会事务部部长。

佩里利耶总督本来对此次内阁重组非常乐观，并将市政议会改革也提上了议事日程。然而谢尼克首相就职后很快发现，法国人的改革完全是一纸空文：法籍政府秘书长的权力仍然无处不在，突尼斯人部长有名无实。因此，他要求法国人移交一切重大权力，并撤销政府秘书长。佩里利耶总督权衡利弊之后，主张暂停改革，将政府的工作重点转向经济和社会重建。

法国政府意识到拖延改革会不利于其“法兰西共同体”总体战略的实施，因而决定继续推动改革。佩里利耶总督从巴黎接受新指示后，推出了新的改革计划。首先，部长理事会中法国人的数量将逐渐减少，该理事会平时由突尼斯首相主持，当其涉及经济和金融事务时由总督主持。其次，政府秘书长不再干预技术性事务。再次，突尼斯人和法国人担任政府高级职务的数量应该持平。[①] 显然，该计划与上一个计划并无本质的区别，法国人仍然不愿意向突尼斯民族主义者让步。因此，谢尼克政府继续呼吁和法国政府直接对话，而

① Ryo Ikeda, *The Imperialism of French Decolonisation: French Policy and the Anglo-American Response in Tunisia and Morocco*, London: Palgrave Macmillan, 2015, p. 34.

法国籍秘书长让·维芒（Jean Vimont）则干脆提交了辞呈。佩里利耶的改革被迫中止。

1951年5月，贝伊再次向总督施压，要求加快组建自治政府步伐和扩大施政空间。谢尼克首相为了回应民族主义诉求，也主张成立突尼斯民族政府和议会，吸纳更多突尼斯人担任公职。

在总督的同意下，谢尼克首相与两名部长前往巴黎谈判。但是舒曼明确拒绝了他们的要求，重申法国人将在各个层面上参与管理突尼斯。由于殖民者及国会中大量同盟者的激烈反对，突尼斯独立进程被暂停。

然而，这届政府由于其民族主义立场，不断向法国施压，引发殖民者的不满而很快被解散。此后的突尼斯政府大都成了法国殖民者的傀儡。民族主义运动持续高涨，继续向殖民当局施压，遭到法国殖民当局严厉镇压。

佩里利耶被认为背叛了法国。为了恢复自己的名声，佩里利耶组建了新政府，用法国人取代了突尼斯人部长，由谢尼克任首相。新政府中，突尼斯人部长为6人，法国人部长为7人，政府秘书长及其助手继续由法国人担任，而预算会议由总督主持。

联合国决议

布尔吉巴努力将突尼斯问题进一步国际化。1951年春，他先后访问了巴基斯坦、印度、英国和美国。1951年9月15日，布尔吉巴再次前往巴黎，试图利用美苏对第三世界的争夺向西方阵营施压，逼迫法国让步。1952年，他被拘禁，关押在贾利特岛（Galite）。

1951年12月21日，让·德·奥特克洛克（Jean de Hauteclocque）接任总督，承诺进行改革。奥特克洛克就任总督后迅速采取措施，逮捕了所有突尼斯人部长，只有本·优素福和巴德拉由于不在国内而躲过一劫。

1952年1月14日，突尼斯代表团向在巴黎召开的联合国大会提交了议案，要求解决突尼斯问题。联合国大会没有做出积极回应。

突尼斯代表团继而与亚非代表团的各国代表取得联系，在其支持下成功提交了议案。1952年12月4日，联合国大会讨论了突尼斯问题。经过亚非阵营和英法等国的辩论，形成了关于突尼斯问题的第一个决议。决议采取了拉丁美洲国家的提案，督促突法两国继续进行协商，确保突尼斯逐渐走向自治，同时保证在突法国人的合法权益。[①] 这个决议虽然否定了法国在突尼斯一直推行的殖民统治，支持突尼斯人民追求独立的愿望，但没有谴责法国的殖民统治，也没有要求法国采取具体的措施保证突尼斯的独立。

联合国决议让突尼斯独立问题成为重要国际议题，对突尼斯民族解放运动产生了特殊意义，突尼斯独立成为法国难以回避的问题。

突尼斯人的武装斗争

1953年春，法国政府在联合国艰难获胜之后，迫于压力开始在突尼斯实施市政改革。保护国当局试图在突尼斯造成共同主权的既成事实，在法兰西共同体的范围内解决突尼斯问题，使其继续保持在法国的控制之下。但是，此次选举由于新宪政党和社会党的联合抵制，并没有取得预期的成功。在全国69个市中，有40个市选出了完整的议会，其他的都没有选出符合规定的突尼斯籍议员。突尼斯的局势并没有朝着法国殖民者的期望演变，相反，突尼斯局势日益恶化。

1952年1月20日，法国埃德加·富尔（Edgar Faure）政府成立。次日，突尼斯全境爆发骚乱。1月22日，杜兰德（Durand）上校制造了苏塞案，杀害了大量示威者。23日，3名宪兵被杀，突尼斯的武装斗争开始。

同时，法国殖民者也行动起来，组成了“法兰西人民联盟”（Rassemblement du Peuple Français, RPF），向法国政府发声，要求镇压民族主义运动。富尔授权加尔比（Garby）将军进行镇压，但

---

① Ryo Ikeda, *The Imperialism of French Decolonisation: French Policy and the Anglo-American Response in Tunisia and Morocco*, London: Palgrave Macmillan, 2015, p. 80.

激起了新的不满。法国向突尼斯增兵，导致突尼斯惨案。1952 年 1 月 28 日至 2 月 1 日，法国为了惩罚邦角犯下了野蛮罪行。联合国反集中营国际委员会展开调查，谴责殖民者非法逮捕和使用酷刑。联合国也针对突尼斯问题形成了两个决议，要求法国政府与突尼斯民族主义者展开谈判。

法国虽然拒绝突尼斯独立，但表示可以接受突尼斯的内部自治。为了缓和局势，富尔派遣内阁部长雅克·杜哈迈勒（Jacques Duhanmel）和资深外交官让·劳侬（Jean Laoy）前往突尼斯。他们抵达后与努埃拉、马斯穆迪等人谈判，重申突尼斯政治发展的终极目标是走向独立，但在当前需要保持现状。1952 年 3 月 6 日，安托万·比内（Antoine Pinay）接替富尔后，和解进程出现了逆转。总督逮捕了谢尼克、优素福和巴德拉三位向联合国递交议案的发起者和实施者。布尔吉巴从在塔巴卡的监禁地流放到了利比亚边境拉马丹。3 月 26 日，谢尼克政府被解散，部长们被逮捕。

殖民当局的高压统治并没有使突尼斯民族主义者屈服。公务员、农民、工人的斗争和罢工此起彼伏，突尼斯陷入了极度不稳定。法国殖民者予以镇压，引发了恐怖活动和相应的报复行为。

1952 年 12 月 5 日，突尼斯总工会领袖法哈特·哈希德被“红手”组织暗杀，从而激怒了突尼斯工人。突尼斯工人运动此起彼伏，难以遏制。世界工会联合会也予以坚决谴责。新宪政党在国际上活动，使法国面临的国际压力进一步增大。利比亚的独立，英属殖民地的终结和英联邦的成立，使得保护国制度逐渐失去了存在的理由。

到 1953 年，突尼斯的安全形势进一步恶化。一方面，法国殖民者加强了对突尼斯的控制。正如一位法国作家所揭示的，“（突尼斯有）6000 名政治犯，一位领导人（法哈特·哈希德）被谋杀，每天都有死亡，城镇、农村笼罩着恐怖的‘兴奋’。一句话，恐怖并没有征服突尼斯人民”①。另一方面，突尼斯民族主义者也转向了武装斗争。

① Habib Boularès, *Histoire de la Tunisie: Les grandes dates de la préhistorie à la révolution*, Cérès Éditions, 2011, p. 645.

突尼斯市议会副议长沙德利·卡斯泰利（Chadly Kastailli）、突尼斯王储阿宰丁王子等人先后被杀。

为了回应突尼斯民众的不满，法国召回了奥特克洛克。1953年9月，皮埃尔·沃伊扎罗尔（Poerre Voizarol）成为新任总督。他承诺新政府职位向突尼斯人开放，但是技术性职位仍由法国人担任。大议会中突尼斯代表的职能仅有咨询性质，在所有涉及经济问题的组织中设立法国人代表，并由法国人代表法国社区利益。他试图平衡新宪政党的民族主义要求和法国殖民者的“合法利益”。1954年2月27日，沃伊扎罗尔的计划被法国议会批准，正式获准推行。该计划主要包括：机构改革；组建突尼斯新政府；转移关押布尔吉巴；组建法－突关税与谷物市场联盟。① 在机构改革方面，法国做出了让步，使得突尼斯人官员的任用人数超过了法国人，法国人的行政权力有所减少，特别是秘书长的权力被限制。但是，在司法权方面，该计划坚持了共同主权的制度。根据计划，突尼斯人在议会中的人数是45人，法国人为42人。不过在涉及金融和预算问题时，由法国人占主导的经济委员会必须列席。这样就形成了突尼斯人和法国人代表相同的局面。同时，总督在任何问题上都有一票否决权。为了争取民族主义者的支持，该计划准备将布尔吉巴转移关押，使其能够更好地接受治疗。但计划中关于关税同盟的规定实际上剥夺了突尼斯关税自主的权利。为了保证该计划的实施，沃伊扎罗尔总督选择了曾在谢尼克政府担任部长的保守派人士穆罕默德·萨拉赫·马扎里（Mohamed Salah Mzali）为新首相。

沃伊扎罗尔计划寄希望于拉明贝伊（Lamine Bey）的权威，推行并不得人心的改革，与民族主义者对抗。虽然贝伊签署了法令，同意进行改革，并任命马扎里为首相，但是民族主义者并不接受这种范围有限的改革。突尼斯民族主义者追求的是国家独立，而不再

① Ryo Ikeda, *The Imperialism of French Decolonisation: French Policy and the Anglo-American Response in Tunisia and Morocco*, London: Palgrave Macmillan, 2015, p. 108.

是共同主权。突尼斯各界都表达了反对态度。3月，宰图纳大清真寺的学生在宪政党的带领下走上街头进行示威游行。活跃在南方的游击队人数不断增加，反抗活动此起彼伏。

法－突协议

1952年12月17日决议之后，阿拉伯国家和亚非阵营国家仍然不断致力于将突尼斯问题提交联合国大会，并以此促进突尼斯民族独立进程向前发展。经过不懈努力，突尼斯问题在此后几年一直是联合国大会的议题之一。1954年12月17日，联合国大会形成了新的决议，再一次要求双方谈判解决突尼斯问题。而且，美国为了争取第三世界的需要和本国的战略考虑，也不断向法国施压，要求改善突尼斯的治理。

同时，布尔吉巴号召新宪政党起来斗争，继续该党的反对立场，法国殖民者的共同主权论已经难以为继。法国政府试图通过贝伊政府来限制民族主义者的行为，因贝伊本身的合法性下降而引发了危机。更为严重的是，突尼斯游击队在中南部的活动让殖民政府焦头烂额。

随着局势的恶化，突尼斯政府难以开展活动，马扎里首相继4名部长辞职后，于6月17日挂冠而去。由于背离了人民的要求，突尼斯贝伊到了无人可用的地步。突尼斯民族主义者的主要推动者——新宪政党成了唯一能够代表人民的政党。在新形势面前，法国政府不得不修改其一直坚持的共同主权论，转而承认突尼斯的独立主权。当然，法国政府的这种转变与法国在奠边府的失败有直接关系。以皮埃尔·孟戴斯－弗朗斯（Pierre Mendès-France）为首的新一届政府上台后，开始改变之前的顽固立场，积极推动解决殖民地问题。

6月，法国孟戴斯－弗朗斯政府设立了“摩洛哥与突尼斯部”，专门负责处理北非殖民地问题，由富歇担任部长。随着孟戴斯－弗朗斯的外交主张在法国议会获得信任投票，突尼斯问题被提上了日程。1954 年 7 月 29 日，贝尔纳·布瓦耶·拉图尔（Bernard Boyer Latour）被任命为新的总督。法国的突尼斯政策开始发生变化。1954 年 7 月 31 日，法国总理皮埃尔·孟戴斯－弗朗斯访问突尼斯，并发表《迦太基宣言》（Déclaration de Carthage），突尼斯民族独立进程出现重大转折。宣言承诺建立不受法国政府控制的突尼斯政府，双方通过谈判商定突尼斯的最终独立。不过，法国仍然要求掌管突尼斯外交。在此情况下，马扎里政府宣布辞职，塔哈·本·阿玛尔受命组阁。阿玛尔政府由民族主义分子组成，其中新宪政党成员占了 4 席。阿玛尔政府将自己的使命定为与法国政府谈判，实现突尼斯的内部自治，但没有提出独立要求。不过，这一立场得到了大部分民族主义者的支持，布尔吉巴和本·优素福都将这一立场视为最终走向独立的重要步骤。

阿玛尔政府与孟戴斯－弗朗斯政府的谈判进展缓慢，原因在于游击队在突尼斯中南部的活动使其面临巨大压力。在接受布尔吉巴建议后，法国政府宣布对游击队员实行特赦，鼓励他们放下武器，不再追究他们的责任。这一决定取得了良好效果，到 1954 年底，游击队问题基本上得到解决。

1955 年 3 月，法国政府更迭之后，双方开始重启谈判。但是，双方在关于法突关系的界定、殖民者对土著在市政议会的代表席位分配，以及安全和南部边界问题上争执不下。法国政府试图尽可能地继续对突尼斯保持影响，要求法国人在突尼斯的平等代表权，而不是比例代表权。同时，法国希望继续控制突尼斯国防和外交。民族主义者提出了针锋相对的意见，而且强烈要求释放新宪政党领袖布尔吉巴。为推动和谈，法国代表被迫和布尔吉巴直接磋商。1955 年 4 月 21 日，布尔吉巴与法国新任总理埃德加·富尔举行会晤，为双方缔结协约设定基调。经过谈判，双方确定了协议的框架内容，双边谈判开始取得重大进展，后续谈判由两国谈判代表继续进行。

1955 年 6 月 1 日，布尔吉巴获准返回突尼斯，受到民众的热烈欢迎。1955 年 6 月 3 日，《法 – 突协议》（Accord Franco-Tunisie）签订。该协议由六部分构成。第一，授权突尼斯建立自治政府，但是国防和外交事务管理权不变。第二，在防务和安全部门，法国政府仍然保持权力。对协议的任何不满可以诉诸双方享有平等代表权的仲裁委员会。第三，法国仍然享有裁决法国公民和非突尼斯公民的司法权，但将突尼斯公民的司法权移交突尼斯政府。第四，双方承诺在技术和行政事务方面紧密合作。第五，由一个文化协议保障教育方面的合作。突尼斯获得在教育目标、结构、课程、学位以及行政管理方面的优先权，但继续保留必要的法语教育。双方还建立了一个混合委员会负责该协议的实施。第六，双方同意突尼斯继续留在法郎区，并创办关税联盟以加强双方的贸易合作。[①] 突尼斯民族解放运动取得了重大进展，法国被迫放弃了共同主权的主张，接受突尼斯人自己管理国家事务的权利，法国在北非的殖民统治开始崩溃。从此，法国不得不放弃殖民权益，逐渐从突尼斯撤离。但是，突尼斯人的成功也是不完全的。突尼斯仍然没有获得完全独立。突尼斯的国防和外交仍处于法国的控制之下，它在本质上还是法国的殖民地。而且，法国通过组建货币与关税联盟，限制了突尼斯的关税自主权。突尼斯的独立仍然没有实现。

突尼斯独立

《法 – 突协议》的签订，招致一些民族主义者和殖民者的批评。在突尼斯的法国殖民者不愿意放弃特权，他们强烈反对该协议授予突尼斯内部自治的权利。在民族主义组织阵营内部，保守的宪政党人和激进的优素福主义者（Youssefist）都对该协议表示反对，他们都认为以布尔吉巴为代表的温和派民族主义者让步太多。新宪政党内部由于对该协议的立场不同，分裂为两个派系，分别以布尔吉巴和本·优素福为代表。二人分别担任新宪政党的党主席和秘书长，

---

① Habib Boularès, *Histoire de la Tunisie: Les grandes dates de la préhistorie à la révolution*, Cérès Éditions, 2011, pp. 660-661.

都在党内具有举足轻重的地位，但政见不同。布尔吉巴来自突尼斯发达的萨赫勒地区，受过系统的西方教育，代表中下层资产阶级。本·优素福出生在杰尔巴岛，受过传统教育，得到了突尼斯市中上层和保守宗教人士的支持。布尔吉巴是新宪政党的缔造者之一，是坚定的民族主义者。本·优素福在布尔吉巴被关押期间逐渐成为党的另一个领袖，领导突尼斯民众抗争。但是，突尼斯独立前夕，双方的矛盾变得不可避免。

1955 年 6 月，在获得内部自治之后，突尼斯开始向独立国家过渡。新宪政党温和派和首相阿玛尔都主张通过和平方式逐渐向法国殖民者施压，采取渐进方式实现国家独立，因而得到了法国国内支持非殖民化势力的赞同。而新宪政党内的激进派以及其他激进的民族主义者要求立即独立，拒绝与殖民者妥协。优素福联合了旧宪政党人、游击队员、传统主义者、部分商人，并与阿尔及利亚武装取得了联系。他试图通过武装斗争的形式建立独立的突尼斯，并实现阿拉伯联合。优素福的行动已经对突尼斯的形势产生严重影响。这样，法国殖民者不得不考虑修正其以前的立场，给予突尼斯完全独立地位。事实上，法国政府更加倾向于和以布尔吉巴为首的温和派打交道，继续保持对突尼斯的持续影响。另外，摩洛哥的独立促进了突尼斯的独立进程。突尼斯与法国签订自治协议后，布尔吉巴不失时机地向法国施压，呼吁被放逐的摩洛哥苏丹回国。1955 年 11 月 16 日，穆罕默德六世结束流放，返回摩洛哥。不久，摩洛哥与法国经过谈判签订独立协议。摩洛哥的独立激发了突尼斯民族主义者的更大热情，他们积极呼吁法国给予突尼斯同等待遇。1956 年 3 月 20 日，在反复权衡利弊后，法国终于和突尼斯签订了新的条约。《巴尔杜条约》被废除，突尼斯获得了完全独立而不仅仅是内部自治，突尼斯有权处理自己的外交和国防事务，再一次获得了组建国防军的权利。突尼斯实现了独立，突尼斯政府很快组建了军队，控制了电台和警察机构。法国势力的撤离随即被提上了日程，法军仅保留比塞大海军基地。

法国殖民统治的影响

法国殖民统治对突尼斯产生了广泛影响。突尼斯是受殖民统治影响最深的殖民地之一。法国的殖民统治在突尼斯维持了整整75年，殖民时间仅次于阿尔及利亚。在此期间，殖民者大量涌入突尼斯，殖民者人数庞大。到1956年突尼斯独立时，突尼斯的外国人占总人口的7%，这一人口密度在非洲大陆仅有南非比它高。[①]但是，突尼斯与阿尔及利亚、南非的情况差别极大。后者曾被视作殖民者的永久定居地，而突尼斯从《巴尔杜条约》签订的时候就被视为法国的暂管土地。

殖民统治对突尼斯的政治、经济、社会、教育、司法等各个方面都产生了重大影响。19世纪初，当殖民者向突尼斯渗透的时候，它还是一个传统国度，作为政府首脑的贝伊只是名义上的领袖，其权威在很大程度上仅限于首都突尼斯城一隅。沿海地区分布着一些接近自治的城市，城镇化水平很低。中央政府的官职在马穆鲁克当中简单轮替。地方上，卡伊德享有很大的权力。他们集行政、司法和经济权力于一身，协助贝伊管理地方。突尼斯王国政治腐败、官职混乱，很难与现代社会接轨，因而也必然难以抵抗殖民者的入侵。

法国占领突尼斯后，出于统治的需要保留了贝伊政权，但它对突尼斯进行了大刀阔斧的改革。经过数年努力，殖民政府已经初具现代国家的规模，内政、国防、外交、司法、公共事业、农业、工业等各个部门都开始建立起来。卡伊德的数目被大量削减，其权力受到民政督察的严格限制和监督。中央、省、地方三级管理体制基本确立。

突尼斯是传统农业国，农业生产技术也相当落后。殖民政府建立后大力资助法国人前往突尼斯殖民。经过1885年和1898年两次

① Clement Henry Moore, *Tunisia Since Independence: The Dynamics of One-Party Government*, Berkeley & Los Angeles: University of California Press, 1965, p.16.

土地制度改革，大量适宜耕种的土地被转移到了殖民者手中。及至突尼斯独立，约 1/5 的肥沃土地处于殖民者的掌握之下。[①]殖民政府改变了突尼斯的土地制度，哈布斯土地、公有土地在很大程度改变了之前的地位，流入市场，私有土地制度开始建立起来。殖民者带来了先进的耕作技术，法国犁取代了阿拉伯犁，机械生产在大土地制度下被广泛使用。橄榄、葡萄、椰枣等经济作物的种植面积迅速增加。糊口农业开始向出口农业转变。与此同时，突尼斯的矿产资源开始得到开发。殖民政府修筑了铁路、公路、港口，把突尼斯的磷酸盐、铅、锌等大量运往法国。突尼斯与世界市场的联系日益紧密。

殖民当局还建立了世俗司法体系。在法国的努力下，外国人统一被归并到法国法庭管理之下。财产体系的建立，改变了穆斯林财产制度。受沙里亚法管辖的领域逐渐缩小，法国世俗法庭的权力不断扩大。

突尼斯的教育制度也经历了深刻变革。突尼斯的儿童自幼接受清真寺小学的教育，少量毕业生被送到宰图纳清真寺大学接受教育。1875 年，萨迪克中学建立后，少量贵族子弟也接受双语教学。殖民统治建立后，现代教育迅速进入突尼斯。突尼斯人经过一段时间的比较后，接受法语教育的学生越来越多。他们在法国或意大利中学毕业后，通常前往法国接受大学教育。这为突尼斯提供了新型人才。法式教育的结果是培育了一批民族主义者，而且也使得突尼斯的精英阶层发生了结构性改变。宰图纳大学的毕业生以往长期把持政府高位，思想较为保守。而从萨迪克中学走出来的学生则成为了民族主义政党新宪政党的骨干力量。突尼斯独立之后，接受过法式教育的民族主义者明显处于优势，保守主义者失势。

突尼斯被卷入世界市场后，社会结构发生了剧烈变化。现代产业群体开始形成，突尼斯、斯法克斯、凯鲁万发展成为大城市。农民在失去土地后向城市集中，游牧民定居速度加快，城市贫民区日

① Clement Henry Moore, *Tunisia Since Independence: The Dynamics of One-Party Government*, Berkeley & Los Angeles: University of California Press, 1965, p.20.

益膨胀。发展逐渐成了重要的社会问题。随着独立的来临，这些问题传递到了新宪政党手中。就业、贫富差距、地区差距和社会发展成为困扰新政府多年的难题。

1956年突尼斯独立之时，它已不再是一个保守落后的旧国度，而是一个亟待起飞的新国家。等待新宪政党的不仅是作为统治者的尊严和自豪，更是强国富民的治理重担。

第九章　突尼斯独立之初的探索

1956年，突尼斯正式独立。一年后，突尼斯共和国成立。三年后，哈比卜·布尔吉巴当选突尼斯首任总统，突尼斯从此进入布尔吉巴统治时期。政治上，突尼斯颇具特色的宪政体制逐渐形成；经济上，突尼斯进行了自由经济和计划经济的交替试验；社会生活领域，突尼斯经历了深刻变革。总体上看，突尼斯在向彰显地中海、非洲、阿拉伯、伊斯兰风貌的现代民族国家演变。

一、突尼斯宪政体制的确立

布尔吉巴与本·优素福治国方略之争

哈比卜·布尔吉巴和萨拉赫·本·优素福都是突尼斯民族解放运动卓越的领导人。前者创立的新宪政党成为突尼斯民族解放运动的主要组织机构，后者则以热情投入发挥着主要领导者的作用。1934—1954年，哈比卜·布尔吉巴大部分时间流亡在外或遭到法国监禁，因而无法直接领导突尼斯民族解放运动。在民族解放运动的艰难历程中，本·优素福弥补了布尔吉巴的缺位。但是，两位领导人在一些关键问题上存在意见分歧和对立，其中包括斗争策略问题、国家未来发展战略，以及突尼斯独立之后的外交问题等。双方之间的矛盾随着突尼斯民族解放运动走向胜利而变得日益严重。

哈比卜·布尔吉巴1903年出生于突尼斯沿海城市莫纳斯提尔的

一个中产阶级家庭，其父是当地的一个小官员。布尔吉巴自幼在家乡接受启蒙教育，11 岁时在兄长帮助下前往突尼斯城，进入萨迪克中学就读。中学毕业后，顺利获得赴法国深造的机会。1924 年布尔吉巴获得索邦大学法学学士学位。回国之后，他成为一位律师，不久加入了民族主义组织宪政党。布尔吉巴的教育经历深刻影响了他的政治立场。他和后来成为新宪政党领导人的知识分子蒙吉·斯利姆和穆罕默德·马斯穆迪（Mohamed Masmoudi）等人观点接近，他们都反对法国殖民统治及歧视性政策，但同时又被法兰西文明的辉煌成就所吸引，因而愿意与法国政府在保证突尼斯人权益的情况下进行合作。他们主张的非殖民化政策曾被红极一时的计划和经济部部长艾哈迈德·本·萨利赫（Ahmed Ben Salah）表达出来："突尼斯的非殖民化不能是殖民化的对立面。这次革命不是摧毁殖民化的所有成果，而是对其加以利用，并重新定向。"[①] 与此相反，本·优素福出生于杰尔巴岛，接受的是传统教育。他与突尼斯传统势力关系密切，宰图纳大清真寺的毕业生大都站在他的一边。本·优素福是一个爱国主义者，很早就投身于突尼斯民族解放事业，在长期的革命斗争中，逐渐成长为新宪政党的二号人物。

1954 年，以布尔吉巴为首的新宪政党领导人接受法国政府提出的内部自治方案，准备与法国政府合作推动突尼斯政治、经济、文化的全面发展。但以新宪政党秘书长本·优素福为代表的一部分民族主义者持不同的意见。本·优素福在争取突尼斯的民族解放事业期间尚能团结各阶层民众，但在突尼斯向独立国家过渡阶段逐渐与布尔吉巴拉开了距离。在开罗流亡期间，本·优素福深受泛阿拉伯主义和纳赛尔主义（Nasirism）影响，在国家转型问题上主张建立独立的阿拉伯国家，并与其他阿拉伯国家联合，彻底肃清殖民化的影响，致使他与布尔吉巴等人存在很大分歧。他的支持者主要来自

---

① Charles A. Micaud, Leon Carl Brown, Clement Henry Moore, *Tunisia: The Politics of Modernization*, New York: Frederick A. Praeger, 1964, p. 89.

宫廷贵族、宗教上层、大地主，以及其他一些显赫人物。除此之外，许多落后的部落民与城市贫民也支持他的激进主张。

1955年布尔吉巴与本·优素福相继回国。[①] 布尔吉巴努力营造团结的氛围，试图说服本·优素福支持其渐进主张，但后者不为所动。本·优素福在宰图纳大清真寺号召民众谴责自治协议，争取完全独立。同年11月，新宪政党举行全国代表大会，讨论自治协议。本·优素福则拒绝参加会议，他的支持者在突尼斯市召开非常代表大会进行对抗，但应者寥寥。布尔吉巴在党内自由派以及总工会的支持下，获得了压倒性胜利。会议宣布将拒绝参会的总书记本·优素福开除出党。同时，新宪政党开始了关于内部自治策略的宣传，并呼吁尽快成立制宪议会。

布尔吉巴和本·优素福彻底决裂，布尔吉巴的主张成为了主流意见。1956年1月，本·优素福再次流亡开罗，并以开罗为基地反对布尔吉巴。双方的矛盾和分歧逐渐从组织路线问题升级为暴力行为。在突尼斯南部和内陆地区，本·优素福的支持者开始发动游击战，袭击法国殖民者。然而，在突尼斯政府的劝说和法国军队的镇压之下，游击队员很快放下了武器，向政府投降。到1957年底，突尼斯南部归于平静。1958年，本·优素福发动了一次政变，但未能取得成功，从此淡出突尼斯政坛。

布尔吉巴与本·优素福的争执对突尼斯政治产生了深远影响。在突尼斯民族解放运动即将取得胜利的关键时刻，突尼斯以渐进主义的策略和平过渡到独立国家。对于国家发展战略而言，一个新兴的阶层获得统治地位。突尼斯社会阶层中的两个阵营，即世俗的、现代的中产阶级阵营与宗教的、传统的保守阵营之间的斗争告一段落。布尔吉巴的胜利意味着前者占据上风。突尼斯的立国基础建立在世俗化、现代化和西方化的战略之上。在国家战略的推行中，布尔吉巴阵营掌握了最高权力，成为突尼斯的统治阶层，而宗教保守

① 分别从法国和埃及返回国内。

势力和传统势力遭到了打击。

布尔吉巴与本·优素福的斗争代表两条路线之争。布尔吉巴在党内获得胜利后，突尼斯逐渐进入“布尔吉巴时代”，“布尔吉巴主义”（Bourguibaism）相应地成为党和国家的指导思想。“布尔吉巴主义”是布尔吉巴带领突尼斯人民走向独立过程的实践结果。在漫长的争取民族独立的斗争岁月里，他逐渐意识到由于实力弱小，突尼斯无法与法国殖民者直接对抗，只能以渐进主义方式，通过谈判获得民族独立。另外，“布尔吉巴主义”也意味着自由主义。布尔吉巴反对西方殖民主义，但不反对西方政治经济制度。本·优素福等人则认为突尼斯未来发展的道路是回归阿拉伯－伊斯兰阵营，复兴传统文化。布尔吉巴对西方现代化的成就非常推崇，认为突尼斯要以西方国家为模板，跻身西方世界和阵营。“布尔吉巴主义”还表现为世俗主义的价值取向。布尔吉巴对阿拉伯－伊斯兰世界与西方世界的差距非常清楚，认为突尼斯要获得发展就必须进行必要的社会改革，而不能以旧的制度继续发挥作用。

非殖民化

突尼斯独立后，非殖民化成为一个重要的政治目标。但是，突尼斯在“布尔吉巴主义”的指导下并没有立即展开激烈的国有化运动，而是继续与前宗主国保持紧密的经济政治关系。截至 1958 年，大部分殖民者仍然留在突尼斯。他们中的一部分作为政府雇员，协助管理突尼斯；一部分作为教师和技术人员，支持突尼斯的教育事业和现代化建设；还有一部分殖民者继续占据着突尼斯的大片良田，控制着突尼斯的大量资源。显然，突尼斯需要法国的技术援助，需要大量的管理人员继续支持突尼斯的建设。但是，突尼斯也在稳步推进非殖民化。在建立自己的国民军后，突尼斯要求法国军队彻底撤出突尼斯。在与法国谈判独立条件时，突尼斯曾要求法国撤出所有军队，但在比塞大问题上未能达成一致。

在法国长达 75 年的殖民统治期间，大量法国公民以及马耳他人、意大利人和英国人到突尼斯进行垦殖活动。在法国殖民统治下，突尼斯经济命脉为殖民当局所控制。为掠夺原材料，殖民者修筑专用铁路，将突尼斯的铁矿、磷酸盐、铅等转运出境。殖民时期建立的大量厂矿企业大多属于法国人所有。而且，殖民当局还通过各种名目，剥夺突尼斯人的土地，特别是首都东南部肥沃的土地，用来种植有利可图的葡萄、橄榄等经济作物。因此，重获主权之后，突尼斯分阶段解决所有权问题，逐步实现突尼斯化。1959 年初，政府通过决议，把法国殖民当局划归移民的全部土地逐步赎回，并移交给突尼斯土地所有者。这一决议涉及 53 万公顷土地，它们分属法国、意大利、瑞士和比利时的一些公司和私人业主。①

"非殖民化"的第二阶段是"突尼斯化"，由突尼斯国民掌握本国的资源。"突尼斯化"的实施包括两个方面：一是殖民者主动放弃，二是突尼斯政府采取国有化措施。事实上，鉴于殖民者在治理国家和经济生活中扮演的关键角色，突尼斯政府一开始并未采取激进的国有化措施。独立初期的"突尼斯化"很大程度上是由于殖民者的撤退造成的。1955 年至 1959 年，约 17 万欧洲人离开了突尼斯，约占殖民者总数的 2/3。在突尼斯获得内部自治的最初 18 个月间，约 8000 名法国公职人员离开了突尼斯。1956 年，67 000 名意大利人中的 1/3 离开了突尼斯。犹太人的人数变化也非常明显：1948 年以色列建国后，约 85 000 名犹太人在其后四年中离开了突尼斯；1956 年又有 6500 人离开了突尼斯，余下的仅为 58 000 人；1965 年"六五战争"（Six-Day War of June 5th）后，突尼斯犹太人再次出现了移民潮，余下的不足 3 万人。② 此外，通过与法国签署协议，突尼斯政府以"赎买"的方式解决了大量的财产归属问题。不过，行

---

① Jacob Abadi, *Tunisia Since the Arab Conquest: The Saga of a Westernized Muslim State*, Berkshire, UK: Ithaca Press, 2013, p.432.

② Kenneth J. Perkins, *A History of Modern Tunisia* (2nd Edition), Cambridge: Cambridge University Press, 2014, pp. 144-145.

政部门的“突尼斯化”进行得比较迅速。突尼斯独立后，大量法国行政人员主动离开了突尼斯，并重新进入法国政府机构。新宪政党的支持者和突尼斯国内仅有的几所高等学校的毕业生很快便填补了他们留下的空缺。但是由于个人素质良莠不齐，这些新人在实际工作中往往表现得不尽如人意。而且，突尼斯政府彻底清洗了国家行政机构：殖民主义者的走卒和封建反动分子被免职；中央和地方行政机构的官员撤换了将近 2/3；最重要的职务由新宪政党党员或受该党信任的人士担任。①

宪政制度的建立

突尼斯独立后，开始建立新的宪政制度。为肃清旧势力和反对派，完成政权更迭，布尔吉巴政府成立了“高等法庭”（La Haute Cour）。该法庭对政治犯拥有绝对权力，法官经议会推荐由政府任命，庭长必须为律师。该法庭的存在时间最初设定为 6 个月，实际上一直持续到 1959 年 10 月 22 日。布尔吉巴把这个法庭称为“革命工具”，授权其先后进行了三轮审判：1956 年 12 月，萨拉赫·本·优素福和其他 57 人被审判，其中 6 人被判死刑（4 人缺席判决），7 人获释，其他监禁；1958 年 11 月，52 人受审，其中 9 人被判死刑（4 人缺席判决）；1959 年 11 月，128 名优素福分子受审，其中 15 人被判死刑（7 人缺席判决）。②

除此之外，新政府还对前朝遗老和不法商人进行了清算。突尼斯制宪议会于 1957 年 8 月 17 日和 11 月 22 日先后通过了《反不义之财法》（*Law of Ill-Gotten Gains*）和《反侮辱民族法》（*Law of National Indignity*）。前者对“与民族利益相反的利益”处以最高三倍的罚款，或者部分或全部没收财产；后者对殖民时期与殖民者

---

① Kenneth J. Perkins, *A History of Modern Tunisia* (2nd Edition), Cambridge: Cambridge University Press, 2014, p. 145.

② Keith B. Callard, “The Republic of Bourguiba”, *International Journal*, Vol. 16, No. 1, Winter 1960/1961, p. 26.

合作的高官和不法商人进行了审判。根据这些法律，先后有三位殖民时期的首相被判刑：巴古什被判处10年强制劳动，罚没财产和降低国民身份；穆罕默德·萨拉赫·马扎里被判处10年监禁，罚没财产和降低国民身份；塔哈·本·阿玛尔被逮捕并判刑。而且一些有名望的普通公民也受到了清算。比如哈察米·本·哈利法家族的成员由于担任殖民当局的几个地方官，其后人被审判。[①]通过这种方式，布尔吉巴政府开始建立了牢固的统治，这为独立后各方面的改革排除了障碍。

同时，突尼斯的政治制度逐渐向宪政过渡。根据贝伊的命令，1955年12月突尼斯举行了历史上第一次男性普选权基础上的制宪议会选举。新宪政党与突尼斯总工会等结成了“民族阵线”（National Front），并赢得了所有617 000张选票中的598 000张，获得了所有98个议席。[②]哈比卜·布尔吉巴当选为制宪议会议长。本·阿玛尔首相辞职后，布尔吉巴辞去了议长一职，接任临时政府总理，但继续影响突尼斯的宪法制定。本届议会在存在的三年多时间里，主要承担了各种临时立法和制定突尼斯独立后第一部宪法的历史使命。

1959年6月1日，突尼斯制宪议会正式颁布宪法。这部宪法包括十个部分，共计78条，详尽地规定了突尼斯的立法、司法和行政分立原则，以及公民享有的权利和义务。这部宪法以美国政治制度为参照，确立了总统及行政部门的主导权力。但与美国的总统制不同，突尼斯的总统拥有宪法规定的更广的权力。

宪法第一条规定，突尼斯是一个自由、独立的主权国家，以伊斯兰教为国教，阿拉伯语为官方语言，采用共和制。第三条规定，主权属于突尼斯人民，人民依照宪法行使权利。第八条规定，公民

---

① Keith B. Callard, “The Republic of Bourguiba”, *International Journal*, Vol. 16, No. 1, Winter 1960/1961, p. 27.

② Jacob Abadi, *Tunisia Since the Arab Conquest: The Saga of a Westernized Muslim State*, Berkshire, UK: Ithaca Press, 2013, p.429.

依法享有思想、言论、办报、出版、结社等权利。新宪法虽然确立了立法权、司法权、行政权三权分立的政治制度，但行政权没有受到有效制约，司法权的地位也没有完全保障，这使得突尼斯的宪政制度在一开始就包含许多弊端。

宪法颁布后，突尼斯举行全国大选。布尔吉巴当选为第一任总统，新宪政党获得议会选举胜利。本次大选确认了布尔吉巴及新宪政党的统治地位，标志着突尼斯正式进入新的时代。经过一段时期的斗争，布尔吉巴不仅削平了党内的反对者，而且消除了旧势力的代表，树立了个人威望，成为“克里斯玛”型领导人。由于其在民族解放斗争中的卓越表现，新宪政党也得到民众的认可，成为一个大众政党。新宪政党登上历史舞台后，将触角伸向社会的各个角落。新宪政党已经和整个政治体制结合在一起，突尼斯没有任何可以与其抗衡的政党。突尼斯共产党和旧宪政党不仅人数有限，而且影响力很小。突尼斯总工会也接受了新宪政党的领导，成为新宪政党的重要政治盟友。

边界问题与比塞大危机

突尼斯独立后，与法国还有一些历史遗留问题没有解决，其中尤为关键的是边界问题。突尼斯南部地区与利比亚、阿尔及利亚的边界都不明确。根据 1910 年《突尼斯 - 土耳其边界协定》，突尼斯领土向南延伸至加里特哈迈勒（Garet El Hamel）。但突尼斯独立后，由于法国不支持，实际控制的领土仅为塞恩特堡（Fort Saint）。[①] 在西部地区，突尼斯和阿尔及利亚存在边界纠纷。根据殖民当局的管理分工，突尼斯领土从罗曼井（Bir Romane）一直延伸至撒哈拉沙漠。布尔吉巴政府宣布撒哈拉地区是“共有高地”，突尼斯有权获得撒哈拉沙漠的资源。[②] 对此，法国政府没有明确表态，阿尔及利

---

① Werner Klaus Ruf, “The Bizerta Crisis: A Bourguibist Attempt to Resolve Tunisia’s Border Problems”, *Middle East Journal*, Vol. 25, No. 2, Spring 1971, p. 203.

② Ibid., p. 205.

亚民族主义者则反应强烈。为此，突尼斯和阿尔及利亚民族主义者的关系出现了恶化的迹象。

此外，针对一些遗留问题，突尼斯和法国的谈判一直在进行。突尼斯以向北约开放比塞大港口为由争取法国早日撤离，但法国由于阿尔及利亚战争增加了对比塞大的依赖而迟迟不愿撤出。法国在阿尔及利亚陷入战争的旋涡，保持这一海军基地对法国尤为重要。在谈判的焦灼之际，出现了一次重大事故。1958 年 2 月 8 日，法国空军轰炸了位于突阿边境地区的西迪·萨迪基村，造成重大人员伤亡。突尼斯人民群情激愤，要求殖民者立即撤出突尼斯。1958 年 6 月 17 日，戴高乐宣布撤出除比塞大基地之外的所有军队。按计划，到 1958 年 10 月，法军撤出拉马丹、斯法克斯、加贝斯、加夫萨和阿乌埃拉等地的军队。①

法国军队的存在损害了突尼斯主权国家的形象，布尔吉巴政府再次要求法军撤离。1959 年 2 月 19 日，布尔吉巴提出一个妥协计划，以法国结束阿尔及利亚战争为条件换取法国对比塞大海军基地的继续使用，但没有得到法国的回应。1959 年 6 月 18 日，布尔吉巴开始强硬要求所有法军从突尼斯国土上撤离。到 1959 年底，双方在此问题上变得剑拔弩张。不过，随后双方展开了谈判。戴高乐邀请布尔吉巴充当法阿之间的调停者。1960 年 10 月 31 日，双方达成协议，计划将比塞大海军基地转化为海军码头，进行开发。但是，撤军问题被法国所忽视。1961 年 6 月，突尼斯方面向戴高乐递交了布尔吉巴的一封信，再次要求谈判比塞大海军基地，但未得到法国方面的明确答复。布尔吉巴接连被戴高乐冷落，情绪出现波动，影响了其判断力。1961 年 7 月 17 日，布尔吉巴召集议会紧急会议，向法国发出 24 小时通牒，同样没有得到满意的答复。于是，7 月 19 日，突尼斯宣布大量“志愿者”向比塞大和撒哈拉地区进军。突尼斯的仓促进攻遭遇法军的坚决回击。双方实力

---

① Lorna Hahn, “Bizerte: Between Rounds”, *Africa Today*, Vol. 8, No. 8, Oct. 1961, p. 7.

悬殊，突尼斯未能给法国造成实质性威胁，相反法军趁机占领了整个比塞大市。在冲突的四天时间里有1000多人伤亡，引发了国际社会的关注。[①]冲突结束次日，突尼斯将此事件诉诸联合国安理会。但安理会仅做出让双方停火的决议。因此，突尼斯政府派国防部部长巴迪·拉德哈姆（Badi Lagham）和外交部部长莫卡迪德（Mokadded）前往华盛顿和莫斯科，寻求超级大国支持。[②]美国、苏联、联合国、阿拉伯联盟等国家和国际组织呼吁双方通过谈判解决危机。1961年8月20日，联合国非常大会通过决议，要求法突谈判解决法军撤离问题。9月5日，戴高乐表态同意谈判。9月8日，布尔吉巴予以回应。9月10日，双方达成交换俘虏的协议。9月18日，双方达成协议，法军撤出占领区，但被获准在军营内自由活动。[③]

比塞大危机（the Bizerta Crisis）期间，突尼斯获得国际社会的一致支持，为布尔吉巴赢得广泛赞誉。包括西方国家在内，亚洲、非洲、拉丁美洲和中东国家，以及苏联等国都对突尼斯提供了道义支持。但这种支持是有限的，没有能够改变事件本身，只是影响了其运行方向。此次危机造成的重大人员伤亡远远超过了民族独立斗争中的伤亡人数，它使人怀疑其代价是不是过于昂贵。多年来，比塞大危机成为突尼斯政治中一个极具争议的事件。布尔吉巴和戴高乐作为政治经验丰富的政治家，应对比塞大危机的不理性行为，给突尼斯造成了重大人员伤亡。经此事件，布尔吉巴的个人威望有所下降，“布尔吉巴主义”遭到一定程度的动摇。[④]

---

① Jacob Abadi, *Tunisia Since the Arab Conquest: The Saga of a Westernized Muslim State*, Berkshire, Uk: Ithaca Press, 2013, p.464.

② Lorna Hahn, “Bizerte: Between Rounds”, *Africa Today*, Vol. 8, No. 8, Oct. 1961, p. 8.

③ Jacob Abadi, *Tunisia Since the Arab Conquest: The Saga of a Westernized Muslim State*, Berkshire, UK: Ithaca Press, 2013, p.465.

④ Werner Klaus Ruf, “The Bizerta Crisis: A Bourguibist Attempt to Resolve Tunisia's Border Problems”, *Middle East Journal*, Vol. 25, No. 2, Spring 1971, p. 210.

二、建国初期的各项改革

《个人地位法》的颁布

保护制终结后，新宪政党人将第一优先事务转向社会改革。布尔吉巴及其同僚积极向民众灌输他们借鉴自法国的、现代的、进步的社会价值观。为使突尼斯人接受现代教育，并从已经过时的信仰和实践中解脱出来，现代主义者认为成功的关键在于，应当让普通突尼斯人感受到社会变革的必要性和好处。新宪政党领导人推动了突尼斯传统领域的广泛变革。这些改革创造了更加自由、开放、进步的氛围，整个社会不再以传统主义作为规范。

在伊斯兰世界，妇女地位较为低下，女性通常被认为是男性的附属品。在家庭生活方面，女性缺乏自主权。妇女地位问题也是中东国家重要的社会问题之一。传统上，女性普遍实行早婚，她们没有权利选择丈夫，做出这一决定的只能是其父亲或监护人。男子最多可拥有四个妻子。妇女没有权利离婚，男子却有单方面的休妻权，而且这种行为不受法律约束。在继承方面，妇女无法享有和男性一样的继承权，她们只能继承相当于男子一半的财产。另外，妇女不能享有对子女的监护权。

近代以来，有许多思想家开始关注妇女问题。在突尼斯民族解放运动期间，塔哈·哈达德（Taha Hadad）和哈比卜·布尔吉巴都曾论及妇女问题。塔哈·哈达德是突尼斯的共产主义者之一，在其担任宰图纳大学教师期间，就热情支持妇女改革。1930 年，他出版了《法律和社会中的妇女》一书。在书中，他认为妇女地位低下是突尼斯各种问题的根源。妇女的地位甚至还赶不上一只狗。他呼吁对妇女在结婚和离婚方面的法律进行改革。[①] 但是，他的改革主张受

① Beshara Doumani (ed.), *Family History in the Middle East: Household, Property, and Gender*, New York: State University of New York Press, 2003, p. 117.

到殖民者和民族主义者的反对。殖民者反对此类改革在于避免出现社会冲突，因为殖民者的主要利益在于经济掠夺，为此他们极力避免不必要的麻烦。而对于民族主义者而言，突尼斯的传统生活方式是他们反对殖民者进行文化渗透和同化政策的有效武器，不论保守派还是自由派都不愿意轻易放弃。布尔吉巴虽然接受男女平等，但在民族解放运动期间的考虑主要是现实政治而不是社会变革。因此，他也反对塔哈·哈达德的激进思想，1929 年他曾发表过支持妇女佩戴面纱的演说。

随着突尼斯的独立，妇女改革问题再一次被提上了日程。在布尔吉巴看来，突尼斯传统社会存在许多需要改革的问题，其中一个关键的方面是妇女地位的低下，以及由此引起的社会保守。因此，布尔吉巴开展的第一个改革便是妇女改革。

1956 年 8 月，突尼斯独立仅仅 4 个月，即新政府成立仅 2 个月后，新的立法机构就颁布了《个人地位法》（*Personal Status Code*），它包括结婚、离婚、监护权、继承权等内容。新法律规定，夫妻双方的结合必须是自愿的，需要男女双方一致同意。男女双方必须达到身心成熟的程度，因而女性最早结婚的年龄为 15 岁，男性为 18 岁。一夫多妻制由于在实际婚姻生活中难以保证各方的平等权而被废除。穆斯林男女结婚的范围也被放宽了，法律不再反对穆斯林妇女与非穆斯林男子结婚。新法律还规定了夫妻双方的义务，男女双方都有承担家庭支出的义务。该法律在离婚权方面给予妇女的权利是一个创新。法律规定夫妻双方都有权利提出离婚，挑战了传统上只有男性拥有的休妻权。另外，法律规定女性在离婚或者寡居之后有权利再婚，待婚期被定为 3 个月，最长不超过一年。①

另外，突尼斯妇女在社会地位提升的同时，政治地位也有所改变。1957 年，突尼斯妇女第一次参加了投票。这在阿拉伯－伊斯兰世界具有划时代的意义。

---

① J. N. Anderson, “The Tunisian Law of Personal Status”, *The International and Comparative Law Quarterly*, Vol. 7, No.2, 1958, p.277.

宗教改革

布尔吉巴政府随后又将改革的矛头指向伊斯兰教。这首先是由于新宪政党和布尔吉巴受到民粹主义的影响。布尔吉巴试图将突尼斯人从伊斯兰教的约束下解放出来。同时，作为传统维护者的乌莱玛，他们的号召力在不断下降。由于保护国政府的威逼利诱，大部分乌莱玛已丧失在突尼斯民众中的崇高地位。自 1880 年以来，通常是民族主义者而非乌莱玛阶层在维护突尼斯的伊斯兰遗产。最后，突尼斯最著名的宗教机构——宰图纳清真寺大学的校长对布尔吉巴的改革给予支持，这为布尔吉巴世俗化改革提供了宗教合法性。

布尔吉巴政府的宗教改革最先针对的是哈布斯管理部门，这一机构曾与法国合作，为殖民活动提供了大量土地。1956 年，国家控制了为清真寺和其他宗教机构提供赋税资金的公共哈布斯。由国家资助许多原本依赖哈布斯收入的清真寺和学校，同时将公共哈布斯土地纳入政府管辖范围。公共哈布斯土地与遭遗弃的殖民者地产被突尼斯政府重新分配，构成了为无地农民提供土地的最初合作农场的基础。1957 年，根据另一部法律，突尼斯政府决定将私人哈布斯作为私有财产在其创建人的后代中分配。这样就基本断绝了宗教势力的物质基础，使其难以形成与政府并行的权力中心。

布尔吉巴政府改变了伊斯兰法庭。它废除伊斯兰沙里亚法庭和保护国建立的法国人法庭，迅速创建了统一的司法体系。宗教法庭的关闭为引入《个人地位法》、废除沙里亚法中被现代主义者视作歧视性的规定扫清了道路。进一步的立法还包括 1959 年引入的源于西方法律的商法、1968 年通过的犯罪法，这些法律不断侵蚀着沙里亚法。但宗教改革在不同地区推进的情况存在差异，那些长期受西方影响的城市人认同宗教改革的速度更快。

布尔吉巴政府还改革了伊斯兰教育。新宪政党人意识到建立集中、统一的教育体系的必要性。他们希望确立目标，提供教育方法，监督包括宗教学校在内的所有学校的运行。1956 年，突尼斯政府决定将从儿童古兰经学校到宰图纳清真寺大学的宗教教育机构纳入整个公共教育体系。为了安抚民众对取消宗教教育的担心，布尔吉巴高度赞扬了宗教学校在面对保护国官员利诱时坚守突尼斯文化的功绩；同时，他也认为作为独立国家，有必要对教育课程重新设定，而不是继续延续传统的课程和技术。

布尔吉巴还试图对伊斯兰文化影响下的社会习俗进行变革。1960 年、1961 年，当布尔吉巴在斋月鼓励忽略斋戒时，新宪政党政府弱化伊斯兰教的政策遭到了反对。布尔吉巴认为，斋戒可能导致生产减少，这对突尼斯而言会造成难以承担的后果。他声称，突尼斯进行的针对不发达状态的圣战使突尼斯人民免除了斋戒的义务。[1] 但是，几乎所有虔诚的突尼斯穆斯林都坚持斋戒。即使那些宗教倾向较弱的民众也重视斋月，将宗教节日和习俗视作突尼斯阿拉伯-伊斯兰传统的象征。布尔吉巴的这一改革尝试最终没有取得成功，相反成为伊斯兰潮兴起的一个重要契机。

教育改革

新宪政党领导人非常重视教育，并投入很大精力推广和普及现代教育。他们认为受过教育的公民可以更好地理解社会转型的必要性，另外，接受过合理、良好教育的劳动者对于党的发展计划取得成功至关重要。更准确地讲，新宪政党期望通过广泛的教育重塑新独立国家急需的民族属性。独立以来，突尼斯政府一直将国家预算的 25%—30% 分配给教育事业，这对一个发展中国家而言是一个很高的比例，表明教育在国家发展中的中心地位。在正常年份，教育预算在政府预算中的比例平均为 20%。1956—1961 年间，教育预算更是占到了政府预算的 40%。1956 年，所有学校都被国有化。1958 年，通过立法，突尼斯政府将公共教育向所有国民开放，尽管尚未对入学率加以要求。公立小学学生的数量短期内迅速增长，从

① Kenneth J. Perkins, *Tunisia: Crossroads of the Islamic and European World*, Boulder, CO: Westview Press, 1986, p. 119.

1955—1956年的209 000人增加到了1960—1961年的409 000人，5年内几乎翻了一番。中学生的数量从31 000人增加到了40 300人。儿童入学率从1956年的29%增加到了1961年的55%。[①]

由于突尼斯人民认识到教育是实现向上流动的主要工具，各级学校的注册率都有所提高。例如，小学（6—11岁儿童）注册率在独立后的20年里翻了5倍。到20世纪70年代，75%的小学适龄儿童和40%的中学适龄儿童（12—17岁）在各级学校注册。而1956年，中学生的注册率仅为10%，且只有6%的中学生完成了中学六年课程。改革之后，大多数中学生在完成第一阶段的三年课程，取得结业证后进入了劳动力市场，一小部分接受了第二阶段的专业技术培训，还有一部分接受了学术性培养。[②]

为提高教育水平，政府引入了竞争性考试，从而导致各级学校的注册率在20世纪70年代中期有所下降。突尼斯政府设立了新的技术培训项目，特别是在农业和工业领域为学生提供良好教育的同时，还为他们提供有利于国家经济发展的工作岗位。这种安排创造了一种精英主义体系，导致那些来自贫穷农村的孩子处于不利地位，他们无法与有着城市中产阶级家庭背景的学生竞争。

突尼斯的殖民遗产使得突尼斯领导人选用了双语制作为教学语言。布尔吉巴等人倾向于法国模式和使用法语作为教学语言的教育体系。使用法语也与他们的世俗主义世界观合拍。阿拉伯语和宗教用语密切相关，而保护国建立之前的现代、科学教育语言是法语。他们深知不能完全忽略本国语言，但他们也认识到将阿拉伯语的地位提升到法语之上可能会阻碍突尼斯的发展。突尼斯的发展在很大程度上依赖于对西方文化的接受和消化吸收。

独立之初，突尼斯教育部依赖法国教师维持教学。不久之后，突尼斯政府着手推动民族教育。突尼斯政府的做法是在小学阶段使

---

① Charles A. Micaud, Leon Carl Brown, Clement Henry Moore, *Tunisia: The Politics of Modernization*, New York: Fredrick A. Praeger, 1964, p. 150.

② Ibid., p. 151.

用阿拉伯语和法语两种语言，或者用阿拉伯语取代法语。但独立 20 年后，小学仅在前两年实现了阿拉伯语化，中学部分课程，如历史、地理和哲学等完全或大都采用阿拉伯语教学，其他各科仍使用法语教学。由于教育机会的增加，突尼斯人识字率达到 60%，这在阿拉伯世界居于首位。但是更多的教育机会也催生了更高的期望，受过良好教育的年轻一代憧憬更加美好的生活，而只有稳定的经济发展和持续的社会进步才能满足他们。

社会改革

突尼斯独立后，由于新宪政党政府的积极努力，社会生活方面的变化也非常明显。突尼斯民众都被动员到现代化建设的潮流当中。妇女地位大幅提升，社会生活方式经历了极大变革。到 1960 年时，突尼斯教育改革已经初见成效。在小学就读的学生已经达到了 50 万。虽然成年人的文盲率仍然高达 2/3，但将近 3/4 的适龄儿童接受了小学教育。[①] 另外，随着社会流动的加速，突尼斯城市化进程加快。到 1962 年时，超过 1/4 的人生活在万人以上规模的城市当中。[②] 突尼斯人的主人翁意识在不断增长，在现代化建设中表现出来的自信在提升。这在突尼斯“1962—1971 十年发展规划”中表现出来。

突尼斯人口增长的速度过快，引起了政府的注意，计划生育（Family Planning）政策在 1964 年后得到实施。突尼斯独立之后，人口规模迅速上升，而国民经济发展缓慢，对社会造成了很大压力。突尼斯人口仅在 1921—1951 年间就增长了 68%。1956—1966 年间，突尼斯人口年增长率为 2.2%—2.3%。[③] 妇女地位提升后，家庭结构也发生了一定变化。女性在 15—19 岁结婚的比例大幅下降，年轻人开始追求更为舒适的生活。突尼斯法律允许妇女离婚和堕胎，保障

---

① Douglas E. Ashford, “Succession and Social Change in Tunisia”, *International Journal of Middle East Studies*, Vol. 4, No. 1, Jan. 1973, p.27.

② Ibid.

③ Robert J. Lapham, “Family Planning and Fertility in Tunisia”, *Demography*, Vol. 7, No. 2, May 1970, p. 241.

了妇女生育的主动权。布尔吉巴总统号召突尼斯妇女积极采取节育措施，以降低人口增长速度。1964 年，突尼斯成立了计划生育部，专门负责向民众宣传计划生育政策。突尼斯政府为配合计划生育宣传和教育，在各地设立了避孕用品购买点。但是，由于受到传统习俗的限制和对避孕用品的认识落后，这一措施收效并不显著。1963 年，布尔吉巴总统向美国福特基金会提交申请，要求其资助突尼斯的计划生育事业，得到后者的积极响应。到 1966 年，突尼斯妇女生育第五个孩子的比例有所下降。

妇女解放和计划生育政策起到了移风易俗的作用。到 20 世纪 70 年代，传统习俗的影响下降，现代生活方式深入内陆地区。重视教育，积极投身经济活动，关心政治，构成了突尼斯人新的生活状态。

经济改革

突尼斯独立之后，百废待兴，经济建设被摆在了突出位置。在突尼斯经济部门中，农业仍然是主要生产部门，制造业匮乏。制造业吸收的就业人口仅占总人口的 2%。欧洲人几乎控制了突尼斯所有的生产部门。欧洲人占有突尼斯可耕地的 1/5，且多位于肥沃的产粮区，如迈捷达谷地（Majerda Valley）。[①]

由于突尼斯政府当时的优先策略是社会改革，对于经济发展推动力度不大，基本维持了保护国时期的格局。1956 年 11 月，突尼斯政府制订了一系列国民经济发展计划，包括开发中、南地区的十年规划和其他发展计划，内容涉及开垦荒地、兴修水利、发展制造业，建立纸浆、钢铁、炼油、纺织、塑料、制糖等企业，计划总投资约 2500 万美元。但是实施这些计划面临资金困难，所筹集本国资金仅占所需资金的 30%，其余部分依赖外资，外资短缺导致大多数计划流产。[②]

---

① Kenneth J. Perkins, *Tunisia: Crossroads of the Islamic and European World*, Boulder, CO: Westview Press, 1986, p. 131.

② 杨鲁萍、林庆春编著：《突尼斯》，社会科学文献出版社 2003 年版，第 117 页。

另外，随着突法关系的紧张，突尼斯退出了法郎区，开始发行本国货币第纳尔，建立了突尼斯中央银行。1959 年 8 月 2 日，布尔吉巴发表声明，“从今天起，取消关税同盟，突尼斯人将制定有利于突尼斯的新税率，并不受法郎区的限制，与美元区贸易”。① 突尼斯还成立了各种专业银行，其中有工商银行、投资银行、农业银行等。1963 年，突尼斯政府成立了“突尼斯国际银行联盟”，银行资本 70 万第纳尔（约合 166 万美元），其中突尼斯资金占 50%，其余是法、美、意、联邦德国等外国资本。到 60 年代初，国家已经控制了金融业的 70%，并掌控银行、货币和信贷体系。②

在工业方面，突尼斯以渐进方式推动非殖民化。1958 年 8 月，突尼斯电力和运输公司、自来水煤气公司、突尼斯海港公司以及突尼斯铁道租让公司均被收归国有。③1959 年 9 月之后，突尼斯政府陆续将铁路、港口、公路、航空等交通行业以及煤气、水电和电信等行业的法国公司国有化，在此基础上成立了国有公司，从而掌握了突尼斯经济的基础行业。国家与外国资本、本国资本合营，建立了炼油、制药、塑料和肥皂等化工、建筑、机械工业。④ 突尼斯独立初期的经济改革由于是渐进式的，虽然取得了一定成效，但未能起到废旧立新的效果，在后来的经济发展中逐渐暴露出了严重问题。

土地制度改革

土地制度对于社会变革往往产生决定影响，土地制度的变革引发整个社会阶层变化。在独立之初，突尼斯尚处于社会变革当中。当时，突尼斯人口只有 1/3 进入了现代社会，1/3 处于转型当中，1/3 的民众还处在封闭和落后状态。进入现代社会的区域主要是一些

---

① 〔苏〕维·卡·达什克维奇：《突尼斯人民民族解放斗争简史》，上海新闻出版系统“五·七”干校翻译组译，上海人民出版社 1972 年版，第 314 页。

② 杨鲁萍、林庆春编著：《突尼斯》，社会科学文献出版社 2003 年版，第 116 页。

③ 〔苏〕维·卡·达什克维奇：《突尼斯人民民族解放斗争简史》，上海新闻出版系统“五·七”干校翻译组译，上海人民出版社 1972 年版，第 316 页。

④ 杨鲁萍、林庆春编著：《突尼斯》，社会科学文献出版社 2003 年版，第 116 页。

大城市和沿海地区，广大的中部和南部内陆地区没有经受现代社会的影响和洗礼。真正发生变化的是那些移居到大城市的居民和他们的后代。

突尼斯的土地制度改革在法国殖民时期已开始。在法国影响下，大量的游牧民开始进入城市，或者定居下来。只有南部沙漠地区和绿洲地区的居民没有受到这种影响。同时，法国现代农业的引入以及集约经营方式的实施，使得突尼斯农村地区出现了大地产制。到1956年时，有一半农民人均占有土地不足5亩，而5%的地主则掌握了一半以上的土地。[①] 独立之初，突尼斯主要存在四种类型的土地制度：（1）封建土地所有制；（2）殖民者所有；（3）突尼斯人的农场；（4）小农土地所有制。针对这种情况，突尼斯政府对其进行了改革，但力度不大。其主要手段包括两个方面：一是对哈布斯土地进行国有化；二是赎买殖民者占有的土地后，重新分配。通过改革，一部分民众分到了土地，但是农民的地位没有发生根本改变。无地或少地的农民仍占2/3，农业生产总值仅仅占到国民经济的1/3。[②]

20世纪60年代，突尼斯政府对土地制度全面改革。改革的思路是变革土地制度，推行农业合作化，发展现代农业。突尼斯是传统的农业国，要实现现代化的腾飞必须解决农业问题。在本·萨拉赫主持下，突尼斯对土地制度进行改革。首先，对于封建所有制土地，新政府通过打击与殖民者合作的政要和大地主，部分或全部没收了他们的土地和庄园，限制私人拥有的土地面积，规定单个家庭在杰尔迈河谷地区不能超过人均50公顷。其次，通过赎买和国有化，基本收回了殖民者占有的土地，并将其置于合作社的管理之下。1964年5月，土地国有化法令基本上解决了殖民者占有土地问题。再次，突尼斯人的农场转入国家农场，成为推行合作化运动的阵地之一。最后，独立后突尼斯政府出售了部分国有土地，并以分期付款的形

① Harold D. Nelson (ed.), *Tunisia: A Country Study*, Washington, D. C.: The American University, 1979, p. 79.

② Ibid.

式卖给农民，使小农拥有了土地所有权。但是很多农户又将土地转卖，加速了小农的两极分化，土地重新集中到少数富人手中。到60年代，私有土地分配不均现象很明显，5%的大地主占地46%，55%的中农（占地5—50公顷）占地47.8%，40%的小农（占地5公顷以下）占地5.6%。[①]

农村社会变革推动了突尼斯社会变革和政治变革，一方面为宪政社会主义发展的规划和实施创造了条件，另一方面也为新宪政党建立稳固的统治提供了社会基础。经过改革，突尼斯的农村已经动员起来。地方精英被纳入新宪政党内部，建立了基层组织。农民由于社会变革也获得了实惠，因而支持新宪政党的统治。

政治改革

突尼斯废除了与法国签订的《巴尔杜条约》和《马尔萨条约》，重新确立主权国家地位，这就为突尼斯在政治领域进行大刀阔斧的改革创造了条件。

政治改革首先面对的是国体问题。虽然当时也有许多人效忠贝伊，但他们在议会当中不占优势。贝伊在民族解放运动中的软弱表现，使民众对其失去了信心。因此，突尼斯议会决定废除君主制，改行共和，实现民族资产阶级统治。1957年7月25日，突尼斯议会正式废黜末代贝伊西迪·穆罕默德·拉明，宣布实行共和制，政府首脑、时任首相哈比卜·布尔吉巴出任总统。统治突尼斯250多年的侯赛因王朝寿终正寝。突尼斯确立了共和主义政治体制，开启了在“最高斗士”布尔吉巴和新宪政党领导下的政治发展探索。

1956年6月26日，突尼斯政府颁布了改组地方政权机构的命令，取消了卡伊德辖区、民政督察制，以及民政督察辖区和军事管辖区。按照新法令规定，全国划分为14个维拉亚特（省），由瓦里（省长）领导。行政区划的更改，是为了适应国家经济生活的需要。瓦里执

① 杨鲁萍、林庆春编著：《突尼斯》，社会科学文献出版社2003年版，第136页。

掌地方大权，直属中央领导。维拉亚特之下又设若干专区，由穆阿塔玛德（专员）治理，隶属于瓦里。1957年8月17日又颁布法令，设立维拉亚特议会，议员由政府任命，任期三年。市政机构的改革，废除了过去分设法国人部和突尼斯人部的市政委员会。1957年5月5日，举行了新的市政委员会的选举。选举是根据平等的普选权，以不记名投票的方式进行投票。妇女破天荒地第一次和男子平等地参加了选举。

突尼斯的独立，是新宪政党的胜利。在行政部门，由新宪政党人及其支持者替换了传统的殖民者和旧官僚，建立了民族政权。在经济部门，新宪政党人掌握大大小小的厂矿企业，走上各种服务型岗位。而在司法、教育、家庭生活领域，宗教势力被排除在外，这对社会革命产生深远的影响。正是在这个意义上，出现了所谓的“突尼斯模式”，并为国际社会所称道。社会改革使得突尼斯走上世俗发展的道路。教育改革则使得突尼斯在人才培养方面处于阿拉伯-伊斯兰国家的前列，为突尼斯提供了大量的人力资源，从而增强了突尼斯的竞争力。

三、宪政社会主义试验

本·萨拉赫计划

突尼斯独立最初五年经济形势异常混乱，一直止步不前，迫使新宪政党精英们重新审视经济问题。独立之初，突尼斯政府仍然延续了法国统治者制定的自由主义经济体制。但是，自由主义经济发展方式对于一穷二白的突尼斯而言，并不适合。突尼斯党政精英考虑引入某种形式的计划经济，以比较合理的方式安排经济运行。1961年初，在经历五年的经济停滞之后，布尔吉巴宣布实行计划经济，推动经济和社会的全面发展。这一计划是突尼斯总工会总书记艾哈迈德·本·萨拉赫提出来的，因而也被称为“本·萨拉赫计划”。

艾哈迈德·本·萨拉赫是突尼斯总工会领导人哈希德的继承者，在突尼斯民族解放运动期间曾发挥了重要作用。突尼斯独立之后，本·萨拉赫就提出了这一计划，但一直未能引起布尔吉巴的重视。事实上，20世纪五六十年代社会主义在中东地区非常盛行。只是布尔吉巴为了和西方国家保持密切关系一直没有批准这一计划，直到突尼斯发展的现实使得布尔吉巴不得不转向了这一发展道路。1961年7月，本·萨拉赫被任命为计划和经济部部长，标志着“宪政社会主义”（Constitutional Socialism）的正式挂牌上马。

布尔吉巴在各个场合进行了造势宣传和宏观论述。布尔吉巴认为：“单独靠私有经济无法提高经济水平，或者只能缓慢地以高昂的代价实现这一目标。只有集体行动是有效的，个人行为往往不具有协作性。由于其行为的多样性，他们甚至相互抵消或对别人造成危害。相反，集体行动如果相互协作，领导得当，可以实现像军队一样的效果。因此，有必要采用计划。这不仅可以协调行动，而且可以将国民收入的一大部分引向生产性投资和适当的储蓄渠道。突尼斯在依赖外力之前应该首先依靠自己。纪律很必要，但不能靠强制，而应靠说服与合作。人们只能接受必要的自由限制，而且只会积极地加入‘人民计划’的实施。这也是计划成功的必要条件。”[①] 计划和经济部集中了全国最优秀的技术人员，投入全国的人力和物力来实施这一计划。该部因地位突出，一度被视为“超级部”，艾哈迈德·本·萨拉赫被视作哈比卜·布尔吉巴总统的继承人。[②]

1961年8月23日，突尼斯正式发布“1962—1971十年发展规划”（Plan de Développement Décennal 1962-1971），确定了未来十年发展的基本目标。第一个目标是经济“突尼斯化”。在此目标下要

---

① Charles A. Micaud, Leon Carl Brown, Clement Henry Moore, *Tunisia: The Politics of Modernization*, New York: Fredrick A. Praeger, 1964, pp. 176-177.

② Kenneth J. Perkins, *Historical Dictionary of Tunisia*, Lanham, Md. & London: Scarecrow Press, 1997, p. 35.

求在进出口领域降低对法国的依赖，减少金融、工业和农业领域外国份额。第二个目标是“人的提升”，即实现机会均等，提高生活水平；重新分配收入，改善普通民众的营养、住房、教育和卫生状况。第三个目标是调节经济结构，改变部门比例不平衡的情况。最后一个目标是实现自我发展，取得自我维持的增长。“十年发展规划”反映了突尼斯的独特性，它不是建立在任何特定的意识形态或经济教条之上，而是彰显突尼斯式的“社会主义”。事实上，这种“社会主义”更接近国家资本主义发展模式，而不是科学社会主义发展模式。突尼斯通过这种方式建立了国有经济的基础。

“规划”决定分两个阶段实施。第一个阶段为 1962—1964 年，即“三年计划”，是准备阶段。“规划”认为，突尼斯经济发展的最大障碍在于资源贫乏，降水不均衡，缺乏经过严格训练的技术人员，储蓄水平很低，还导致投资性资本严重不足。而且，突尼斯市场狭小，赚取外汇的能力脆弱。传统和现代部门不均衡，地域差异较大。第二个阶段是 1965—1971 年，为加速阶段，基本实现农业、工业自给。具体而言，“规划”确定了到 1971 年需要实现的目标为：（1）国内生产总值年增长率达到 6%，国内生产总值达到 11.57 亿美元。（2）国内储蓄占国内生产总值的比重达到 26%。（3）重新分配收入，年人均收入达到 45 第纳尔（107 美元）。（4）净投资达到 8.96 亿第纳尔（21.3 亿美元），各部门分配分别为基础设施 10.42 亿美元，农业 5.33 亿美元，工业 3.33 亿美元，教育、培训及技术领域 1.83 亿美元等。[①]

宪政社会主义的本质是以“社会主义”为招牌发展国家资本主义经济。具体内容主要包括：通过制订经济发展计划，改变之前的自由放任的经济模式，经济决策大权收归国家；通过控制外贸，专营零售业，基本实现统购统销，由国家控制进出口；通过改革土地制度和推进农业合作化，夯实国有经济中的农业基础地位；通过建

① Charles A. Micaud, Leon Carl Brown, Clement Henry Moore, *Tunisia: The Politics of Modernization*, New York: Fredrick A. Praeger, 1964, p. 178.

立国有企业和公私合营，建立国有经济的主导地位。宪政社会主义在实践过程中主要包括：（1）国有、私营与合作经济的发展；（2）农业、商业、消费合作社的建立。通过控制外贸、由国家专营零售业，实现一定程度上的统购统销。突尼斯政府为了加强国家对经济的控制，建立了国家专卖公司控制食盐、茶叶、烟草等贸易，建立了纺织、电力和天然气、矿业、粮食及食品、水果、油脂等6个管理机构。

合作化运动与国有企业的发展

合作化是宪政社会主义的核心内容之一。合作社作为集体劳动的一种形式，在突尼斯有悠久的历史。早在1930年时，邦角的果农就自发地组织起来为当地人提供消费品并与欧洲买主进行产品交涉。独立前突尼斯存在许多农民自发组织的合作社，合作社的农民以合理的价格投资。合作社成员自行推选领导者，那些有名望的农民通常会当选，并由其管理合作社。不过，除了一些林木生产外，大多数合作社并不负责推销产品。①

突尼斯独立之后，政府开始参与合作社的组织和运行。政府建立了“国有土地办公室”，购买殖民地产，并将其转为国营农场。不过，由于极度缺乏现代农业从业人员，突尼斯政府要求法国管理人员和技术人员继续留在农场工作。在第一个经济计划中，这些土地构成了生产合作社的主要组成部分。同时，突尼斯政府将部分殖民者占有的土地、部落公有土地组成了农业合作社。政府为这些土地修筑了灌溉渠道，并安置半游牧农民和之前在法国军队中服役的老兵定居。十年规划发布后，突尼斯政府希望通过机械化，实现农业增产和农产品多样化。计划要求突尼斯北部不足500英亩的土地全部划归合作社，将中部和南部除了利用私人泉眼灌溉的土地外其他所有土地划归合作社。1964年之前，合作社主要包括：生产合作社、

① Douglas E. Ashford, “Organization of Cooperatives and the Structure of Power in Tunisia”, *The Journal of Developing Areas*, Vol. 1, No. 3, Apr. 1967, p. 324.

混养合作社、价值实现小组和预备合作社等。

农业合作社的增长（1963—1967）

	合作社数目	合作社社员	面积（单位：千英亩）
1963—1964	128	12 852	148
1964—1965	177	14 348	205
1965—1966	246	17 745	279
1966—1967	682	37 496	614

资料来源：Service de Statiques, Ministère de L'Agricuture, Tunis, in Douglas E. Ashford, "Succession and Social Change in Tunisia", *International Journal of Middle East Studies*, Vol. 4, No. 1, Jan. 1973, p.29.

1964 年 5 月 12 日，突尼斯政府将殖民者掌握的最后一部分土地全部国有化。合作社规模得以大面积扩展，零售商业也被纳入了合作社。1966 年底，突尼斯组建了 779 个各类合作社，合作社社员达到 206 633 人，规模相当于 1964 年的 2 倍。1967 年，突尼斯在希迪布吉德和苏塞项目中划拨了 100 万英亩土地。[①] 到 1968 年 8 月，约 38% 的可耕地被纳入了合作社，约 90 万人生活在合作社，占突尼斯农村人口的 30% 左右。[②] 与此同时，突尼斯在制造业、供需领域建立了许多合作社，包括鞋类、建筑业、酿酒业、小麦、椰枣、橄榄油、渔业、手工业和纺织业等。政府在克夫、斯法克斯和突尼斯等地建立了许多大型购物中心，都以合作社的形式进行统一管理。[③]1967 年底，本・萨拉赫甚至宣布将在邦角地区的纳布勒建立合作社。纳布勒是突尼斯传统手工业的主要产区，这一地区的零售业商人遍布突尼斯全国。这一计划体现了本・萨拉赫建立并扩展合

① Douglas E. Ashford, "Succession and Social Change in Tunisia", *International Journal of Middle East Studies*, Vol. 4, No. 1, Jan. 1973, p.29.

② John L. Simmons, "Agricultural Cooperatives and Tunisian Development", *Middle East Journal*, Vol. 24, No. 4, Autumn 1970, p. 464.

③ Douglas E. Ashford, "Succession and Social Change in Tunisia", *International Journal of Middle East Studies*, Vol. 4, No. 1, Jan. 1973, p.29.

作社的决心。

农业合作社增长态势（1969）

	合作社数目	准合作社数目	面积（单位：千英亩）
1969年3月	657	368	2116
1969年4月	985	317	2981
1969年5月	1162	66	3533

资料来源：Service de Statiques, Ministère de L'Agricuture, Tunis, in Douglas E. Ashford, "Succession and Social Change in Tunisia", *International Journal of Middle East Studies*, Vol. 4, No. 1, Jan. 1973, p.31.

1969年1月，突尼斯政府宣布将把所有耕地划入合作社。如上表所示，合作社的数目和计划纳入合作社的数目的土地在迅速增长。如果这一计划彻底实现，突尼斯超过一半的土地和30%的农村人口将被纳入合作社。[①]农业合作社的范围扩展到克夫、斯法克斯和突尼斯等地，这引起了大地主的不满，他们在萨赫勒地区掀起了骚乱。压力之下，突尼斯政府被迫终止了这一计划，并将计划和经济部部长撤职。1969年9月，合作社运动遭遇逆转。所有的私有土地都退出了合作社，只有之前外国人占据的土地和公有土地处于国家的管理之下。

通过建立国有企业和公私合营，突尼斯确立了国有经济的主导地位。由于私有经济力量弱小，由国家承担起了工业化的主要责任，突尼斯被迫转入国家资本主义发展轨道。在宪政社会主义纲领中，工业化成为其中最重要的目标之一。首先，通过国有化运动，国有企业经过公私合营达到企业总数的1/3，国家资本成为国民经济的主导。其次，国家投入了大量资金发展工业。在十年发展规划中，工业投资达到了72%，几乎涉及经济领域的每个方面。[②]

在"规划"实施过程中，突尼斯政府以发展重工业和建立大型

① Douglas E. Ashford, "Succession and Social Change in Tunisia", *International Journal of Middle East Studies*, Vol. 4, No. 1, Jan. 1973, p.31.

② I. William Zartman (ed.), *Tunisia: The Political Economy of Reform*, Boulder & London: Lynne Rienner Publishers, 1991, p. 50.

基础工业带动其他工业发展为重点，利用国家石油、铁砂和磷酸盐资源，建立炼油工业、冶金工业，扩大化肥生产规模；建立塑料、橡胶、油漆、建材、纺织和汽车装配等新兴工业；继续发展农产品加工、食品、纺织、制革等传统工业；并以发展电力工业和港口、公路、铁路等交通运输业为工业化奠定基础。经过十年的建设，基本形成了突尼斯的民族工业体系。尤为重要的是，1962—1969 年间，突尼斯在轻工业和公路运输方面取得了较好的成绩。公有企业的数量也从 1960 年的不足 25 家发展到了 1970 年的 185 家，国有经济在国民收入中的比例也从 1.8% 上升到了 33.7%。[①]

新宪政党改革

新宪政党在探索国家建设道路的过程中逐渐形成了有关党政关系的理论和实践。独立以来形成的党政二元机制既要动员群众，又要保证政策实行，因而存在诸多矛盾。突尼斯的党政关系在新形势下面临改革，以更好地实现一党制，更好地推行宪政社会主义。

1963 年 3 月 2—4 日，新宪政党全国委员会召开会议，形成了以下决议。首先是在党内进行结构性改革，促进党员与党保持密切关系，鼓励坚信党的事业的积极分子，为他们在党的各级组织履行职责提供便利；在党和政府各部门加强党与工会的联系。其次，通过党，并以党的原则推行国家政策。再次，在实现宪政社会主义的旗帜下，加强党与国家机构的联系，动员党的所有积极分子和各类团体为实现宪政社会主义而努力奋斗。另外，在实践层面，新宪政党决定在全国委员会建立由省长主持的“合作委员会”。1963 年夏，新宪政党首次开始组建此类组织，并在全国范围内建立了合作委员会。[②]

---

① I. William Zartman (ed.), *Tunisia: The Political Economy of Reform*, Boulder & London: Lynne Rienner Publishers, 1991, p. 111.

② Lars Rudebeck, *Party and People: A Study of Political Change in Tunisia*, London: Hurst & Company, 1969, p.79.

1964年10月19日，新宪政党召开全国代表大会，会议在热烈的气氛中开幕。党的报告认为，在新宪政党的领导下，突尼斯取得了伟大成就，这表现在：（1）赶走了最后一批殖民者，收复了所有被殖民者占领的土地，取得了完整的国家主权；（2）颁布了宪法，建立了民主机构，实现了人民主权；（3）选择了社会主义和社会主义的计划经济，带领突尼斯走上了繁荣、富裕的道路。①

这次大会基本上完成了既定的改革任务。新党章明确指出："为了与不发达斗争和促进人民进步，社会主义宪政党选择了宪政社会主义。作为共和体制的中心和国家至关重要的发动机，社会主义宪政党以群众作为基础，并以民主制作为组织原则。"社会主义宪政党（Parti Socialiste Dusturien, PSD）建立了党的中央委员会，实行民主集中制领导。在新的机制中，党的中央委员会被寄予厚望。根据党章，政治局委员和在政府中担任重要领导职务的新宪政党高级领导人、身兼重要外交使命的驻外大使和省长们都被囊括进了这一机构。党章还进一步将该委员会确定为党的全国代表大会的执行机构，与之前政治局的作用相同。此外，中央委员会还被赋予在布尔吉巴逝世之后监督权力交接的任务。根据布尔吉巴的建议，中央委员会在总统去世的24—48小时之内迅速选举党的最高领导人，并负责维持政局稳定。

在宪政社会主义的实施过程中，社会主义宪政党不仅坚持了该计划的理论观念，而且为计划实施提供了组织保障、利益传送和社会动员机制。尤其在地方层面上，新成立的合作委员会的历史使命和实际作用都体现了党的上述功能。在各省长的总负责下，党委为组织动员群众不遗余力地工作。

在实践中，社会主义宪政党将摆脱"不发达"状态作为党在新阶段的奋斗目标。计划和经济部成立之后，新宪政党进一步密切了与国家的关系。1961年11月，艾哈迈德·本·萨拉赫进入新宪政

① Lars Rudebeck, *Party and People: A Study of Political Change in Tunisia*, London: Hurst & Company, 1969, p.86.

党的政治局。宪政社会主义的实施越来越依赖党的各级组织。新宪政党在独立之后经过数年的探索，提出了党在新时期需要承担的历史使命，为党的活动增添了生命力。

1969 年，萨拉赫提出了更为激进的计划，但最终由于党内和国内的激烈反对而作罢，宪政社会主义试验告一段落。但是，就突尼斯政治体制而言，由于宪政社会主义试验中的现实需要，突尼斯的政党制度和党政关系都发生了深刻变化，突尼斯逐渐形成一党制政党体制。

首先，社会主义宪政党正式确立了其历史地位，承担起为摆脱不发达状态而实施宪政社会主义计划的组织任务。在新党章中，有关党的地位和领导作用更加明确。社会主义宪政党引入发展主义和现代化理论，并作为党的指导性意识形态。通过发展主义和现代化理论，党和国家的事业联系在了一起。

其次，党的组织与政府管理体制实现了相互融合、相互配合。社会主义宪政党以动员群众、争取群众对政府政策的支持以及反馈群众的反应为其根本任务。党的各级组织与政府决策和执行机构实现了融合。党的决议经议会和总统确认，变成了国家的发展战略。党的政治局、中央委员会在与政府内阁和地方政府的联动中实现了政策的执行和检验。

最后，社会主义宪政党形成了政府官员和精英的遴选机制。在社会主义宪政党统治下，不仅党的领导人同时担任国家领导人，党还控制了许多社会团体。加入社会主义宪政党成为获得政治身份和晋升地区或国家领导人的前提条件,这使得该党具有全民党的特征。在社会主义宪政党一党制下，党的中央委员会委员又充任中央政府领导、驻外大使、立法和司法机构负责人以及省级领导人。社会主义宪政党政治局和中央委员会基本上囊括了突尼斯的精英阶层，在一定程度上又体现了精英党的特点。

第十章　布尔吉巴时期现代化建设的成就与挫折

20 世纪 60 年代末，伴随宪政社会主义的试验，突尼斯的现代化建设取得了一些成就，为国家的后续发展奠定了一定基础。但在推进现代化变革的过程中也出现一系列挫折，布尔吉巴的统治陷入全面危机。一方面，进口－替代型经济发展战略由于缺乏必要的前提条件而难以为继；另一方面，突尼斯威权主义政治因无法适应各种不断深化的社会变革而遭遇严重挑战。政治伊斯兰在布尔吉巴总统与反对派的斗争中应运而生，从而动摇了布尔吉巴的统治基础，并预示着突尼斯政局的新变化。

一、建国初期现代化建设的成就

国民经济发展

突尼斯独立之后，国民经济大幅发展。在宪政社会主义试验期间，突尼斯初步奠定了农业、工业和服务业发展的基础。1969 年下半年，本·萨拉赫下台，布尔吉巴起用原中央银行行长希迪·努埃拉为总理。努埃拉主持政府工作后，立即着手对突尼斯的发展战略进行重大调整。战略调整的主要内容包括以下几方面。

一是注重发挥市场作用，大力发展出口产业。受西方文化的影响，希迪·努埃拉崇信市场经济，认为发展经济要遵循价值规律，发挥市场在资源配置中的关键作用。为此，突尼斯必须采取出口导向发展战略。突尼斯国土面积狭小、资源贫乏，而且总体上仍是农业占主体，因此，不得不进口大量的机器。为了支付这些费用、创造工作岗位、减少债务，突尼斯必须出口一些具有相对优势的制成品——磷酸盐、石油、橄榄油、纺织品等。在他的领导下，突尼斯在中东北非地区最早实施了“改革开放”（Infitah）。

二是鼓励私营经济发展。为了吸引私人资本投资，政府创立了“投资促进局”（Agence de Promotion des Investissements）。该机构注重理顺融资程序，并通过改造已有基础设施建立了新的工业园区。为了刺激外资投资出口企业，突尼斯政府在1972年、1974年接连颁布专项鼓励投资的法律。在1972年的法律中，出口企业被免除了10年的企业所得税，只需缴纳少量税收。政府还免除了其用于生产的机器进口的关税。面向本地市场的企业也享有再投资优惠，并被免除了进口税。在1974年的法律中，企业享有更高的信贷、更低的租金和更自由的利润返还。

三是继续大力发展国有经济，推行国家资本主义发展模式。在强调市场作用的同时，努埃拉也没有忽视国家在经济发展中的重要调控作用。在开放市场后，国有经济部门也得到了加强。1973年到1984年间，新增国有企业110家。而且，国家还在消费补贴、社会项目、工资、基础设施等方面分配了相当数量的资金。国有经济仍然控制着国民经济的战略部门，如磷酸盐、电力、水利、天然气、石油化工、交通等。私营投资者则构成了旅游业、纺织业和其他一些轻工业制造的大部分。1973—1978年，外国投资者在突尼斯建立了500多家企业，投资额达5700万第纳尔。到1978年时，私人在轻工业领域的投资达到了1400万第纳尔。1973—1978年间，新的工业和轻工业企业创造了86 000个工作岗位。[①]

① Christopher Alexander, *Tunisia: Stability and Reform in the Modern Maghreb*, London & New York: Routledge, 2010, p. 76.

突尼斯于1966年发现石油后，石油逐渐成为出口的大宗。1971—1981年间，突尼斯石油经济发展迅速。1971年时，石油收入占国内生产总值（GDP）的5%、总出口的15%和政府财政收入的8%。而1981年时，相关数据分别飙升至11%、38%和19%。[①]

努埃拉的“改革开放”政策在70年代取得了成功，突尼斯经济有所发展。然而，受计划经济和自由主义经济的影响，这一政策实际上是一个混合机制，切实贯彻了布尔吉巴“国有、私营、集体”三种所有制并存的观点。政策实施的结果是形成了四种经济形式并存的局面：（1）离岸经济，为刺激外资和融入全球经济而设；（2）本土经济，由国家保护，避免外企冲击，接受国家的规划和领导；（3）公有经济，包括重要的战略部门（采矿、能源、交通、电信、银行业等）以及技术和资本密集型投资；（4）私营经济，生产轻工业产品的小企业。[②]但是，这种经济格局并不合理，无法实现可持续发展。其主要问题在于：一方面，这一经济体系基础薄弱，在面对强大的外部竞争时极其脆弱。突尼斯经济收入来自有限的几个方面，如采矿（石油、磷酸盐）、农业（橄榄、水果等）、制造业（成衣、纺织品）、服务业（建筑、旅游业）等。[③]突尼斯虽然在这些领域拥有一定优势，但和生产同类商品的其他国家相比，优势并不突出，很难形成强大的产品竞争力。另一方面，突尼斯的经济体系是一种畸形经济，缺乏足够的分化和专门化，反而存在很高的碎片化和部门化。上述四个部门之间不存在保持可持续发展的必要的横向联系。为了保障出口，突尼斯不得不进口从资本到产品零部件的所有必需品。这既不利于工业化的发展，也不利于资本积累。

① Emma C. Murphy, *Economic and Political Change in Tunisia: From Bourguiba to Ben Ali*, London: Macmillan Press Ltd., 1999, p. 85.

② Steffen Erdle, *Ben Ali's "New Tunisia" (1987-2009): A Case Study of Authoritarian Modernization in the Arab World*, Berlin: Klaus Schwarz Verlag, 2010, p. 80.

③ Christopher Alexander, *Tunisia: Stability and Reform in the Modern Maghreb*, London & New York: Routledge, 2010, p. 76.

当资本和商品同时短缺时，必然面临经济危机。

政治发展

20世纪60年代，突尼斯民族国家构建基本完成，国家治理能力不断提升。独立之后，突尼斯迅速对官僚机构实现了“突尼斯化”和“阿拉伯化”，并设立了大量公共事业岗位，部分解决了就业问题。在1956—1960年间，由于大量殖民者和犹太人离开，突尼斯人接替他们成为公共部门和政府机构中的管理人员。其中，经济部门吸收了大约3万人，行政部门接纳了1万—1.5万人。[①] 由自由主义经济发展模式转入计划经济之后，国家对经济和社会的控制加强，由此导致行政机构再次扩充。宪政社会主义试验时期，中央集权、个人集权和追求效率是行政机构改革的突出特点。为了实行国家干预经济的计划经济，政府对地方和社会力量的控制加强，建立了从中央到地方完整的行政机构。中央制定合作化、工业化、进出口、零售业政策之后，由地方政府在合作委员会的指导下负责执行。本·萨拉赫还尝试建立一整套新的管理体制，以推行宪政社会主义事业。在此机制下，突尼斯建立了隶属于计划和经济部的各级合作委员会，特别是在省一级建立了合作委员会以促进当地的合作社发展。1963年起，合作委员会成为行政机构的有机组成部分。这一时期，不仅布尔吉巴个人的权力有所增强，而且宪政社会主义的实际推行者艾哈迈德·本·萨拉赫的权力也迅速膨胀，成为仅次于布尔吉巴的领导人。不过，虽然领袖的崇高地位和作用显著，突尼斯发展的总战略还是经济、社会各领域的现代化。追求效率是行政机构的主要目标之一。在布尔吉巴的主持下，大量年轻、有能力的党员取代元老级人物成为政府管理人员。

1968年底1969年初，由于严重脱离实际以及党内同志和沿海地区民众的反对，宪政社会主义试验戛然而止。本·萨拉赫先

① Jacob Abadi, *Tunisia Since the Arab Conquest: The Saga of a Westernized Muslim State*, Berkshire, UK: Ithaca Press, 2013, p. 431.

是被调往信息部，后遭审判，并被处以10年监禁。与经济上的调整和转向相对应，突尼斯的政治形势也出现了变化。在突尼斯政坛，基本上形成了以艾哈迈德·本·萨拉赫为首的“左派”和以穆罕默德·马斯穆迪为首的“自由派”。艾哈迈德·本·萨拉赫个人权力迅速膨胀，在计划和经济部周围团结了大量支持者，在60年代风头正盛，一时无两。围绕总统继承问题，党内自由主义者对布尔吉巴提出了挑战。以穆罕默德·马斯穆迪为首的自由派则发出了政治自由化的呼声。穆罕默德·马斯穆迪再次表明他对突尼斯一党制政权的不满。他在反对本·萨拉赫失败后曾经被排除在政治局之外，这一时期被重新起用，担任了突尼斯外交部部长。另外一名自由主义政治家艾哈迈德·梅斯提里（Ahamed Mestiri）认为，本·萨拉赫的经济计划存在明显的弱点，但由于布尔吉巴总统的完全信任，无人能够节制，致使问题越来越严重。究其根本，在于总统权力没有一定的制衡机制。为此，必须建立一整套机构，限制总统权力，保证权力有序运行。因此，他联合党内其他自由派，开始筹划改革党的领导机构。1971年，梅斯提里成功当选为社会主义宪政党政治局委员。他提交议案，建议党的政治局委员由全国委员会直接选举产生，并对后者负责。如果这一议案能够成功，就可以通过权限巨大的政治局继续推动其他的自由化改革，建立三权分立的现代政治制度。但是，艾哈迈德·梅斯提里并没有成功，布尔吉巴总统对威胁自己地位的议案予以反击。梅斯提里和他的支持者被开除出党。

另外，突尼斯在政治制度化方面取得了一些进展。突尼斯独立之初没有设立部长职位，也没有设立总理职位，各个政府部门的负责人为国务秘书。受宪政社会主义试验失利的影响，布尔吉巴政府面临严重的危机，不得已进行了一些改革。1969年，突尼斯设立总理职位，并由各部部长组成了部长理事会（内阁）。总理成为行政部门的主要负责人，负责处理日常事务。国务秘书成为次部长级领导人。至此，突尼斯行政体制机构基本成形。

社会变革

整个宪政社会主义试验阶段，突尼斯为了造势，鼓励社会变革。布尔吉巴以人的尊严的提升为主要口号，鼓动国民与不发达作战，追求现代化的生活方式。这促进了人们的思想变革，生活方式也有所变化。

宪政社会主义试验结束之后，突尼斯继续完善社会保障工作。1970年，突尼斯设立“全面补贴基金”（General Compensation Fund），对必需品如谷物、糖、橄榄油、肉、牛奶和种子等进行价格补贴。[①] 主要目的在于保障穷人的基本生活。20世纪70年代之后，突尼斯人民生活水平继续提高。1970—1979年，全国工资增长130%，物价增长45%。突尼斯建立了国有企业和私营企业工资制度，限定最低工资额，并以家庭为单位对低收入者给予适当补助。工人工资待遇提升，劳动法规逐渐健全。在此过程中，突尼斯总工会发挥了重要作用：一方面，突尼斯总工会为突尼斯工人争取了较高的待遇；另一方面，比较和谐的劳资关系保障了突尼斯经济健康发展。1970年的年人均收入为375美元，1980年增长到1120美元，增长了198.6%。社会贫困率20世纪60年代为40%，80年代下降为11.4%。[②]

突尼斯投入大量资金提高医疗水平，并取得显著成效。20世纪80年代，突尼斯公立医疗机构已经包括100家医院和500间诊所，拥有1800名内科医生、800名外科医生、300名牙医和6900名护士。在突尼斯，每3700人就拥有一名医生，这在北非国家中处于领先地位。突尼斯人均预期寿命从独立初期的46岁提高到了60岁。[③] 在阿

① Ridha Ferchiou, “The Social Pressure on Economic Development in Tunisia”, in I. William Zartman (ed.), *Tunisia: The Political Economy of Reform*, Boulder & London: Lynne Rienner Publishers, 1991, p. 102.

② 杨鲁萍、林庆春编著：《突尼斯》，社会科学文献出版社2003年版，第280页。

③ Kenneth J. Perkins, *Tunisia: Crossroads of the Islamic and European World*, Boulder, CO: Westview Press, 1986, p. 124.

拉伯国家中，仅有少数海湾国家和约旦、叙利亚能达到这个标准。

突尼斯教育仍然在阿拉伯－伊斯兰世界领先，尤其是妇女受教育程度不断提高，令其他阿拉伯国家相形见绌。在政府的强力引导之下，突尼斯民众接受教育的热情也非常高涨。不论是沿海地区，还是内陆地区，城镇还是乡村，突尼斯民众对于子女的教育问题都非常重视。普通民众也深知，要出人头地，就必须接受更高水平的教育。加之政府提供免费教育，突尼斯民众也乐于保证子女能够接受最基本的教育。1969 年，突尼斯颁布《高等教育法》，高等教育提升到国家战略。新组建的突尼斯大学承担了主要角色，所有突尼斯承认的高等教育机构都在其管辖之下。1970 年，突尼斯完成了教育领域的国有化，只有职业教育和技术教育除外。

旅游业发展

旅游业在布尔吉巴总统统治初期发展起来。1958 年，布尔吉巴总统视察杰尔巴岛，认为该岛在发展旅游业方面得天独厚。1959 年，突尼斯成立了“宾馆与旅游社团”（SHTT）。突尼斯政府在哈马马特、杰尔巴岛、莫纳斯提尔、加夫萨、卡塞林（Kasserine）、凯鲁万等城市建立了许多豪华宾馆，迎接世界各地的游客。在政府主导下，突尼斯先后在哈马马特建造了美丽华（Miramar）酒店，在杰尔巴岛建造了优利赛宫（Ulysse），在首都突尼斯市建造了 20 层的摩天大楼“非洲酒店”（Africa Hotel）。经过一段时间的试验之后，突尼斯放弃了以豪华宾馆吸引游客的做法，而是顺应潮流，发展海滩观光。在这种模式下，许多低层的白色建筑出现在海滩之上。1966 年之后，政府鼓励民间资本和外资参与旅游业投资。弗拉特（Fourati）、赫舍尼（Khechine）、米勒德（Miled）等传统上从事地毯制造的大企业加入了旅游业。政府往往提供 62% 的中期贷款支持。1969 年起，突尼斯对于国内民营企业的鼓励措施也延伸到了外资。国际旅游业巨头也纷纷在突尼斯建造了连锁酒店，如德国南克曼（Neckerman）的腓尼基（Phenicia）

酒店、美国的喜来登（Sheraton）。1973 年时，哈马马特旅游区的外资宾馆占到了所有床位的 1/3 以上。地中海俱乐部、艾美（Le Meridien）、诺富特（Novotel）、希尔顿（Hilton）在突尼斯全境建立了酒店和度假村。突尼斯已经融入了国际旅游业市场。[①]

1971 年成立的突尼斯旅游业国家办公室（Office National du Tourisme Tunisien, ONTT）和 1972 年成立的突尼斯旅游地产管理处（Agence Foncière Touristique Tunisienne, AFT），标志着突尼斯的旅游业走向有序发展的阶段。在突尼斯旅游业国家办公室的主导下，突尼斯收集了各种信息，并密切关注市场供需。突尼斯旅游业开始改变最初的粗放经营，向产业化经营转化。突尼斯致力于在保证旅游业不断发展的同时，还力图避免资源的退化从而影响发展的可持续性。在突尼斯旅游业国家办公室与世界银行的合作中，基础设施建设取得了长足进展。旅游业发展所需要的土地审批也出现了专业化。此外，为了解决旅游从业人员的水平低下问题，突尼斯成立了专门的专业培训机构。1973 年，在莫纳斯提尔和纳布勒、杰尔巴岛成立了旅游专科学校。同时，突尼斯政府继续在税收方面对旅游业予以优惠，促进旅游业发展。这一时期，突尼斯旅游规划的精品是甘塔乌依港（Port El Kantaoui），这个占地 310 亩的旅游度假村位于苏塞，包括酒店、餐厅、咖啡厅、夜总会、手工品店、艺术长廊、高尔夫球场、会议中心、别墅区、美发沙龙等一应俱全，有 15 000 多个床位，解决了 6000 人的就业。[②]

1982—1987 年旅游业发展出现困难。随着国际旅游业市场从海滩旅游向更为广泛的旅游业发展，突尼斯坚持的薄利多销政策遭遇了问题。而且在进行旅游开发的过程中，造成了一定程度的环境污染，进一步拉大了城乡差距和东西部地区差异，旅游业的不利因素不断出现。文化的碰撞在社会因素的诱导下逐渐加剧，突尼斯政局动荡

---

① Waleed Hazbun, *Beaches, Ruins, Resorts: The Politics of Tourism in the Arab World*, Minneapolis, MN & London: University of Minnesota Press, 2008, p. 14.

② Ibid., p. 32.

也影响了旅游业的发展。在这个时期，旅游业发展异常缓慢，年均增长率仅为 1.4%，远远低于政府 5.6% 的计划。[①]

二、外交新局面

突法关系的改善

突法关系是突尼斯外交的重中之重，两国关系对突尼斯意义重大。独立后的最初 5 年，突法关系由于法国驻军问题和阿尔及利亚问题一度紧张。突尼斯的“非殖民化”措施直接指向法国殖民主义残余势力。但是，双方经过一段调整时间之后，两国关系重新走上正轨，在经历了短暂的停滞之后迅猛发展，而且日益密切。

1955 年，突尼斯虽然与法国签订了内部自治协议，作为独立的一个步骤，其国防、外交等关键领域仍然为法国所控制，法国殖民势力仍然相当强大。法国殖民势力的继续存在严重影响了突尼斯主权。因此，布尔吉巴就任首相后，继续与法国政府交涉，争取突尼斯完全独立。在“布尔吉巴主义”的指导下，突尼斯政府继续与法国谈判。

1957 年双方签订了经济、技术合作协定，法国答应给突尼斯现代化建设所需要的援助。在两国 1957 年 3 月 9 日签订的《法国和突尼斯关于技术援助的议定书》（Protocol of France-Tunisia on Technical Assistance）中，“法国政府为了保证技术援助发挥最大限度的效能，将采取一切适当的办法以激励法国技术人员向突尼斯政府提供协助”[②]。法国在突尼斯外交人员到位之前，承诺在世界范围内继续保护突尼斯公民，表达了继续加强合作的意愿。事实上法国在突尼斯独立后在许多方面对其提供了援助。突尼斯当时技术人

① Waleed Hazbun, *Beaches, Ruins, Resorts: The Politics of Tourism in the Arab World*, Minneapolis, MN & London: University of Minnesota Press, 2008, p. 42.

② 《国际条约集（1956—1957）》，世界知识出版社 1962 年版，第 314 页。

员缺乏，法国向突尼斯派了大量的政治、经济顾问以及技术人员，以帮助新政权的过渡。突尼斯武装力量实力较差，因而对法国驻军依赖性较强。法国不仅向突尼斯军队提供装备，还负责训练突尼斯军事人员。因此，法国势力仍然广泛存在于突尼斯。布尔吉巴处理与法国的关系时体现了其务实特性，但这也是其亲西方倾向使然。

然而，阿尔及利亚战争影响了两国建交之初的关系。突尼斯人民以各种方式对阿尔及利亚民族解放阵线给予大力支持。阿尔及利亚民族解放阵线在两国边界地区设立了基地。布尔吉巴曾告诉戴高乐总统："法国在突尼斯继续保持的海军基地让我在阿尔及利亚朋友面前很尴尬。"[①] 由于突尼斯支持阿尔及利亚，突法关系急转直下。1957 年双方签订协议后不久，法国停止对突尼斯的援助。1958 年法军轰炸了突尼斯萨迪优素福村，造成了约 80 人死亡，数十人受伤。布尔吉巴要求法军撤出突尼斯，并没收了法国殖民者的财产，两国关系不断恶化。1959 年，法军大部分撤离，只剩下比塞大海军基地。1961 年，"比塞大事件"爆发，造成突尼斯军民伤亡 12 000 人，其中 4000 人为平民。[②] 突尼斯在此次事件中损失惨重，伤亡人数甚至超过了突尼斯在争取独立斗争中的。然而，由于当时国际社会包括法国将注意力集中在"柏林危机"和阿尔及利亚独立战争上，突尼斯的正当诉求并没有得到立即解决，法军直到 1963 年才完全撤离。

突尼斯 1964 年 5 月实行"土地国有化"政策，对殖民者占据的土地实行国有化，要求他们像法国军队一样离开突尼斯。不过，在国有化过程中，突尼斯政府并没有按照之前的承诺对法国殖民者予以补偿。事实上突尼斯也负担不起高昂的补偿。大量的法国人失去了他们在突尼斯占有的地产和财富，这严重影响了两国关系。因此，法国政府宣布对失去土地的法国人进行补偿。而且，法国政府撤走

---

① Samuel Merlin, *The Search for Peace in the Middle East: The Story of President Bourguiba's Campaign for a Negotiated Peace Between Israel and the Arab States*, South Brunswick: Thomas Yoseloff, 1968, p. 423.

② Ibid., p. 424.

技术人员，取消了援助，并对突尼斯大宗出口产品酒类（占其外贸的 25%）实行制裁。突法关系恶化影响了突尼斯的经济、社会建设，带来了严重后果。

不过，由于历史的原因，双方从国家利益出发都存在改善关系的愿望。突尼斯的战略位置是法国保持大国地位所需要的，而法国的援助是突尼斯所急需的。1968 年，戴高乐第二次上台后对法国内外政策做了大幅调整。布尔吉巴借机发出改善两国关系的呼吁。布尔吉巴利用外交途径倡议成立“法语国家共同体”，支持法国重拾大国地位的追求。法国方面投桃报李，予以积极回应。两国关系迅速解冻，并向更高水平发展。1969 年，法国倡议给予突尼斯欧洲国家共同体联系国地位，并帮助突尼斯加强在欧洲市场的地位。1971 年，法国恢复对突尼斯援助。1972 年，法国在此前的基础上，增加 40% 的援助。① 法国重新成为突尼斯主要外援来源国。

突尼斯与美欧关系

“二战”结束后，雅尔塔体系和两极格局形成，美国将其主要精力集中在与苏联的争夺上。传统上，美国倾向于尊重法国在中东的势力范围，并不插手北非事务。但是，当机会来临时，美国往往能抓住机会，填补空缺。美国在英、法已撤出或无力维持殖民统治的地区不断强化其势力。美国在联合国大力鼓吹反殖民主义，赢得许多新独立国家的好感。艾森豪威尔上台后，美国政府提出著名的“艾森豪威尔主义”，主张在中东地区填补英、法撤离之后留下的空白。而突尼斯的独立正值这一政策提出后。独立初期，突尼斯与法国关系恶化，外部环境极其不利。但突尼斯并没有像许多新独立的前殖民地、半殖民地国家一样倒向苏联，并借助苏联力量与前宗主国抗衡，这为它发展与美国的关系创造了条件。同时，布尔吉巴的亲西方倾向及其对国际形势的判断也起到了重要作用。他说：“我们对美国

① Abid A. Al-Marayati (ed.), *International Relations of the Middle East and North Africa*, Cambridge & Massachusetts: Schenkman Publishing Company, 1984, p.190.

的情感不断增长是因为它保卫了世界和平……甚至在突尼斯独立之后，我们发现美国政府总能理解（我们），并向我们提供经济援助。”突尼斯的战略地位和突尼斯政府的亲西方色彩，吸引了美国的注意力，使美国向其提供经济援助。1957 年 3 月 26 日，突美签订经济、技术和有关援助协定，美国开始向突尼斯政府提供援助。1957 年，法国为了惩罚突尼斯而中断了对其的援助，这为美国、英国势力的进入创造了条件。1957 年 11 月 19 日，美国联合英国向与法国发生冲突的突尼斯提供武器。这标志着美国势力进入突尼斯，并与法国展开争夺。

突美两国关系具有渐进发展特点，从最开始的一般性经济、技术等援助，逐步发展为包括军事援助在内的政治援助，两国的关系日益紧密。在此过程中，法国因素对突美关系也有一定影响。突尼斯作为法国长期经营的前殖民地，凝聚了法国的大量利益，法国不惜代价抵制其他国家的染指。美英向突尼斯提供武器后，法国立即以退出北约政治委员会相要挟。故此，为了维持大西洋联盟团结的需要，美国对突尼斯的支持不得不适度考量法国的态度。

美国认为突尼斯为发展中国家树立了一个榜样，因此积极提供各种援助。[①] 在突尼斯独立后的 30 年里，美国对其援助超过 10 亿美元，成为突尼斯第一大援助国。而且，据悉布尔吉巴 1961 年 5 月访问美国时曾得到肯尼迪总统的安全保证。“比塞大事件”发生之时，美国援助占突尼斯国家预算的 60%。美国提供了大约 6000 万美元直接援助和其他技术援助，并为突尼斯军队提供了一部分装备。

但突尼斯并不是美国对第三世界政策的重点，两国关系一直维持较低水平，直到 20 世纪 70 年代后期，突尼斯社会动荡，政局不稳。1974 年突尼斯与利比亚联合失败后，引发的两国争端威胁到突尼斯的国家安全。1979 年伊朗爆发伊斯兰革命，美国被迫对其中东政策进行调整。再加上突尼斯国内由于经济恶化带来的骚乱，严重影响

---

① Abid A. Al-Marayati (ed.), *International Relations of the Middle East and North Africa*, Cambridge & Massachusetts: Schenkman Publishing Company, 1984, p.132.

到突尼斯政局的稳定。在这样的形势下，美国加强同突尼斯的关系，大幅提高对突援助，美国的触角直接深入突尼斯。美国加大对突尼斯的军事援助，并在突尼斯建立了军事基地，军事援助的比重超过经济援助。1986 年，美国战机正是从突尼斯起飞轰炸利比亚目标。由于布尔吉巴坚持亲西方立场，两国关系一直保持良好发展势头。

突尼斯独立后，制定了推进国家现代化的发展战略。但由于法国殖民者的统治和奴役，突尼斯经济基础薄弱，未能形成自己的民族工业体系。突尼斯不但继续依附于西方国家，而且在很大程度上仰仗西方国家的各类援助，包括军事、经济、教育、金融等各个方面，来推进现代化。突尼斯政府希望依靠西方的财力开展由政府主导的各项现代化建设，诸如扩大教育、扫除文盲、拓展公路网等。1958 年，一家德国公司在杰尔巴岛修建突尼斯第一家酒店，后来成为突尼斯吸引外国游客的一个重要地标性建筑。构成突尼斯第一大外汇来源的旅游业由此起步。欧洲人也成为突尼斯旅游业最重要的客源，并对突尼斯的经济发展起到了促进作用。

突尼斯与中东国家的关系

阿以问题是中东国家的核心议题。突尼斯在此问题上与其他中东国家的观点不尽一致。20 世纪五六十年代，“纳赛尔主义”大行其道，突尼斯共和国诞生之初便受到了这一思潮的影响。以新宪政党总书记本·优素福为首的民族主义者受“纳赛尔主义”的影响，希望在独立的突尼斯也推行这种政治模式。然而，这遭到了哈比卜·布尔吉巴的强烈反对。布尔吉巴以其温和、进步的新观点战胜了“纳赛尔主义”对突尼斯国内政治的影响，最终确立了“布尔吉巴主义”的统治地位。在地区政治层面上，布尔吉巴对纳赛尔的领袖地位发起了挑战。“布尔吉巴主义”与“纳赛尔主义”之争构成了共和国初期的路线之争。前者主张以民族国家为基础的民族主义和国际政治中的阿拉伯联合，后者更加强调基于历史、文化和地缘政治上以埃及为领袖的阿拉伯国家联合。这表现在前者坚持地区民族主义，反对后者倡导的“泛阿拉伯主义”。布尔吉巴坚决维护突尼斯的主权国家地位，拒绝将突尼斯带入地区联合体，从而丧失独立性。[①]但是，这两种理念的斗争也影响到了两国关系的发展，对突尼斯产生了不利影响。

“布尔吉巴主义”为突尼斯外交定了基调。总体上，突尼斯与温和派国家关系较好，与激进派国家关系较差。在阿以问题上，突尼斯支持巴勒斯坦人的正当权利，但也怀疑前线国家的斗争策略。因为两次中东战争都以阿拉伯国家的惨败而告终，难民营的凄惨状况与政治领导人的豪言壮语反差强烈。布尔吉巴认为突尼斯通过渐进斗争取得的经验可以在包括阿以问题在内的大量争端中得到实践。

1965 年 2 月底，哈比卜·布尔吉巴总统出访埃及、约旦、沙特阿拉伯、伊拉克等国，继续为推广突尼斯经验、提升突尼斯影响力而努力。3 月 3 日，布尔吉巴突然访问巴勒斯坦杰里科难民营，并发表演讲。他说：“一方面，你们的斗争最重要，你们一定不能忘掉这点；另一方面，我的经验证明，用狂热和激情展现的爱国主义无助于获得胜利。”“要么成功、要么失败的政策导致我们在巴勒斯坦战败，目前处于备受折磨的悲惨状态。而在突尼斯，如果我们采取这样的政策而放弃渐进政策，一样难取得成功。”[②]布尔吉巴总统间接承认以色列，并主张以谈判解决这一问题的“和平倡议”在中东政治中引发了轩然大波。埃及、伊拉克、叙利亚等国民众和政府纷纷谴责布尔吉巴的这一立场。但是，突尼斯与沙特阿拉伯、伊朗、摩洛哥等国的关系并没有受到影响。突尼斯依然获得了一些石油富国的经济支持。“六五战争”后，突尼斯与埃及改善了关系，并对前线国家提供了力所能及的支援。1970 年 9 月，约旦驱逐“巴勒斯坦民族解放运动”等游击队，布尔吉巴积极进行调停。随着突尼斯

① Kenneth J. Perkins, *Tunisia: Crossroads of the Islamic and European World*, Boulder, CO: Westview Press, 1986, p. 161.

② Habib Bourguiba, President Bourguiba Jericho Speech (1965), http://www.bourguiba.com/pages/speeches.aspx.

国内政治的变化，突尼斯进一步加强与阿拉伯国家的联系，尽量与阿拉伯国家主流意见保持一致。70年代中期以后，突尼斯与阿拉伯国家的关系都有所提升，在阿拉伯联盟内部日渐活跃。布尔吉巴统治后期，突尼斯先后接纳了“阿拉伯联盟”总部（1979—1990年）和“巴勒斯坦解放组织”（Palestine Liberation Organization, PLO）总部（1982—1995年）的迁入。

突尼斯与邻国关系发展历经波折。与利比亚的关系恶化威胁了突尼斯国家安全。突尼斯与“九一革命”之前的利比亚曾保持良好关系。但坚持“泛阿拉伯主义”的卡扎菲政权与突尼斯不可避免地发生了矛盾。1974年，两国之间仓促的联合计划被布尔吉巴临时搁置，这引发卡扎菲政权的报复，两国关系迅速恶化。为此，卡扎菲驱逐了部分突尼斯劳工，使突尼斯损失了大量劳务收入。1980年，利比亚训练并资助的突尼斯民兵发动了“加夫萨暴动”（Gafsa Riot）。1981年，发生了利比亚试图刺杀布尔吉巴的事件。1985年，利比亚再一次驱逐3万名突尼斯劳工，给突尼斯经济造成了重大损失。作为突尼斯的近邻，利比亚对突尼斯的国家安全造成了巨大威胁。

突尼斯不仅支持阿尔及利亚人民解放运动，并在法阿之间进行调停。突尼斯在阿尔及利亚民族解放运动中做出了重大贡献，为阿游击队提供后方基地、庇护场所和外部联系渠道。但双方在领土主权方面存在的分歧影响了两国关系。阿尔及利亚独立后，两国关系一直发展比较平稳。在摩洛哥与阿尔及利亚之间的对峙和冲突中，突尼斯基本上保持了中立立场。在欧洲一体化的强大压力和典型示范下，突尼斯也积极呼吁马格里布国家联合，并首先提出了建立马格里布联盟的主张。但由于马格里布各国之间矛盾尖锐，建立联盟的过程非常缓慢。

突尼斯不仅带头抵制纳赛尔的地区霸权主义，而且密切关注阿以问题的进展。布尔吉巴统治时期的突尼斯积极参与地区事务，在地区政治中极其活跃。布尔吉巴以其特有的领袖魅力，使突尼斯发挥了超过其国土面积的作用，成为中东政治中的重要国家。突尼斯是“不结盟运动”成员国，与第三世界国家都有接触。突尼斯政府参加了历次“不结盟运动”会议，成为这一主张的坚定支持者。同时，布尔吉巴以其鲜明的亲西方立场赢得了西方国家的青睐，在西方世界享有崇高的威望。

三、现代化建设的挫折

总统终身制的确立

宪政社会主义试验失败使得布尔吉巴个人的领导能力受到自由派的质疑，加之他的任期已经超过两届，到70年代初，关于布尔吉巴的去留成为突尼斯政治的焦点。另外，布尔吉巴总统本人的健康状况也出现了问题。在“超级部长”艾哈迈德·本·萨拉赫主政时期，他将大量时间花在国外治病上。因此，接班人问题成为突尼斯政治中的一个关键问题。虽然艾哈迈德·本·萨拉赫深受布尔吉巴器重，但党内元老对其芥蒂很深。拉赫曼、马斯穆迪等人强烈反对本·萨拉赫的“合作社”计划，在一定程度上与权力斗争有密切关系。布尔吉巴叫停宪政社会主义试验后，有意转向自由派，寻求支持。自由派则以加强集体领导、健全民主政治作为回应。

然而，突尼斯70年代初经济调整取得明显成效，政治改革趋势发生逆转。作为经济开放政策的主持者，努埃拉总理也是布尔吉巴总统的有力支持者。与布尔吉巴一样，他认同威权主义政治。因此，在1974年新宪政党大会上，布尔吉巴挫败了自由派的挑战，当选为党的终身主席。次年，突尼斯通过宪法修正案，布尔吉巴成为终身总统。这标志着突尼斯威权主义政治的进一步强化。而在总统的继承问题上，布尔吉巴以避免国家可能出现短期动荡为考量，建议由总理继任临时总统。1976年，突尼斯正式确立总理继承制。这一决定与大多数国家的继承体系不同，其他非洲或中东国家大多规定以议长为临时总统。这一安排既体现了布尔吉巴对努埃拉总理的信任，也表明行政部门的强势地位。这一规定影响了突尼斯国家治理。此后上台的总理将大部分精力放在巩固并扩大其权力基础上，加剧了政治斗争。与此同时，迫切需要解决的经济和社会问题被束之高阁，导致社会矛盾不断积累，现代化发展失去了政治保障。

总统终身制的形成是突尼斯民主化的明显倒退。这标志着突尼斯政治现代化未能解决权力继承问题，政治制度化也陷入停滞状态。政治改革缺乏活力和老人政治进一步影响突尼斯国家治理的效果，导致出现了众多社会动乱。

黑色星期四

突尼斯总工会曾在民族解放运动期间发挥重要作用，其地位仅次于新宪政党，会员人数也仅居执政党之后。突尼斯独立之后，总工会逐渐成为与突尼斯雇主协会等相提并论的重要法团主义组织。突尼斯政府对总工会既联合又提防，但主要还是以利用为主。突尼斯总工会则始终坚守其工人组织代表的属性，并不积极参与政治斗争。为了配合新宪政党及社会主义宪政党的工作，突尼斯总工会选择与执政党合作，在第一次议会选举中与新宪政党共同拟订了选举名单。在20世纪60年代，突尼斯总工会积极配合宪政社会主义试验，参与涉及工资及补贴等重要问题的谈判。突尼斯总工会高层与执政党、雇主协会的三边谈判始终是保持社会稳定的重要机制。通过三边谈判，各取所需，基本和谐。但是，这种安排往往对于底层民众的利益照顾不够，在基层工会中产生不满情绪，尤其是在经济形势不景气的情况下，最终彻底爆发。

20世纪70年代初，突尼斯经济在经历了迅速发展之后遭遇挫折。一方面，农业出现了逆转，粮食需要连年进口。1975年之后，突尼斯的粮食进口超过了出口。另一方面，欧盟1977年关税壁垒严重影响了占突尼斯出口大头的纺织品、服装、农产品等。出口减少、进口激增、外债加重、物价飞涨，使得国民生活出现了严重困难。在70年代，突尼斯的经济改革取得一定的进展，但是工人的生活没有得到根本性改善，生活成本反而越来越高。[①]突尼斯总工会与政府之间的君子协定难以维系。

1977 年 10 月，科萨赫拉勒爆发纺织工人大罢工。工人们自发组织起来，对政府表达强烈不满。由于科萨赫拉勒是社会主义宪政党的诞生地，因而此次工人罢工更具象征意义。

科萨赫拉勒罢工后，突尼斯经济仍然没有发生根本性改变。受地区工会组织的影响，突尼斯总工会被迫做出回应。1978 年 1 月 26 日，突尼斯总工会领导了独立以来的第一次全国大罢工。突尼斯政府决定镇压，酿成了“黑色星期四”（Black Thursday）事件。此次事件造成 200 多人死亡，1000 余人受伤。[②]值得注意的是，在这次事件中，突尼斯政府首次召集了军队。突尼斯政府已经很难通过和平手段和提高政府信誉来说服民众，或者通过法团主义组织发挥协调作用。突尼斯长期以来保持稳定的关键机制出现极大问题，社会不稳定状况逐渐形成。

加夫萨暴动

“黑色星期四”之后，突尼斯的经济并没有发生根本性好转。在此情况下，突尼斯政府制订了第五个经济发展计划（1977—1981 年）。新计划致力于稳定经济，包括全力解决失业问题、减少投资、降低消费、实行财政紧缩等。然而，该计划遭遇了彻底失败，主要经济指标都没有好转。究其原因，客观上是由于油价下跌、农业歉收导致突尼斯的财政收入减少，但这也凸显了突尼斯经济结构性问题。虽然政府恢复了部分价格补贴，但是民众的生活依然很艰难。

1980 年 1 月 26 日，一群自称是“突尼斯解放军”的武装人员，在利比亚的支持下发动了“加夫萨暴动”。游击队攻占了加夫萨的军

① Joel Beinin, *Workers and Peasants in the Modern Middle East*, Cambridge: Cambridge University Press, 2001, p. 155.

② Kenneth J. Perkins, *Historical Dictionary of Tunisia*, Lanham, Md., & London: Scarecrow Press, 1997, p. 36.

营和警察局，试图以此为基地发动武装起义。但是数小时之后，军队的增援赶到该市，并且迅速恢复了秩序，参与事件的所有武装人员皆被抓获。根据政府的估计，此次事件共造成 37 人死亡，108 人受伤。突尼斯政府认定此次事件与利比亚的支持有关。参与武装暴动的突尼斯人大多在利比亚受训，并从突利边境入境。3 月，突尼斯政府对被抓获的 30 名武装人员进行了审判，判处他们 20 年徒刑到死刑。①

此次事件表明，布尔吉巴政府面临严重的危机。民众的不满到了如此强烈的程度，以至于要求推翻布尔吉巴政府。反对党在谴责暴力的同时，强烈要求布尔吉巴政府进行全面的政治和经济改革。突尼斯进入政治动荡期。在地区政治层面，突尼斯感受到了邻国利比亚的强大威胁。虽然法国和美国迅速表态支持突尼斯政府，并谴责利比亚的行为，但这也表明突尼斯的脆弱地位。加夫萨暴动之后，突尼斯与利比亚的关系降到了冰点。卡扎菲驱逐了大量的突尼斯劳工，使突尼斯经济雪上加霜。

加夫萨暴动还暴露出突尼斯军队的弱点，突尼斯国家安全面临重大挑战。突尼斯军队不仅规模小，训练和装备也存在严重不足，一次小规模的地方冲突就造成了紧张局势。突尼斯政府反思政策的结果是开始重新审视过于依赖外部的策略。突尼斯被迫重新启动国防现代化战略，增加对国防预算的投入。虽然依靠外部援助解决了一部分装备采购，但政府也被迫投入大量资金，这进一步增加了财政负担。不过，受制于经济发展水平和国家总体战略，突尼斯在国防现代化方面的进展有限。突尼斯还是坚持友好的外交政策，通过大国的保证维持国家安全而不受地区强国的侵犯。突尼斯与利比亚之间的冲突停留在政治和经济方面，没有蔓延到安全领域。

面包暴动

1980 年努埃拉总理病逝之后，穆罕默德·马扎里（Mohamed

① Kenneth J. Perkins, *Historical Dictionary of Tunisia*, Lanham, Md., & London: Scarecrow Press, 1997, p. 68.

Mzali）走马上任。作为社会主义宪政党的资深党员，马扎里进行了各种改革。在经济领域，他试图协调社会主义经济和自由主义经济的优势，挽救持续低迷的经济。虽然这两种经济模式在特定时间起了作用，但总体效果并不理想，而社会主义经济和自由主义经济的弊端则暴露无遗。社会主义体制下，由于突尼斯缺乏相应的资源和国内市场，难以走进口替代型经济发展的路子。60年代设立的许多国有企业由于开工不足和缺乏竞争力，没有起到经济支柱的作用。强行建立合作社的举措伤害了农民的利益，还没有取得效果就被迫放弃了。70年代努埃拉总理的自由主义经济虽然扭转了经济颓势，但面对严酷的竞争形势和石油资源的日益枯竭，突尼斯的外债急剧攀升。随着欧洲一体化的不断推进，突尼斯的经济形势更加严峻。在马扎里总理主导下，突尼斯制订了第六个经济发展计划（1982—1986年）。目标是发展农业，鼓励发展中小型企业，开发落后地区和缩小地区差别，限制消费和进口，实现工业一体化，发展机械制造业和其他重工业。但是，突尼斯仍然缺乏投资，其将1/3的投资寄希望于外资。突尼斯由于接连出现了干旱和农业歉收，因而经济形势进一步恶化。突尼斯经济中存在的大量补贴也使得财政收支入不敷出。

1983年秋天，国际货币基金组织（International Monetary Fund）代表访问了突尼斯，再次提出改革方案，并在12月29日正式公布。根据方案设想，突尼斯经济改革的首要目标是削减财政赤字，保持经济平稳运行。为此，突尼斯政府必须削减大量政府补贴，其中包括面包价格。根据新的规定，面包（bread）、意大利面（pasta）和粗面粉（semolina）的价格将上涨80%。[①] 粗面粉是突尼斯人经常食用的一种原料，它的价格变化影响千家万户，尤其是穷人的生活。受此影响，面包价格翻了一倍。这一消息立刻引发了民众的抗议。1984年1月3日开始爆发的骚乱持续了数周。骚乱从加夫萨很快蔓延开来，扩展到科萨赫拉勒、克夫、斯法克斯、杰迈勒等地，全国

① Jocob Abadi, *Tunisia Since the Arab Conquest: The Saga of a Westernized Muslim State*, Berkshire, UK: Ithaca Press, 2013, p. 501.

大部分地区都陷入了骚乱。布尔吉巴总统出面恢复了面包补贴制度，才平息了这次危机。但同其他事件一样，突尼斯政府再次动用军队和警察平定动乱。在罢工者和警察的冲突中，有数百人伤亡。此次事件被称为“面包暴动”（Bread Riots）。

布尔吉巴总统作为突尼斯最受人们尊重的政治家，曾在人民当中拥有崇高权威。但在此次事件中，抗议者甚至攻击布尔吉巴的坐车。这表明布尔吉巴政府受到民众的强烈质疑，已经不再享有民众的无条件支持。事件爆发后，内政部部长因为处理不当被免职，并被处以 10 年苦工。马扎里总理亲自兼任了内政部部长。

政府频繁改组

面对严峻的经济形势，突尼斯政府应对乏力。布尔吉巴总统为了推诿责任，频繁改组内阁。由于“面包暴动”，马扎里的政治威望受到了严重影响，他作为布尔吉巴继承人的身份受到各方的攻击，尤其以总统府人员为主。

另外，马扎里任期内推动的多党化政治改革也遭到保守人士的全力阻击。为了挽救社会主义宪政党不断下滑的支持率，马扎里试图引进自由竞争机制恢复其政治活力。因此，他上台后释放了突尼斯总工会主席哈比卜·阿舒尔（Habib Achour）、伊斯兰运动领袖拉希德·格努希（Rashid Ghannouchi）等人，营造了相对宽松的政治氛围。新的政党法规定：除以地域和宗教、种族为其政治诉求外，所有政党都可以申请成为合法政党；作为反对党也不能接受外国资助，不得诋毁领袖；反对党只要获得超过 5% 的选票即可获得合法地位。[①] 1981 年，突尼斯举行了第一次多党议会选举，社会主义宪政党和突尼斯总工会联手取得了胜利。由于没有迈过选举门槛，反对党都没有获得合法地位。为了继续推动多党化，马扎里政府此后给予突尼斯共产党、社会民主运动、人民团结党合法地位。但是，

① Kenneth J. Perkins, *A History of Modern Tunisia* (2nd Edition), Cambridge: Cambridge University Press, 2014, p. 167.

马扎里的这种自由化并没有取得成功。一方面，反对党在这种有名无实的竞争中难以获得议会席位；另一方面，社会主义宪政党保守阵营则担心马扎里的改革会使其丧失执政地位，从而改变突尼斯的发展方向。马扎里的政治改革取得成功的可能性极其渺茫。

马扎里总理在任期内还大力推动在教育和文化领域塑造阿拉伯－伊斯兰文化认同，在课程中增加了大量传统文化的内容。马扎里力图改善与阿拉伯国家的关系，成功帮助巴勒斯坦解放组织总部移驻突尼斯，在其任期内，突尼斯与阿拉伯东方的关系持续改善。

1986 年 7 月，布尔吉巴总统解除马扎里总理职务，同时免去其社会主义宪政党秘书长一职。马扎里的政治生涯戛然而止。面对难以预料的结局，马扎里秘密逃离了突尼斯。1986 年底，他在缺席的情况下，以抹黑领袖和滥用政府资金的罪名，分别被判处 3 年和 15 年有期徒刑。[①]

马扎里去职之后，名不见经传的拉希德·斯法尔（Rashid Sfar）被任命为总理。但斯法尔作为经济学家，既无力扭转经济形势，又卷入了激烈的权力角逐。突尼斯在巨大的财政压力之下，被迫接受了世界银行和国际货币基金组织强加的结构调整计划。由此造成的民众生活困难和失业激增，使得突尼斯面临崩溃的边缘。为了因应政治伊斯兰的挑战，布尔吉巴总统起用了强势人物宰因·阿比丁·本·阿里（Zine al-Abidine Ben Ali）将军为总理，并让他兼任内政部部长。然而，数月之后，本·阿里就发动政变，推翻了布尔吉巴的统治。

四、政治伊斯兰的兴起

保卫《古兰经》协会

由于突尼斯在实施各种改革中，一味地强调和效仿西方的现代

① Kenneth J. Perkins, *A History of Modern Tunisia* (2nd Edition), Cambridge: Cambridge University Press, 2014, p. 173.

化，对突尼斯民众形成强烈冲击，致使突尼斯出现许多社会问题。一方面，伊斯兰教在政治、法律、家庭、道德等方面的影响急剧下降。突尼斯排除了宗教对政治的干预，用世俗法律替代宗教法律。世俗教育完全超越了宗教教育，受过西方教育的毕业生往往获得更好的就业机会。另一方面，西方文化被大量引进，充斥社会各个层面。酒吧、咖啡馆以及各种娱乐设施遍布城市的大街小巷。在公共场合，人们的衣着更加西化，而不穿戴传统服饰。

在社会转型过程中，突尼斯民族认同也面临困境，社会道德亟待重塑。20 世纪 60 年代中期以来，突尼斯首先出现了宗教文化的复兴。由南亚传入的“达瓦党”运动组成的宗教团体，四处活动，劝告人们重新回归伊斯兰的生活方式。达瓦党人认为伊斯兰世界落后的原因在于穆斯林放弃了真正信仰者的义务，穆斯林只有回到信仰者的正道上才能提升自己，从而对集体做出贡献。[①] 他们走街串巷、挨家挨户分头行动，甚至到酒吧、咖啡厅等场所劝告穆斯林履行宗教功修。

突尼斯政府为迎合民众的宗教情感，只能对宗教活动采取默许态度。在政府支持下，1969 年“保卫《古兰经》协会”（Protecting the Quran Association）获准成立，这一组织主要致力于背诵和识记《古兰经》。许多民间人士自发组织各种社区活动呼吁民众弘扬阿拉伯－伊斯兰文化。艾哈迈德·恩奈菲尔、拉希德·格努希等人为发掘突尼斯的伊斯兰文化做了大量工作。突尼斯最初的伊斯兰复兴思潮关注的是代表突尼斯民族属性的伊斯兰教和伊斯兰文化，他们对政治并不关心，并没有挑战世俗政府的意图。他们和达瓦党一样，都将社会的重新伊斯兰化作为其行动目标。

伊斯兰组织

20 世纪 70 年代后期，突尼斯的政治伊斯兰发生了转向，一部

---

① Douglas K. Magnuson, “Islamic Reform in Contemporary Tunisia: Unity and Diversity”, in I. William Zartman (ed.), *Tunisia: The Political Economy of Reform*, Boulder & London: Lynne Rienner Publishers, 1991, p. 173.

分人转向了思想领域，另有一部分转向了社会领域。

艾哈迈德·恩奈菲尔等人率先成立“进步伊斯兰主义组织”（the Progressive Islamists）。他们在达瓦党杂志《智慧》上发表多篇文章，讨论伊斯兰国家存在的问题，认为伊斯兰国家落后的根源在于思想停滞，在现实挑战面前缺乏创新思想。他们强调伊斯兰教完全有能力应对挑战，前提是思想的改变。[①]相对而言，他们更重视思想的复兴。这一组织在知识分子团体中的影响较大。

另外，以拉希德·格努希和阿卜杜·法塔赫·穆鲁（Abd al-Fatah Mourou）为首的一部分伊斯兰主义者建立了“伊斯兰道路运动”（the Movement of Islamic Way）。他们对达瓦党的宗教活动进行了反思，认为伊斯兰国家落后的原因在于社会和国家本身出现了衰败，伊斯兰教在司法、政治、文化、经济、教育等领域的影响全面失守。伊斯兰教已经不再是包容一切的宗教，阿拉伯－伊斯兰国家更多地以西方国家作为模板。因此，必须在突尼斯推动社会变革，重建伊斯兰社会，复兴伊斯兰文明，让伊斯兰教发挥作用，把伊斯兰作为一种重要的改革选项。[②]

“伊斯兰道路运动”出现后，越来越多的民众投身其中，对突尼斯政府的世俗主义政策造成了很大冲击。拉希德·格努希和法塔赫·穆鲁等人不仅支持挑战布尔吉巴的政治自由派，而且渗透进了工会活动。该组织在下层民众、学生团体当中的影响力不断增加。1978 年“黑色星期四”事件发生后，该组织明确表示支持工人运动。但这一组织一直处于秘密状态，直到1979 年被政府发现之后，开始转向公开活动。

伊斯兰倾向运动

1979 年，突尼斯政府在一次突击搜查中发现了“伊斯兰道路运

① Douglas K. Magnuson, “Islamic Reform in Contemporary Tunisia: Unity and Diversity”, in I. William Zartman (ed.), *Tunisia: The Political Economy of Reform*, Boulder & London: Lynne Rienner Publishers, 1991, p. 180.

② Ibid., p. 176.

动”秘密文件，从而掌握了政治伊斯兰的活动情况。拉希德·格努希为了维持该组织的生存，乘机向政府申请其合法化，要求成为合法政党。

1981年突尼斯试行多党制后，伊斯兰组织（Islamic Group）宣布成立政党，并向政府提出参与选举的申请。新的政党命名为“伊斯兰倾向运动”（Mouvement de la Tendance Islamique, MTI），拉希德·格努希和法塔赫·穆鲁分别担任了党的主席和秘书长。伊斯兰倾向运动通过党的刊物《伊斯兰评论》（*Islamic Review*）发表观点。

伊斯兰倾向运动的主要纲领为恢复突尼斯的伊斯兰属性，进行广泛的政治、社会、经济改革。伊斯兰倾向运动承诺放弃武力，呼吁建立多党制，这体现了该党对突尼斯政治发展的积极作用。[①]拉希德·格努希认为突尼斯的发展战略依赖外部力量，是进口的意识形态，不适合突尼斯。他主张对突尼斯进行全面改革，重新实现伊斯兰化，从而达到伊斯兰的复兴。

伊斯兰倾向运动的主要支持者来自社会中下层，但其在知识分子阶层中也有较大影响。[②]突尼斯独立以来，在社会变革中底层民众生活水平的提高很有限，许多人的美好愿望并没有实现。受西方教育的精英阶层和普通民众之间的差距逐渐拉大，阶级矛盾以政党的形式开始表现出来。伊斯兰倾向运动成立之后发展迅速，大量民众因为对政府不满加入这一组织，使该组织逐渐成为突尼斯最为重要的反对党。

然而，突尼斯政府虽然开放了党禁，尝试以多党制平息党内外的不满情绪，但布尔吉巴总统并不愿意其他政党过多地分享权力，尤其不能接受伊斯兰主义冲击其建立的世俗、现代国家战略。社会

---

① Mohamed Elhachmi Hamdi, *The Politicization of Islam: A Case Study of Tunisia*, Boulder, CO: Westview Press, 1998, p. 180.

② Kenneth J. Perkins, *Historical Dictionary of Tunisia*, Lanham, Md. & London: Scarecrow Press, 1997, p. 116.

主义宪政党以及其他反对党也不能接受伊斯兰政治的复兴。1984年，突尼斯政府加强对社会的控制。1986年底，莫纳斯提尔出现治安事件。歹徒在新宪政党支部纵火，造成财产损失。突尼斯政府以此为由镇压伊斯兰倾向运动，查禁该党的出版物，拉希德·格努希和法塔赫·穆鲁等人被捕，他们的罪名是虚构新闻和诋毁领袖。但是，伊斯兰倾向运动并没有屈服；相反，它以积极行动与政府进行对抗。由于其支持者众多，该组织给突尼斯政府造成很大威胁。统治集团在镇压和安抚之间一时难以取舍，但这种分歧进一步加剧了突尼斯的政治危机。

五、布尔吉巴时期突尼斯文化发展

文学

独立之后，突尼斯民族文化迅速发展，文学、戏剧、电影事业都表现出不同的特点。文学创作的主题，在突尼斯独立初期爱国主义色彩浓厚，在20世纪60年代之后现实主义、先锋派写作成为主流，80年代更多表现为幻想的破灭。[①]突尼斯文学虽然属于阿拉伯文学的一个单元，但其特色也非常明显。突尼斯文学以现实性、集体记忆和使用突尼斯风格的阿拉伯语著称。[②]由于突尼斯处于文明交往的十字路口，文学表达非常宽泛，既涌现出了擅长使用阿拉伯语的作家群体，也存在大量使用法语创作的作家。乡村与城市、雨和光、饥饿中飞行的宿命，以及酒和妓女，是突尼斯作家惯常使用的意象。[③]

突尼斯作家很重视在媒体上发表自己的作品。穆罕默德·马扎

---

① Sonia S'hiri, "Voices of the Marginalized in Tunisian Narrative", *Research in African Literatures*, Vol. 28, No. 3, Autumn 1997, p. 57.

② Ibid.

③ Jean Fontaine, "The Tunisian Literary Scene", *Research in African Literatures*, Vol. 28, No. 3, Autumn 1997, p. 79.

里 1955 年创办了文学评论杂志《思想》（*al-Fikr*），在随后的 30 年里为有抱负的作家提供了非常有价值的平台。巴希尔·胡拉伊夫（Bechir Khraief, 1917—1983）便是最早在《思想》杂志发表作品的作家之一。胡拉伊夫 1936 年开始创作，突尼斯独立后推动了突尼斯文学由早期的民族主义和爱国主义题材向当代社会题材转型。他在小说中往往以突尼斯方言进行白描，被誉为突尼斯第一位现代小说家。他的《你的爱情让我疯狂》（*I flas aw Hubbaka darbani*, 1959）描述了在生活环境和现代化压力下被迫做出改变的突尼斯青年的生活，《苦桑》（*al-Daghal fiarajinira*, 1969）则集中描述了欠发达的南部地区极其艰难的经济和社会状况。

哈什米·巴古什（Hachemi Baccouche）和阿尔伯特·敏米（Albert Memmi）是两位声名卓著的旅法文学家。巴古什的《我的信仰依然》（*Ma foi demeure*, 1958），探讨了法国人和突尼斯人通婚的复杂性，隐喻了作者认为许多殖民时期的跨文化联系在民族主义取得胜利后将难以维系。敏米是突尼斯犹太人，他在独立之前就出版了两部自传体小说《盐雕》（*La Statue de sel*, 1953）和《琼脂》（*Agar*, 1955），描述了殖民主义对双重边缘化的个体（突尼斯犹太人）的影响。《殖民者肖像之后的被殖民者的肖像》（*Portrait du colonisé précédé du portrait du colonisateur*, 1957）表达了对殖民压迫的思考。

20 世纪 60 年代，受欧洲和北非女权主义运动的影响，突尼斯女性文学也开始发展起来。莱拉·本·玛米（Laila Ben Mami）的小说《燃烧的修道院》（*Sawma'a tahtariq*, 1968），描述了自由女性的生活。祖拜达·巴希尔（Zubaydah Bashir）的诗集《哈宁》（*Hanin*, 1968），表达了对强加在妇女身上的社会约束的认识和反抗。海因德·阿祖兹（Hind Azzuz）的短篇小说集《漫漫长路》（*Fi'l-Aab al-tawil*, 1969），探讨了中产阶级女性的生活状况，也触及了避孕和堕胎等敏感话题。穆罕默德·萨拉赫·贾比利（Muhammad Salah al-Jabiri）的历史三部曲虽然并不是专门描写女性，但妇女地位的提高是其中一个反复出现的主题：《宰穆拉的一天》（*Yawm min*

ayyam Zamra, 1968）以殖民晚期为背景；《一浪接一浪》（*al-Bahr Yansur al-wahahu*, 1975）叙述了刚刚独立的国家面临的政治和社会问题；《十年一日》（*Laylat al-sanawat al-'ashr*, 1982）则探讨了引发“黑色星期四”暴乱的社会问题。另外，1975 年，三位女作家还出版了她们的法语著作：贾丽娜·哈弗西娅（Jalila Hafsia）的《黎明时的灰尘》（*Cendres à l'aube*）、萨瓦德·古伊露兹（Souad Guellouz）的《简单的生活》（*La Vie simple*）和阿依沙·沙比（Aicha Chabbi）的《牧场》（*Rached*）引起了广泛关注。

20 世纪七八十年代，由于突尼斯出现了政治危机和经济困难，许多作家创作了大量批判社会主义宪政党和政府的作品。穆罕默德·哈迪·本·萨利赫（Muhammad al-Hadi Ben Salih）的《在蜘蛛网里》（*Fi Bayal 'ankabut*, 1976）和《周而复始》（*al-Haraka wa intikas al-shams*, 1981）批判了政府的行为。乌玛·本·萨利姆（Umar Ben Salim）创作了《瓶颈》（*Da'irat al-ikhtinaq*, 1982）和《阿布·贾哈尔·达哈斯》（*Abu jhal al-Dahhas*），分别探讨了工会和移民、种族主义问题。[①] 突尼斯政府鼓励文化发展的政策使得突尼斯出现了文化繁荣。这一时期的文学作品大多反映了突尼斯的社会变迁，忠实记录了突尼斯现代化发展的成就和挫折。20 世纪 80 年代出现的一些文学作品探讨了突尼斯现代化出现的社会问题，针砭时弊，推动了布尔吉巴政府的倒台。

戏剧与艺术

突尼斯戏剧发展迅速，逐渐形成自己的风格。突尼斯戏剧语言洗练，表演专业，能够恰当反映现实问题，在国内外取得了成功。[②]

1954 年，突尼斯市剧团（al-Farqa al-Baladiyya）成立，但在

① Kenneth J. Perkins, *A History of Modern Tunisia* (2nd Edition), Cambridge: Cambridge University Press, 2014, pp. 185-187.

② Jean Fontaine, “The Tunisian Literary Scene”, *Research in African Literatures*, Vol. 28, No. 3, Autumn 1997, p. 80.

殖民政府管理下成就不大。突尼斯独立后每年给予大量财政补贴，资助剧院不断发展。1963—1972年，演员阿里·本·阿雅德（Ali Ben Ayad）担任团长期间，该剧团成为突尼斯最专业和最成功的剧团，并在阿拉伯国家和欧洲国家进行了巡回演出。阿雅德去世后，该剧团更名为“城市剧团”，继续在戏剧演出上取得成功。

突尼斯文化部是推动文化事业发展的重要部门。戏剧处和国家戏剧指导委员会专门审查和指导戏剧的创作与演出。文化部还组织一年一度的戏剧节，展示突尼斯业余和专业剧团。后来还组织了马格里布戏剧节和阿拉伯戏剧节。这些活动以其高水准吸引了国内外的专业剧团参加，提高了突尼斯戏剧的声誉。同时，为了接近普通群众，突尼斯在20世纪70年代还给地方剧团提供补贴。有些地方剧团因而上演一些使用方言的作品，表现当地群众关心的话题。

1974年，著名导演法德赫·贾伊比（Fadhel Jaibi）成为突尼斯戏剧艺术中心校长，加快了突尼斯本土艺术人才培养的步伐，推动了突尼斯民间戏剧的发展。该学校1951年由法国人成立，主要为演出公司提供培训。贾伊比就任校长后，调整了课程设置，引入戏剧表演、导演和技术方面的课程，第一次提供专业的技能培训。此外，他还大力鼓励创作。1976年，他与马斯卢基（H. Masrouki）、贾兹里（F. Jaziri）及雅伊比（F. Yaibi）共同组建了“新戏剧剧团”，成为突尼斯第一家私营专业剧团。

1983年，著名剧作家、导演穆罕默德·德利斯（Mohamed Driss）就任团长后，该剧团迎来了新的发展契机，在创作和表演方面都取得了更大的成功。穆罕默德·德利斯1944年4月11日出生于突尼斯市，是突尼斯当代著名的喜剧演员、电影和戏剧作家、导演，长期担任突尼斯国家戏剧院院长，为突尼斯的戏剧和电影发展做出了突出贡献。穆罕默德·德利斯童年时期就热爱戏剧，青年时代接受了较为深入和系统的戏剧教育与阿拉伯文献教育。1965—1974年在突尼斯和巴黎的大学学习。1972年毕业于巴黎第三大学戏剧系，1973年获阿拉伯文学学士学位，同年毕业于巴黎雅克·勒高科戏剧学校。他对哑剧、喜剧、丑角、即兴表演等都有深入研究，见解独到，经验丰富。穆罕默德·德利斯作为突尼斯当代最杰出的戏剧家，创作了大量的戏剧，如《婚礼》（*La Noce*, 1976）、《遗产》（*L'héritage*, 1976）、《教导》（*L'instruction*, 1977）、《心中的伴侣》（*Wannas Ei Kloub*, 1989）等。

殖民时期，突尼斯画家以保存民族文化为己任，在绘画领域形成了“突尼斯画派”（Ecole de Tunis）①。该画派1949年正式成立，以冲破殖民文化、保存突尼斯传统文化为主要目标，吸纳了诸多有成就的艺术家，首任主席为布舍勒（Boucherle）。

独立之后，“突尼斯画派”迎来了新的发展机遇。赫迪·图尔基（Hedi Turki）和哈迪姆·麦琪（Hatim al-Mekki）以阿拉伯文的艺术线条展现复杂意象的新画风，为突尼斯古老的艺术形式赋予了世界性的气息。受图尔基和麦琪影响的年轻艺术家开始尝试雕刻和版画的创作。独立后一代画家纳吉布·贝勒霍贾（Najib Belkhodja）和恩贾·马哈维（Nja Mahdaoui）将新的表现形式和本土文化特征融合在一起，从而取得了成功。阿里·古尔曼斯（Ali Guermassi）通过立体派技法和传统的阿拉伯几何图案，形成了一种新的混合风格。

电影

突尼斯的电影业起步于20世纪20年代。突尼斯犹太人阿尔伯特·萨玛玛（Albert Samama）于1922年和1924年分别拍摄了电影《朱哈》（*Zohra*）和《迦太基的女孩》（*La Fille de Carthage*），这两部电影都属于“神秘东方题材”。1935年，演员阿卜杜·阿齐兹·侯赛尼导演了故事片《图阿雷格人》（*Targui*）。

突尼斯温和晴朗的气候接近于美国加利福尼亚，因此也吸引了大量西方导演来突尼斯拍摄。1924年，美国导演雷克斯·英格拉姆

---

① https://fr.wikipedia.org/wiki/%C3%89cole_de_Tunis, 2019-11-02.

在突尼斯拍摄了电影《阿拉伯人》（*The Arab*）。

突尼斯独立之后，突尼斯电影制作与传播公司负责管理外国影片的进口、发行和展播，深受人们的欢迎。1966 年，该公司在突尼斯市郊建立了电影制片厂，推动电影产业的发展。

1966 年，突尼斯文化部组织了第一届迦太基电影节，授予阿拉伯和非洲影片中的最佳作品金塔尼特奖。此后，两年一度的迦太基电影节很快便成为非西方电影界的重大事件。

20 世纪 30 年代以来突尼斯的故事片一直停滞不前。自学成才的业余电影制片人哈乃菲导演了以突尼斯民族解放运动为题材的三部曲：《黎明》（1966）、《游击队员》（1968）和《叛逆》（1970）。他的第四部电影《呐喊》（1972）则反映了阿拉伯传统社会对妇女的束缚。1977 年，里达·贝希（Rida Bech）导演的电影《鬣狗的太阳》，谴责了国家大力发展旅游业给当地带来的毁灭性影响。

60 年代末以来，突尼斯的电影产业进一步发展，领军人物是易卜拉欣·巴贝伊（Ibrahim Babey）、阿卜杜·拉蒂夫·本·阿玛尔（Abdul Latif Bin Amar）、萨多克·本·艾查（Sadok Ben Aicha）和纳赛尔·塔里（Nasser Tari）。本·艾查的《穆赫塔尔》（*Mukhtar*, 1968）探讨了一个突尼斯年轻人的幻灭和失意，本·阿玛尔的《如此简单的故事》（*Hikaya basita kahadhili*, 1970）反映了突尼斯本土文化与欧洲文化的冲突，巴贝伊的《为了明天》（*Wa ghadan/Et Demain?*, 1972）讲述了一个年轻男子从遭受旱灾的村庄来到突尼斯市寻找工作的艰辛历程，塔里的《使节》（*al-Sufara*, 1975）描述了突尼斯人移民法国的困境，本·阿玛尔的《阿齐扎》（*Aziza*, 1980）探讨了困扰城市生活的问题。《使节》和《阿齐扎》取得了重大成功，都获得了金塔尼特奖。这一时期在突尼斯还出现了首批女导演：塞尔玛·巴卡尔的《75 名阿拉伯女佣》（*Fatma 75*, 1978）刻画了从迦太基时代一直到 20 世纪突尼斯妇女的银幕形象，内娅·本·马布鲁克的《伤痕》（*al-Sama*, 1982）展现了性别、贫穷和移民问题的复杂交织。

80 年代兴起的电影电视艺术公司在艾哈迈德·阿提亚（Ahmed Attia）的领导下制作了大量精良的电影。努里·布齐的电影《灰人》（*Rihal-sadd*, 1986）打破常规，触及性行为和同性恋问题，获得 1986 年的金塔尼特奖。法里德·布格蒂尔（Farid Bogtier）从历史学的角度制作了非洲和阿拉伯电影的纪录片《非洲电影》（1983）、《迦太基电影》（1984）和《阿拉伯电影》（1987）。塔伊布·洛希奇的电影《大地的阴影》（*Zill al-ard*, 1982），讲述了一个偏远的农村社区被自然灾难和现代性入侵毁灭的故事。阿里·曼苏尔（Ali Mansour）执导的《两个疯狂的盗贼》（*Farda wa liquat ukhtha*, 1980），关注社会现实，取得了票房成功。

第十一章　本·阿里初掌权力

宰因·阿比丁·本·阿里是突尼斯共和国第二任总统，他的执政标志着布尔吉巴时代的终结。作为突尼斯新的统治者，本·阿里执政后便着手在政治、经济、社会等领域对突尼斯社会进行比较全面的变革与改造，取得引人瞩目的成效。突尼斯维持了20余年的政治稳定，经济在不断的结构调整中走向繁荣，政治伊斯兰势力被政府有效控制。突尼斯跻身中等收入国家的行列，其发展得到国际社会的肯定，一度被誉为“突尼斯榜样”。

一、“医学政变”

本·阿里的迅速崛起

1936年9月3日，本·阿里出生于突尼斯东部沿海城市哈曼-苏塞的一个贫苦家庭，父亲是位码头工人。在家里的七个孩子中，他排行第四。本·阿里曾在家乡接受传统教育，学习成绩并不优秀。不过，本·阿里少有志向，中学期间就加入新宪政党的外围组织青年团体。本·阿里表现积极，展现出政治上过人的组织能力。

本·阿里真正成为突尼斯的政治家，起步于军队。在突尼斯独立前夕，新宪政党已经着手建立一支独立的军队。1956年，他结识了新宪政党年轻党员希迪·巴古什（Hedi Baccouche），并在他的帮助下，加入新组建的突尼斯军队，从此开始军旅生涯。本·阿里和同期招募的军人一样被作为年轻军官培养。1956—1964 年间，本·阿里先后进入法国圣西尔特别军校（Académie militaire spéciale de Saint-Cyr）、沙隆马恩河炮兵学校（École d'artillerie Sharon Marne），美国马里兰州霍拉伯德堡高级情报学校（Hollaborde Advanced Intelligence School）、田纳西州布利斯堡防空野战学校（Fort Bliss Air Defense Field School）学习，毕业时获得电子工程师学位。[①] 本·阿里在法国和美国的军事与情报训练，使其成为一个复合型人才，能够处理复杂的安全问题。不过，对本·阿里的政治哲学影响最大的还是布尔吉巴主义倡导的理性、自由、渐进主义观念。

1964 年，本·阿里学成回国。随后他在科菲将军办公室工作，并与其女结婚。[②]1964—1974 年，本·阿里在科菲将军的提携下担任军事安全局局长。本·阿里在突尼斯政坛的崛起也体现了突尼斯政治人物普遍的上升基本轨迹，即外派—内调—荣升的干部培养方式。1974 年本·阿里被派往摩洛哥，任突尼斯驻摩洛哥大使馆武官，旋即转任突尼斯驻西班牙大使馆武官。社会主义宪政党重要人物穆罕默德·马扎里担任国防部部长期间，本·阿里被召回，进入国防部任职。1978 年“黑色星期四”事件期间，本·阿里被时任总理努埃拉任命为国家安全局局长。本·阿里在应对群众骚乱事件中展示了其专业能力，因而赢得领导层信任。1980 年的“加夫萨暴动”后，本·阿里被任命为突尼斯驻波兰大使。1984 年突尼斯发生“面包暴动”后，本·阿里奉调回国。同年 10 月，本·阿里被已是总理兼内政部部长的马扎里再度任命为国家安全局局长，并与其合作，参与突尼斯内部安全治理。同时，本·阿里首次跻身突尼斯政治核心决策圈的新宪政党政治局。军人进入政治局，这在突尼斯独立后的历史上还是第一次。1985 年 10 月，布尔吉巴总统任命本·阿里为新成立的国家安全部部长。1986 年 4 月，本·阿里转任突尼斯内政部部长

① https://en.wikipedia.org/wiki/Zine_El_Abidine_Ben_Ali, 2019-11-03.

② Andrew Borowiec, *Modern Tunisia: A Democratic Apprenticeship*, London: Praeger Publishers, 1998, p. 53.

兼国家安全部部长，成为突尼斯负责国内安全的主要官员。同年6月，本·阿里任党的秘书长。7月，马扎里内阁倒台，马扎里本人流亡国外，但本·阿里却成功连任内政部部长。1987年5月，本·阿里任突尼斯国务秘书。10月，成为总理。①

本·阿里是突尼斯独立后成长起来的军队领导人和安全部门主管。他的军旅生涯使其具有应对各种安全挑战的实力，从而在安全部门声名鹊起。20世纪七八十年代突尼斯国内局势不断恶化，安全部门的地位逐渐上升，并与党务部门相互竞争。布尔吉巴总统在军队和安全部门之间实施平衡策略，以便相互牵制，接受文官政府的领导。这种"制衡"策略在中东国家不断出现军事政变之时，确保了突尼斯政局一直比较稳定。本·阿里的脱颖而出则打破了这种平衡。本·阿里的军旅生涯及其情报分析能力是布尔吉巴所看重的，而他缺乏党务部门的长期历练，又是布尔吉巴所渴求的。布尔吉巴原以为本·阿里可以帮助他实现清除突尼斯伊斯兰势力的使命；同时，由于本·阿里在党内缺乏人脉，这让布尔吉巴在愈演愈烈的党内斗争中能够松一口气。布尔吉巴任命本·阿里为内阁总理，主要是基于突尼斯国内局势持续恶化的考量。工会组织的罢工，大学生示威，以及伊斯兰运动的兴起，让布尔吉巴的统治处于危机之中。因此，本·阿里得以在80年代的突尼斯政坛迅速崛起，成为突尼斯最具有实权的人物之一。本·阿里就任总理后，突尼斯政府对伊斯兰主义者的镇压进一步加强。

本·阿里的"医学政变"

1987年9月，突尼斯政府以阴谋推翻共和国的罪名逮捕了伊斯兰倾向运动的领导人，并在国家安全法庭进行审判。但审判的过程表明，伊斯兰倾向运动领导人拉希德·格努希和法塔赫·穆鲁等人都无意推翻政府，他们希望在合法的政治活动中宣传其政治纲领。

① Kenneth J. Perkins, *Historical Dictionary of Tunisia*, Lanham, Md. & London: Scarecrow Press, 1997, p.31.

相反，伊斯兰组织中的一部分激进分子在布尔吉巴总统的镇压政策下开始转变为激进的极端主义者。布尔吉巴总统一直不愿意承认伊斯兰主义运动的内生性质。他认为伊朗作为幕后主使，向突尼斯输出了伊斯兰主义，对突尼斯的世俗政治造成致命威胁。[①]由此导致他在处理这一问题时发生了误判。

1987 年 10 月，伊斯兰主义者遭到空前的制裁和审判：伊斯兰倾向运动领导人拉希德·格努希和法塔赫·穆鲁被判处终身监禁，数以千计的伊斯兰主义者被关进监狱。但是布尔吉巴对于没有出现死刑判决深感失望。他希望将这些威胁突尼斯世俗主义发展道路的反对派完全清除，并明确规定 11 月初为审理期限。

本·阿里一方面认识到布尔吉巴总统已经失去了基本的判断力，不掌握真实情况，治国基本上依靠臆测，而突尼斯需要一个健康的、强有力的人物来领导；另一方面，本·阿里深感来自各方无形的巨大压力，不得不对其政治生涯做出抉择。以布尔吉巴总统的侄女和文化部部长为中心组成的亲贵圈在影响着他的决策，本·阿里本人的命运也不明朗。马扎里总理就是前车之鉴。因此，1987 年 11 月 7 日凌晨，本·阿里援引宪法第 57 条规定，并根据 7 位医生的意见，宣布哈比卜·布尔吉巴的身体条件已经不适合继续担任突尼斯总统。由于布尔吉巴总统职务被解除的依据援引了宪法条款，故而这次政变被称为“宪法政变”；同时布尔吉巴的罢免还有医学证明，因而这次政变又被称为“医学政变”（Medical Coup）。[②]

84 岁的布尔吉巴随后被送往他莫纳斯提尔的家，从此淡出突尼斯政坛。本·阿里没有侮辱这位开国总统，但逐渐清除各大城市布尔吉巴时代的象征符号。虽然布尔吉巴总统以“身体原因”被罢黜，但他直到 2000 年才去世，享年 97 岁。

---

① L. B. Ware, “Ben Ali’s Constitutional Coup in Tunisia”, *Middle East Journal*, Vol. 42, No. 4, Autumn 1988, p. 588.

② Kenneth J. Perkins, *Historical Dictionary of Tunisia*, Lanham, Md. & London: Scarecrow Press, 1997, p.31.

从已有材料看，本·阿里预先策划了政变。[①]但他取代布尔吉巴成为突尼斯最高统治者的准备，似乎又是在极短时间内完成的。本·阿里之所以能够成为突尼斯总理，是前几任总理权力争夺的结果。努埃拉之后，布尔吉巴已很难信任其他副手，反而将他们作为潜在威胁。马扎里的改革试图重新调整突尼斯的发展方向，对布尔吉巴的影响尤其严重；作为技术型官僚的拉希德·斯法尔并未解决突尼斯面临的主要问题，反而成为政治斗争的牺牲品；总统夫人瓦希拉女士与担任文化和科学部部长的穆罕默德·塞亚（Muhammad Sayah）都是野心勃勃的人物，他们鼓动布尔吉巴走马灯似的撤换总理。本·阿里面临其前任同样的处境。但他不愿意成为下一个马扎里或拉希德·斯法尔，决定反戈一击，以攻为守。本·阿里发挥了其训练有素的情报和安全特长，成功发动了一场不流血的政变。

拨乱反正

在解除布尔吉巴总统职务当天的广播里，本·阿里说："我们的时代再也不能容忍终身总统和国家领导人的自动继承。我们的人民配得上更先进的、制度化的政治生活，以及一种真正的多党制和群众组织参与形式的多样化。"[②]本·阿里渴望改变突尼斯的历史进程。突尼斯在经历多年的政治挣扎和经济停滞后，终于迎来了一位励精图治的年轻领导人。同时，由于本·阿里对多元主义和民主化的承诺，国内外舆论都憧憬即将在突尼斯呈现"民主春天"。就连伊斯兰主义者在躲过一劫后，也对突尼斯的未来表示审慎的乐观。

---

① Andrew Borowiec, *Modern Tunisia: A Democratic Apprenticeship*, London: Praeger Publishers, 1998, p. 55.

② 本·阿里 1987 年政变的宣言。宣言第一部分回顾了布尔吉巴总统的成就，并说明了发动政变的依据。第二部分号召全国人民团结起来，保持秩序。第三部分简要介绍了他的愿景，即废除总统终身制，修改宪法，拟定共同纲领，实现法治，以及保持阿拉伯世界的团结和突尼斯的伊斯兰、阿拉伯、非洲与地中海属性。原文可参见 Sadok Chaabane, *Ben Ali on the Road to Pluralism in Tunisia*, Washington, D. C.: American Educational Trust, 1997, pp. 17-18。

本·阿里的执政表明，突尼斯并不是由军队接管政权，而是进入了一个新时代。在新政权里，执政党、世俗精英、技术人员都将继续发挥作用。当然，军队的作用确实加强了。

本·阿里执政后，立即对布尔吉巴统治后期的混乱局面进行整顿，并很快争取到国内外舆论的支持。本·阿里首先面临的是巩固政权的问题。为此，他最大限度地谋求各派政治力量的支持。

一方面，本·阿里对布尔吉巴政府的重要成员予以逮捕，把自己信得过的人推上高位。新宪政党前秘书长穆罕默德·塞亚、总统府秘书长曼苏尔·斯克赫理（Mansour Skhri）、空军司令穆罕默德·努曼（Muhammad Numan）[①]、伽兹·伊斯坎德（Gaz Iskande）等悉数被捕。同时，任命政坛元老希迪·巴古什为总理，艾哈迈德·梅斯提里为外交部部长，前国民卫队总司令哈比卜·安玛尔（Habib Anmar）为内政部部长，内政部秘书阿布达拉·卡里勒（Abdallah Khalil）为总统办公室秘书长。

另一方面，本·阿里以“11·7”宣言（Manifesto of November 7）[②]为号召，将支持政治改革的所有政治势力都囊括在他所主导的变革当中。同时，为表达民主政治的愿望，新政府释放大量政治犯，并允许流亡者回国，其中包括突尼斯总工会领导人哈比卜·阿舒尔、社会民主运动领导人艾哈迈德·梅斯提里，以及前部长德里斯·古伊贾（Driss Guiga）。1987 年 12 月，本·阿里宣布大赦，2487 人获得自由，其中包括 1984 年“面包暴动”中被逮捕的 400 人和 600 多名伊斯兰倾向运动成员。[③]突尼斯人权联盟 1988 年证实，突尼斯已经不存在政治犯。为了与伊斯兰倾向运动实现和解，本·阿里还

---

① 总统夫人瓦希拉的侄子。

② 1987 年 11 月 7 日，宰因·阿比丁·本·阿里政变成功后发表了简短的宣言。在宣言里，本·阿里强调人民主权、多元主义、民主政治是突尼斯人民应该享有的权利。同时，他呼吁民众支持新政府，并承诺修宪，废除总统终身制，保证法律实施。参见 Sadok Chaabane, *Ben Ali on the Road to Pluralism in Tunisia*, Washington, D. C.: American Educational Trust, 1997, pp. 17-18。

③ I. William Zartman (ed.), *Tunisia: The Political Economy of Reform*, Boulder & London: Lynne Rienner Publishers, 1991, p. 16.

减轻了已判死刑的该党领导人阿里·阿雅达的刑罚。此后，伊斯兰倾向运动的领导人和积极分子都被释放。大量流亡者纷纷回国，包括前计划和经济部部长艾哈迈德·本·萨拉赫、宪政党前秘书长本·优素福的遗孀。

此外，本·阿里采取部分恢复传统习俗的措施。11月7日政变后，突尼斯电台恢复播报每日五次的礼拜。宰图纳清真寺大学升格为宰图纳大学，树立其在阿拉伯世界的应有地位。1988年3月，本·阿里完成了一次高调的朝觐，激发起民众的宗教热情。1989年1月，突尼斯宣布成立“最高伊斯兰委员会”，以解决国家立法与伊斯兰教的兼容问题。

本·阿里鼓吹多元主义，试图以渐进主义的方式在突尼斯植入民主政治制度。因此，他在接任社会主义宪政党主席后，几乎立即着手对该党进行改组。在1988年2月26—27日举行的社会主义宪政党全国代表大会上，该党正式更名为“宪政民主联盟”（Rassemblement Constitutionnel Démocratique）。根据本·阿里的观点，执政党要代表政治的发展趋势。“民主”代表了世界局势的发展，这在包括北非在内的世界各个地区都有所体现。“宪政”则代表了该党的政治传承，以及突尼斯追求法治社会的目标。“联盟”则表明该党是全国各阶层人民的联合，并不仅仅反映某一个集团的特殊利益。大会确定党的指导思想是“法治、民主和开放”的政治路线。[①] 同年7月29—31日，宪政民主联盟召开第一次全国代表大会，即“拯救的大会”。本·阿里在大会开幕式和闭幕式上提出“民主、多党制与和解”的政治原则。大会确认了本·阿里作为党主席的地位和权力。大会选举200人组成全国委员会，并决定党的秘书长不再担任政府总理职务，以体现党政分离的政治取向。本·阿里任命了全部的6名政治局委员，作为其领导下的党的最高领导机构。经过此次改革，本·阿里同时对中央和地方领导层实现大换血。政

① I. William Zartman (ed.), *Tunisia: The Political Economy of Reform*, Boulder & London: Lynne Rienner Publishers, 1991, p. 17.

治局委员由原来的 15 人收缩为 6 人，1989 年又改为 9 人，但基本上都处于党主席的控制之下。全国委员会的人数从 90 人扩展为 200 人，主要由年轻的技术人员组成，本·阿里还亲自任命其中的 125 人。[①]

1988 年 7 月 25 日，本·阿里签署突尼斯国民议会通过的宪法修正案，取消总统终身制以及总统职位空缺后由总理自动接任的条款，改为总统因死亡、辞职或失去工作能力而出现总统职位空缺时，由议长代行总统职权，并在 45—60 天内选出新总统。该修正案还规定总统任期 5 年，并且只能连任两次。

二、“新时代”来临

《民族宪章》

本·阿里执政的口号是“民主”“变革”“尊重人权”和“民族和解”，[②]这在当时极具号召力。本·阿里首先需要凝聚共识，争取民众最广泛的支持。为此，突尼斯必须尽快恢复执政党的影响力，使其继续发挥组织和动员作用。同时，本·阿里也需要团结反对派，争取他们在突尼斯的改革中采取合作态度。此外，突尼斯新政府也向外界表明，要大力吸引外资，改善突尼斯经济发展的外部环境。

自 1988 年 9 月起，本·阿里着力整合突尼斯国内的各股政治力量，并将各政治派别纳入合法的政治竞争中。因此，他呼吁国内实现和解。在政变发生一周年的日子，突尼斯国内各政党、工会、社会团体共同签署了《民族宪章》（National Pact）[③]。刚刚获释的伊斯兰倾向运动成员和曾经激烈批评政府的突尼斯人权联盟也都认同

---

① I. William Zartman (ed.), *Tunisia: The Political Economy of Reform*, Boulder & London: Lynne Rienner Publishers, 1991, p. 18.

② Stephen King, *The New Authoritarianism in the Middle East and North Africa*, Bloomington & Indianapolis: Indiana University Press, 2009, p. 170.

③ I. William Zartman (ed.), *Tunisia: The Political Economy of Reform*, Boulder & London: Lynne Rienner Publishers, 1991, p. 21.

这份政治宣言。

《民族宪章》主要包括四个方面的内容：民族认同、政治制度、经济发展和外交政策。签约各方重新确认突尼斯是阿拉伯－伊斯兰世界的一员，突尼斯的宗教是伊斯兰教，民族语言是阿拉伯语。同时，强调突尼斯正确使用“伊智提哈德”的必要性，《个人地位法》作为这一运用原则的成果必须继续坚持。在政治制度方面，各方同意结束一党制，开启政治自由化，授予民众自由结社和言论自由等广泛的权利。在经济方面，强调通过经济发展推动民主化，让人民拥有充足的食品、有尊严的住房、教育、文化、健康和工作。突尼斯政府并没有承诺马上实现这些目标，但强调为了实现这些目标，要求民众做好牺牲一些利益的准备。在外交政策方面，签约各方赞赏阿拉伯统一、巴勒斯坦民族解放事业和马格里布联合，同时也希望突尼斯能够更多地参与阿拉伯联盟、非洲、伊斯兰世界、联合国等多边外交平台。[①]

《民族宪章》进一步确认突尼斯走民主、多元、法治社会的道路。民主化被定义为多元主义基础上的不可逆的进程。各政治参与者承诺坚持宽容，杜绝各种形式的政治暴力。所有突尼斯人都有责任维护一个统一的国家。阿拉伯是突尼斯的民族属性之一，政府将致力于推动阿拉伯语的广泛使用，但同时保持突尼斯的开放性。伊斯兰教是民族尊严和灵感的来源，但应该发展符合时代和人性的伊斯兰文化。国家将保护神圣的宗教信条，宗教不能作为政治冲突的场所，不能使其变为产生分裂的根源。清真寺只能属于真主，不能被任何人和势力作为政治活动的场所。突尼斯将继续推行《个人地位法》，并且根据情况进行调整，也确保影响家庭生活和妇女解放的改革继续进行。[②]

① Lisa Anderson, “Political Pacts, Liberalism, and Democracy: The Tunisian National Pact of 1988”, *Government and Opposition*, Vol. 26, No. 2, Spring 1991, pp. 252-257.

② Sadok Chaabane, *Ben Ali on the Road to Pluralism in Tunisia*, Washington, D. C.: American Educational Trust, 1997, p. 99.

经济结构调整

突尼斯经济结构的调整始于布尔吉巴统治后期。本·阿里执政后，根据时代的变化和突尼斯经济发展中存在的问题，被迫接受国际金融组织经济结构调整（Economic Structure Adjustment）的药方，继续对突尼斯经济进行变革。国际金融组织的经济结构调整计划包括四个部分：第一，通过货币贬值，刺激外贸出口，增加偿还外债能力；第二，通过提高利率，与其他国家齐平，以增加储蓄、吸引投资，从而达到阻止资金外流和吸引国际资本流入；第三，减少现金流，抑制通货膨胀；第四，收紧政府赤字，为私营经济借款让路。[①]突尼斯 1983 年完全以此框架进行经济结构改革，但遭遇了失败。

本·阿里上台后，对经济结构改革计划做了调整。1989 年 7 月，本·阿里政府宣布新的经济调整计划。它主要包括以下内容：（1）通过征收增值税、削减补贴、货币贬值等手段减轻货币和预算压力；（2）简化贸易和投资法，取消用于投资产品的进口税和对外资的限制，引入资金的自由流动，降低出口企业的税收；（3）减少国家对经济的干预，取消对利率、汇率和价格的控制；（4）推动企业的私有化，第一批目标为长期亏损的小型企业，如旅游业和服务业等。[②]然而，考虑到突尼斯民众对取消食品补贴和全面私有化的承受能力，1989 年到 1994 年间，突尼斯政府实施的经济改革是审慎且稳健的。

突尼斯经济结构调整的第一步是实行紧缩政策，稳定宏观经济，为融入全球化创造条件。在这个阶段，突尼斯政府的主要任务是紧缩开支，减少债务，为财政正常运行注入活力。早在 1986 年 7 月，突尼斯已与世界银行和国际货币基金组织达成协议，实施结构调整。

---

① Karen Pfeifer, "How Tunisia, Morocco, Jordan and Even Egypt Became IMF 'Success Stories' in the 1990s", *Middle East Report*, No. 210, Spring 1999, p. 23.

② Steffen Erdle, *Ben Ali's "New Tunisia" (1987-2009): A Case Study of Authoritarian Modernization in the Arab World*, Berlin: Klaus Schwarz Verlag, 2010, p. 102.

但是，布尔吉巴时期的结构调整并不成功。本·阿里执政后加快了这一进程。政府投资占所有投资的比例，从 1987 年的 55.2% 下降到 49.3%。公共事业投资从 25% 下降到 21%。[①]1987—1989 年间，突尼斯冻结大部分物品的价格，通过立法建立半官方的证券交易所，正式启动市场化改革。另一方面，突尼斯政府还调整了价格补贴政策，价格补贴主要针对准低收入人群。1990 年，突尼斯政府进一步强化削减价格补贴的政策，而将补贴以工资形式直接发放给低收入人群。1992 年，价格补贴开支仅占 GDP 的 1.8%，而 1987 年则占 2.3%。通过这种努力，突尼斯基本实现经济平衡，稳定了公共开支。[②]

1988 年 7 月，突尼斯开始征收增值税，其中大部分商品和服务业为 17%，基本消费品为 6%，奢侈品为 29%。1989 年 10 月，增值税征收范围扩大到除食品外的几乎所有贸易活动。1989 年突尼斯制定新税制，1990 年正式实施。新税制将税收上限从 65% 降到 35%，并引进单一个人所得税，降低征税等级，逐步废除 10% 的团结税。同时，调整免税和减税的规定，扩大税源，增加了酒、烟、服务业和石油等税种，从而使税收收入明显增加。在“七五计划”期间，税收管理系统得到加强，并进一步合理化，税收效率和表现日益稳定。[③]

另外，突尼斯分阶段对国有企业进行私有化改革。私有化改革首先从中小企业开始，逐步扩大到大中型企业，并将私有化部门从旅游业和服务业扩展至制造业、油气、电信领域。根据国际金融机构的要求，突尼斯还逐步放开对金融、交通、电信、天然气等领域的控制，全面引入市场化经营。及至 1994 年，有 45 家企业由于经营不善、财政负担过重被出售给私人经营者，这些企业主要集中在

① Emma C. Murphy, *Economic and Political Change in Tunisia: From Bourguiba to Ben Ali*, London: Macmillan Press Ltd., 1999, p. 104.

② Ibid., p. 106.

③ Ibid., p. 109.

旅游业和商业等服务业领域，总值9000万美元。[1]1994年后，突尼斯加快私有化步伐，并调整私有化策略，不再是简单地减负式甩卖，而是充分考虑提高生产率和创造就业这两项经济指标。突尼斯成立了证券交易所，通过出售政府掌握的国有公司股票进一步合理配置资源，促进经济发展。私有化的范围扩展到交通、通信、银行等“战略性”部门。如2006年，突尼斯出售了突尼斯电信（Tunisie Telecom）35%的股权。据突尼斯政府统计，截至2009年春，已有217家企业全部或部分实现了私有化。[2]

1986年之前，突尼斯为保护本国工业实行高关税。但实施结构调整后，突尼斯降低了进口商品关税，主动将本国企业置于激烈的竞争环境中。1986年，突尼斯82%的进口商品关税在5%—236%之间，对酒类和一些奢侈品征收重税。1986—1988年间，政府尝试对一些商品免征关税。同时，对出口类企业急需的进口设备实行关税优惠。出口型企业的出口产品占全部产品25%以上，即可享受免关税待遇。后来，这一政策推广到所有出口型企业。1990年1月起，原材料、工业半成品、资本商品开始享受自由关税政策。奢侈品之外的其他大部分商品的关税也予以减免。根据关税改革的执行情况看，关税改革比较成功，原先估计的关税减免会导致企业大面积破产的局面并没有出现。原因在于，突尼斯进口的大量原材料本国并没有分布，许多工业制成品本国也不具有生产能力。1988年，突尼斯的最高关税为83%，平均关税为27%。1990年，突尼斯正式加入关贸总协定。根据协议，突尼斯同意超过900种商品的总体协定关税率为17%—52%。[3]

1992年6月，突尼斯成立“国际合作和外国投资部”（Ministry of International Cooperation and Foreign Investment）。8月，突尼

---

① Christopher Alexander, *Tunisia: Stability and Reform in the Modern Maghreb*, London & New York: Routledge, 2010, p.81.

② Ibid.

③ Emma C. Murphy, *Economic and Political Change in Tunisia: From Bourguiba to Ben Ali*, London: Macmillan Press Ltd., 1999, p. 113.

斯颁布新法律，建立离岸自由贸易区。1993 年 1 月起，突尼斯第纳尔实现自由兑换，为外国企业资产的转移开了绿灯。1994 年 1 月，新投资法生效，私人投资不仅获得更便利的投资环境，而且被给予 10 年免税权。1995 年 1 月，突尼斯设立“外国投资促进局”。

突尼斯政府还通过放开对利率、货币兑换和价格的控制，以减少国家对经济的干预。1986 年，突尼斯的价格机制仍然比较复杂，从食品到生活必需品都由政府统一定价。谷物价格由生产者定价，以鼓舞农民种植热情。1988 年，几乎所有农产品价格和进口产品价格都被放开，但奶和肉的价格仍在政府控制之下。1987—1991 年，工业制成品基本实现自由定价，仅保留对燃料、油气产品和谷物食品的价格控制。1986—1991 年间，80% 的制造业的价格控制被解除。此外，突尼斯还放开了外汇市场。自 1991 年起，第纳尔可自由汇兑，出口企业可自由使用外汇，银行外汇也不再受到限制。

1986 年突尼斯启动金融改革，它以减少借款和引导现有资金转向私营经济发展为目标。1987 年初，突尼斯解除对利率的限制，并放松对私人贷款的约束。为了解决贷款多、存款不足的难题，政府鼓励银行产品的多样化。1988—1989 年，突尼斯中央银行取消贴现政策，促使商业银行走上市场重组的道路。此后，商业银行可自行制定存、贷款利率。1987 年之前，突尼斯银行业主要以国有银行为主，占 62%。1988 年后，大量外国银行和私营银行进入突尼斯。外国银行以阿拉伯国家的银行居多。1986—1992 年间，借款基本上得到控制。1989 年底，政府加强对财政预算的控制，减少政府账户，紧缩资金供应，并将更多的资金投入私营部门。突尼斯还引进新的金融机制，开发新的金融产品。1988 年，商业银行发行了银行债券和存款证书。1990 年 12 月，突尼斯第一个信托公司——可变资本投资公司（Société d’Investissement à Capital Variable, SICAV）成立。1992 年，投资信托、优先股、股权贷款被引入了突尼斯。[①] 政府通

① Emma C. Murphy, *Economic and Political Change in Tunisia: From Bourguiba to Ben Ali*, London: Macmillan Press Ltd., 1999, p. 112.

过建立公平税收，解决了金融机构的紊乱。

经过改革，突尼斯经济发展战略完全转变为出口导向战略。这也就是说，突尼斯经济发展回归到“自由主义模式”（Liberal Model）。为了与突尼斯独立初期的自由主义经济模式相区别，本·阿里的经济发展战略也被称为“新自由主义模式”。本·阿里政府虽接受“华盛顿共识”（Washiongton Consensus），全面推进私有化改革，但国家在经济生活中的作用并没有根本性改变，国家仍发挥主要的、中心的作用。本·阿里总统认为：“国家发展和突尼斯人民奋斗的最高目标是包容与均衡发展。”①

伊斯兰复兴运动走向低潮

伊斯兰复兴运动（Ennahda）的兴起源于突尼斯的政治危机。1989年初，伊斯兰倾向运动为参与突尼斯大选，更名为“复兴党”，名称中删去了伊斯兰的标志。这既是对本·阿里政府政治民主化的试探，也是其把握机会的积极行动。对突尼斯威权主义政权而言，伊斯兰复兴运动的发展始终是突尼斯政府需要面对和解决的心腹之患。在担任内政部部长和总理期间，本·阿里就认识到这一运动所具有的煽动民众的强大力量，并预感到布尔吉巴政权濒临垮台，因此，果断出手取代年迈的布尔吉巴。

突尼斯的伊斯兰复兴运动一直比较温和，但这并不能打消世俗统治阶级的疑虑。1989年大选的结果表明，政治伊斯兰已成为突尼斯最大的反对派阵营，这对本·阿里政权构成直接威胁。在选举中，以伊斯兰复兴党为代表的独立候选人获得15%的选票。在一些重要选区，如首都突尼斯市，他们的支持率甚至达到40%。换言之，伊斯兰复兴党仍然是本·阿里及其支持者的敌手和隐患。

伊斯兰主义者对大选深感不满和失望，认为政府存在严重舞弊行为。而且，政府不愿意给予复兴党以合法地位，这就进一步挫伤

① Steffen Erdle, *Ben Ali's "New Tunisia" (1987-2009): A Case Study of Authoritarian Modernization in the Arab World*, Berlin: Klaus Schwarz Verlag, 2010, p. 330.

温和派伊斯兰主义者的情感。他们意识到，通过民主和平的方式实现其政治理想的道路已被封死。

地区形势的变化也在进一步加剧伊斯兰主义者与政府之间的矛盾。邻国阿尔及利亚形势风云突变，一方面使伊斯兰主义者开始盲目相信其力量，助长了伊斯兰激进派的势头；另一方面，政府对伊斯兰主义者的极端行为越来越忌惮。海湾危机的爆发则进一步引燃突尼斯的政治风暴。1990 年萨达姆政权吞并科威特后，突尼斯政府和复兴党一致谴责伊拉克的侵略，认为这是对科威特主权的粗暴践踏。但随着以美国为首的多国部队对伊拉克实施军事打击，以及美国大兵驻扎沙特阿拉伯，突尼斯各政治派别的立场出现分歧。伊斯兰主义者纷纷谴责海湾国家邀请外部势力干涉阿拉伯事务，认为阿拉伯冲突应在内部自行解决。突尼斯政府为顺应民众的要求，不得不默许民众上街示威游行，并试图与西方国家保持一定距离。但突尼斯政府的这一态度招致西方国家和海湾国家一致报复。其结果是突尼斯长期依赖的外援在 1991 财年大幅减少，突尼斯陷入财政困境。因此，突尼斯政府又被迫回到支持海湾国家和西方国家的立场上，致使突尼斯政府和伊斯兰主义者关系紧张。

与此同时，复兴党多次提交的合法化申请也屡屡被驳回。政府的理由是，突尼斯不能接受一个建立在宗教基础上的政党，国家是唯一能够保卫伊斯兰教的行为体。而且，复兴党的 20 位中央委员会成员中有 18 位面临司法审判。复兴党领袖拉希德·格努希意识到突尼斯难以实现真正的民主后，旋即流亡国外。1989 年，他先是前往阿尔及利亚，后来又到欧洲，最终获得英国的庇护。远居海外的格努希甚至变得比以前更加激进，他对本·阿里的批评毫无保留。同时，复兴党党内激进派逐渐掌握领导权。突尼斯政府还发现复兴党内部存在一个秘密组织，专门从事暴力活动。此外，邻国阿尔及利亚因政治改革的挫折导致的内战，更使突尼斯面临安全威胁。为此，本·阿里采取措施，强化安全机构。他任命政治盟友阿卜杜勒哈米德·埃斯切赫（Abdulhamid Eschekh）为内政部部长，阿卜杜拉·卡拉勒（Abdullah Kalal）为国防部部长，并成立国家安全委员会来应对国内外的安全威胁。1990年，突尼斯国内形势出现动荡，复兴党的支持者纷纷走上街头，反对政府的西化政策和对自由民主的忽视，以及对新闻自由的限制。在关键时刻，复兴党和本·阿里政府的关系急转直下。复兴党领导人认为他们能够调动民众反对独裁政权，并对其群众基础盲目乐观。本·阿里政府则从阿尔及利亚以及阿拉伯－伊斯兰世界的伊斯兰运动中吸取教训，对复兴党日渐采取镇压政策。1990年，许多示威者被捕。1991年2月，宪政民主联盟位于突尼斯市的一个总部被30名武装分子攻击，两名保安被投入大火中，其中一人被烧死。政府认为这是伊斯兰主义者的阴谋暴动。[①]拉希德·格努希等复兴党高层否认卷入其中，坚称并不知情。更有甚者，拉希德·格努希认为这是年轻的穆斯林反抗独裁者压迫的自然反应。为表示反对立场，复兴党秘书长阿卜杜·法塔赫·穆鲁和另外4名温和派成员宣布退出该党。随后，政府进行大逮捕。1991年5月，300多名伊斯兰主义者被抓。1992年7月，突尼斯市军事法庭对279名伊斯兰主义者进行审判。包括拉希德·格努希在内的35人被判终身监禁，温和派代表阿里·拉哈耶德等人被判15年监禁。在另一次审判中，有11人被判终身监禁，5人被判1—20年不等的有期徒刑。1993年，又有200多人被捕。复兴党领导人被列入通缉名单。在两年多的时间里，复兴党被彻底镇压。据大赦国际提供的数据，共有2000多名伊斯兰主义者被突尼斯政府先后逮捕。到1995年，复兴党在突尼斯基本难以发挥作用。[②]

经过此次镇压，突尼斯的伊斯兰复兴运动趋于低潮。在接下来的20年中，突尼斯政局维持了基本稳定。突尼斯世俗政权也一直掌握着国家命运，从而推动突尼斯社会的改革，使西方国家对突尼斯

---

① Kenneth J. Perkins, *A History of Modern Tunisia* (2nd Edition), Cambridge: Cambridge University Press, 2014, p. 189.

② Ibid., p. 193.

的发展充满希望。与此同时，突尼斯的政治伊斯兰势力日益激进，迫使突尼斯政府维持庞大的警察力量来对付可能的威胁。本·阿里政权治下的突尼斯因而日渐滑向了警察国家。

本·阿里政府取缔伊斯兰复兴党并未引起民众的强烈抵制，只有人权组织对政府采用酷刑和刑讯逼供表示抗议，原因在于：突尼斯民众长期受世俗主义政治的影响，难以接受复兴党提出的伊斯兰化政治纲领；阿尔及利亚的负面示范效应在民众心目中也留下挥之不去的阴影。

三、本·阿里新政

政治民主化的推进

本·阿里执政后，在调整经济结构和推动经济发展并取得初步成就的基础上，紧接着又将理顺国家的发展方向作为关键任务。因而，构建新的政治体制被提到议事日程。1988 年 11 月 7 日，本·阿里政变一周年之际签署的《民族宪章》喻示着本·阿里政治改革的正式启动。

1989 年 4 月，突尼斯迎来本·阿里执政后的第一次议会大选和总统大选。根据《民族宪章》的原则，突尼斯将实行自由、公开的选举。本·阿里借机对突尼斯的选举政治进行改革。按照改革的要求，突尼斯议会席位确定为 141 个，分为 25 个选区，以人口多寡划分选区，每个选区 2—9 个席位，平均每 6 万人产生 1 个席位。议员候选人必须取得 75 个选民的支持签名。总统候选人必须获得 30 个议员的支持签名。新的政党法规定，政党不能建立在宗教、语言、种族或地域基础上，要遵循“人权和民族成就”原则。人民团结党、社会进步党、民主统一联盟和激进社会主义联盟获得合法性。根据新的选举法，在每个选区获得选票最多的政党将获得该选区的所有选票。[①]但反对派要求建立完全的比例代表制。由于对选举制度不满，社会民主运动抵制大选。伊斯兰倾向运动改名为复兴党，并且明确表示维护共和国体制，促进市民社会的发展。但复兴党因未能获得合法地位，伊斯兰主义者不得不以独立候选人身份参与1989年议会大选。伊斯兰主义者非常活跃，在25个选区里参与竞争，目标是22个席位。在此次选举中，宪政民主联盟以超过80%的得票率获得所有141个议会席位。本·阿里作为独立候选人，以超过99%的得票率成功当选为突尼斯总统。反对党得票率非常低，而且分散。主要由伊斯兰主义者构成的独立候选人获得了13%的选票。[②]这表明，宪政民主联盟重新获得民众的支持，基本摆脱了布尔吉巴统治后期的危机。本·阿里获得的民众支持，不仅来自宪政民主联盟，而且来自社会各阶层。但此次选举与本·阿里所承诺的政治民主化相去甚远。他面临党内压力，无法给予伊斯兰政党合法地位，将其纳入合法政治范畴。世俗反对党在本·阿里的改革中失去支持者，难以充当反对党角色。宪政民主联盟直接面对伊斯兰主义者的挑战。这导致突尼斯政坛呈现两种势力的对立：一方是一党独大的宪政民主联盟，另一方是挑战者伊斯兰主义势力。复兴党成为事实上的反对党。

1991年突尼斯举行市政议会选举，宪政民主联盟大胜，获得几乎所有的市政议会席位，仅有1席归独立候选人。最大的反对党社会民主运动领导人艾哈迈德·梅斯提里宣布退休后，新领导人穆罕默德·穆阿达倾向于同政府合作。但该党秘书长穆斯塔法·本·贾法尔（Mustafa Ben Ja'ar）则持反对态度。1992年5月该党出现危机。本·贾法尔等三人被终止政治局委员资格，本·贾法尔被迫辞去秘书长一职。突尼斯共产党在1993年党的大会上更名为革新运动，以社会民主为主要目标，并取得合法地位。

---

① Sadok Chaabane, *Ben Ali on the Road to Pluralism in Tunisia*, Washington, D. C.: American Educational Trust, 1997, p. 101.

② Ibid.

1993 年 7 月，宪政民主联盟召开第二次全国代表大会，本·阿里表示将进一步推动民主化，吸纳反对党进入议会，建立多党民主制度。因此，突尼斯议会修改了选举法，议会席位增加到 163 个，其中 144 个由选举产生，剩余 19 个将根据反对党的得票率进行分派。[①]1994 年 3 月 30 日，突尼斯举行第二次议会大选，宪政民主联盟和其他 6 个合法反对党共同参加大选。总共有 631 名候选人，分别代表 104 个政党。其中宪政民主联盟和社会民主运动在 25 个选区各推出 144 名候选人，民主统一联盟（Union Démocratique Unionise, UDU）推举 119 名候选人，人民团结党（PUP）和革新运动各 93 名。选举结果为：宪政民主联盟以 97.73% 的得票率获得所有 144 个议席。反对党分得 19 席保留议席，其中社会民主运动 10 席，民主统一联盟 3 席，革新运动 4 席，人民团结党 2 席。[②]值得注意的是，此次议会大选反对党获得的选票比 1989 年更少。这进一步表明，本·阿里领导的宪政民主联盟再度获得选民支持，世俗反对党的努力不仅没有成效，而且也没有争取到伊斯兰政党的选票。

1994 年之后，突尼斯继续向“竞争性”政治过渡，并且仍以多元化为政治发展目标。为此，突尼斯改革政党法，给予缺乏代表性的反对党以政府补贴。从 1997 年开始，各党派可根据在国民大会中议席的数量从政府获得相应补贴。为加快政治民主化，突尼斯议会再次增加席位，总统候选人还扩大到反对党的候选人。1997 年 11 月 7 日，本·阿里发表演讲，承诺将进一步推动多元民主。反对党的议会席位和地方议会席位将增加至 20%。即反对党将获得 182 个议会席位中的 34 席，地方议会 4144 个席位中的 243 席。[③]另外，本·阿里还发布总统令，修改总统候选人资格限制条款。根据新的

① Sadok Chaabane, *Ben Ali on the Road to Pluralism in Tunisia*, Washington, D. C.: American Educational Trust, 1997, p. 101.

② Ibid., p. 102.

③ Steffen Erdle, *Ben Ali's "New Tunisia" (1987-2009): A Case Study of Authoritarian Modernization in the Arab World*, Berlin: Klaus Schwarz Verlag, 2010, p. 238.

规定，合法反对党党主席，只要任满5年，且年龄不到70岁都可以参加总统竞选。因此，人民团结党的穆罕默德·贝勒哈吉·阿莫尔（Mohamed Belhaj Amor）和民主统一联盟的阿卜德拉玛尼·特里里（Abderrahmane Tlili）都获得总统候选人资格。1999年，突尼斯举行历史上首次总统竞选。不出所料，本·阿里获得99.44%的选票，阿莫尔和特里里分别获得0.31%和0.23%的选票。在议会大选中，执政党宪政民主联盟获得了所有148个竞争性席位。在市政议会选举中，执政党宪政民主联盟获得3/4的议席。①

此外，本·阿里注重专家治国的策略。胜选后，本·阿里改组了内阁。政坛元老哈米德·卡鲁伊（Hamed Karoui）的总理职位被技术型官僚穆罕默德·格努希（Mohamed Ghannouchi）取代。在党内，阿卜德拉西姆·祖阿里（Abderrahime Zouari）的秘书长职位被曾任联合国经济及社会理事会（ECOSOC）主席的阿里·沙乌什（Ali Chaouch）替换。在2003年7月的宪政民主大会选举中，中央委员中年轻人占75%，90%拥有本科以上学历。而且妇女代表从1989年的1人增至1993年的22人，1999年的48人，2003年的66人。②

本·阿里倡导的突尼斯民主化沿袭“自上而下”的特点。他在确保总统决策的同时，主张“开放”和“变革”，以“民主”招牌为其政权构建合法性。本·阿里将自己的政治、经济决策刻意诠释为“变革”，在各种场合标榜改革者的形象。1987年执政后，他以和解姿态，大量释放并特赦政治犯，欢迎海外流亡人士回国。突尼斯议会与总统选举实现了制度化。

然而，邻国阿尔及利亚的民主试验及其内战造成的灾难，致使本·阿里放缓了突尼斯的民主化步伐，并加强对民主化进程的控制，政府的改革政策趋于保守。1999年，突尼斯举行竞争性的总

① Jacob Abadi, *Tunisia Since the Arab Conquest: The Saga of a Westernized Muslim State*, Berkshire, UK: Ithaca Press, 2013, p. 511.

② Steffen Erdle, *Ben Ali's "New Tunisia" (1987-2009): A Case Study of Authoritarian Modernization in the Arab World*, Berlin: Klaus Schwarz Verlag, 2010, p. 216.

统选举，反对党领导人被提名为总统候选人。2002年，突尼斯议会设立上院。2006年，本·阿里在议会中增加了19个席位，并将其分配给主要的反对党。但是，这些改革象征意义大于实际意义。从表面上看，突尼斯引进了“选举民主”，实现了“部分民主”（Partial Democracy）。但宪法规定总统有权向议会提出议案，签署议会通过的议案，且其权力不受制约。由于执政党宪政民主联盟掌握80%以上的议会席位，总统可以解散内阁却不存在被弹劾的可能性。

但是突尼斯的政治改革同样存在局限性，无法实现改弦更张。突尼斯始终无法将伊斯兰主义者和反对党融入竞争性政党机制当中，具有影响力的政治家都被排除在政治之外。即使在执政党内部，本·阿里注重选拔对其忠诚的技术型官僚，对于权力继承缺乏清晰的思路。突尼斯在推进民主化的道路上左右为难：一方面，突尼斯面临西方的强大压力，不得不进行民主化改革；另一方面，威权主义统治的强大惯性很难容纳异己分子进入体制内部。本·阿里时期的政治文化已经发生根本性变化。

纾困策略的实施

一般来说，经济结构调整往往会带来大量工人的下岗。工人一旦下岗，社会可能会出现动荡。突尼斯实施的新自由主义经济模式也存在此类隐忧。突尼斯经济、政治、社会的转型同样面临诸多难题。本·阿里政府依照“华盛顿共识”的要求，全面推行经济自由化。为避免社会动荡，本·阿里吸取布尔吉巴政府的教训，在维护社会稳定方面实行审慎决策。突尼斯政府依据劳动法，切实保障工人的权益，雇主不得随意克扣工人工资，或者开除工人。只有在面临严重困难并获政府同意后，企业方可裁员。

突尼斯工人权益得到一定保障，整体生活水平稳步提高。但低收入人群的生活改善有限。为实现“包容性发展”的目标，本·阿里政府对低收入人群予以资助。据统计，进入90年代，仍有大约

8000个家庭，约50万人年均收入不足250第纳尔。[1]1992年12月，本·阿里总统发布122号法令，设立“民族团结基金”。基金主要来自居民、国家机关和企业的自愿捐款，国家税收提成，以及部分预算专款。基金的宗旨在于资助全国1144个贫困地区和17万户贫困家庭改善生存环境和解决生活困难，使其最终摆脱贫困。按照计划，基金投资约4.7亿美元，在贫困地区修建生活基础设施，开发当地资源，兴办企业，帮助解决生产和生活等方面的根本问题。[2]

从1993年到1999年，全国接受扶助的贫困区有1232个，接受扶助的家庭171 661个。在该基金的资助下，解决了70 198户的照明问题、66 933户的饮用水问题，修建道路3635千米，建设和改善住房24 592套，建设医疗中心114个，建设和整修学校134所，解决生活来源55 252人，其他基本建设项目111个。[3]

本·阿里政府的民族团结基金将注意力聚焦于最贫穷的“黑暗地带”，以期从源头上铲除造成社会不稳定的根源。

民族团结基金主要来自企业家的自愿捐献，但商人、企业家、公职人员如果不主动上交一定数额的捐款，则可能面临各种麻烦。比如，企业家如拒不交纳应交的捐款，就会受到严苛的税收核查。公职人员如不积极捐款，则可能被单位开除或得不到升职。[4]基金由总统直接掌控，不得动用预算资金，因而避免了世界银行和国际货币基金组织的监管。通过这种方式，本·阿里政府既扩大了统治基础，培育了一个效忠阶层，又解决了经济结构调整带来的经济紊乱以及对低收入阶层造成的严重影响。这样，突尼斯政府不仅在国际上被树立为经济改革的样板，在国内也长期维持了相对的社会稳定和繁荣。

---

① Steffen Erdle, *Ben Ali's "New Tunisia" (1987-2009): A Case Study of Authoritarian Modernization in the Arab World*, Berlin: Klaus Schwarz Verlag, 2010, p. 115.

② 杨鲁萍、林庆春编著：《突尼斯》，社会科学文献出版社2003年版，第288页。

③ 同上。

④ Stephen King, *The New Authoritarianism in the Middle East and North Africa*, Bloomington & Indianapolis: Indiana University Press, 2009, p. 179.

但民族团结基金的总额和支出等财务账目，一直秘而不宣，致使人们心生种种疑问。其结果是这笔庞大的资金因缺乏监管而实际用于改善最贫穷人口生活的支出并不多，反而是被本・阿里家族挥霍的可能性更大。基金没有能够发挥它应有的调节社会矛盾的作用。很多情况下，基金项目变成了一场又一场的政治作秀。后来本・阿里的瞬间倒台，在很大程度上诠释了他借助该基金建立的统治基础有多么脆弱。

1999 年，突尼斯政府又推出“国家就业基金”（National Employment Fund），以解决日益严重的就业压力。该基金主要用于提供培训、就业指导、再就业，以及振兴手工业和小企业。基金同样大都来自全社会的捐献。2000 年正式启动后，4.1 万人参与该计划，8385 人受资助开办了私人企业，5564 人根据劳务市场需求受到专业培训，27 402 人根据小型企业需要得到培训。[①]

融入全球化

突尼斯作为小国，深受国际局势的影响，只能根据国际局势的变化做出有效的应对和调整，才能保证国家的持续发展。随着冷战结束和两极格局解体，国际形势已发生重大变化。对于突尼斯而言，进入 20 世纪 90 年代后，突尼斯政府清醒地意识到，阿拉伯国家联盟很难帮助突尼斯走出困境。而马格里布联盟既不能解决它的政治问题，也不能促进其经济合作与发展。马格里布联盟内最大的两个国家——阿尔及利亚和摩洛哥在西撒哈拉问题上难以妥协。利比亚在国际上陷入孤立境地。突尼斯作为这一地区最小的国家，无法通过马格里布联盟实现其政治、经济和安全的目标。同时，马格里布国家除利比亚之外与欧洲国家的联系不断加强，突尼斯与地中海沿岸国家反而逐渐形成竞争关系。各国竞相发展与欧盟的特殊经济关系。

1990 年，突尼斯开始与欧洲国家共同体谈判，希望获得与南欧

① 杨鲁萍、林庆春编著：《突尼斯》，社会科学文献出版社 2003 年版，第 290 页。

国家相似的待遇。因为突尼斯与意大利、西班牙、葡萄牙等国的农产品，无论在品质还是季节性方面都很相似。突尼斯别无选择，只有寄希望于欧洲国家能够在更广泛的合作领域内，对突尼斯的诉求予以一定程度的满足。对欧洲国家而言，突尼斯毕竟在抵制伊斯兰极端主义、维持地区安全与稳定、控制非法移民方面，能够向欧洲国家提供所需的支持。

1992 年欧盟委员会里斯本会议后，回应地中海南岸国家的诉求，逐渐形成欧盟－地中海伙伴计划政策。这一政策力图在环地中海区域建立欧洲国家主导的新秩序。突尼斯也被囊括其中。1995 年 10 月，突尼斯与欧盟正式签署加入欧盟－地中海伙伴体系。与突尼斯一道加入的还有 15 个欧盟成员国、11 个地中海国家。该计划致力于在 2010 年建成欧洲－地中海自由贸易区。在该计划中，突尼斯于 7 月率先与欧盟签订了欧洲－地中海联系协定，准备将“巴塞罗那进程”（Barcelona Process）付诸实践。[①]

突尼斯政府面对全球化的挑战时，选择在经济和技术方面利用全球化带来的便利，而在文化和政治方面坚决设防。突尼斯的目标是打开之前难以进入的出口市场，激发起有限的经济潜力，减少对更强经济体的依附。[②] 因此，突尼斯开始调整之前的经济战略，促进多元化发展。1995 年 1 月，突尼斯加入世界贸易组织，完全接受自由贸易规则。与此同时，突尼斯努力发展与日本、印度以及东亚其他国家的经贸关系。突尼斯逐渐摆脱布尔吉巴时期过于倚重法国和美国的立场，与世界上主要经济体建立紧密关系。在新的国际分工过程中，突尼斯制造业获得了一些发展空间，轻工业和服务业体系逐渐建立。突尼斯在继续出口磷酸盐、橄榄油等大宗原材料和农产品的同时，也打造欧洲主要旅游市场，出口大量工业制成品，中小企业发展尤其迅速。

---

① Steffen Erdle, *Ben Ali's "New Tunisia" (1987-2009): A Case Study of Authoritarian Modernization in the Arab World*, Berlin: Klaus Schwarz Verlag, 2010, p.117.

② Ibid., p.383.

第十二章　本·阿里政权的蜕变

本·阿里在“变革”口号下取代了布尔吉巴的统治。突尼斯随后在社会各领域实施的一系列变革取得长足进步。但突尼斯的政权更迭并未从根本上改变威权主义政治体制，政治变革的进展异常缓慢。民主化政治只是停留在形式和口头上，缺乏实质性的内容和变化。而政治体制本身固有的弊端与本·阿里的专权和独裁也在突尼斯社会转型中不断放大，突尼斯面临新的政治危机。2008年，伴随全球性经济危机的爆发，地中海周边国家的经济形势迅速恶化。突尼斯受到严重冲击，失业率飙升，通货膨胀持续，财政赤字居高不下，从而加剧了突尼斯的政府腐败，社会不公现象充斥，裙带主义盛行。本·阿里政权在新的网络革命的打击之下走向末路。

一、经济形势的转变

新世纪之初的经济榜样

20世纪90年代后期以来，与多数中东国家相比，突尼斯经济发展表现优异。突尼斯年经济增长率长期保持在5%以上，出口保持在7%以上。再加上比较优厚的投资条件和人力资源优势，每年有将近10亿第纳尔的投资涌入突尼斯。[①] 在国际货币基金组

① Kenneth J. Perkins, *A History of Modern Tunisia* (2nd Edition), Cambridge: Cambridge University Press, 2014, p. 212.

织和世界银行的督促之下，突尼斯绝大多数国有企业实现私有化。外债负担大为减轻，外债占 GDP 的比重从 56% 降到了 51%。通货膨胀率处于低位。2000 年突尼斯被世界银行评为“20 世纪 80 年代以来在维持宏观经济稳定和追求社会成就方面取得最好成绩的中东北非国家”。[①]突尼斯人均 GDP 在 2002—2005 年间攀升 40%，人均收入水平是非洲国家平均水平的 2 倍以上。突尼斯贫困率降到 4%，平均寿命提高到了 73 岁。妇女占劳动力的 1/3，95% 的居民拥有水、电设施。初级教育的入学率几乎达到了 100%。突尼斯跨入了世界银行评定的中等收入国家的较低水平。[②]

另外，突尼斯还形成一个庞大的中产阶级阶层，80% 的人口处于这一阶层，主要由政府雇员、私营企业主和其他行业白领组成。据国际机构统计，2000 年突尼斯家庭每人每天支出 10—100 美元的占总人口的 25%，2010 年占到 40%。据突尼斯官方统计，突尼斯中产阶级的数量在 1995 年为总人口的 70.5%，2000 年为 77.6%，2010 年为 81.1%。[③]国家把一半的预算投向教育、医疗和其他服务业领域。普通民众也都享受到发展带来的益处。2002 年突尼斯职业培训和就业部部长不无自豪地称：“在突尼斯没有人挨饿，没有人睡在桥洞里。所有突尼斯人都住在有屋顶的房子里，而且拥有体面的收入来支付体面的生活必需品。”[④]

这对于一个自然资源禀赋欠缺、积累不足的国家而言是不小的成就。如将突尼斯与其他发展中国家相比，这一成就更为突出。突尼斯的年人均收入和经济增长速度在中东国家中处于前列。

---

① Christopher Alexander, *Tunisia: Stability and Reform in the Modern Maghreb*, London & New York: Routledge, 2010, p. 85.

② Ibid.

③ Mongi Boughzala, “Youth Employment and Economic Transition in Tunisia”, Global Economy and Development Program, Brookings Report, 2011, p. 7.

④ Kenneth J. Perkins, *A History of Modern Tunisia* (2nd Edition), Cambridge: Cambridge University Press, 2014, p. 213.

经济发展存在的问题

突尼斯经济发展中也存在明显的弱点和局限性，尚未真正实现经济的“腾飞”。首先是债务率居高不下。突尼斯年经济增长率基本维持在3%—5%，20世纪90年代GDP年增长率为5%。进入新世纪后，2004年和2007年增长率两次达到6%，2008年后增长开始放缓，仅为4.6%。2007年，突尼斯的债务率为GDP的53.6%。[①] 过高的债务制约着突尼斯实施经济的根本性变革，及其长期追求的现代化目标。原本试图接受国际货币基金组织和世界银行的“私有化”疗法，但并没有使突尼斯走出债务困境，而且其一直成为突尼斯吸引外资和增加投资的障碍。突尼斯的债务负担始终占GDP的50%以上，每年还本付息的压力很大。及至2008年，突尼斯债务已达110亿美元。[②]

第二，失业率飙升，尤其是年轻人的失业状况严重。一方面，突尼斯大力发展劳动密集型产业，技术产业更新缓慢，长期滞后于市场需求和时代发展，使得企业难以招收新的员工。另一方面，突尼斯产品附加值低下，缺乏竞争力，在国际新技术和新产品日新月异态势的冲击下，大量企业倒闭，大量人口失业。突尼斯总体失业率一直维持在15%左右，青年失业问题成为突尼斯社会的一大难题，而且呈现出受教育水平越高失业率越高的怪圈。

第三，农业依靠进口，工业不发达，旅游业是主要的外汇来源。突尼斯财政收入对外依赖较大。就各部门产值而言，2006年突尼斯农业为41.43亿第纳尔，制造业为67.67亿第纳尔，服务业为184.08亿第纳尔。2010年突尼斯的产品附加值中，农业为44.21亿

① Christopher Alexander, *Tunisia: Stability and Reform in the Modern Maghreb*, London & New York: Routledge, 2010, p. 87.

② Kenneth J. Perkins, *A History of Modern Tunisia* (2nd Edition), Cambridge: Cambridge University Press, 2014, p. 215.

第纳尔，制造业为103亿第纳尔，服务业为254.46亿第纳尔。[①]服务业是突尼斯经济的支柱，而旅游业又是其主要产业。因此，突尼斯的经济非常脆弱，极易受到地区和国际形势的影响。

第四，突尼斯因受多种内外因素的制约，经济规模有限，私营企业力量孱弱，国有经济增长缓慢。大部分企业为“糊口”企业，难以抵挡全球化的冲击。在突尼斯，75%的企业员工不足50人。微小企业增长率较高（达5.1%），但98%的企业员工不超过2人，87%的企业甚至没有雇员。[②]

第五，突尼斯经济发展中存在地区差异的顽疾。长期以来，突尼斯沿海地区发展较快；西部和西南部地区处于内陆高原和沙漠地区，经济增长乏力。布尔吉巴和本·阿里两任总统都试图促进内陆地区的发展，但都以失败告终。中西部和西南部地区在基础设施、人均消费水平、工业产值方面全面落后，贫困率和失业率很高。地区发展不平衡不仅使突尼斯经济发展困难，而且容易产生严重的政治问题。中西部是突尼斯最动荡和容易产生恐怖主义的地区。[③]突尼斯大区人均收入是中西部地区的2倍，而中西部地区的贫困率是突尼斯大区的3倍。[④]突尼斯在经济布局上发生分裂，变成了两个突尼斯。

最后，突尼斯在吸引外资方面不具有明显优势。突尼斯国内市场狭小，缺乏吸引力。为了吸引外资，突尼斯政府建立了离岸经济区，主要以向欧盟国家出口为主。但随着地中海自由贸易区的形成，

---

① Ilham Haouas , Edward Sayre, Mongi Boughzala, “Youth Employment and Economic Transition in Tunisia” , *Topics in Middle Eastern and North African Economies*, Vol. 14, September 2012, p. 19. http://www.luc.edu/orgs/meea/volume14/PDFS/Youth_employment_in_Tunisia.pdf, 2018-11-09.

② Ilham Haouas, Edward Sayre, Mongi Boughzala, “Youth Employment and Economic Transition in Tunisia” , *Topics in Middle Eastern and North African Economies*,Vol. 14, September 2012, p. 14.

③ Mongi Boughzala, Mohamed Tlili Hamdi, “Promoting Inclusive Growth in Arab Countries: Rural and Regional Development and Inequality in Tunisia” , Brookings Report, p.9.

④ Mongi Boughzala, “Youth Employment and Economic Transition in Tunisia” , Global Economy and Development Program, Brookings Report, 2011, p. 7.

这一政策能够发挥的积极作用日益有限。自由贸易区建设面临激烈竞争。因为建立自由贸易区和采取阶段性免税措施并不是突尼斯的独创，外资在优惠期结束后撤离的概率很大；而且，突尼斯行政机构办事拖沓，更不利于招商引资的实施。

“经济升级”计划

为了应对全球化的挑战，1996年，突尼斯政府在世界银行和非洲开发银行的资助下，推出为期十年的“经济升级”计划（Mise à Niveau）。根据计划，突尼斯资本投资的20%将用于支持突尼斯企业提高生产效率和质量，它涉及突尼斯制造业和服务业中80%的中小企业。[①]

该计划第一阶段与突尼斯第九个经济发展计划（1997—2001年）正好吻合。计划规定，雇员在10人以上的公司都可申请资助。满足这一条件的公司达到3600家。到2003年，其中2700家公司提交了申请，1550家公司获得了资助。在计划刺激下，突尼斯制造业增长11%，出口增长16%，就业率增长4%。[②]从“九五”计划的执行情况来看，虽然没有实现所有目标，但经济保持增长势头。1997—2000年经济增长率分别为5.4%、5.0%、6.1%、4.7%。1998年和1999年失业率为15.8%，2000年为15.6%。外债占GDP的比重从51.5%下降到了44.7%。[③]

“经济升级”计划的举措主要包括：通过创新促进发展；提升质量、数量和标准化生产；推广工业产权；为中小企业融资提供更好条件。但尽管做出了许多努力，实现突尼斯工业现代化的目标尚有不小难度。2003年，突尼斯最大的制造业部门——纺织业、服装业、

① Christopher Alexander, *Tunisia: Stability and Reform in the Modern Maghreb*, London & New York: Routledge, 2010, p. 83.

② Fareed M. A. Hassan, *Tunisia: Understanding Successful Socioeconomic Development*, Washington, D. C.: World Bank Publications, 2005, p. 7.

③ 杨鲁萍、林庆春编著：《突尼斯》，社会科学文献出版社2003年版，第125—126页。

皮革制造业出现负增长；17 家企业破产，减少就业岗位约 8000 个。[①] 但非制造业出现复苏趋势。旅游业持续增长。酒店入住率 2000 年为 42%，2004 年达到了 48.5%。旅游者人数也突破 500 万大关，达到 600 万。[②] 另外，交通、通信和贸易增长比较明显。

“经济升级”计划对对外贸易方面的影响并不大。突尼斯经济严重依赖外部市场，但对外贸易经常处于逆差状态。2001—2003 年的贸易逆差平均在 10% 左右。[③] 只有服务业保持贸易顺差，同期的增长率分别为 7.4%、5.9%、7.3%。[④]

2008 年金融危机爆发前，由于消费的大幅增长，突尼斯的外向型经济一直发展向好，甚至在金融危机爆发后，所受冲击并不明显。2009 年，根据世界银行公布的数据，突尼斯的竞争力位列第 39，居非洲首位。[⑤] 但随着金融危机的持续发酵，加上受欧洲经济下滑的影响，突尼斯经济开始恶化。2009 年，突尼斯的经济增长率仅为 1.3%。[⑥] 突尼斯 79% 的出口面向欧洲市场，80% 的游客来自欧洲国家，87% 的汇款来自欧洲，72% 的直接投资来自欧洲。[⑦]

“经济升级”计划是经济改革计划的继续。突尼斯制订的雄心勃勃的发展计划，旨在通过经济结构调整，建立具有竞争力的国民经济体系，实现融入欧洲市场、跻身发达国家行列的目标。但是，这都是建立在严重依赖外部投资的基础上，突尼斯不可能完全依靠自身的力量来解决它面临的各种问题。而欧洲国家对突尼斯的变革和改造计划，则以自身利益最大化为前提，双方互有所求，但利益

① *Perspectives économiques en Afrique 2004/2005*, Paris: OCDE, 2005, p. 498.

② Ibid.

③ Ibid., p. 502.

④ Ibid.

⑤ Kenneth J. Perkins, *A History of Modern Tunisia* (2nd Edition), Cambridge: Cambridge University Press, 2014, p. 217.

⑥ Ibid., p. 220.

⑦ Hafez Ghanem, Salman Shaikh, “On the Brink: Preventing Economic Collapse and Promoting Inclusive Growth in Egypt and Tunisia”, Brookings Project on U. S. Relations with the Islamic World, 2013, p. 4.

冲突也不少。2008年，当全球性的经济危机出现后，欧洲国家自身难保，更是无暇他顾。这种态势致使将自己命运交由欧洲主宰的突尼斯无所适从。同时，这也预示着突尼斯面临新的、更大的危机。

二、本·阿里统治的危机

民主化的“变异”

突尼斯之所以在本·阿里时期能够保持较长时间的繁荣稳定，从政治角度看，是以有效的经济发展换来了政权的合法性。当突尼斯经济发展顺利时，政府可承担大量公共服务项目，民众生活水平不断提高，民主化要求不断出现。一旦经济发展遭遇瓶颈，民众的民主诉求则更为强烈，但往往会受到遏制或怀疑。

突尼斯的政治民主化进展缓慢。本·阿里执政后，在政治领域实施的许多改革大都是一种装饰性的，并没有实质性内容。进入新世纪后，本·阿里的威权主义政治日益僵化，突尼斯政治发展陷入难以摆脱的泥潭。正如他的前任一样，本·阿里无意退出政坛，而是顽固不化，傲慢地反对一切变革。

本·阿里执政后，对突尼斯政党制度的变革，就其实质而言，是从一党制转向一党主导的多党制，威权主义的体制因而未能发生根本性变革。本·阿里作为宪政民主联盟主席，既是党的领袖，也是国家总统。党的高级成员仍然把持国家领导人职务。宪政民主联盟仍是唯一一个基层组织遍布全国的政治组织。在具体实践中，突尼斯的政党制具有以下特点。

一是突尼斯实现了形式上的“多党制”。除伊斯兰复兴运动党之外，突尼斯的世俗主义政党都获得合法性。从表象上看，社会民主运动（Mouvement des Démocrates Socialistes, MDS）、革新运动（Haraakat Ettajded, HE）、人民团结党（Parti de l’Unité Populaire, PUP）、民主进步党（Parti Démocratique Progressive,

PDP）、自由社会党（Parti Social Libéral, PSL）、民主统一联盟等，同执政党形成了共同竞争的局面。在历次大选中，上述政党都被容许参与选举。

二是突尼斯主动引入“人权”观念，市民社会组织得到一定程度的发展。为了反映突尼斯向西方式的自由民主过渡，突尼斯建立了“人权事务部”，向全世界展示其“人权成就”。本·阿里的人权观念是全面的人权观念。他认为人权是全面的，既包括民事权利和政治权利，也包括经济权利、社会权利和文化权利。他把消除贫困、文盲和失业，关心孤、老和残疾人群的权利也容纳在人权观念里面。[①]在突尼斯政治自由化过程中，公共空间的扩展较为明显。伊斯兰组织、社会团体和政府机构都投入这一领域的争夺。本·阿里改造了西方人权理念，主导突尼斯政治自由化，因而在突尼斯没有出现纯粹的西方式自由主义民主的发展。

三是突尼斯建立了独特的政府补贴制度，将反对党的活动限制在一定限度之内。各个政党通过预算领取运行经费，但其政治纲领的制定受到威权主义政权的严格钳制。政府通过经费和报纸杂志的审批，以及合法性文件的授予制度，掌控着反对党的生存空间。另一方面，政府通过向服从其意志的反对党分配议席，授予它们有限的庇护资源，从而扩展了侍从主义体制。

但是，政治改革的踏步不前或停滞使宪政民主联盟失去了活力和凝聚力。宪政民主联盟成了利益集团的代表和分配利益的机构。突尼斯在民主化方面的缓慢进展使宪政民主联盟的合法性逐渐丧失。进入新世纪以来，本·阿里的个人专断和独裁迅速膨胀，政党和行政机构、立法机构、司法机构完全处于总统的权威之下。执政党权力的无限扩张进一步影响其国家机器运作的有效性。加上政府在解决失业率方面的糟糕表现，大量年轻人已经不再信任宪政民主联盟的理念。宪政民主联盟在吸纳年轻人方面遇到困难，党的事业后继无人。在执政党内

① 杨鲁萍、林庆春编著：《突尼斯》，社会科学文献出版社2003年版，第106页。

部，由于总统的至高无上地位，党员身份仅仅成为进入政治体制和获取庇护的保障，党员在党的原则和纲领方面出现松弛。宪政民主联盟的政党建设遇到严重障碍。党在“宪政”和“民主”两个层面同时遇到无法回避的难题。本·阿里对《民族宪章》的背离和突尼斯威权主义政体的强化，在突尼斯民众中引发强烈不满。这集中反映在突尼斯在爆发全国性民众抗议活动的关键时刻，年轻人构成了反政府示威抗议活动的主体，女性选民对本·阿里政权态度冷漠。本·阿里政权由于无法得到执政党基层的强力支持，变得岌岌可危。

市民社会组织的反抗

20 世纪 90 年代中期以后，随着伊斯兰主义者被镇压，市民社会组织逐渐兴起，成为主要反对派组织。1998 年，原突尼斯人权联盟主席蒙塞夫·马尔祖基（Monsef Marzuki）和突尼斯著名社会活动家穆斯塔法·本·贾法尔、斯赫姆·本·塞德琳（Schem Ben Sedrine）等人组织成立“突尼斯自由全国委员会”（Conseil National des Libertés en Tunisie, CNLT）。1999 年，一群大学生在突尼斯建立“替代性国际发展”（RAID）支部。

从 2000 年开始，本·阿里政权逐渐显露危机。4 月，突尼斯前总统哈比卜·布尔吉巴逝世。由于突尼斯政府没有给予足够隆重的悼念，引发民众强烈不满。布尔吉巴虽已淡出突尼斯政坛多年，但他在突尼斯民众中仍享有很高威望。故此，南部地区发生暴乱。群众打砸公共设施，并喊出反政府的口号。民众的抗议或许并不是真正表达对前总统的怀念，却明显隐含着对本·阿里政权的强烈不满。

4 月 3 日，突尼斯著名记者陶菲克·本·布里克（Taoufik Ben Brik）由于护照被没收，以绝食进行抗争。这一事件迅速在国际上引起关注，西方国家纷纷予以支持。陶菲克·本·布里克是突尼斯的反对派人士，曾出版大量著作[①]揭露社会不公和政治腐败，在国内

---

① 如《鲸鱼的笑声》（*Le rire de la baleine*）、《甜蜜的专制》（*Une si douce dictature. Chroniques tunisiennes 1991-2000*）、《密探编年史》（*Chronique du mouchard*）等。

外的知名度很高。布里克事件发生后，法国议会专门通过议案，对本·阿里政府的人权记录进行指摘，致使本·阿里对法国的国事访问被迫推迟。受此影响，突尼斯国际地位开始下降，而国内反对派势力则迅速扩张。在突尼斯律师协会和人权联盟的换届选举中，支持宪政民主联盟的候选人纷纷败选，知名反政府人士贝希尔·艾塞德（Bechir Essid）和慕科塔尔·特里菲（Mokhtar Trifi）分别当选这两个拥有重要影响的非政府组织的主席。

反政府的民众不断增加，囊括不同阶层，从而使多数中产阶级都开始站到政府的对立面。2001 年，代表中产阶级的社会阶层发表了两封公开信，要求本·阿里政府全面反省其政策。世俗和宗教反对党领导人穆罕默德·穆阿达和拉希德·格努希签署联合宣言，号召所有政治力量组成联合阵线，阻止本·阿里连任。突尼斯市的一名法官甚至发表公开信，谴责突尼斯的司法体系。2002 年，慕科塔尔·雅赫雅维（Mokhtar Yahyaoui）成立“司法独立突尼斯中心”（Centre Tunisien pour l’Indépendance de la Justice, CTIJ）。反对党也开始发力，艾哈迈德·纳吉布·舍比（Ahmed Nejib Chebbi）组建民主进步党，穆斯塔法·本·贾法尔组建劳动自由民主阵线（Forum Démocratique pour le Travail et les Libertés, FDTL），马尔祖基组建共和大会党（Congrès pour la République, CPR）。

更为重要的是，长期保持平静的突尼斯总工会在这时也出现了一些新情况。2000 年底，本·阿里的长期盟友、突尼斯总工会总书记伊斯梅尔·萨赫巴尼因贪墨公款被捕，导致该组织领导层改组。经过近一年的酝酿，在突尼斯总工会领导层的改选中，约 1/3 的领导职位被激进派取得。总工会逐渐从本·阿里政权的合作者转向反对者。

为应对形势的变化，突尼斯政府采取两手策略。一方面，本·阿里表达了倾听和正视民众批评的态度。2001 年初，宪政民主联盟自由派领导人斯拉赫丁·玛阿维被任命为信息和人权部部长。玛阿维在接受法国《世界报》采访时，否认突尼斯存在违反人权行为，并承诺进一步放开媒体管制。2002年秋，由反对派人士成立于1994年的“工作和自由民主论坛”（DTDH）获得合法地位。突尼斯政坛出现了第一个真正的合法反对政党。另一方面，突尼斯政府强化高压政策，即使那些合法的反对党和公民社会组织也面临严厉的控制和打压。

2002年修宪后的政治僵局

本·阿里在“11·7”宣言中明确反对总统终身制，他执政后推动宪法修改，删除总统终身制条款。但在20世纪和21世纪之交，总统任期又成为备受关注的问题。修改后的宪法规定，总统任期为5年，只能连任两届。1989年，本·阿里首次当选，按宪法规定，他在2004年必须退休。但由于没有明确继承人，党外也缺乏强有力的竞争者，本·阿里又开始谋划再度修改宪法，以便为其再次连任总统提供合法依据。

2001年9月，突尼斯全国出现修改宪法的强大宣传攻势。媒体连篇累牍地宣传本·阿里在任期内取得的丰硕成就，并建议他继续竞选总统。在此背景下，2002年5月，突尼斯以全民公决的形式通过宪法修正案。修正案对突尼斯1959年宪法（Constitution of 1959）进行了38处修改。修宪的主要目的在于解除对本·阿里第三次连任总统的限制。此外，第15条修正案增加了公民义务，将公民有义务保卫国家修改为保卫独立、主权和领土完整，意味着扩大爱国主义的适用范围。修改后的宪法第19条规定，突尼斯将成立由地区代表和职业代表组成的“咨议委员会”，但仅有建议和咨询功能。宪法第39条对总统任期的限制被废除。宪法第40条将总统候选人年龄提高5岁。这也就是说，本·阿里可以竞选至75岁。宪法第41条则规定对于总统任期的一切行为给予终身豁免权。[①]

这次修宪表明，突尼斯总统继承问题在经历了本·阿里初期的

---

① Steffen Erdle, *Ben Ali's "New Tunisia" (1987-2009): A Case Study of Authoritarian Modernization in the Arab World*, Berlin: Klaus Schwarz Verlag, 2010, p.124.

改革之后，又回到了总统终身制的老路上。2003 年 7 月，本·阿里在宪政民主联盟大会上宣布他的总统竞选计划。他说："基于我对这一伟大民族的爱，对我热爱的祖国的尊重，以及对勇士们、烈士们曾献身的神圣使命的忠诚，为了回应来自各个阶层、各个年龄、各个地区突尼斯儿女的期望，我骄傲地告诉你们，我将永远和你们在一起，完成我的承诺。我荣幸地告诉你们：我将作为你们的候选人参加 2004 年总统大选。"① 在 2004 年大选中，尽管受到民主进步党和劳动自由民主阵线的联合抵制，宪政民主联盟还是获得了 80% 以上的选票，其他五个合法政党获得不足 20% 的选票。本·阿里虽有三位总统候选人的挑战，但仍获得 94.49% 的选票。

2004 年本·阿里第四次当选总统后，突尼斯再也没有实施过任何重大改革。从统治者的角度而言，突尼斯需要巩固在"新时代"（New Era）取得的重大改革成就。为此，只能在一些具体政策上进行局部调整。2005 年，第一届"咨议委员会"成立。在 112 名代表中，本·阿里指定其中的 41 名，各社会团体和地方议会通过间接选举推出 71 名代表。首任主席由突尼斯财政部前部长、本·阿里的安全顾问阿卜杜拉·卡拉勒担任。另外，本·阿里继续实施所谓的政治自由化政策。包括对选举法和新闻法律的修改，如放宽媒体从业者的限制，私人也可建立电台，允许一些投资者进入电视制作领域。

2008 年 7 月，宪政民主联盟召开全国代表大会——"应对挑战的大会"（Congrès du Défi）。本次大会确认了本·阿里 2009 年总统候选人的资格，同时还落实了本·阿里改革宪政民主联盟的主张。新的中央委员会选举结果显示，30 岁以下的年轻人和妇女代表各占 1/3 强，二者加起来达到委员总数的 77%。另外，随着内阁改组，一批与本·阿里同期登上政治舞台的元老被迫退出。本·阿里时期的首任总理、宪政民主联盟副主席哈米德·卡努伊以健康原因提出退休，穆罕默德·格努希作为总理，成为本·阿里形式上的继承人。

---

① Steffen Erdle, *Ben Ali's "New Tunisia" (1987-2009): A Case Study of Authoritarian Modernization in the Arab World*, Berlin: Klaus Schwarz Verlag, 2010, p.158.

按计划，本·阿里将任职到2014年，然后由格努希接任。但本·阿里在2005年喜得一子后，格努希届时能否接任总统成为一个未知数。

杰尔巴岛爆炸案

伴随突尼斯国内形势的恶化，国际形势的变化也不容乐观。2002年，突尼斯杰尔巴岛遭遇恐怖袭击，严重影响了突尼斯的支柱产业——旅游业。旅游业在此后数年呈下降趋势。同时，受全球经济特别是欧洲经济运行放缓的影响，突尼斯制造业发展缓慢。而且突尼斯在新千年还出现持续数年的农业歉收。

杰尔巴岛是突尼斯著名的旅游胜地。早在20世纪60年代，联邦德国就出资修建度假设施。由于岛上曾居住犹太人，每年有许多游客前来踏访，追忆往昔故事，领略海岛美景。杰尔巴岛坐落着北非地区最大的犹太会堂[①]格力巴（Ghriba Synagogue，距今2500年），并有一个人数大约1000人的犹太社群。杰尔巴岛是突尼斯旅游业的一个缩影。离岛旅游不仅为突尼斯换取了大量外汇，而且还创造了许多就业岗位。杰尔巴岛在吸引投资、增加就业、拉动内需以及平衡地区差异等方面都有贡献，同时，它也是展示突尼斯国家形象的窗口。

2002年4月11日，一名伊斯兰极端分子尼扎尔·本·穆罕默德·纳斯尔·纳瓦尔（Nizar Ben Muhammad Nasr Nawar）驾驶卡车发动恐怖袭击，造成包括14名德国人、5名法国人和2名突尼斯人在内的21人死亡，30余人受伤。[②]这是突尼斯本土发生的重大恐怖事件，造成重大影响。这表明伊斯兰原教旨主义势力并未消亡，并有重新抬头的可能。突尼斯的世俗主义国家形象受损。突尼斯不再是安全的土地，恐怖袭击很有可能再次发生，这对突尼斯国民和游客造成负面心理暗示。突尼斯一直追求现代化国家的发展战略，政治合法

---

① 突尼斯曾是犹太人聚居的重要地方。从西班牙、意大利和北非迁移到突尼斯的犹太人建立了大量犹太会堂。

② http://aldeilis.net/bpb/djerba.html, 2018-10-26.

性来自经济繁荣。因此，稳定和经济繁荣是国家现代化发展不可或缺的前提条件。恐怖主义袭击事件实际上就是对突尼斯发展战略的严峻挑战。

作为对恐怖袭击的回应，突尼斯加入了以美国为首的国际反恐联盟。本·阿里的这一决策既有内政因素，也有外交考量。在国内，本·阿里政府在政治上不断倒退，加大加重打击异己，关押大量不同政见者。突尼斯警察人数急剧上升，高达 14 万之多[①]，警察规模远超总人口相近的国家。从外交上看，杰尔巴岛爆炸案为突尼斯提供了加入美国反恐联盟的理由。2001 年“9·11”事件发生之后，美国在全球实施反恐战略，并在中东地区推出大中东计划，试图对阿拉伯国家进行全面改造，重塑中东新秩序。本·阿里政府积极配合美国全球反恐战略，为美国提供帮助。本·阿里此举确保对国家安全力量建设的持续投入，达到为其政权保驾护航的目的。本·阿里以安全为借口转移西方国家对突尼斯民主化进展缓慢的指责，巩固自身安全不受内外冲击，但这种对策导致突尼斯政治镇压性质不断增强，政治体制日趋僵化。

加夫萨暴力冲突事件

2008 年，突尼斯内陆省份加夫萨爆发骚乱，并持续 6 个月。是年初，作为该地区最大的国有公司，加夫萨磷酸盐公司（Corporation of Phosphate）发布招工消息。由于该公司待遇稳定，福利较好，引来诸多竞聘者。但公司最后的招聘结果出人意料。因为公司所录工人并不是优秀的大学生，而是与宪政民主联盟高层有密切联系的人员。

尽管民众对裙带关系、腐败行为司空见惯，但在严峻的经济形势下，公司的招聘结果让他们忍无可忍。矿区的许多工人祖辈就在矿上做工，并曾对公司做出重大贡献，因此未被招聘的工人及其子

---

① Stephen King, *The New Authoritarianism in the Middle East and North Africa*, Bloomington & Indianapolis: Indiana University Press, 2009, p. 144.

弟纷纷组织起来表示抗议。下层工会会员因对工会领导人不满，也摆脱总工会的控制，自发地进行罢工，在街头巷尾采取设置路障、游行示威、绝食静坐、破坏铁路公路等方式表示抗议。骚乱区域从莱德耶夫（Redeyef）很快蔓延到穆拉雷斯（Moulares）、麦迪拉（M'dhila）和迈特莱维（Metlaoui）。[①] 整个加夫萨陷入混乱。磷酸盐的生产停止，矿区与外界的交通中断。4 月，愤怒的民众还袭击了莱德耶夫当地一家警察局。这表明骚乱逐渐转变为反政府的暴动。工人们还通过各种方式谋求其他地区民众的支持。很快，在突尼斯市等地出现了声援加夫萨的示威活动。成立于 2007 年的“失业大学生联盟”（Union of Unemployed Graduates）亦曾组织多次游行，支持加夫萨工人的抗议活动。

加夫萨骚乱对突尼斯政府构成很大威胁。本·阿里政府决定采取镇压措施，调派国家宪兵队围困暴动人群，最终以暴力平息了此次危机。在冲突中，有数百人受伤，政府逮捕 200 多人，约 50 名示威者转入地下活动。[②] 直到 6 月，政府才控制住局势。为安抚民众，本·阿里解除了加夫萨省省长和加夫萨磷酸盐公司总经理的职务。他还承诺对不公正现象进行调查，并通过财政转移支付促进该地区的发展；国家从磷酸盐出口中获得的资金将更多地向该地区倾斜；同时，政府将改善加夫萨的基础设施，创造更多就业机会。是年底，政府对肇事者进行审判，对他们分别处以 7—10 年不等的有期徒刑。但在第二年的总统选举后，本·阿里对其中的 68 人实行大赦。[③] 通过上述措施，本·阿里暂时掌控了局面。但突尼斯政治和经济发展中长期积累的各种矛盾不断显现。一些关键性的矛盾和问题，如就业不足、各地区间教育和服务资源不平衡、住房条件差、腐败问题等都未能解决。相比其他地区，加夫萨人仍受到更严重的打压，而

① Kenneth J. Perkins, *A History of Modern Tunisia* (2nd Edition), Cambridge: Cambridge University Press, 2014. p. 221.

② Ibid.

③ Ibid., p. 222.

加夫萨正是“新宪政党”的发源地。加夫萨危机表明，本·阿里政权的反对者并不局限于伊斯兰主义者。由于政府的重点防范和压制，伊斯兰势力趋于低潮，而日益恶化的生活环境和不断加剧的政治腐败，促使底层民众行动起来，将斗争矛头指向本·阿里的统治。因此，加夫萨事件被视为下一场革命的预演。

三、本·阿里时期的突尼斯对外交往

马格里布联盟的建立

本·阿里上台后调整了突尼斯外交战略。突尼斯在坚持维护国家主权和领土完整的同时，摈弃零和思维，真正以不干涉别国内政与和平共处原则处理外交关系。突尼斯外交的优先方向首先是北非邻近地区。本·阿里政府放弃了均势外交和等距离外交理念，积极发展与北非各国，尤其是马格里布国家的关系。

建立马格里布国家联盟的设想早在布尔吉巴执政时期已开始酝酿，但因各方利益差距过大，一直未能实现联合。马格里布联盟对突尼斯尤为重要。在政治层面，建立一个将所有马格里布国家都包括在内的联盟能够分散突尼斯面对阿尔及利亚、摩洛哥、利比亚等地区大国的压力，同时也能够使突尼斯避免与这三个国家中的任何一方结盟，保持行动的自由。[①] 从经济发展看，作为区域经济重要的一部分，建立马格里布联盟有利于发挥突尼斯的人才优势和区位优势。突尼斯长期在教育领域进行高投资，培养了一大批高学历人才，能够胜任许多管理和技术职位。但是突尼斯市场狭小，外资投资有限，很难打开局面。成立地区联盟则有利于资源和劳动力的区域自由配置。突尼斯处于非洲最北端，与欧洲国家联系密切。马格里布联盟的成立不仅可以提升与欧洲共同市场的谈判地位，而且也可以充当

① I. William Zartman (ed.), *Tunisia: The Political Economy of Reform*, Boulder & London: Lynne Rienner Publishers, 1991, p. 224.

两个区域组织之间的交流纽带。突尼斯新政府成立后，着力推动成立马格里布联盟。本·阿里想方设法改善与邻国利比亚和阿尔及利亚的关系，将马格里布地区一体化的构想摆在其外交政策的优先位置。1988年2月，突尼斯与利比亚重新向对方开放边界，相互给予免签待遇。1989年12月，双方签订协议，共同开发两国边界地区的石油。利比亚还同意从突尼斯招募1万名工人。这对突尼斯的就业贡献颇大。

1988年2月17日，阿尔及利亚、利比亚、毛里塔尼亚、摩洛哥和突尼斯五国首脑在马拉喀什签署宣言，决定成立阿拉伯马格里布联盟（Union du Maghreb Arabe, UMA）。突尼斯人穆罕默德·阿玛木出任首任秘书长。宣言包括政治和经济内容：政治方面规定成员国要致力于地区安全与稳定，不得以武力方式解决冲突，不得干涉别国内政；在经济领域致力于建立自由贸易区，并将建立马格里布共同市场作为长远目标，以便应对欧盟和全球经济压力。阿拉伯马格里布联盟最高决策机构是总统委员会，由各国领导人组成。下属由五国外交部部长组成的委员会，作为沟通和筹备会议的机构。联盟的秘书处设在摩洛哥首都拉巴特，处理日常事务。另外，由五国各选派十人组成咨询委员会，总部设在阿尔及尔。后来，还成立了司法委员会，以加强五国间的司法合作。[①]

但阿拉伯马格里布联盟因各成员国对建设共同市场缺乏积极性，因此未能发挥应有的作用。一方面，马格里布各国之间的经济联系非常脆弱，无法为各国之间的政治联合提供必要基础；另一方面，马格里布各国内部政治严重影响其外交战略，尤其是在西撒哈拉等关键问题上的不同立场制约了政治联合的纵深发展。[②]另外，联盟机构的设置体现了严格的等级制，秘书处等执行机构的作用完全受制于总统理事会的制约，难以发挥有效作用。而马格里布各国政治中

① Steffen Erdle, *Ben Ali's "New Tunisia" (1987-2009): A Case Study of Authoritarian Modernization in the Arab World*, Berlin: Klaus Schwarz Verlag, 2010, p. 378.

② Ibid., p.379.

领导人性格迥异，且在一些关键问题上缺乏共识。联盟很难在制度上取得发展，因而很快归于平静。联盟在几乎所有议题上坚持全体一致表决方式，使得重要议题难以推动，因而在加强政治经济一体化方面进展缓慢。90年代之后，阿拉伯马格里布联盟名存实亡，对于各国而言变得可有可无，逐渐丧失了存在的必要性。随着欧盟一体化进程的加速和全球化浪潮的影响，突尼斯转变策略，逐步转向与欧盟－地中海经济国的联系。

海湾战争与突尼斯同阿拉伯国家的交往

1989年，本·阿里大张旗鼓地去麦加朝觐，并采取相应措施在公共场合营造伊斯兰特色和伊斯兰氛围，弘扬伊斯兰文化传统。反映在地区政治上，本·阿里强调与所有阿拉伯－伊斯兰国家全面改善和发展关系。

1990年海湾战争（the Gulf War）爆发后，整个阿拉伯－伊斯兰国家都受到严重影响。对于突尼斯而言，它需要面对的是，如何回应伊拉克入侵主权国家科威特的这种违反国际法的行为，以及沙特阿拉伯为谋求保护邀请异教徒美军进驻圣地的问题。突尼斯政府从一开始就谴责伊拉克军入侵科威特的行为。但当美国军队向伊拉克发动军事打击，突尼斯民众转而同情伊拉克，甚至走上街头，举行示威游行，要求多国部队撤出海湾时，突尼斯政府态度暧昧，实际上是对民众行动的默认。

1991财年，海湾国家对突尼斯的财政援助几乎断绝，美国的援助也降至最低水平，这使严重依赖外援的突尼斯陷入财政困境。受此影响，突尼斯旅游业收入下降。突尼斯政府在此次事件中接受了沉痛教训。在顺应民意和维持稳定的两难选择中，突尼斯政府不得不选择后者，并与西方国家保持立场的一致。

海湾战争结束后，突尼斯政府着手改变被动局面，加强与所有阿拉伯－伊斯兰国家的联系。本·阿里政府特别重视周边外交。作为多边外交的重要补充，突尼斯在阿拉伯马格里布联盟进展不利的局面下加强了双边外交。本·阿里政府与阿尔及利亚、利比亚等国都保持了良好的外交关系，打破了布尔吉巴政府的外交难题。1997年，突尼斯与利比亚达成实物交换协议，突尼斯以向利比亚输出总价值2.5亿物资换取后者每天供应1万桶原油。2001年，突尼斯与阿尔及利亚签订了安全协议，共同应对安全挑战。①

突尼斯积极参与经济一体化。与布尔吉巴不同，本·阿里政府接受并参与泛阿拉伯主义和跨撒哈拉倡议等众多一体化平台。突尼斯在积极融入市场经济的同时，力促区域经济一体化发展。它在阿拉伯马格里布联盟机制之外，寻求与其他阿拉伯国家的合作。1997年，突尼斯与17个国家签订协议，宣布建立“阿拉伯自由贸易区”（Greater Arab Free Trade Area, GAFTA），寻求在阿拉伯国家之间消除关税壁垒，实现商品自由流通。2001年，突尼斯与摩洛哥、埃及、约旦等国家签订协议，希望首先在小范围内实现自由贸易。但是，由于阿拉伯国家的经济结构问题和其他政治原因进展缓慢，突尼斯未能实现预定目标。大部分阿拉伯国家在经济上依附于西方，发展水平低下，结构不合理，多为农产品和初级产品出口国，相互之间的竞争性往往大于互补性，致使经济合作缺乏相应基础。这便决定了区域经济一体化议题难以付诸实施的命运。

在地区事务上，本·阿里奉行“中间主义”路线。由于缺乏布尔吉巴所具有的个人魅力，本·阿里注重采用务实和理性的举措来应对和处理地区事务，最大限度地维护双边和多边关系，为突尼斯营造有利国际环境。本·阿里时期，突尼斯不仅与邻国改善关系，而且竭力与地区其他国家建立密切关系。突尼斯成为中东地区少有的几个能够同时与绝大多数国家保持友好交往的国度。原因在于，突尼斯奉行比较温和的外交政策，基本上与联合国和阿盟等国际和地区组织保持一致，并遵守国际法原则，努力维护国际秩序。另外，随着国际和地区政治的发展，突尼斯的一些治国理念和实践，在一

① Steffen Erdle, *Ben Ali's "New Tunisia" (1987-2009): A Case Study of Authoritarian Modernization in the Arab World*, Berlin: Klaus Schwarz Verlag, 2010, p. 393.

定程度上被国际社会所认同。突尼斯在加强与阿拉伯国家交往中也获得明显实惠。阿拉伯国家对突尼斯投资与贸易的增长便是一个佐证。1998 年，突尼斯与阿拉伯国家的进口和出口分别占贸易总额的 1.2% 和 1.3%；2010 年，突尼斯与阿拉伯国家的贸易额占双方贸易总额的 7.5%。[①] 突尼斯与阿拉伯－伊斯兰国家友好关系的例外是卡塔尔。总部位于卡塔尔的阿拉伯半岛电视台因其执着于推动民主转型而备受争议。本·阿里政府同样对该电视台的报道非常敏感，认为这干涉了突尼斯内政。2006 年，突尼斯与卡塔尔冻结了外交关系。

突欧关系

突尼斯与欧洲国家关系是其外交的重中之重，本·阿里政府在保持延续性的同时也谋求突破。突尼斯试图发展与所有欧洲国家的关系。突尼斯与英国、德国的关系都有发展，英国能源公司和德国制造业公司在突尼斯都有投资。但总体而言，法国仍然是突尼斯第一大投资国和贸易伙伴。2008 年的数据显示，双方贸易额为 70 亿欧元。有 1200 家公司在突尼斯投资，提供 108 000 个工作岗位。120 万游客前往突尼斯旅游。法国每年向突尼斯提供价值 1.2 亿欧元的援助。法国是突尼斯公民海外移民的首选。在法国生活或定居的突尼斯裔居民多达数百万。[②]

值得注意的是，突欧关系的发展来自双方的共同努力。突尼斯有意发展与欧洲国家的紧密关系，欧盟也一直在推动地区治理，突尼斯在其视野当中。1988 年，以葡萄牙、西班牙、法国、意大利、马耳他为一方，以毛里塔尼亚、摩洛哥、阿尔及利亚、突尼斯、利比亚为另一方，建立了“5+5”合作框架，议题包括债务、移民、食品、自给、文化对话、技术进步、科学研究、环境与金融等。1990 年，欧共体委员会发布了题为“重新定位欧共体地中海政策”的政策文件，

---

① Steffen Erdle, *Ben Ali's "New Tunisia" (1987-2009): A Case Study of Authoritarian Modernization in the Arab World*, Berlin: Klaus Schwarz Verlag, 2010, p. 397.

② Ibid., p. 389.

评估了地中海沿岸国家特别是马格里布地区社会与经济发展对欧共体安全的重要影响。1992 年，欧共体提议与马格里布国家建立“欧洲－马格里布伙伴关系”（Europe-Maghreb Partnership），实行自由贸易。1992 年欧洲委员会里斯本会议上，马格里布地区被列为“欧共体共同安全与外交政策”（Common Foreign and Security Policy, CFSP）下欧洲国家具有共同利益的地区。这一地区在欧共体的安全与社会稳定方面占据了重要地位。1995 年后，随着欧盟在中东欧推进民主化取得重大进展，促进民主化逐渐被列入了欧盟的外交政策。1995 年 11 月 28 日，欧盟与地中海沿岸其他 11 国签署了《巴塞罗那宣言》，提出了“欧盟－地中海伙伴关系”（Euro-Mediterranean Partnership, EMP）政策，标志着欧盟与地中海沿岸国家多边－双边合作机制的正式形成。该文件明确将民主化列入了欧盟的中东北非政策议程。在此基础上，欧盟逐渐形成了政治、经济、文化三位一体的民主促进政策。在维护欧盟传统市场、保持经济发展的同时，促进地中海南岸和东岸国家的民主化，从而实现其稳定、发展、繁荣的目标。

1998 年，突尼斯率先与欧盟签订了双边联系协议（Association Agreement）。2003 年，欧盟对其中东政策做出了进一步调整，提出了“欧洲睦邻政策”（European Neighborhood Policy, ENP）。该计划与前述伙伴计划相互补充，更加强调根据成员国的实际情况推动民主化。作为第一批响应该计划的国家，突尼斯于 2005 年 7 月与欧盟签署了双边协定——“行动计划”。1995—2008 年间，突尼斯共获得 40 亿欧元的援助，其中 12 亿为赠款，28 亿为贷款。[①] 值得注意的是，欧盟对突尼斯的援助看似数额巨大，但仍然与其援助东欧国家的规模无法相提并论。这种援助的主要目标是维持突尼斯的安全与稳定，使欧洲国家减轻移民压力，避免恐怖主义威胁，但对突尼斯的发展方向没有直接影响。突尼斯所能争取到的至多不过

---

① Steffen Erdle, *Ben Ali's "New Tunisia" (1987-2009): A Case Study of Authoritarian Modernization in the Arab World*, Berlin: Klaus Schwarz Verlag, 2010, p. 388.

是与欧洲的“特殊关系”，没有发展成为欧盟成员国的可能。[①]因此，突尼斯在外交中以安全和稳定换取欧洲国家的物质援助，对其民主促进机制和文化压力选择性地回应。

2008年，法国总统萨科齐提出“地中海联盟”政策，试图恢复法国的重要地位，突尼斯予以积极响应。但是，由于英国、德国等国的反对，这一计划最终没有取得成功。

突美关系

本·阿里政府成立之初与美国的关系比较紧张。1985年，以色列战机轰炸了位于突尼斯市郊区的巴勒斯坦解放组织总部，突尼斯对美国纵容这一行动表示不满。1988年，突尼斯特工暗杀了一名巴勒斯坦解放组织领导人，再次引发民众的不满。海湾战争爆发后，突尼斯政府选择顺应民意，对美国在这一地区耀武扬威表示强烈不满。美国政府则和海湾国家一道对突尼斯政府进行报复。

但在政治上，美国政府支持本·阿里发动的政变，突尼斯与美国关系总体友好。本·阿里政变后，美国立即予以认可。1989年和1990年，本·阿里总统两度受邀造访白宫。

海湾战争后一段时间，随着突尼斯重新选择亲西方外交，双方关系得以改善。90年代，在全球化背景下，双方加强了经贸联系。突尼斯已经吸引美国的投资。美国则将稳定、开放的突尼斯作为新的经济扩张市场。1998年，克林顿政府推出了美国－北非经济伙伴关系（US-North Africa Economic Partnership），挑战欧盟对这一地区消费市场的垄断地位。在美国经济战略中，突尼斯充当美国资本向欧洲、中东、北非、撒哈拉以南的一个中转点。2001—2003年，突尼斯在该项目中获得400万美元的援助。[②]2002年，这一计

---

① Vero van Hullen, “Europeanization through Cooperation? EU Democracy Promotion in Morocco and Tunisia”, in Tanja A. Borzel and Thomas Risse (eds.), *From Europeanization to Diffusion*, London & New York: Routledge, 2014, p. 124.

② Christopher Alexander, *Tunisia: From Stability to Revolution in the Maghreb* (2nd Edition), London & New York: Routledge, 2016, p. 139.

划为中东伙伴倡议（Middle East Partnership Initiative）所替代。该计划以双边合作为主。在突尼斯新的计划安排中，继续获得教育改革、市民社会发展、妇女地位提升的援助资金。2002 年，突尼斯与美国签订贸易和投资框架协定（Trade and Investment Framework Agreement）。该协定致力于发展突尼斯和美国的自由贸易。到 2007 年为止，有 70 家美国公司在突尼斯投资，金额达 7.5 亿美元，创造了 18 000 个就业岗位。美国成为突尼斯第八大贸易伙伴。①

突美关系中安全议题居于突出位置。2001 年“9·11”事件改变了美国中东政策。在美国全球反恐战略下，突尼斯与美国的关系也发生了变化。美国重视突尼斯在中东北非的重要地缘位置，积极以突尼斯为依托，应对萨赫勒地区、非洲之角和中东恐怖主义威胁。突尼斯向美国提供了重要的反恐情报。本·阿里对美国发动阿富汗战争表态支持。2003 年伊拉克战争爆发后，突尼斯配合美国逮捕大量恐怖分子嫌疑人。2005 年，突尼斯与萨赫勒地区的八个国家一道，与美国签订了跨撒哈拉反恐倡议（Trans-Sahara Counter-terrorism Initiative）。突尼斯从美国得到大量资金，提升自己的反恐能力。美国则通过援助，避免直接介入这一地区的反恐行动。不过，突尼斯政府对美国的计划也不是一味迎合。

美国政府提出的“大中东民主倡议”对于突尼斯威权主义政权造成很大压力，因此，突尼斯的外交转向倚重联合国等多边外交机制。2003 年，突尼斯倡议各国在联合国机制下进行对话。本·阿里在一次访谈中强调：“在我们看来，联合国仍然是促进国家间对话的最有效机制。这要求进一步巩固联合国作为国际秩序以及世界和平与安全保障机制的地位。”②

对突尼斯威权主义政权而言，美国的“民主促进”机制和欧盟

---

① Christopher Alexander, *Tunisia: From Stability to Revolution in the Maghreb* (2nd Edition), London & New York: Routledge, 2016, p. 140.

② Steffen Erdle, *Ben Ali's "New Tunisia" (1987-2009): A Case Study of Authoritarian Modernization in the Arab World*, Berlin: Klaus Schwarz Verlag, 2010, p. 410.

的相关政策一样具有威胁。美国曾对突尼斯转向西方式民主寄予厚望，它对突尼斯和本·阿里政权的长期支持也是基于这种考量。本·阿里虽然认同西方民主理念，但并不想将其从口头承认转为具体的民主化政治实践。突尼斯与西方国家不同，伊斯兰传统文化对突尼斯民众有着广泛的影响。更重要的是，本·阿里不断滋生和膨胀的专断与独裁观念，使他难以接受顺应突尼斯民众企盼的民主化变革。因此，突尼斯的政治发展缓慢甚至出现倒退。

美国政府虽然并不谋求改变突尼斯的政权结构，但美国驻突尼斯大使馆不断对突尼斯的威权主义政治提出批评。2009 年，美国驻突尼斯大使馆流传出的关于本·阿里政权腐败的电文终于使双方矛盾激化。

另外，美国决定成立美军非洲司令部（US Army Africa Command）后，积极在非洲国家遴选司令部驻地。突尼斯以其交通和地缘优势，曾作为司令部入选地之一。但双方的谈判没有成功，主要是突尼斯顾及国内民众反对新殖民主义的情绪，以及在巴以问题上对美国偏袒以色列政策的拒斥。加之遭到大部分非洲国家的反对，突尼斯政府不敢贸然答应。此外，美国不愿意向突尼斯提供更多的投资也是其中的一个原因。

四、本·阿里时期的突尼斯文化

文学

本·阿里政府非常重视文化发展和繁荣，而且也利用文化事业的发展为现代化建设和改革服务。自 1988 年开始，突尼斯政府将 10 月 27 日定为“全国文化日”（National Culture Day）。在每年的“全国文化日”，突尼斯都举行庆祝活动，并在全国范围内对文化事业规划的执行情况进行全面总结。本·阿里总统每年向文化先进工作者授勋、颁奖，以奖励他们的成就和贡献。在省一级和地区一级，也有当地政府负责人出席庆祝活动。

20世纪70—80年代受欢迎的小说家和诗人在本·阿里当政时期继续主宰着文学领域。著名诗人蒙塞夫·噶西姆（Moncef Ghachem，1946— ）创作了大量诗作，如《马尔特姆的风》（*Meltem Wind*）、《老渔夫》（*Old Fisherman*）、《画》（*Picture*）、《冬天》（*Winter*）等，流传甚广。哈比卜·塞勒米的作品包括《山羊山》（*The Mount of the Goat*, 1988）、《死去的贝都因人照片》（*The Photo of the Dead Bedouin*, 1990）、《沙迷宫》（*The Sand Maze*, 1994）、《陌生人之夜》（*The Stranger's Night*, 1999）、《巴伊亚州的恋人》（*Oushaq Bahia*, 2002）、《玛丽－克莱尔的香气》（*Ra'ihat Marie-Claire*, 2008）、《阿瓦特夫的访客》（*Awatef wa zuwaruha*, 2013）、《无罪》（*Bakara*, 2016）。其他著名诗人还有哈桑·本·阿斯蒙（Hassan Ben Othmen, 1959— ）、瓦利德·索里曼（Walid Soliman, 1975— ）等。

突尼斯的小说家关注现实，他们注重反映社会变化。穆罕默德·哈迪·本·萨利赫的小说曾描述1978年的动乱，而作品《变革与想象之书》（1988）则包含了对上届政府的批判。然而，当本·阿里执政时的政治氛围并没有朝着他与其他作家期待的方向改变时，他们立即对新政府表示出了不满。本·萨利赫在其作品《梦想是他的权利》（1991）中重提知识分子的角色时，伤感地认为他和他的同事没有恪尽职守。乌玛·本·萨利姆的小说《狮子与雕塑》（1989）以动物的特性来比喻突尼斯现代历史发展的进程，对缺乏实质性变革的沮丧充斥了小说的始末。[①] 萨拉希丁·布雅赫（Slaheddine Boujah）是突尼斯当代著名小说家，他在《忏悔与秘密之书》（*Mudawanat al-I'tirafat wa al-Asrar*, 1985）中，以失去信仰和爱国热忱环境为主题，反映了失去信仰的一代。里面的人物对宗教、政治和社会充满怀疑和焦虑，一种精神和存在的危机，让他们觉得自己不再属于这个时代。他的

① 〔英〕肯尼斯·帕金斯：《突尼斯史》，姜恒昆译，东方出版中心2012年版，第194页。

第二部小说《王冠、宝剑和身体》（*Al-Taj wa al-Khinjar al-Jasad*, 1992）则反映了18世纪侯赛因王朝的政治发展。主人公西迪·法哈特（Sidi Farhat）是一个反抗专制统治的苏菲派领袖。叛军拒绝了国王的利诱，始终忠实于他们的事业。但国王则通过欺骗和伪善继续维持统治。手持宝剑、被忠实的部下簇拥的主人公感到安全，平民组成的叛军则反叛无常。虽然作者坚持他所创作的故事是虚构的，但人们往往将其与突尼斯暗藏的种种危机做比附。他的《奴隶贩子》（*Al-Nakhkhas*, 1995）勾勒了凯鲁万城的辉煌历史，《李子》（*Al-Sirk*, 1997）则揭示了该城曾经发生的社会堕落、政治阴谋和纵情声色的故事。

福哈吉·拉赫瓦特（Fraj Lahwat）的小说《夜间礼仪》（*Tuqus al-Lail*, 2002）通过隐喻的笔法批判了政治现实，表达了对政府镇压伊斯兰运动的不满。主人公穆萨因为有两个坚持伊斯兰主义者的哥哥，被拒绝离开突尼斯。另外，作者还讨论了大量困扰阿拉伯国家的事件，对被占领土地上巴勒斯坦人的生活感到非常忧虑，同时对美国施加给伊拉克的制裁不满，对阿拉伯国家反抗以色列的事业感到绝望。马苏达·阿布·巴克尔（Masouda Abou Bakr）创作的《别了汉谟拉比》（*Wada'an Hammourabi*, 2003）反映了海湾战争对突尼斯人的影响，文中表达的突尼斯人对他们遭到制裁的伊拉克兄弟无助、内疚、颓废的情感异常浓烈。哈桑尼·本·阿姆（Hasanin Bin Ammou）的小说《巴布·鲁伊》（*Bab al-Louj*, 2000）和《怜悯》（*Rahmana*, 2006），探讨了突尼斯历史和文化遗产。作者不仅揭示了突尼斯面临的种种棘手问题，而且将其放在更加宏大的历史背景下，启发人们思考。[①]

电影

突尼斯为阿拉伯和非洲国家搭建的电影平台“迦太基国际电影

① Jacob Abadi, *Tunisia Since the Arab Conquest: The Saga of a Westernized Muslim State*, Berkshire, UK: Ithaca Press, 2013, pp. 537-540.

节”，受到政府支持，继续发挥重要桥梁作用。

突尼斯电影业从 1986 年开始出现发展的“黄金十年”，但以进口电影为主。1996 年之后，国产电影发展很快。1994 年，穆菲达·特拉特里（Moufida Tlatli）的《寂静的宫殿》（*Silences of Palace*）成功上映。影片讲述了 25 岁的女青年艾丽娅追述她曾经在王子宫殿里做用人的母亲的经历，追寻其亲生父亲，以及她自己与情人的关系，探讨了阿拉伯世界妇女地位的变化。该影片上映后取得很大成功，先后获得多伦多国际电影节“国际评论家奖”（1994）、迦太基国际电影节“金塔尼特奖”（1994）、戛纳国际电影节“金摄影机奖”（1994）、英国电影学院奖“萨瑟兰奖”（1995）、伊斯坦布尔国际电影节“金郁金香奖”（1995）。[①] 她的《男人的季节》（*The Season of Men*, 2000）在 2000 年戛纳国际电影节获得放映。此外，她还有一部《纳迪亚和萨拉》（*Nadia and Sarra*, 2004）也属于精品。

费利德·鲍赫迪尔（Férid Boughedir）的《拉古莱特的夏天》（*Un été à La Goulette*, 1996）入围第 46 届柏林国际电影节最佳影片。该影片以 1967 年阿以冲突为背景，表现三位 17 岁少女在拉古莱特海滩的生活经历，从侧面反映了阿以战争的趋利性和现代女性择偶观的变化。

卡勒苏姆·鲍赫纳兹（Kalthoum Bornaz）的《红色缎带》（*Red Satin*, 2002）、多纳·布舒察（Dora Bouchoucha）的《贝都因黑客》（*Bedwin Hacker*, 2003），都获得了国际声誉。卡勒苏姆·鲍赫纳兹的电影《半边天》（*The Other Half of Sky*, 2007）则以妇女解放为主题。

努里·布济德（Nouri Bouzid）执导的电影《组成部分》（*Making of*, 2006）是目前突尼斯最成功的电影之一。影片从烈士的组成部分、男人的组成部分、电影的组成部分三个方面展开，讲述了一位 25 岁的霹雳舞演员巴赫塔由于家庭和学校的失败，情绪低落，遭到

① https://en.wikipedia.org/wiki/The_Silences_of_the_Palace, 2018-11-02.

极端组织洗脑，最后成为一名人肉炸弹的故事。影片以伊拉克战争为社会背景，剖析了这一重大事件对阿拉伯社会的影响。影片一经上映便获得广泛好评，收获了多项国际大奖，包括卡塔戈（Cartago, 2006）、得土安（2007）、陶尔米纳（Taormina, 2007）、新德里节日、奥兰节（Festival de Orán, 2008）等。[①]

戏剧与艺术

突尼斯1983年创办了迦太基国际戏剧节，在阿拉伯、非洲和国际社会搭建交流与对话的平台。但20世纪末以来，突尼斯在戏剧方面出现了衰落的迹象。本·阿里时期产生的优秀戏剧作品并不多。

戏剧大师穆罕默德·德利斯在这一时期创作了《伊斯梅尔·帕夏》（*Ismaïl Pacha*, 1986）、《莎士比亚万岁》（*Vive Shakespeare*, 1988）、《红心大战》（*Le Compagnon des cœurs*, 1989）、《一个男人和一个女人》（*Un homme et une femme*, 1995）、《穆塔沙阿比顿》（*Al Moutachaâbitoun*, 2005）、《奥赛罗》（*Othello*, 2007）。[②]2005年，他建立了马戏艺术与视觉艺术国家中心（the National Centre of Circus Arts and Visual Arts），并主持了第12届迦太基国际戏剧节。他声称该中心是一个项目和一项总统决定，旨在突出马戏艺术在阿拉伯文化中的作用。该中心是剧院、音乐、舞蹈、视觉艺术和马戏艺术。德利斯在弘扬阿拉伯文化方面发挥了巨大作用，在突尼斯首屈一指。但是，20世纪后期突尼斯的戏剧在不断衰落。本·阿里时期的戏剧主要以独幕剧或单人表演的戏剧为主，包含了大量娱乐性很强的闹剧。主要原因在于电影的不断发展以及卫星电视的普及逐渐挤占了传统艺术所占据的舞台，人们的娱乐选择发生了很大变化。后起之秀法德勒·贾阿比（Al-Fadel Al-Ga'aybi）的《特殊的晚会》（*Special Soiree*, 1999）、哈蒂姆·迪赫巴勒（Hatim Dirbal）的《和煦之夜》（*Genial Nights*, 1999）是其中不多的两个

① https://en.wikipedia.org/wiki/Making_Of_(film), 2018-11-02.

② 杨学伦、郑希臻：《突尼斯文化》，文化艺术出版社2001年版，第204—218页。

作品。

舍尔图·哈利法（Sheltu Khalifa, 1939— ）坚持将雕刻与绘画艺术结合在一起，先后创作了《打鱼人》（1981）、《化妆品商人》（1984）、《斗牛》（1987）、《卖花人》（1987）、《公证人》等艺术精品。同时，作为突尼斯大学教授，他还出版了《雕刻与绘画》一书，作为他创作生涯的经验总结。[①]

阿诺德·布拉汉姆（Arnold Brabham, 1957— ）是突尼斯著名的诗琴演奏家、作曲家。他不拘泥于传统的演奏方式，对这门古老的技艺进行了大胆革新。布拉汉姆同时吸收了东方和西方的演奏艺术，先后推出了独奏与合奏的经典曲目，包括《诗琴和打击乐》（1980）、《沙漠玫瑰》（1982）、《相遇85》（1985）、《希望》（1986）、《花恋》（1988）、《鸟夜》（1988）等。布拉汉姆被誉为"革新者"，是"决裂派"的代表，"第三代民族器乐革新浪潮的代表"。[②]

虽然本·阿里政权的威权政治饱受批评，但突尼斯的文化事业并没有出现停滞。吊诡的是，本·阿里政府资助的许多作品由于触及突尼斯的社会危机或政治问题，而未能在本国出版或放映。但总体而言，本·阿里时期文学和艺术方面的发展还是非常明显的。突尼斯的艺术家们表现出了持续的创造力，并发表了许多艺术精品。然而，随着全球化浪潮的不断发展，突尼斯文化也遭遇了强大的冲击，表现最为明显的是电影业。面对进口电影的大量涌入，突尼斯电影面临严峻的竞争压力。

---

① 杨学伦、郑希臻：《突尼斯文化》，文化艺术出版社2001年版，第225—226页。

② 同上书，第221—224页。

第十三章 “布瓦吉吉事件”及突尼斯历史发展的新篇章

2010 年 12 月，突尼斯突发政治剧变，统治突尼斯 23 年之久的本·阿里政权在民众持续 28 天的示威活动中黯然垮台。2011 年 1 月 14 日，本·阿里携家人流亡沙特阿拉伯，突尼斯进入一个新的历史时期。西方媒体将突尼斯此次变革称为“茉莉花革命”（Jasmine Revolution）。不过，2011 年以来，突尼斯经济复苏缓慢，安全环境并不乐观，政局也不很稳定。突尼斯先后组织多次民主选举，扩大政治自由，制定新宪法，组成了新的民选政府。但就突尼斯的未来而言，挑战与机遇并存，民主转型之路注定艰难而曲折。

一、突尼斯的政治变革

维基解密

本·阿里执政后，他对突尼斯的统治方式与其前任布尔吉巴存在明显不同。在民众看来，本·阿里比较低调和务实，主要依赖技术官僚治理国家，维持国家机器的正常运转，推动社会、经济和政治的持续发展。因此，在本·阿里统治时期，大量具有技术背景的中产阶层官员得到重用和擢升。本·阿里执政的前半期，总体上堪称勤勉而胸怀抱负。他经常微服私访，到各地进行实地考察，认真倾听汇报，从而得出比较客观的判断。他的不少决策都是基于实地调查研究和充分倾听各方意见而确定的。本·阿里的这些决策及其实施的社会改革，对于缩小突尼斯地区和贫富差距功不可没。突尼斯在经济和社会发展方面取得的令人瞩目的成就，也与本·阿里执政时期的一系列具有务实性和前瞻性的新政关系密切。

但进入21世纪以来，随着本·阿里年事渐高，时光不断消磨着他推行新政和改革的锐气。突尼斯政治日趋僵化，当权者所固有的专权和独断急剧膨胀，并且最终走向民众的对立面。1997年，本·阿里再度喜迎新娘，开启第二段婚姻。以总统家族为核心形成的利益集团贪婪敛财、奢华无度，这不仅严重破坏了突尼斯正常的经济秩序，而且不断吞噬着本·阿里政府的政治合法性。

突尼斯表面平静，实则暗流涌动。突尼斯国内生产总值（GDP）增长速度2007年为6.3%，2008年为4.6%，2009年为3.1%。能源和采矿领域的投资形势看好。而通货膨胀率2008年为5.1%，2009年为3.5%。2010年经济危机发酵之时，突尼斯的GDP仍能维持增长。[①]因此，突尼斯被国际货币基金组织评为非洲最有竞争力的国家。当突尼斯人为此欢欣鼓舞之时，美国驻突尼斯原大使向国务院汇报的电文经维基解密（WikiLeaks）网站披露于世。在电文中，据美国大使描述，本·阿里的统治就像是“黑手党”式的统治。总统家族垄断着几乎所有暴利行业，且将黑手伸向每一个有潜力的企业。第一夫人贪婪无度，已成众矢之的。总统每天享受的美食甚至都是从意大利用专机运送而来。电文判断突尼斯的腐败在逐日增长。突尼斯的这种状况在西方阵营引发争议。美国、英国和德国主张对本·阿里政权施加压力，而法国、意大利则持相反意见。后者主张对突尼

① Nabahat Tanriverdi, “Background of the Tunisian Revolution”, *Alternative Politics*, Vol. 3, No. 3, November 2011, p. 559.

斯继续增加援助，以维持其威权政治的统治。[①]

电文内容一经披露，立刻在突尼斯国内外产生强烈反响。突尼斯民众中早已流传的秘密得到了证实。民众的愤怒和极度失望顷刻间爆发，本·阿里政权的合法性遭到严重质疑。

布瓦吉吉自焚与政局动荡

2010 年 12 月 17 日，在突尼斯南部小城希迪布吉德（Sidi Buguid），26 岁的街头小商贩穆罕默德·布瓦吉吉（Mohamed Bouazizi）在市政府大楼前自焚，由此掀起民众抗议的浪潮。

根据社交媒体报道，穆罕默德·布瓦吉吉是一位毕业于计算机专业的失业大学生，为养活七口之家，他以经营水果小摊来赚取生活费。因他未能取得营业执照，故而在经营中被罚款。但他拒绝反复缴纳罚金，并与警察发生纠纷。当地的警察没收了他的水果推车和电子秤，并以粗暴的方式处罚他。愤怒而绝望的他随后到当地政府申诉，要求归还水果推车并给予公正处理。他非但未能得到满意的回复，甚至连政府大门都没进去。当天上午 11 点左右，布瓦吉吉在当地政府门前广场上点燃汽油自焚。[②]

布瓦吉吉自焚事件立刻在民众中引起共鸣。在他们眼里，布瓦吉吉用自己的生命向不公正的社会说不，向强权挑战，是为争取幸福而牺牲的。事实上，布瓦吉吉的这种遭遇在突尼斯很普遍。有学者研究表明，制约突尼斯发展和产生不公正的根源在于突尼斯的高失业率和地区不平衡发展。突尼斯青年，尤其是受过高等教育的大学生失业率居高不下。突尼斯人口中，1/3 处于 15—30 岁的年龄段，他们占突尼斯总失业人口的 3/4。青年人的失业率高达 30%。2011 年，失业大学生人数约为 20 万（失业人口总数约 70 万）。受过高等教育青年的失业率 2007 年为 18.2%，2009 年为 21.9%，2011 年 5 月达到 29.2%。

① Nabahat Tanriverdi, “Background of the Tunisian Revolution”, *Alternative Politics*, Vol. 3, No. 3, November 2011, p. 563.

② http://www.whatsonxiamen.com/news17078.html, 2019-06-08.

就地区而言，中东部地区失业率最低，刚刚超过10%；但中西部地区、东南部地区和西南部地区的失业率却在25%上下。2007年失业率最高的坚都拜为24.5%，锡勒亚奈（Seliana）为24%，卡塞林为22.5%。[①]所有这些问题产生的根源在于经济改革的失败。20世纪80年代以来，突尼斯在世界银行的帮助下进行经济结构改革，对大量国营企业予以拆分或私有化，形成数以千计的中小企业。虽然世界银行和国际社会认为这是提升突尼斯经济竞争力和增加就业的不二法门，但最终的结果是突尼斯经济不断被边缘化。企业在创新、职业培训和产业升级方面无能为力，中小企业无法提供有保障的就业，并在经济全球化的浪潮中逐渐迷失方向。如果说沿海城市尚能借助地缘优势获得一定发展的话，内陆省份由于交通和基础设施落后，使得投资者望而却步，最终陷入恶性循环中。

布瓦吉吉自焚后的当天晚上，便有数百名示威者在当地政府门前进行抗议。他们都是布瓦吉吉的亲朋好友或同情者，其中包括一些人权组织成员和工会会员，他们对于布瓦吉吉的遭遇感同身受。当地政府行政人员日复一日、年复一年地重复着政治腐败，而底层民众生活日益困难。他们不仅经济收入低，人格尊严也屡遭践踏。正是因为这种情况，参加抗议的人数在事发几天后，迅速攀升到数千人，抗议范围也从希迪布吉德市扩散到相邻的凯鲁万、斯法克斯、本古尔丹（Ben Guerdane）。抗议者的共同要求，就是企盼社会公正和消除失业。[②]

冲突扩大

布瓦吉吉自焚事件发生后，希迪布吉德市的群众抗议浪潮持续了十天。当地政府和警察对此次事件毫无作为。相反，关于这一事

① Mongi Boughzala, “Youth Employment and Economic Transition in Tunisia”, Global Economy and Development Program, Brookings Report, 2011, pp. 3-11.

② Teije Hidde Donker, “Tunisia amid Surprise, Change and Continuity: Relating Actors, Structures and Mobilization Opportunities around the 14 January 2011 Revolution”, Cosmos Working Paper 2012/12.

件的报道却通过脸书（Facebook）、优兔（YouTube）、推特（Twitter）等社交媒体上传至国际互联网，引发国际社会的密切关注。

12月28日，本·阿里被迫亲自前往布瓦吉吉就医的医院看望他。本·阿里承诺实施进一步的改革，提供更多的就业岗位，以平复民众的抗议浪潮。

2011年1月5日，布瓦吉吉因伤势过重而离世。在布瓦吉吉的葬礼上，游行人群高喊着“自由”“尊严”“民族”“工作是权利”等口号，并且唱起悼念他的歌：“永别了穆罕默德，我们将为你报仇。我们为你哭泣。我们将让那些害死你的人也哭起来。”①

1月6日，突尼斯律师协会也加入示威人群当中。他们身着黑色律师工作服，走上突尼斯市街头，要求政治、经济和社会改革。

1月7日，在塔拉（Thalla）市，游行人群和防暴警察爆发严重冲突，造成20余人伤亡，事态进一步升级。②在此后的游行过程中，人们的口号不再局限于社会问题，而是要求本·阿里政府下台。本·阿里为了与民众妥协，撤出该市的警察，但于事无补。示威人群欢呼终于到来的“解放”。塔拉事件标志着所谓的“茉莉花革命”的正式爆发。

8—10日，又有14名示威者在与警察的冲突中丧生。反对派领袖纳吉布·舍比呼吁本·阿里停止使用暴力。

10日，本·阿里关闭所有大中学校，以避免更多的冲突和伤亡。他将此归咎于境外团体的鼓动。美国国务院发表声明，要求本·阿里控制伤亡。本·阿里发表电视讲话，承诺创造更多的就业岗位，但同时要求人们停止示威游行。③

---

① http://www.ibtimes.com/story-mohamed-bouazizi-man-who-toppled-tunisia-255077, 2019-06-09.

② Teije Hidde Donker, “Tunisia amid Surprise, Change and Continuity: Relating Actors, Structures and Mobilization Opportunities around the 14 January 2011 Revolution”, Cosmos Working Paper 2012/12.

③ S. Laajus, “North Africa: Tunisia’s ‘Jasmine Revolution’”, *Africa Research Bulletin: Political, Social and Cultural Series*, Volume 48 Number 1, January 1st-31st 2011, http://www.blackwellpublishing.com/ARBP, 2019-06-09.

在全国各大城市，示威人群开始组织起来，突尼斯全国总工会、律师协会以及人权组织成员纷纷投身这些运动中。11 日，突尼斯的记者开始静坐抗议。12 日，苏塞爆发总罢工。13 日，斯法克斯也爆发总罢工。突尼斯全国总工会要求在 14 日于全国范围内举行一次为期 24 小时的总罢工，以声援全国各地的示威人群。[①]13 日晚，本·阿里向突尼斯人民发表电视讲话，承诺进行政治、经济、社会改革，释放政治犯，继续增加 30 万个就业岗位。他要求民众冷静，不要受恐怖组织和极端主义者的蛊惑。而且，他保证将在总统任期结束后不再谋求连任。但民众不为所动。1 月 14 日，约 50 万民众走上突尼斯市的哈比卜·布尔吉巴大道，对本·阿里政权形成最后一击。

为了摆脱危机，稳定政局，本·阿里尝试通过让步和承诺换取民众的支持。但他已完全失去民众的信任。因此，本·阿里总统重新诉诸武力。他要求军队予以镇压，但遭到军队总司令拉希德·本·奥马尔（Rashid Bin Omar）的断然拒绝。14 日晚，突尼斯国家电视台宣布本·阿里已离开突尼斯前往沙特阿拉伯，且不再返回。这标志着统治突尼斯长达 23 年的政治强人本·阿里被彻底推翻，突尼斯进入一个新的时代。

茉莉花是突尼斯的国花。在每年的旅游旺季，这种黄白小花总能吸引游客的注意。淡淡的花香和清新的花朵展示了突尼斯独特的地中海情调，媒体和学界便以“茉莉花革命”命名此次突尼斯革命。[②]这主要包括两方面的含义：一方面，“茉莉花革命”可以指代这次革命的特殊性和突尼斯特色；另一方面，“茉莉花革命”包含“颜色革命”的意蕴。正如一些研究者所言，“茉莉花革命”并不是 21

---

① Teije Hidde Donker, “Tunisia amid Surprise, Change and Continuity: Relating Actors, Structures and Mobilization Opportunities around the 14 January 2011 Revolution”, Cosmos Working Paper 2012/12.

② S. Laajus, “North Africa: Tunisia's ‘Jasmine Revolution’”, *Africa Research Bulletin: Political, Social and Culture Series*, Volume 48 Number 1, January 1st-31st 2011.

世纪初以来东欧所谓的颜色革命的翻版。[①]“茉莉花革命”表现出了更多的自发性，而不是外部强加；更多的突尼斯特色，而不是西方民主促进模式；更多的历史连续性，而不是简单的世俗宗教一分为二。

二、民主过渡

尘埃落定

本·阿里出逃后，突尼斯政府立刻分崩离析，全国各地出现无政府状态。由于此次革命并没有强有力的领导人出现，抗议人群处于群龙无首的状态。突尼斯政治转型开始呈现出混乱态势。

获悉本·阿里将不再回国后，两位实力派领导人穆罕默德·格努希（总理）和福阿德·迈巴扎（Fouad Mebazaa）（议长）先后宣布自己将出任过渡政府总统。他们对宪法当中关于权力继承的规定做出了不同的解释。突尼斯宪法中关于权力继承的规定：如果出现总统缺位，应该由国民议会的议长出任临时总统；如果总统因为各种原因无法履职，则可以由总理代行其职权。两人的争执说明，在突尼斯各方对于局势的判断存在一定偏差，对于本·阿里出走后形成的政治局势是否视作政权的终结看法并不一致，而且宪法的权威也没有完全树立起来。但双方很快达成妥协，迈巴扎担任过渡政府总统，格努希担任过渡政府总理。

穆罕默德·格努希旋即改组政府，并邀请反对派人士加入内阁。他宣布新政府的任务是在60天内实现选举。为此，他成立了“政治改革高级委员会”（High Commission for Political Reform）。该委员会聘请著名法学与伊斯兰专家雅德·本·阿舒尔（Yadh Ben Achour）为主席，承诺以1959年宪法为蓝本进行新的宪政改革。

① Thomas Carothers, “The ‘Jasmine Revolution’ in Tunisia: Not Just Another Color”, January 19, 2011, http://carnegieendowment.org/publications/index.cfm?fa=view&id=42334, 2019-06-10.

同时，他下令结束紧急状态，释放大批政治犯，同意流亡海外的政治人士回国。1月30日，复兴党领袖拉希德·格努希从英国返回。但是，民众不信任新的联合政府，他们担心宪政民主联盟会卷土重来。2011年1月15日至29日，示威浪潮仍在持续，抗议人群不断聚集力量。许多郊区和外省的民众乘坐被称为"自由马车"（free carriage）的简易交通工具，到首都参加革命的狂欢。另有更多人集结在内政部与宪政民主联盟总部门前进行抗议。他们要求解散联合政府，制定新宪法，驱逐所有宪政民主联盟成员。医生、律师、教师以及许多市民社会组织参加了示威游行。强大的压力迫使穆罕默德·格努希政府中宪政民主联盟的部长们提交了辞呈。突尼斯总工会对此表示欢迎，抗议活动有所减弱。

2月19—26日，在突尼斯共产党、人权组织的推动下，来自梅地纳（Medina）、加夫萨和克夫、卡塞林等地的民众在首都举行新的示威活动。民众集聚在总理府前的卡斯巴广场（Kasba Square）上，安营扎寨，静坐示威。25日，示威人数达到50万人。[①] 示威者要求尽快进行选举，推翻联合政府。他们阻塞交通，与安全部队发生激烈冲突，有些人甚至向警察投掷石块。穆罕默德·格努希在尝试镇压无效后最终让步。26日，他对内阁进行彻底改组。不过，这一举动同样没有得到民众认可。27日，他本人递交辞呈。至此，突尼斯威权主义余党也退出政坛。突尼斯民众的反政府抗议活动取得最终胜利。

各派围绕新内阁的博弈

穆罕默德·格努希之后接任总理的是84岁高龄的政治家贝吉·卡伊德·埃塞卜西。埃塞卜西曾在布尔吉巴总统时期担任外交部部长，后因政见不合而宣布辞职。他的内阁里还有一些成员也是布尔吉巴

① Teije Hidde Donker, "Tunisia amid Surprise, Change and Continuity: Relating Actors, Structures and Mobilization Opportunities around the 14 January 2011 Revolution", Cosmos Working Paper 2012/12.

时代的重要官员。一时间，突尼斯政治似乎又回到几十年前。不同的是，埃塞卜西在很大程度上回应了民众的要求。他首先解散本·阿里的秘密警察，消除民众的恐惧。此外，他为制宪议会大选确定了明确的时间表。2011年3月1日，他宣布全国大选将在7月25日举行。

革命群众却对新政府仍不信任。早在2月11日，各反对派共同组建“保卫革命委员会”（Committee to Safeguard the Revolution），它包括的各类政治组织、协会和行业组织等多达28个。3月15日，“维护革命成果，推动政治改革和民主转型高级委员会”（the High Commission for the Realization of the Goals of Revolution, Political Reforms and Democratic Transiton）成立，并实现两组织的合并，后者仍由本·阿舒尔担任主席，称“阿舒尔委员会”。该组织包括150名成员，各政党代表3名，公民社会组织2名，各省1名，并吸纳了一些著名知识分子和重要商人，以及烈士家属代表。[①]该委员会的组建表明，革命团体将主导突尼斯的政治转型。3月23日，在阿舒尔的建议下，总统迈巴扎终止了1959年宪法，由制宪议会制定新的宪法。为了筹划选举，迈巴扎总统授权阿舒尔委员会制定新的选举法。

但突尼斯年轻人对上述决定表示不满。7月15日，在非政府组织的串联下，来自全国各地数百名抗议者再次前往卡斯巴广场集会，这些抗议者主要是年轻人。他们对老年政治家把持政权非常不满，强烈要求在政府中增加年轻人代表。同时，他们还要求警察机构进一步履行责任，并撤换司法部部长和内政部部长。另外，他们要求将制宪议会选举推迟至10月举行。[②]但这些要求引起复兴党的抗议。因为在突尼斯所有政党中，该党组织最严密，实力最雄厚。

这种情况致使突尼斯出现左右阵营的对立。选举前两周，突尼

---

① Justin O. Frosini, Francesco Biagi (eds.), *Political and Constitutional Transition in North Africa: Actors and Factors*, New York & London: Routledge, 2014, p. 11.

② Teije Hidde Donker, “Tunisia amid Surprise, Change and Continuity: Relating Actors, Structures and Mobilization Opportunities around the 14 January 2011 Revolution”, Cosmos Working Paper 2012/12.

斯又爆发内斯玛（Nesma）电视台事件。10月7日，该电视台播放一部反映伊朗1979年革命的电影，电影中出现了真主的形象。这一做法激起伊斯兰主义者的强烈反对，他们走上街头进行示威游行。更有甚者，一些极端分子试图放火烧毁电视台编辑的住宅。为了反击伊斯兰主义者，世俗民众另行组织示威游行，反对伊斯兰主义者接管政权。

突尼斯变革以来，经历了三届政府的过渡期，分别由穆罕默德·格努希（两届）和贝吉·卡伊德·埃塞卜西领导。但民主派对政府抱有很深的敌意，担心旧政权反攻倒算。尤其是本·阿里执政时期位高权重的内政部是民众的主要抨击对象。民众无论如何不能接受内政部继续发挥作用。因此，为推动民主过渡，突尼斯成立了“独立高级选举委员会”（High Electoral Committee）。这一组织是在“维护革命成果，推动政治改革和民主转型高级委员会”的提议下设立的，不受内政部管辖。这样，突尼斯未来的选举基本上就控制在民众代表手中。

制宪议会选举的酝酿

3月9日，宪政民主联盟被过渡政府宣布解散，党产被冻结。这一统治突尼斯长达54年的民族主义政党完成了其使命。在突尼斯历史上，宪政民主联盟历经民族解放运动和独立后的现代化建设，曾对突尼斯政治、经济、社会、文化等各方面的发展做出了重大贡献。然而，当突尼斯爆发新的革命后，宪政民主联盟随着本·阿里政权的倒台被民众所抛弃。本·阿里狼狈出走，致使宪政民主联盟群龙无首，影响力急剧下降。在突尼斯新的政治过渡期，宪政民主联盟被民众视为革命的主要威胁，民众强烈要求解散这一组织，并对其领导成员进行审判。

宪政民主联盟解散后，突尼斯进入政党重组的新时期。新的政党如雨后春笋迅速涌现出来。实行党团注册开放后，112个政党获得合法地位，但另有162个党团的申请被驳回。10月1日，当过渡政府规定的选举活动正式开启后，各政党提出了 1517 人的名单，参选的候选人总共有 11000 多人。[①]

总体而言，选举参与者主要分为左右两个阵营。复兴党主要代表中右政治势力。该党长期处于非法地位，遭到政府的屡次镇压。其领导人要么流亡国外，要么被长期监禁。革命后，他们以受害者的身份出现，赢得许多支持者和同情者。该党虽然没有直接参与革命，但在革命后力量迅速膨胀。不过，该党能否带领突尼斯实现复兴则广受质疑。代表中左阵营的民主进步党、争取劳动与自由民主论坛、突尼斯工人共产党（Tunisian Workers Communist Party）、现代民主之极（Modernist Democratic Pole）、共和大会党、突尼斯之声党等都展开了反对复兴党的竞选活动。复兴党声称伊斯兰教在威权主义政治中长期被忽视，突尼斯人应该重视伊斯兰民族特性。世俗阵营则提醒民众防范复兴党上台后改变突尼斯现代政治文化的可能，并强调妇女解放的成果和现代化的发展都有可能逆转。由于党纲与选举法不符，突尼斯政府驳回了萨拉菲政党“解放党”的申请。

三、联合政府

复兴党上台

2011 年 10 月 23 日，突尼斯制宪议会选举正式拉开帷幕。来自美国、欧盟及其他地区和国家的非政府组织 1000 余人，以及突尼斯独立高级选举委员会组织的 4000 余人共同监督大选。选举在公平、自由的气氛中举行，但仅有 55% 的选民参加投票，这一数字远远低于预期。数十万海外移民也在所在国家的突尼斯大使馆参加投票。

---

① Kenneth J. Perkins, *A History of Modern Tunisia* (2nd Edition), Cambridge: Cambridge University Press, 2014, p. 242.

选举结果既在预料之中，也有些出人意料。复兴党获得 89 个议席，以 41.4% 的得票率赢得大选，成为议会第一大党。这对实行世俗政治体制已超过半个世纪的突尼斯而言非同寻常。长期以来，世俗主义政治已经成为突尼斯的政治文化。选举结果凸显了民众对世俗政治家的不满和寻求改变的愿望。这是由世俗政党普遍表现欠佳所决定的，它们的得票率都未超过 15%。中左政党共和大会党获得 29 个议席（得票率 13.8%），争取劳动与自由民主论坛仅获得 1 个席位。突尼斯富商纳吉布·舍比领导的人民请愿党（Pétition Populaire Parti）获得 26 个席位。民主进步党获得 18 个席位。其余政党获得的席位都没有超过 5 个。制宪议会中妇女代表为 49 人，占所有代表比例的 24%。①

大选结束后，各独立机构分别公布它们的评估报告。突尼斯独立高级选举委员会和美国卡特中心都认为此次大选公平、公正，选举结果有效。根据选举结果，复兴党获得组阁权。经过谈判，复兴党与共和大会党、争取劳动与自由民主论坛共同建立联合政府。复兴党秘书长哈马迪·杰巴里出任总理，共和大会党主席蒙塞夫·马尔祖基任总统，争取劳动与自由民主论坛主席本·贾法尔担任制宪议会议长。马尔祖基和本·贾法尔两位政治家都如愿以偿。但是，包括内政、国防、外交等关键部门的负责人则由复兴党或其同情者所担任，且人数超过半数以上。在经历长期的挣扎和等待之后，复兴党终于获得上台执政的机会。复兴党成为左右突尼斯政局最重要的力量。

突尼斯新政府成立后，对政府各部门的职责、制宪议会的权力，以及履职期限进行了广泛讨论。最终，复兴党的主张占据上风。制宪议会通过的决议规定其履职期限为一年。一年内，制宪议会应制定出新的宪法。在这个阶段内，突尼斯实行半总统制，原先总统拥有的许多权力移交总理，总理握有实权。总统的地位明显下降。在

① Kenneth J. Perkins, *A History of Modern Tunisia* (2nd Edition), Cambridge: Cambridge University Press, 2014, p. 248.

这一特殊安排中，突尼斯事实上采取了议行合一的体制。[①] 复兴党掌握的权力更大了，它需要承担的相应责任也更重。

萨拉菲主义者的威胁

复兴党主导的联合政府主要的任务是恢复经济和维持稳定。不过，安全问题给联合政府造成了很大压力。

在突尼斯转型时期，复兴党试图代表所有伊斯兰主义者，并为伊斯兰主义者代言。但萨拉菲组织却异军突起，成为突尼斯安全的主要威胁。

突尼斯的萨拉菲组织可以分为三类：虔诚宣教者、政治参与者、“圣战”者。虔诚宣教者孤立于政治活动之外，他们以实际行动感化普通穆斯林回归古老的传统中。政治参与者积极参与各种政治活动，往往通过政党活动，力图实现国家的伊斯兰化和推行沙里亚法。他们主张通过游行、集会、静坐、请愿、发动群众等方式实现其政治目标，但一般不主张使用暴力。“圣战”者则把他们的反对对象视作不公正的叛教者，主张使用强力手段实现伊斯兰的纯洁和复兴。[②]

突尼斯的萨拉菲主义运动兴起于20世纪80年代。这些组织长期处于秘密状态。那些因为各种活动引起政府注意的萨拉菲主义者很多被政府监禁，无法发挥作用。突尼斯发生剧变后，萨拉菲运动迎来快速发展。大量萨拉菲主义者结束流亡生活回到突尼斯，被关押的萨拉菲主义者重获自由，被边缘化的萨拉菲主义者逐渐活跃起来。数千名伊斯兰主义者瞬间表明其萨拉菲主义态度，并占领一些清真寺作为活动据点。萨拉菲主义者因为坚持伊斯兰化和实行沙里亚法，成为激进的伊斯兰主义运动的旗手。

---

① http://www.tunisia-live.net/2012/11/16/the-future-of-tunisias-political-system-far-from-an-agreement/, 2019-10-06.

② Stefano M. Torelli, “Fabio Merone and Francesco Cavatorta, Salafism in Tunisia: Challenges and Opportunities for Democratization”, *Middle East Policy,* Vol. XIX, No. 4, Winter 2012, p. 150.

老一辈的萨拉菲主义者建立政党，通过政治活动实现其目标。2012 年真实党（Hizb al-Asala）和改革党（Jabhat al-Islah）先后获得合法地位。但大部分年轻人则表现得更为激进，不认同温和派成立的政党。激进的萨拉菲主义者主要以“伊斯兰教法支持者”（Ansar al-Sharia）为代表。这一组织由阿布·阿雅德于 2012 年创建，中坚力量包括大量圣战者。鉴于该组织本身就是一个国际组织，因而与国际恐怖主义联系密切。卡扎菲垮台后，利比亚为突尼斯的萨拉菲主义者提供训练和招募场所。活跃在叙利亚的数千名突尼斯圣战者大部分属于萨拉菲主义者。相对而言，激进的萨拉菲主义者是影响突尼斯政治转型的关键因素。

2012 年 9 月 11 日，在班加西美国大使馆遇袭一周年之际，“伊斯兰教法支持者”组织突袭美国驻突尼斯大使馆，导致使馆受损，4 名突尼斯人受伤。与大使馆相邻的美国国际学校也受到冲击。

复兴党一开始努力说服萨拉菲主义者放弃其激进立场。复兴党认为，造成萨拉菲主义兴起的原因在于突尼斯世俗主义政权关闭宰图纳神学院，长期忽视宗教教育，使突尼斯年轻人无法得到正确的宗教教育，易受瓦哈比主义（Wahhabism）的渗透。因此，复兴党主张突尼斯复兴宗教教育，恢复宗教传统。另外，复兴党也意识到，激进的萨拉菲主义者多数受教育水平低，生活较差，需要改善他们的生活，提升其生活质量。通过批准成立萨拉菲主义政党，以便复兴党为萨拉菲主义者提供表达政治诉求的渠道。①

政治暴力

转型时期，伊斯兰阵营和世俗阵营之间的分歧愈来愈严重。联合政府稳步前进的政策几乎让所有人失望。在三党联合政府治理下，突尼斯的民生问题没有得到改善，经济未能实现复苏，安全局势每

① Monica Marks, *Tunisia's Ennahda: Rethinking Islamism in the Context of ISIS and the Egyptian Coup*, Brookings Institution, 2015, p.8.

况愈下，社会对立加剧。人们所期盼的美好生活并没有实现。世俗主义者对伊斯兰主义的崛起深感忧虑，而极端伊斯兰主义者对复兴党恢复伊斯兰传统做法进展缓慢强烈不满。转型时期，突尼斯政治自由化的发展为双方的活动提供便利，世俗主义者和极端伊斯兰主义者很快短兵相接。

2013 年 2 月 6 日，著名左翼人士、律师、社会活动家肖克里·贝莱德（Chokri Belaid）在他位于首都突尼斯市的家门口遇刺身亡。肖克里·贝莱德是人权活动家，长期为穷人和弱势群体辩护。在本·阿里统治时期，他甚至为伊斯兰主义者辩护过。突尼斯革命之后，他参与创建了团结民主民族党（the Unified Democratic Nationalist Party），并担任领导人。复兴党上台之后，他曾激烈地批评其各项政策。他经常出现在电视节目里，是突尼斯家喻户晓的政治人物。正是由于其反对伊斯兰化的态度鲜明，肖克里·贝莱德招致了伊斯兰主义者的敌视。在他遇刺的前几日，他就曾接到死亡威胁。他所在的政党办公室曾经遭到伊斯兰主义者的攻击。

肖克里·贝莱德之死得到了成千上万民众的同情。突尼斯民众纷纷对此暴行予以谴责。突尼斯总工会宣布在肖克里·贝莱德葬礼当天举行总罢工。8 日，肖克里·贝莱德的葬礼在突尼斯市举行，大约 150 万民众参加了他的葬礼游行。人们行进到内政部门前，表达对其未能履行职责的不满。左翼人士还要求复兴党下台，对其纵容伊斯兰主义者横行表示强烈不满。

肖克里·贝莱德之死引发了突尼斯政治危机，联合政府面临更大压力。总理哈马迪·杰巴里建议成立一个由其领导的技术型政府，以更好地应对政治危机。但是他的组阁要求未获本党支持。哈马迪·杰巴里被迫辞职，结束了其总理生涯。3 月 8 日，复兴党另外一位重要领导人阿里·拉哈耶德（Ali Laarayedh）获得总理提名，他随后公布了自己的内阁成员名单。内政、外交、司法等重要职位被分配给了独立派中间人士。

对此，反对派仍不满意。呼声党指责执政联盟无力应对突尼斯的安全危机，也不能带领突尼斯制定宪法，并在规定期限内实现全国大选。三党联盟则以限制呼声党作为回应。2013年6月28日，三党联盟一致通过了《清洗法》（*Lustration Law*）。根据这一法律，所有宪政民主联盟高官都不得参加即将举行的全国大选。这将大量呼声党的成员挡在选举门槛之外，包括党首贝吉·卡伊德·埃塞卜西。但是，埃及7月政变和制宪议会另一位议员吉布哈·沙阿比亚（Jebha Chaabia）遇刺案改变了突尼斯的政治走势。

沙阿比亚是在革命始发地希迪布吉德当选的议员，创建了“人民运动”（Popular Movement）。他是一个坚决的世俗主义者，认为伊斯兰主义者渗透进了人民运动，因而很快辞去了该党秘书长的职务。沙阿比亚被刺彻底引发了民众的不满情绪。这是半年内世俗主义政治家再次被刺，凶手同样来自极端伊斯兰主义者，并使用了同一把手枪。[①]一方面，民众不能容忍复兴党推行伊斯兰化的政策；另一方面，也不能接受其对世俗主义政治家安全的忽视。一时间数千名抗议者集聚在巴尔杜广场，要求联合政府下台。复兴党以合法当选为由拒不下台，呼声党则以街头民主代表自居，双方进行了激烈交锋。7月底，议长穆斯塔法·本·贾法尔宣布议会休会。8月，对立双方支持者在首都突尼斯市同时举行了多次游行，各自表达政治要求。8月24日的抗议集会有上万人参加，矛头直指执政的复兴党。突尼斯陷入了严重的政治危机。这表明复兴党领导的制宪议会已经完全失去了合法性，面临被推翻的命运。

四、艰难转型

“对话四方”的紧急斡旋

在此情况下，突尼斯总工会牵头进行了数次调停。突尼斯

① http://www.hurriyetdailynews.com/tunisias-brahmi-killed-with-same-gun-as-slain-party-leader-belaid-minister-51444, 2019-10-02.

总工会邀请突尼斯工贸及手工业联合会（Union Tunisienne de l'Industrie, du Commerce et de l'Artistisanat, UTICA）、突尼斯人权联盟（Ligue Tunisienne des Droits de l'Homme, LTDH）和突尼斯律师协会（Ordre National des Avocats de Tunisie），共同组成突尼斯全国对话四方（Tunisian National Dialogue Quartet）。"对话四方"作为突尼斯著名的市民社会组织，拥有悠久的历史，影响力不容忽视。

2013 年 9 月初，"对话四方"共同提出政治危机解决方案，并邀请其他政治组织参加。鉴于突尼斯严重的政治危机和"对话四方"的影响力，该方案得到了突尼斯主要政治组织的支持。9 月 17 日，"对话四方"正式公布了解决政治危机的"路线图"。该路线图主要包括四点内容。（1）各党派应在维护国家的世俗属性和共和体制、保卫人权以及反对各种形式的暴力活动等核心问题上达成共识。（2）鉴于现政府已不能继续工作，因此必须解散现政府。在新政府产生之前先组成一个过渡的、由政治上中立的技术官僚构成的看守内阁，取代现政府。（3）颁布一部新的、不排斥任何党派的选举法。（4）确定在 2014 年底举行突尼斯总统和议会大选，届时将组成独立机构进行监督。①

与此同时，复兴党领导人拉希德·格努希和呼声党领导人贝吉·卡伊德·埃塞卜西成功在巴黎实现了会谈。双方坦诚相见，以负责任的态度实现了妥协，达成了共识。这为突尼斯政治和平过渡创造了条件。

10 月 4 日，"对话四方"主持的"全国对话大会"正式举行。突尼斯主要政治组织一致同意解散现政府，成立由独立人士担任总理的看守政府；同时，恢复制宪议会工作，加快制宪进程，尽快提交宪法正式文本，在议会表决。

2014 年 1 月 9 日，联合政府总理拉哈耶德宣布辞职，独立派人

① 转引自汪津生：《突尼斯全国对话四方组织》，《国际研究参考》2016 年第 9 期。

士马赫迪·朱马（Mehdi Jomaa）就任临时政府总理。这标志着突尼斯度过了一次严重的政治危机，保障了转型的顺利进行。

2015年10月9日，诺贝尔和平奖揭晓，突尼斯“对话四方”与美国国务卿克里、伊朗外长扎瓦德·扎里夫和德国总理默克尔、教皇方济各等人一起获得此项桂冠。“对话四方”获奖的理由是，“在国家处于内战边缘时建立了可选择、和平的政治进程。这使得突尼斯在几年内得以建立一个宪政体制和政府，保障所有公民，不论其性别、党派或信仰都能享有基本人权”。在颁奖词中，评选委员会写道：“对话四方在公民、政党以及各个权力中心之间搭建了对话渠道。在突尼斯面临政治和宗教分歧时，帮助他们找到了以共识为基础的解决方案。对话四方所凝聚起的具有广泛代表性的团体还有力地阻止了暴力的蔓延，因而其产生的效能足以与阿尔弗雷德·诺贝尔先生的遗愿相吻合。”①

突尼斯新宪法

复兴党上台后的重要工作是领导制宪议会尽快制定出突尼斯新宪法。但由于联合政府表现不尽如人意，安全局势严峻，尤其是世俗和宗教阵营的尖锐对立，双方把主要精力投入权力斗争中，制宪工作进展缓慢。突尼斯愈演愈烈的党派纷争已严重影响制宪工作。为了抗议突尼斯出现的政治暴力和复兴党对伊斯兰主义者的纵容，部分世俗议员暂停了工作。因此，议长穆斯塔法·本·贾法尔宣布议会休会。

制宪工作分为五个小组，吸纳了相关专业人士和各界代表参加，但基本上由复兴党主导。世俗和宗教阵营的分歧集中在伊斯兰教的地位、妇女地位、突尼斯的定位等几个方面。伊斯兰主义者认为，突尼斯的失败主要在于过度的世俗化和西化政策，致使突尼斯脱离以本国伊斯兰属性为基础的发展，因而他们坚持恢复伊斯兰属性。

① http://www.tunisia-live.net/2015/10/09/tunisia-awarded-nobel-peace-prize/, 2019-10-02.

更激进者甚至要求建立伊斯兰国，宣布叛教者为罪犯，重新推行沙里亚法。萨拉菲主义者要求废除《个人地位法》，恢复伊斯兰习俗，包括禁酒、妇女佩戴面纱等。7月，制宪议会披露的部分文本显示，伊斯兰主义者要求将妇女的地位定义为“男性的伙伴”①，这激起广大妇女和世俗主义者的愤慨。

新的技术内阁成立后，制宪议会重新开始制宪工作。经各方的角力，世俗主义者占据上风。2014年1月26日，过渡政府总理阿里·拉哈耶德签署法令，正式公布宪法。根据新宪法，突尼斯保留了其独立以来取得的成果，同时体现了宪政体制的最新发展。

新宪法由10款149条组成，与之前的宪法相比更为详尽。关于国体，宪法沿用1959年宪法的表述。即宪法第1条规定：“突尼斯的宗教是伊斯兰教，语言为阿拉伯语，国体为共和国。”第2条规定：“突尼斯是以公民权、人民意愿和法律至上为基础的文明国家。”第3条规定：“人民是国家主权和权力的源泉，这些权力通过人民的代表实施，并经其修改。”第6条规定：“国家是宗教的保卫者。”但同时并没有列入国家对叛教者予以惩罚的条文。这就否定了伊斯兰主义者坚持的神权论，延续了突尼斯独立以来采用的人民主权论。新宪法确定突尼斯实行共和制，彰显世俗理念在政治生态中的牢固地位和不可动摇性。尽管规定伊斯兰教为国教，但同时强调国家须确保宗教信仰自由，维护宗教的中立性，淡化宗教色彩的倾向比较明显。②

关于政体，突尼斯选择了半总统制。突尼斯效仿西方三权分立的政治体制，突出权力的相互制衡。为从根本上铲除滋生威权体制的土壤，新宪法大幅削减总统权力，规定总统不再担任三军统帅，部分权力被分解给总理。议会的权限在原有基础上有所扩大和加强。

---

① https://www.newstatesman.com/blogs/politics/2012/08/will-tunisian-constitution-erode-gains-women-arab-spring, 2019-10-05.

② 若木：《回到“革命”始发的地方——从突尼斯新宪法颁布说开去》，《世界知识》2014年第14期。

宪法第 73 条规定，只有穆斯林才有资格当选为共和国总统。宪法还规定，总理由议会第一大党提名，但总理的权限受总统制约。[①]

新宪法强调司法独立，任何机构不得干涉，并设立专门机构处置贪污腐败、违反人权的案件。新宪法还规定总统、总理、议员等高官须公布个人财产，这在阿拉伯国家乃至发展中国家中尚属首例。强化对公民基本权利的维护与保障，同时鼓励其行使自由权利。新宪法明确开放党禁，积极培育良性的政党文化。为弥补长期实行一党专政的缺陷，新宪法给予公民充分的组党结社自由权利，强调反对党在国家政治生活中的杠杆作用，并对政党活动做出合理规范。新宪法专设“权利与自由”章节，强调男女平等，并对就业、医疗卫生等关乎百姓民生方面做出了具有操作性的规定，积极回应了民众要求自由平等、提振经济、发展民生的诉求。[②]宪法第 21 条规定了男女平等；第 27 条规定了财产权；第 31—32 条规定突尼斯人民享有广泛的自由和权利。

随着突尼斯新宪法的颁布，民主转型最为关键的建章立制工作基本完成。突尼斯在平衡各方利益、保持历史延续性和努力创新的过程中艰难完成了第一个阶段的工作，相对顺利地向选举政治发展。

2014 年大选

随着制宪工作的完成，突尼斯制宪议会的使命已完成，突尼斯需要根据新宪法选举正式代表，组成新的国家权力机构。在议会选举中，13 000 名候选人角逐 217 个议会席位，包括 18 个海外代表席位。主要的政党包括突尼斯呼声党（Nidaa Tounes）、宪政运动（Destourien Movement）、复兴党、人民阵线（Popular Front）、共和大会党、共和党（Al Joumhouri）等。

2014 年 1 月 26 日选举结果揭晓，世俗政党突尼斯呼声党获得

① 若木：《回到“革命”始发的地方——从突尼斯新宪法颁布说开去》，《世界知识》2014 年第 14 期。

② 同上。

胜利。它以40%的得票率，获得85个议席，成为议会第一大党。另外，人民阵线和自由爱国联盟[①]各获得7%的选票，突尼斯希望党（Afek Tounes）[②]获得4%的选票。三党联盟由于在执政期间的糟糕表现，遭到选民的惩罚。共和大会党和政权民主自由劳工联盟分别获得4个和1个席位，得票率仅为2%。但复兴党由于强大的动员能力仍然保住69席，得票率为32%。[③]

11月23日，突尼斯举行革命后的首次总统大选。有27位候选人参加选举，其中不乏百万富翁和前政权高官。但在第一轮选举中决出的竞争对手是卡伊德·埃塞卜西和蒙塞夫·马尔祖基。卡伊德·埃塞卜西已届88岁高龄，在布尔吉巴总统时期曾担任内政部部长和国防部部长，在本·阿里时期曾担任议长，革命后担任过渡政府总理，政治经验极为丰富。卡伊德·埃塞卜西以布尔吉巴的继承者自居，有些情况下甚至刻意模仿布尔吉巴总统的讲话风格。不过，他也强调反对布尔吉巴的威权主义政治。2012年，他创立突尼斯呼声党，成为反对派领袖。卡伊德·埃塞卜西的主张是继承布尔吉巴开创的现代化成果，继续推动突尼斯政治民主化。蒙塞夫·马尔祖基是著名的人权斗士，参与创建了突尼斯人权联盟，在本·阿里时期长期流亡国外。革命后，他回到突尼斯，成为共和大会党领导人，并在三党联盟时期担任过渡政府总统。马尔祖基的政党虽然表现惨淡，但他本人拥有崇高的政治威望，得到复兴党大力支持，是埃塞卜西的强劲对手。由于在第一轮投票中，两人得票率分别为39%和33%，均未获得超过50%的选票，总统选举进入第二轮。[④]在第二轮投票中，埃塞卜西以55%的得票率击败马尔祖基，当选突尼斯革

① 自由爱国联盟由突尼斯富翁萨利姆·利阿希创建，坚持世俗主义倾向，但具体政纲并不明确。

② 突尼斯希望党主张市场自由主义和青年人的领导地位，是世俗主义政党。

③ http://www.tunisia-live.net/2014/10/26/live-blog-tunisias-legislative-elections/#sthash.kPGks9ya.dpuf, 2019-10-24.

④ http://www.middle-east-online.com/english/?id=69047, 2019-10-24.

命后的首任总统。[①]

新政府成立

突尼斯呼声党虽然赢得议会大选和总统大选，但并没有完全控制局势。主要问题在于，它在议会中未占绝对多数。呼声党在胜选之后很快出现了组阁难题。如果它选择与其他世俗主义政党联合组阁，排除复兴党，可能面临复兴党的强烈反对。复兴党声称要在议会否决其内阁名单。但如果它选择与复兴党联合组阁，形成一个多数党团，就要冒着背叛其多数支持者的风险。一些民众在街头采访中明确指出，这是一种背叛。突尼斯虽然逐渐走向了政治成熟，但要迈出关键的一步却是颇费周折。

然而出于现实政治的需要，呼声党最终还是选择与复兴党联合。2015 年 2 月，总统卡伊德·埃塞卜西选择哈比布·艾塞德（Habib Essid）担任总理，后者公布了他的政府名单。组成的联合政府包括呼声党、复兴党、突尼斯希望党和自由爱国联盟，以及部分独立派人士。呼声党掌握关键席位，穆罕默德·恩纳萨尔（Mohamed Ennaceur）和塔伊布·巴古什（Taïeb Baccouche）分别担任议长和外交部部长。复兴党获得四个不太重要的职位。对于这种安排，复兴党同意接受。不过在两党内部都出现了反对声音。呼声党本身是一个世俗主义者的松散联合，组阁事件扩大了其内部分歧，一定程度上削弱了它的力量。复兴党虽然也遭受了冲击，部分党员宣布脱党，但经过一段时间后基本上维持了团结和稳定。

新政府的成立意味着过渡期的结束。突尼斯历经近四年的过渡期，从内战的边缘重新回归秩序。与埃及、利比亚、叙利亚、也门等国相比，突尼斯仍然是最为稳定、最具发展力的中东国家。突尼斯的整个选举体现出较高的民众参与，其结果也被国际社会所称道。虽然存在严重的左右对立，但突尼斯最终形成了一个联合政府。通

---

① http://magharebia.com/en_GB/articles/awi/features/2014/12/22/feature-01, 2019-10-24.

过相互间的妥协达到最终的共识，确保了突尼斯政治的健康和持续发展，共识政治成为突尼斯的新经验。[①]虽然呼声党和复兴党各自的政纲差别很大，但都代表突尼斯政治中的温和派。在民主转型时期，政治和解是其中最为重要的因素之一。复兴党收回了拒绝前宪政民主联盟成员不得继续从政的苛刻条件，呼声党则适度满足了复兴党的一些合理的宗教诉求。左右两派的融合显然更有利于突尼斯未来的发展。

新政府成立后，照例人们对其寄予厚望。发展经济、改善民生、实现安全稳定是民众的基本诉求。哈比布·艾塞德总理兼具行政和安全事务处理经验，为人稳重，得到各方一致信任。世俗政党重新夺回执政权，也有利于改变复兴党缺乏执政经验的弊端，恢复国内外投资者的信心。不过，突尼斯的转型发展并没有按预定的剧本演进。

五、突尼斯的发展前景

恐怖袭击的隐患

2015 年 3 月，正值旅游旺季到来之际，突尼斯市巴尔杜国家博物馆遭到恐怖袭击。这表明新政府组建后突尼斯的安全形势十分严峻。

3 月 18 日，来自法国、英国、南非、德国、意大利、波兰等国游客乘坐的旅游大巴抵达巴尔杜国家博物馆，突然遭到不明枪手袭击，导致大量人员伤亡。同时，追击四处逃散游客的恐怖分子还袭击了正在参观博物馆的其他游人。当时在博物馆里的参观者约 100 名，许多人因猝不及防而中弹身亡。[②]巴尔杜国家博物馆是突尼斯著

---

① Clement M. Henry (2018): “Tunisie: la démocratie en terre d’islam / Tunisie: une révolution en pays d’islam”, *The Journal of North African Studies*, https://doi.org/10.1080/13629387.2018.1505019, 2019-10-26.

② http://www.middle-east-online.com/english/?id=70607, 2019-12-03.

名景点之一，紧邻突尼斯议会大厦。该博物馆以收藏众多的马赛克镶嵌画闻名遐迩，其中包括史前时期、迦太基时代、努米亚时代、罗马时代、基督教时代和伊斯兰时代的艺术瑰宝，每年都有大量游客前往参观。恐怖袭击发生后，“伊斯兰国”宣布对此事件负责。突尼斯政府宣布全国进入紧急状态，并采取各种措施应对安全局势的恶化。

6月26日，在突尼斯重要旅游城市苏塞又发生了一次恐怖袭击。枪手向海滩上休闲的游客开枪后逃逸。此次事件再次造成了38名游客遇难，给突尼斯旅游业又一次重击。此次袭击案的实施者赛福鼎·拉兹基（Seifeddine Rezgui）是一个23岁的年轻大学生，成绩优异。但不幸的是，他受到萨拉菲激进分子的蛊惑，走上了犯罪的道路。[①]

突尼斯政府虽然实行紧急状态，强力反恐，但安全局势并没有根本改善，反而有进一步扩大的趋势。7月以来，在突尼斯与阿尔及利亚边界地区以及南部沙漠地带活跃着一个被称作“奥克巴战士旅”（Okba Ibn Nafaa Brigade）的组织。在舍阿奈比山（Mount Chaambi）地区，他们与突尼斯安全部队进行了几轮交火，造成15名边防军士兵死亡。2015年11月20日，一个16岁的牧童在自家牧场被割掉了头颅，在当地牧人中间产生了恐慌。[②]另外，在首都突尼斯市，恐怖分子安置的炸弹袭击了总统卫队，造成15人伤亡。突尼斯再次宣布进入紧急状态。

恐怖袭击严重影响了突尼斯旅游业，使得突尼斯本来复苏缓慢的经济雪上加霜。根据突尼斯旅游部公布的数据，截至2015年11月，仅有480万名游客造访突尼斯，比前一年下降26%，旅游收入下降33%。[③]由于欧洲国家游客锐减，突尼斯旅游业部门计划在2016年

---

① http://www.tunisia-live.net/2015/06/28/seifeddine-rezgui-who-was-the-sousse-killer/, 2019-12-03.

② http://www.straitstimes.com/world/africa/tunisia-shepherd-boy-beheaded-cousin-made-to-take-head-to-family-causing-anger-in-poor, 2019-12-03.

③ http://www.tap.info.tn/en/index.php/politics2/31574-tourists-visiting-tunisia-down-26-until-november-20-tourism-minister, 2019-12-03.

更多地从伊朗、俄罗斯和中国等东方市场吸引游客。

经济复苏乏力

2010 年的政局变化与动荡对突尼斯的经济造成重大影响，直接经济损失达 20.3 亿美元，占突尼斯 GDP 的 5.2%。革命后突尼斯政局仍然动荡不定，它对突尼斯经济的负面影响和冲击依然在持续，致使经济呈负增长。2011 年经济增长率为 -0.2%，主要创汇部门旅游业遭受重大打击，收入减少 50%。同期，外部直接投资减少 20%，超过 80 家外资企业撤离突尼斯。①2011 年利比亚内战爆发后，大量突尼斯劳工被迫返回国内，侨汇收入减少，失业率上升。2014 年突尼斯经济增长率为 2.4%，2015 年为 0.7%，2016 年为 1%。②2015 年，由于接连受恐怖袭击的影响，旅游业再次下挫 25%，南部一些旅游景点约 70% 的旅馆被迫关闭。③

突尼斯经济的持续低迷，必然使就业问题雪上加霜。2015 年，官方公布的失业率为 17%，内陆地区的失业率一般认为比官方提供的数据高一倍以上。与此同时通货膨胀加剧，2015 年达到 5.6%。④突尼斯人生活水平受到严重影响。

突尼斯的政局动荡引发世界各国的关注。外部援助仍然是突尼斯经济维持增长和继续发展的重要保障。2012 年 11 月，埃塞卜西政府与欧盟谈判，签署特殊伙伴协议（Privileged Partnership Agreement），进一步密切双方的贸易关系。2013 年，国际货币基金组织决定向突尼斯提供 17.5 亿美元的贷款。截至 2015 年，其中的 15 亿美元已到账。2015 年 10 月，世界银行宣布提供 5 亿美元的

---

① Christopher Alexander, *Tunisia: From Stability to Revolution in the Maghreb* (2nd Edition), London & New York: Routledge, 2016, p. 124.

② http://www.thearabweekly.com/Economy/9032/Tunisia-wrestles-with-budget-pressures-amid-political-manoeuvring

③ Christopher Alexander, *Tunisia: From Stability to Revolution in the Maghreb* (2nd Edition), London & New York: Routledge, 2016, p. 125.

④ Ibid.

贷款保证金。同月，八国集团宣布向突尼斯提供援助，援助总额高达 250 亿美元，为期 5 年，涉及金融、基础设施、社会保障、安全，以及减少政府赤字等多个领域。[①] 即便如此，突尼斯的经济发展仍然没有回到正常轨道上，经济复苏乏力。

2016 年 1 月，哈比布·艾塞德总理在压力之下对内阁进行改组，以应对安全和经济问题。但危机仍然继续，失业率居高不下，通货膨胀严重，投资不足。6 月，埃塞卜西总统公开批评政府软弱，并呼吁建立民族团结政府。同时，在执政的呼声党内部，艾塞德面临哈菲德·卡伊德·埃塞卜西（Hafedh Caid Essebsi）的挑战。后者是埃塞卜西总统的儿子，在呼声党内部拥有众多支持者。

7 月，突尼斯市民社会组织再次行动起来，共同签署了迦太基文件，组建民族团结政府。艾塞德已经失去了支持。7 月 31 日，突尼斯议会就艾塞德政府进行信任投票。艾塞德连任总理需要获得 109 票支持，但他在议会仅获得 3 票。[②] 艾塞德之前名望颇高，却在总理任上仅工作了一年半。随后，突尼斯农学专家、呼声党新生代领导人、年仅 40 岁的优素福·沙赫德（Youssef Chahed）获得授权组阁。8 月 26 日，新的团结政府正式成立。

团结政府上台后，得到埃塞卜西和突尼斯各个主要党派的支持，因而更加强势。突尼斯在安全和经济两个方面有所起色。但是，2016 年突尼斯仍然没有完成国际货币基金组织的改革任务。2017 年，突尼斯经济虽然恢复增长，但经济增长远远没有达到预期。据突尼斯媒体报道，2017 年中期，国际信用评级机构穆迪再次调低了突尼斯的主权信用，这次调级从 Ba3 下调为 B1。[③] 理由是突尼斯在财政改革和平衡收支、经济结构调整方面进展缓慢。国际投资机构继续对突尼斯的经济复苏持悲观态度。这也表明，突尼斯的经济困难将

---

① Christopher Alexander, *Tunisia: From Stability to Revolution in the Maghreb* (2nd Edition), London & New York: Routledge, 2016, p. 125.

② http://www.manilatimes.net/tunisian-pm-habib-essid-loses-confidence-vote/277038/, 2018-12-05.

③ https://www.tap.info.tn/en/Portal-Economy/9295389-moody-s-downgrades, 2018-12-26.

持续很长的一段时间。这无疑给突尼斯的政治转型蒙上了阴影。突尼斯经济发展中的痼疾仍然没有得到改善，投资驱动力不足，金融系统紊乱，制造业水平低下。突尼斯经济仍然依赖外部输血，内部造血能力严重不足。

反腐行动

制约突尼斯经济复苏的一个重要因素是腐败。和许多现代化中的国家一样，突尼斯也存在大量的庇护关系，许多握有实权和资源的人物往往能够干预经济的正常运行。这一方面增加了本地商人的成本，另一方面也使得外部投资者望而却步。在本·阿里统治时期，腐败已经蔓延到了基层，甚至穆罕默德·布瓦吉吉自焚事件的直接起因也与基层腐败有关。根据世界银行的报告，本·阿里家族掌握的企业虽然只雇佣了 0.8% 的劳动人口，生产能力仅占出口部门的 3.2%，但收割了私营部门利润的 21%。[①]

政治剧变之后，腐败并没有减少，而是民主化了。许多人堂而皇之地重建了庇护网络，攫取了超额利润。在转型期间，面临新的权力分配，新的权贵阶层开始形成。他们利用转型时期的混乱局面，中饱私囊，对突尼斯的经济恢复、秩序重建产生了恶劣影响。2010 年，突尼斯透明国际清廉指数位列 178 个国家中的第 59 位。2016 年，突尼斯在 176 个国家中名列第 75 位。[②]

在这种情况下，反腐成为突尼斯政府的重要工作之一。2011 年 1 月 15 日，过渡政府成立阿莫尔委员会（Amor Commission），以调查腐败和挪用公款。3 月 4 日，过渡政府颁布法令，宣布对本·阿里政权进行清算，相关人员财产充公。6 月 20 日，突尼斯过渡政府缺席审判本·阿里及其夫人。本·阿里及其夫人因盗窃国家资产和

---

① http://www.economist.com/news/middle-east-and-africa/21656691-terrorism-will-slow-growth-tunisias-economy-has-deeper-problems-other, 2019-12-05.

② Sarah Yerkes, Marwan Muasher, “Tunisia’s Corruption Contagion: A Transition at Risk”, https://carnegieendowment.org/2017/10/25/tunisia-s-corruption-contagion-transition-at-risk-pub-73522, 2019-12-05.

非法持有外币、珠宝、飞机、毒品、武器等，被判35年徒刑，罚款6500万美元。从他1987年上台到2011年逃亡，本·阿里的大量财产被没收，其中包括550处不动产、48艘船只和游艇、40只股票、367个银行账户、400家公司，总价值约130亿美元。[①]另外，30多名总统家族成员被控腐败而被捕。

突尼斯政府成立专门机构进行反腐。2011年11月24日，突尼斯政府成立国家反贪局（INLUCC），调查腐败案件，预防腐败发生。此后，反贪局派驻人员进驻突尼斯各个行政部门。2013年12月24日，突尼斯成立“真相和尊严机构”（the Truth and Dignity Body），调查1955—2013年间经济犯罪和侵犯人权行为。

突尼斯历届政府都很重视反腐。2012年12月9日，哈马迪·杰巴里总理在全国展开反腐行动，81名法官因为腐败而被捕，7000—9000名公务员被调查，600人被判入狱。

2016年8月，沙赫德总理上台之后，把恢复经济的突破点放在了反腐斗争上。2017年5月，沙赫德总理宣布对腐败宣战。2017年6月，突尼斯政府抓捕了一批重量级人物，把反腐行动推向高潮。突尼斯政府抓捕的人物包括著名商人沙菲克·贾纳亚（Chafik Jarraya）、前总统候选人亚辛·舍努菲（Yassine Chennoufi）、突尼斯旅游局警务负责人萨博·拉阿基利（Saber Laajili）、电视台主持人萨墨·瓦菲（Samer El Wafi），以及自由爱国联盟主席萨利姆·利阿希（Slim Riahi）等人。突尼斯政府冻结了他们的财产，并对他们进行审理。这意味着突尼斯新政府对腐败行为的总清算。此外，鉴于腐败问题与走私的密切联系，2017年6月，沙赫德总理造访了雷达斯港（Port of Rades），随后展开了海关部门的反腐。在这次行动中，突尼斯政府罚没资金7亿第纳尔，查获走私物资价值10亿第纳尔，

---

① Sarah Yerkes, Marwan Muasher, “Tunisia’s Corruption Contagion: A Transition at Risk”, https://carnegieendowment.org/2017/10/25/tunisia-s-corruption-contagion-transition-at-risk-pub-73522, 2019-11-24.

数十名海关官员被调查。[①]

沙赫德总理强势反腐，在民众当中产生积极反响。2017 年的民众满意度调查中，沙赫德以 44% 的得票率成为突尼斯最受欢迎的政治家。[②]但是，突尼斯反腐尚未完全制度化，存在很大的弊端。政府对抓获的腐败分子，由于搜集不到证据，而以危害国家安全定罪。而且，他们不是在司法机构被起诉，而是在军事法庭被审判。这对突尼斯的司法独立是一个严重的打击。

此外，突尼斯总统虽然也支持反腐，但他更看重恢复突尼斯形象，以稳定的社会秩序吸引国内外投资。在他看来，重建突尼斯世俗、开放、稳定的局面更为重要。一方面，本·阿里时期培养的大量公务人员可以为新政府所用；另一方面，突尼斯世俗发展道路的维持还希望世俗主义者联合在一起，共同发力。因此，2015 年 3 月 20 日，埃塞卜西总统在独立日讲话中呼吁为了提升投资环境，尽快通过《经济和解法案》（*Economic Reconciliation Law*），对本·阿里政权公共和私人部门金融犯罪行为不再追究。这个法案引发了普遍争议。市民社会组织发动“我不会原谅”（Manish Msemah）行动进行抗议。在议会内部，该法案也遭到了多数议员的强烈抵制，最终搁置。但是，时隔两年之后，2017 年 9 月，突尼斯议会以微弱多数通过了《行政和解法案》（*Administrative Reconciliation Law*）。根据该法案，本·阿里时期中下层公务员得到了赦免。理由是他们往往被上级裹挟，从事了不自觉的犯罪，而且犯罪情节并不严重。[③]对突尼斯反腐行动而言，许多已经被起诉或者正在被调查的官员得到了豁免，对突尼斯司法秩序造成了冲击。围绕该法案的批评导致埃塞卜西总统和呼声党支持率不断下降。

---

① Sarah Yerkes, Marwan Muasher, “Tunisia’s Corruption Contagion: A Transition at Risk”, https://carnegieendowment.org/2017/10/25/tunisia-s-corruption-contagion-transition-at-risk-pub-73522, 2019-11-24.

② Ibid.

③ http://www.middle-east-online.com/english/?id=85676, 2019-11-24.

突尼斯政治转型前景

2011 年以来，突尼斯的政治转型独具特色。不论突尼斯政治家还是欧美各国观察家，都对其不吝称赞。突尼斯在政治自由化方面取得长足进展，言论、集会、游行等政治自由得到保障。游行示威的次数和密度远远超过了本·阿里时期。

但就成功的政治转型而言，突尼斯还面临很多难题。挑战主要来自以下几个方面：（1）政权变革；（2）民主经验不足；（3）对安全机构建立民主控制；（4）开启首次民主选举；（5）制定新宪法；（6）实现转型正义；（7）构建国家和社会凝聚力；（8）解决经济难题；（9）应对外部环境。[①] 新政权建立后，必然面临旧政权的潜在威胁。缺乏民主经验虽然并不一定导致民主转型失败，但“摸着石头过河”的情况不可避免。突尼斯政府虽然能够控制军队和安全机构，但反恐行动暴露了其保障安全的弱点。突尼斯已经成功举行了多次公平公正的选举，政治基础得到巩固。新宪法也在延续和变革的平衡中成功颁布。转型正义问题仍然是一个重要问题，但突尼斯并未受困扰。问题在于本·阿里政权早已实现制度化，突尼斯无法在本·阿里流亡、宪政民主联盟解散后全面实现变革。突尼斯政府凝聚力较强，但来自欠发达地区的挑战不容忽视。突尼斯经济发展步履蹒跚，与人们的预期差距甚大。就外部形势而言，极端伊斯兰主义威胁现实而尖锐，对突尼斯安全环境形成了不利影响。但国际社会乐见一个民主国家的产生有利于突尼斯民主转型。

显然，就以上条件而言，突尼斯已经很好地解决了众多挑战，民主转型初见成效。随着突尼斯民选政府的上台，突尼斯进入民主巩固阶段。但是，突尼斯政府的表现很难满足民众的较高期望，这使得“民主”政府难以获得民众的完全信任和支持。

---

① “Lessons from Past Transitions and Policy Implications”, in Laurel E. Miller, Jeffrey Martini (eds.), *Democratization in the Arab World: Prospects and Lessons from Around the Globe*, RAND Corporation, 2012, pp. 298-330.

另外，突尼斯革命以来，伊斯兰政党复兴党的执政和参政阐释了新的政党政治。复兴党拥有广泛的群众支持，经历了长期的发展，已经成为突尼斯政坛举足轻重的力量。在开放选举后，复兴党保持稳定的得票率。虽然国外媒体担心“伊斯兰之冬”的出现，但近年来西方学界的反思则认为这代表一种新传统主义或新保守主义政治在阿拉伯－伊斯兰世界的发展。[①] 历史经验表明，1989 年以来，伊斯兰政党普遍在中东国家更受欢迎，因为它们更能反映民众诉求，代表阿拉伯－伊斯兰国家各民族要求进步的呼声。

突尼斯的政治转型在很大程度上显示了所谓自由主义民主的特征，但其发展方向并不完全是西方式的自由民主。就突尼斯的未来而言，民主化是开放的。短期内，突尼斯告别贫困比告别旧政权重要，实现“良治”比追求民主更重要。[②] 但从长远看，找寻适合自己发展的道路，实现民主政治的本土化才是真正目标。

---

① Asher Susser, “The ‘Arab Spring’: Competing Analytical Paradigms”, *Boustan: The Middle East Book Review*, Vol. 3, No. 2, 2012, p. 120.

② 王泰、陈小迁：《追寻政治可持续发展之路：中东现代威权政治与民主化问题研究》，社会科学文献出版社 2016 年版，第 348—354 页。

参考文献

一、中文文献

〔美〕埃里克·吉尔伯特、乔纳森·T.雷诺兹:《非洲史》，黄磷译，海南出版社、三环出版社2007年版。

〔肯尼亚〕B. A.奥戈特主编:《非洲通史·第五卷：十六世纪至十八世纪的非洲》，中国对外翻译出版有限公司2013年版。

〔塞内加尔〕D. T. 尼昂主编:《非洲通史·第四卷：十二世纪至十六世纪的非洲》，中国对外翻译出版有限公司2013年版。

〔美〕菲利普·C.内勒:《北非史》，韩志斌、郭子林、李铁译，中国大百科全书出版社2013年版。

〔美〕菲利普·K.希提:《阿拉伯通史》，马坚译，商务印书馆1979年版。

〔英〕戈登·柴尔德:《欧洲文明的曙光》，陈淳、陈洪波译，上海三联书店2012年版。

〔英〕J. F. C.富勒:《西洋世界军事史》(卷三)，钮先钟译，广西师范大学出版社2004年版。

〔阿尔及利亚〕卡迪尔·阿里:《阿尔及利亚地理(自然　人文　经济)》，唐裕生、吴永华、顾正龙译，商务印书馆1978年版。

〔美〕凯文·希林顿:《非洲史》，赵俊译，东方出版中心2012年版。

〔英〕肯尼斯·帕金斯:《突尼斯史》，姜恒昆译，东方出版中心2012年版。

〔美〕路易斯·亨利·摩尔根:《古代社会》(上册)，杨东莼、马雍、马巨译，商务印书馆1983年版。

〔法〕马塞尔·佩鲁东:《马格里布通史：从古代到今天的摩洛哥、阿尔及利亚、突尼斯》，上海师范大学《马格里布通史》翻译组译，上海人民出版社1974年版。

〔美〕乔治·萨顿:《科学史和新人文主义》,陈恒六、刘兵、仲维光译,华夏出版社1989年版。

〔法〕让·德普瓦、勒内·雷纳尔:《西北非洲地理》,西安外国语学院法语教研组《西北非洲地理》翻译组译,陕西人民出版社1979年版。

〔法〕让·加尼阿热:《法国对突尼斯保护权的起源(1861—1881年)》,上海人民出版社编译室法文组译,上海人民出版社1975年版。

〔埃及〕萨米尔·阿明:《不平等的发展》,高铦译,商务印书馆1990年版。

世界知识出版社编辑:《国际条约集(1956—1957)》,世界知识出版社1962年版。

〔新西兰〕斯蒂文·罗杰·费希尔:《书写的历史》,李华田、李国玉、杨玉婉译,中央编译出版社2012年版。

〔美〕斯坦福·肖:《奥斯曼帝国》,许序雅、张忠祥译,青海人民出版社2006年版。

〔苏〕维·卡·达什克维奇:《突尼斯人民民族解放斗争简史》,上海新闻出版系统"五·七"干校翻译组译,上海人民出版社1972年版。

〔法〕夏尔-安德烈·朱利安:《北非史》,上海新闻出版系统"五·七"干校翻译组译,上海人民出版社1973年版。

〔突尼斯〕伊本·赫勒敦:《历史绪论》,李振中译,宁夏人民出版社2015年版。

蔡佳禾:《当代伊斯兰原教旨主义运动》,宁夏人民出版社2003年版。

蔡磊主编:《世界通史》(卷一),西北大学出版社2002年版。

蔡磊主编:《世界历史必读知识全书》,中国戏剧出版社2007年版。

陈永龄主编:《民族词典》,上海辞书出版社1987年版。

陈志强:《拜占庭帝国通史》,上海社会科学院出版社2013年版。

崔连仲主编:《世界通史》(古代卷),人民出版社1997年版。

哈全安:《中东史:610—2000》(上),天津人民出版社2010年版。

郝时远、朱伦主编:《世界民族·第四卷:文明与文化》,中国社会科学出版社2013年版。

何芳川、宁骚主编:《非洲通史·古代卷》,华东师范大学出版社1995年版。

黄维民:《奥斯曼帝国》,三秦出版社2000年版。

黄心川主编:《世界十大宗教》,社会科学文献出版社2007年版。

金宜久主编:《伊斯兰教史》,江苏人民出版社2006年版。

李学勤、王斯德主编:《中国高校哲学社会科学发展报告1978—2008:历史学》,广西师范大学出版社2008年版。

刘乐土编著:《世界战争解焦点:100场战争》,华夏出版社2012年版。

罗荣渠：《现代化新论——世界与中国的现代化进程》，北京大学出版社1993年版。
马晓霖主编：《阿拉伯剧变——西亚、北非大动荡深层观察》，新华出版社2012年版。
彭树智主编：《阿拉伯国家史》，高等教育出版社2002年版。
彭树智主编，黄维民著：《中东国家通史 · 土耳其卷》，商务印书馆2002年版。
彭树智主编，王铁铮、黄民兴等著：《中东史》，人民出版社2010年版。
齐世荣总主编，杨共乐、彭小瑜主编：《世界史 · 古代卷》，高等教育出版社2006年版。
孙文范编著：《世界历史地名辞典》，吉林文史出版社1990年版。
唐大盾等：《非洲社会主义：历史 · 理论 · 实践》，世界知识出版社1988年版。
唐大盾、徐济明、陈公元主编：《非洲社会主义新论》，教育科学出版社1994年版。
唐河主编：《世界文明史 · 古代卷》，学苑出版社1998年版。
王泰、陈小迁：《追寻政治可持续发展之路：中东现代威权政治与民主化问题研究》，社会科学文献出版社2016年版。
王铁铮主编：《全球化与当代中东社会思潮》，人民出版社2013年版。
吴于廑、齐世荣主编：《世界史：古代史》，高等教育出版社1994年版。
杨鲁萍、林庆春编著：《突尼斯》，社会科学文献出版社2003年版。
杨人楩：《非洲通史简编——从远古至一九一八年》，人民出版社1984年版。
杨学伦、郑希臻：《突尼斯文化》，文化艺术出版社2001年版。
于贵信：《古代罗马史》，吉林大学出版社1988年版。
张春林：《多米诺骨牌——民族迁徙与蛮族国家》，辽宁大学出版社1996年版。
张德广主编：《动荡加剧、变革深化的一年：2011年国际形势总览》，世界知识出版社2012年版。
张婉婷编著：《海盗王传奇》，外文出版社2010年版。
赵国忠主编：《简明西亚北非百科全书（中东）》，中国社会科学出版社2000年版。
中共中央马克思、恩格斯、列宁、斯大林著作编译局编：《马克思恩格斯选集》，人民出版社1972年版。
中国伊斯兰百科全书编辑委员会编：《中国伊斯兰百科全书》，四川辞书出版社1994年版。
朱寰主编：《世界上古中世纪史》，北京大学出版社1990年版。

二、外文文献

Abadi, Jacob, *Tunisia Since the Arab Conquest: The Saga of a Westernized Muslim State*, Berkshire, UK: Ithaca Press, 2013.

Alexander, Christopher, *Tunisia: Stability and Reform in the Modern Maghreb*, London & New York: Routledge, 2010.

Alexander, Christopher, *Tunisia: From Stability to Revolution in the Maghreb* (2nd Edition), London & New York: Routledge, 2016.

Al-Marayati, Abid A. (ed.), *International Relations of the Middle East and North Africa*, Cambridge & Massachusetts: Schenkman Publishing Company, 1984.

Beinin, Joel, *Workers and Peasants in the Modern Middle East*, Cambridge: Cambridge University Press, 2001.

Black, Antony, *The History of Islamic Political Thought: From the Prophet to the Present* (2nd Edition), Edinburgh, UK: Edinburgh University Press, 2011.

Borowiec, Andrew, *Modern Tunisia: A Democratic Apprenticeship*, London: Praeger Publishers, 1998.

Boularès, Habib, *Histoire de la Tunisie: Les grandes dates de la préhistoire à la révolution*, Cérès Éditions, 2011.

Brunt, P. A., *Italian Manpower 225 B.C.-A.D. 14*, Oxford: Oxford University Press, 1971.

Brzel, Tanja A. and Risse, Thomas, *From Europeanization to Diffusion*, New York & London: Routledge, 2014.

Chaabane, Sadok, *Ben Ali on the Road to Pluralism in Tunisia*, Washington, D. C.: American Educational Trust, 1997.

Dekmejian, R. H., *Islam in Revolution: Fundamentalism in the Arab World*, Syracuse, NY: Syracuse University Press, 1985.

Doumani, Beshara (ed.), *Family History in the Middle East: Household, Property, and Gender*, New York: State University of New York Press, 2003.

Erdle, Steffen, *Ben Ali's "New Tunisia" (1987-2009): A Case Study of Authoritarian Modernization in the Arab World*, Berlin: Klaus Schwarz Verlag, 2010.

Frosini, Justin O. and Biagi, Francesco (ed.), *Political and Constitutional*

Transition in North Africa: Actors and Factors, New York & London: Routledge, 2014.

Gsell, Stephane, *Histoire Ancienne de l'Afrique du Nord*, 8 vols, 4th ed., Paris: Librairie Hachette, 2010.

Guarak, Mawut Achiecque Mach, *Integration and Fragmentation of the Sudan: An African Renaissance*, Bloomington: Authorhouse, 2011.

Hamdi, Mohamed Elhachmi, *The Politicization of Islam: A Case Study of Tunisia*, Boulder, CO: Westview Press, 1998.

Hassan, Fareed M. A., *Tunisia: Understanding Successful Socioeconomic Development*, Washington, D. C.: World Bank Publications, 2005.

Hazbun, Waleed, *Beaches, Ruins, Resorts: The Politics of Tourism in the Arab World*, Minneapolis, MN & London: University of Minnesota Press, 2008.

Healy, Mark, *Cannae 216 BC: Hannibal Smashes Roman's Army*, Oxford: Osprey Publishing Ltd., 1996.

Ikeda, Ryo, *The Imperialism of French Decolonisation: French Policy and the Anglo-American Response in Tunisia and Morocco*, London: Palgrave Macmillan, 2015.

John, Ronald Bruce St, *Libya: From Colony to Independence*, Oxford: Oneworld Publications, 2009.

July, Robert W., *A History of the African People*, Illinois: Waveland Press, 1992.

Kaegi, Walter E., *Muslim Expansion and Byzantine Collapse in North Africa*, Cambridge: Cambridge University Press, 2010.

Karshenas, Massoud and Moghadam, Valentine M., *Social Policy in the Middle East: Economic, Political and Gender Dynamics*, London: Palgrave Macmillan, 2006.

King, Stephen, *The New Authoritarianism in the Middle East and North Africa*, Bloomington & Indianapolis: Indiana University Press, 2009.

Laudouze, André, *Djibouti: Nation Carrefour*, Paris: Editions Karthala, 1982.

Ling, Dwight L., *Tunisia: From Protectorate to Republic*, Bloomington & London: Indiana University Press, 1967.

Marks, Monica, *Tunisia's Ennahda: Rethinking Islamism in the Context of ISIS and the Egyptian Coup*, Brookings Institution, 2015.

Merlin, Samuel, *The Search for Peace in the Middle East: The Story of President Bourguiba's Campaign for a Negotiated Peace Between Israel and the Arab*

States, South Brunswick: Thomas Yoseloff, 1968.

Merrills, Andrew and Miles, Richard, *The Vandals*, Hoboken, NJ: Wiley-Blackwell, 2010.

Micaud, Charles A., Brown, Leon Carl and Moore, Clement Henry, *Tunisia: The Politics of Modernization*, New York: Frederick A. Praeger, 1964.

Miles, Richard, *Carthage Must Be Destroyed: The Rise and Fall of an Ancient Mediterranean Civilization*, Penguin Group, 2010.

Miller, Laurel E. and Martini, Jeffrey (eds.), *Democratization in the Arab World: Prospects and Lessons from Around the Globe*, RAND Corporation, 2012.

Moore, Clement Henry, *Tunisia Since Independence: The Dynamics of One-Party Government*, Berkeley & Los Angeles: University of California Press, 1965.

Murphy, Emma C., *Economic and Political Change in Tunisia: From Bourguiba to Ben Ali*, London: Macmillan Press Ltd., 1999.

Nelson, Harold D. (ed.), *Tunisia: A Country Study*, Washington, D.C.: The American University, 1979.

Obeidi, Amal, *Political Culture in Libya*, London & New York: Routledge, 2001.

Perkins, Kenneth J., *Tunisia: Crossroads of the Islamic and European World*, Boulder, CO: Westview Press, 1986.

Perkins, Kenneth J., *Historical Dictionary of Tunisia*, Lanham, Md. & London: Scarecrow Press, 1997.

Perkins, Kenneth J., *A History of Modern Tunisia* (2nd Edition), Cambridge: Cambridge University Press, 2014.

Quandt, William B., *Between Ballots and Bullets: Algeria's Transition from Authoritarianism*, Washington: Brookings Institution Press, 1998.

Quataert, Donald, *The Ottoman Empire, 1700–1922* (2nd Edition), Cambridge: Cambridge University Press, 2005.

Rudebeck, Lars, *Party and People: A Study of Political Change in Tunisia*, London: Hurst & Company, 1969.

Ruedy, John, *Modern Algeria: The Origins and Development of a Nation*, Bloomington: Indiana University Press, 2005.

Salem, Norma, *Harbib Bourguiba, Islam and the Creation of Tunisia*, London: Croom Helm Ltd., 1984.

Shillington, Kevin, *History of Africa*, London and Basingstoke: Macmillan

Publishers, 2012.

Soren, David, Khader, Aicha Ben Abed Ben and Slim, Hedi, *Carthage: Uncovering the Mysteries and Splendors of Ancient Tunisia*, New York: Simon and Schuster, 1990.

Stone, Martin, *The Agony of Algeria*, Columbia: Columbia University Press, 1997.

Thompson, L. A. and Ferguson, J., *Africa in Classical Antiquity*, Ibadan: Ibadan University Press, 1969.

Villard, Henry Serrano, *Libya: The New Arab Kingdom of North Africa*, New York: Cornell University Press, 1956.

Voll, John Obert and Voll, Sarah Potts, *The Sudan: Unity and Diversity in a Multicultural State*, Boulder, CO: Westview Press, 1985.

Walker, Iain, *Becoming the Other, Being Oneself: Constructing Identities in a Connected World*, Cambridge: Cambridge Scholars Publishing, 2010.

Warmington, B. H., *The North African Provinces from Diocletian to the Vandal Conquest*, New York: Greewood Press, 1969.

Watt, W. Montgomery, *Islamic Political Thought: The Basic Concepts*, Edinburgh, UK: Edinburgh University Press, 1968.

Wheeler, Donna, Clammer, Paul and Filou, Emilie, *Tunisia*, Oakland, CA: Lonely Planet, 2010.

Williams, Ann, *Britain and France in the Middle East and North Africa, 1914~1967*, New York: St. Martin's Press, 1969.

Zartman, I. William (ed.), *Tunisia: The Political Economy of Reform*, Boulder & London: Lynne Rienner Publishers, 1991.

译名对照表

Abu jhal al-Dahhas,《阿布·贾哈尔·达哈斯》
Académie militaire spéciale de Saint-Cyr，圣西尔特别军校
Accord Franco-Tunisie,《法－突协议》
Achour, Habib，哈比卜·阿舒尔
Achour, Yadh Ben，雅德·本·阿舒尔
Action，《行动报》
Administrative Reconciliation Law，《行政和解法案》
Aegates Islands，埃加迪群岛
Afek Tounes，突尼斯希望党
Africa Hotel，非洲酒店
Afro-Asiatic，亚非语系
Agar，《琼脂》
Agence de Promotion des Investissements，投资促进局
Agence Foncière Touristique Tunisienne (AFT)，突尼斯旅游地产管理处
Ahd al-Aman，《基本法》
Ahmad Bey，艾哈迈德贝伊
Aicha, Sadok Ben，萨多克·本·艾查
al-Bahr Yansur al-wahahu，《一浪接一浪》
al-Daghal fiarajinira，《苦桑》
al-Farqa al-Baladiyya，突尼斯市剧团
al-Fikr，《思想》
Al-Ga'aybi, Al-Fadel，法德勒·贾阿比
Alger，阿尔及尔
al-Hadirah，《首都报》
al-Haraka wa intikas al-shams，《周而复始》
al-Hassen, Sidi Abu，西迪·阿布·哈森
Ali, Muhammad，穆罕默德·阿里
Ali, Zine al-Abidine Ben，宰因·阿比丁·本·阿里
al-Jabiri, Muhammad Salah，穆罕默德·萨拉赫·贾比利
Al Joumhouri，共和党
al-Mekki, Hatim，哈迪姆·麦琪
Al Moutachaâbitoun,《穆塔沙阿比顿》
Al-Nakhkhas，《奴隶贩子》
al-Sama，《伤痕》
Al-Sirk，《李子》
al-Sufara，《使节》
Al-Taj wa al-Khinjar al-Jasad，《王冠、宝剑和身体》
Al-Tunisi，《突尼斯人》

Amar, Abdul Latif Bin，阿卜杜·拉蒂夫·本·阿玛尔
Amar, Ali Bin，阿里·本·阿玛尔
Ammar, Tahar Ben，塔哈·本·阿玛尔
Ammou, Hasanin Bin，哈桑尼·本·阿姆
Amor Commission，阿莫尔委员会
Amor, Mohamed Belhaj，穆罕默德·贝勒哈吉·阿莫尔
Anmar, Habib，哈比卜·安玛尔
Ansar al-Sharia，伊斯兰教法支持者
Arab League，阿拉伯联盟
Ashour，阿舒尔
Association Agreement，联系协议
Attia, Ahmed，艾哈迈德·阿提亚
Awatef wa zuwaruha，《阿瓦特夫的访客》
Ayad, Ali Ben，阿里·本·阿雅德
Aziza，《阿齐扎》
Azzuz, Hind，海因德·阿祖兹

Bab al-Louj，《巴布·鲁伊》
Bab Souika，巴布·苏伊卡
Babey, Ibrahim，易卜拉欣·巴贝伊
Baccouche, Hachemi，哈什米·巴古什
Baccouche, Hedi，希迪·巴古什
Baccouche, Taïeb，塔伊布·巴古什
Badra, Mohammed，穆罕默德·巴德拉
Bakara，《无罪》
Bakr, Masouda Abou，马苏达·阿布·巴克尔
Balhaouane, Ali Allala，阿里·阿拉拉·巴勒哈瓦尼
Barcelona Process，巴塞罗那进程
Bardo School，巴尔杜军校
Bashir, Zubaydah，祖拜达·巴希尔
Bataille de Tunisie，突尼斯战役
Bech, Rida，里达·贝希
Bedwin Hacker，《贝都因黑客》
Belaid, Chokri，肖克里·贝莱德
Belkhodja, Najib，纳吉布·贝勒霍贾
Ben Guerdane，本古尔丹
berber，柏柏尔
Bir Romane，罗曼井
Black Thursday，黑色星期四
Bogtier, Farid，法里德·布格蒂尔
Bornaz, Kalthoum，卡勒苏姆·鲍赫纳兹
Bosconal, General Fornomore de，福尔若莫尔·德·波斯康纳尔将军
Bouazizi, Mohamed，穆罕默德·布瓦吉吉
Boucherle，布舍勒
Bouchoucha, Dora，多纳·布舒察
Boughedir, Férid，费利德·鲍赫迪尔
Boujah, Slaheddine，萨拉希丁·布雅赫
Bourde, Paul，保罗·布尔德
Bourguiba, Habib，哈比卜·布尔吉巴
Bourguibaism，布尔吉巴主义
Bouzid, Nouri，努里·布济德
Brabham, Arnold，阿诺德·布拉汉姆
Bread Riots，面包暴动
Brik, Taoufik Ben，陶菲克·本·布里克

Cambon, Paul，保罗·康邦
Canoun，卡努
Cap Bon，邦角
Capsian Culture，卡普萨文化

Cartago，卡塔戈
Carthage，迦太基
Cemetery of Jellaz，贾里亚扎墓地
Cendres à l'aube，《黎明时的灰尘》
Centre Tunisien pour l'Indépendance de la Justice (CTIJ)，司法独立突尼斯中心
Chaabia, Jebha，吉布哈·沙阿比亚
Chabbi, Aicha，阿依沙·沙比
Chahed, Youssef，优素福·沙赫德
Chaker, Hedi，希迪·沙克尔
Chaouch, Ali，阿里·沙乌什
Chebbi, Ahmed Nejib，艾哈迈德·纳吉布·舍比
Chenik, M'hamed，穆罕默德·谢尼克
Chennoufi, Yassine，亚辛·舍努菲
Committee to Safeguard the Revolution，保卫革命委员会
Common Foreign and Security Policy (CFSP)，欧共体共同安全与外交政策
Confédération Générale des Travailleurs (CGT)，劳动者总工会
Confédération Générale des Travailleurs Tunisiens (CGTT)，突尼斯劳动者总联盟
Congrès du Défi，应对挑战的大会
Congrès pour la République (CPR)，共和大会党
Congress of Berlin 1878，1878 年柏林会议
Conseil National des Libertés en Tunisie (CNLT)，突尼斯自由全国委员会
Constitution of 1861，1861 年宪法
Constitution of 1959，1959 年宪法
Constitutional Socialism，宪政社会主义
Cooperative，合作社
Corporation of Phosphate，磷酸盐公司
Crimean War，克里米亚战争

Da'irat al-ikhtinaq，《瓶颈》
Déclaration de Carthage，《迦太基宣言》
Destourien Movement，宪政运动
Dirbal, Hatim，哈蒂姆·迪赫巴勒
Djerba，杰尔巴岛
Driss, Mohamed，穆罕默德·德利斯
Duhanmel, Jacques，雅克·杜哈迈勒
Durand，杜兰德
Dustur Party，宪政党

École d'artillerie Sharon Marne，沙隆马恩河炮兵学校
Ecole de Tunis，突尼斯画派
Economic Reconciliation Law，《经济和解法案》
Economic Structure Adjustment，经济结构调整
El Djem，埃尔杰姆
El Hamel, Garet，加里特哈迈勒
Enfida，昂菲达
Ennaceur, Mohamed，穆罕默德·恩纳萨尔
Ennahda，伊斯兰复兴运动
Eschekh, Abdulhamid，阿卜杜勒哈米德·埃斯切赫
Essebsi, Beji Caid，贝吉·卡伊德·埃塞卜西
Essebsi, Hafedh Caid，哈菲德·卡伊

德·埃塞卜西
Essid, Bechir，贝希尔·艾塞德
Essid, Habib，哈比布·艾塞德
Esteva, Jean，让·厄斯特瓦
Euro-Mediterranean Partnership (EMP)，欧盟－地中海伙伴关系
European Neighborhood Policy (ENP)，欧洲睦邻政策
Europe-Maghreb Partnership，欧洲－马格里布伙伴关系

Family Planning，计划生育
Farda wa liquat ukhtha，《两个疯狂的盗贼》
Farhat, Sidi，西迪·法哈特
Fatma 75，《75 名阿拉伯女佣》
Faure, Edgar，埃德加·富尔
Festival de Orán，奥兰节
Fi Bayal ʻankabut，《在蜘蛛网里》
Fi'l-Aab al-tawil，《漫漫长路》
Fort Bliss Air Defense Field School，布利斯堡防空野战学校
Fort Saint，塞恩特堡
Forum Démocratique pour le Travail et les Libertés (FDTL)，劳动自由民主阵线
Fourati，弗拉特
free carriage，自由马车

Gabes，佳贝斯
Gafsa Riot，加夫萨暴动
Galite，贾利特岛
Garby，加尔比
Garet El Hamel，加里特哈迈勒
General Compensation Fund，全面补贴基金
Genial Nights，《和煦之夜》
Ghachem, Moncef，蒙塞夫·噶西姆
Ghannouchi, Mohamed，穆罕默德·格努希
Ghannouchi, Rashid，拉希德·格努希
Ghriba Synagogue，犹太会堂格力巴
Greater Arab Free Trade Area (GAFTA)，阿拉伯自由贸易区
Guellouz, Souad，萨瓦德·古伊露兹
Guermassi, Ali，阿里·古尔曼斯
Guiga，Driss，德里斯·古伊贾
Guillon, Armand，阿尔芒·吉荣

Habus，哈布斯
Hached, Farhat，法哈特·哈希德
Hadad, Taha，塔哈·哈达德
Hafsia, Jalila，贾丽娜·哈弗西娅
Hamba, Ali Bash，阿里·巴什·哈姆巴
Hanin，《哈宁》
Haraakat Ettajded (HE)，革新运动
Hauteclocque, Jean de，让·德·奥特克洛克
High Commission for Political Reform，政治改革高级委员会
High Electoral Committee，独立高级选举委员会
Hikaya basita kahadhili，《如此简单的故事》
Hilal，希拉勒人
Hilton，希尔顿
Hizb al-Asala，真实党
Hollaborde Advanced Intelligence

School，霍拉伯德堡高级情报学校

I flas aw Hubbaka darbani，《你的爱情让我疯狂》
Infitah，改革开放
International Finance Commission，国际财政委员会
International Monetary Fund，国际货币基金组织
Iskande, Gaz，伽兹·伊斯坎德
Islamic Group，伊斯兰组织
Islamic Review，《伊斯兰评论》
Ismaïl Pacha，《伊斯梅尔·帕夏》

Ja'ar, Mustafa Ben，穆斯塔法·本·贾法尔
Jabhat al-Islah，改革党
Jaibi, Fadhel，法德赫·贾伊比
Jarraya, Chafik，沙菲克·贾纳亚
Jasmine Revolution，茉莉花革命
Jaziri, F.，贾兹里
Jomaa, Mehdi，马赫迪·朱马
Juin, Alphones，阿尔弗尼·茹因

Kalal, Abdullah，阿卜杜拉·卡拉勒
Karoui, Hamed，哈米德·卡鲁伊
Kasba Square，卡斯巴广场
Kasserine，卡塞林
Kastailli, Chadly，沙德利·卡斯泰利
Khairal-Din，赫雷丁
Khalduniyya Association，赫勒敦尼亚协会
Khalifa, Ali Ben，阿里·本·哈利法
Khalifa, Sheltu，舍尔图·哈利法
Khalil, Abdallah，阿布达拉·卡里勒
Khaznadar, Mustafa，穆斯塔法·哈斯纳达尔
Khechine，赫舍尼
Khraief, Bechir，巴希尔·胡拉伊夫
Khroumir，赫鲁米尔部落
Ksar Hellal，科萨赫拉勒

La Fille de Carthage，《迦太基的女孩》
La Haute Cour，高等法庭
La Marsa Convention，《马尔萨条约》
La Noce，《婚礼》
La Statue de sel，《盐雕》
La Vie simple，《简单的生活》
La Voix du Tunisien，《突尼斯之声》
Laajili, Saber，萨博·拉阿基利
Laarayedh, Ali，阿里·拉哈耶德
Lagham, Badi，巴迪·拉德哈姆
Lahwat, Fraj，福哈吉·拉赫瓦特
Lamine Bey，拉明贝伊
Laoy, Jean，让·劳依
Latour, Bernard Boyer，贝尔纳·布瓦耶·拉图尔
Lavigerie, Charles Martial，查尔斯·马歇尔·拉维杰里
Law of Ill-Gotten Gains，《反不义之财法》
Law of National Indignity，《反侮辱民族法》
Laylat al-sanawat al-'ashr，《十年一日》
Le Compagnon des cœurs，《红心大战》
Le Kef，克夫城
Le Meridien，艾美

Levy, Youssef，优素福·莱维
L'héritage，《遗产》
Liberal Model，自由主义模式
Ligue Tunisienne des Droits de l'Homme (LTDH)，突尼斯人权联盟
L'instruction，《教导》
Lucian, Saint，圣·吕西安
Lustration Law，《清洗法》

Ma foi demeure，《我的信仰依然》
Maghreb Liberation Commission，马格里布解放委员会
Maghreb Review，《马格里布评论》
Mahdaoui, Nja，恩贾·马哈维
Majba，马杰巴
Majerda Valley，迈捷达谷地
Making of，《组成部分》
Mami, Laila Ben，莱拉·本·玛米
Manifesto of November 7，"11·7"宣言
Manifesto of Tunisian Front，《突尼斯阵线宣言》
Mansour, Ali，阿里·曼苏尔
Marzuki, Monsef，蒙塞夫·马尔祖基
Masmoudi, Mohamed，穆罕默德·马斯穆迪
Masrouki, H.，马斯卢基
Massico, Justin，朱斯坦·马西科
Mast, Charles，夏尔·马斯特
Matari, Mahmud，马赫穆德·马塔里
M'dhila，麦迪拉
Mebazaa, Fouad，福阿德·迈巴扎
Mecca，麦加
Medical Coup，医学政变
Medina，梅地纳
Meltem Wind，《马尔特姆的风》
Memmi, Albert，阿尔伯特·敏米
Mendès-France, Pierre，皮埃尔·孟戴斯－弗朗斯
Messai, Hussein Bin，侯赛因·本·迈萨伊
Messina，墨西拿
Mestiri, Ahamed，艾哈迈德·梅斯提里
Metlaoui，迈特莱维
Middle East Partnership Initiative，中东伙伴倡议
Miled，米勒德
Millerand, Alexandre，亚历山大·米勒兰
Ministry of International Cooperation and Foreign Investment，国际合作和外国投资部
Miramar，美丽华
Mise à Niveau，"经济升级"计划
Modernist Democratic Pole，现代民主之极
Mokadded，莫卡迪德
Morinaud Law，《莫里诺法》
Moulares，穆拉雷斯
Mount Chaambi，舍阿奈比山
Mourou, Abd al-Fatah，阿卜杜·法塔赫·穆鲁
Mouvement de la Tendance Islamique (MTI)，伊斯兰倾向运动
Mouvement des Démocrates Socialistes (MDS)，社会民主运动
Mudawanat al-I'tirafat wa al-Asrar，

《忏悔与秘密之书》
Mukhtar，《穆赫塔尔》
Munsif Bey，蒙塞夫贝伊
Murabit/Murabitun，穆拉比特人
Mzali, Mohamed，穆罕默德·马扎里
Mzali, Mohamed Salah，穆罕默德·萨拉赫·马扎里

Nadia and Sarra，《纳迪亚和萨拉》
Nasirism，纳赛尔主义
National Culture Day，全国文化日
National Employment Fund，国家就业基金
National Front，民族阵线
National Pact，《民族宪章》
Nawar, Nizar Ben Muhammad Nasr，尼扎尔·本·穆罕默德·纳斯尔·纳瓦尔
Neckerman，南克曼
Neo-Dustur Party，新宪政党
Nesma，内斯玛
New Era，新时代
Nidaa Tounes，突尼斯呼声党
Nouira, Hédi，希迪·努埃拉
Novotel，诺富特
Numan, Muhammad，穆罕默德·努曼
Numani, Muhammad，穆罕默德·努曼尼
Numidian，努米底亚语

Office National du Tourisme Tunisien (ONTT)，突尼斯旅游业国家办公室
Okba Ibn Nafaa Brigade，奥克巴战士旅
Old Fisherman，《老渔夫》
Omar, Rashid Bin，拉希德·本·奥马尔
Ordre National des Avocats de Tunisie，突尼斯律师协会
Othello，《奥赛罗》
Othmen, Hassan Ben，哈桑·本·阿斯蒙
Oushaq Bahia，《巴伊亚州的恋人》

Palestine Liberation Organization (PLO)，巴勒斯坦解放组织
Parti Communiste Tunisien (PCT)，突尼斯共产党
Parti de l'Unité Populaire (PUP)，人民团结党
Parti Démocratique Progressive (PDP)，民主进步党
Parti Socialiste Dusturien (PSD)，社会主义宪政党
Parti Social Libéral (PSL)，自由社会党
Partial Democracy，部分民主
Perillier, Louis，路易斯·佩里利耶
Personal Status Code，《个人地位法》
Pétition Populaire Parti，人民请愿党
Pichon, Stephen，斯蒂芬·皮雄
Picture，《画》
Pinay, Antoine，安托万·比内
Plan de Développement Décennal 1962-1971，1962—1971 十年发展规划
Popular Front，人民阵线
Popular Movement，人民运动
Port El Kantaoui，甘塔乌依港

Port of Rades，雷达斯港
Portrait du colonisé précédé du portrait du colonisateur，《殖民者肖像之后的被殖民者的肖像》
Privileged Partnership Agreement，特殊伙伴协议
Protecting the Quran Association，保卫《古兰经》协会
Protocol of France-Tunisia on Technical Assistance，《法国和突尼斯关于技术援助的议定书》

Qaids，卡伊德

Rached，《收场》
Rahmana，《怜悯》
Ra'ihat Marie-Claire，《玛丽－克莱尔的香气》
Rassemblement Constitutionnel Démocratique，宪政民主联盟
Rassemblement du Peuple Français (RPF)，法兰西人民联盟
Red Satin，《红色缎带》
Redeyef，莱德耶夫
Rezgui, Seifeddine，赛福鼎・拉兹基
Riahi, Slim，萨利姆・利阿希
Rihal-sadd，《灰人》
Rouissi ,Youssef，优素福・努伊斯
Roustan, Theodore，提奥多尔・努斯唐

Sadiqi College，萨迪克中学
Safi, Ahmed，艾哈迈德・萨菲
Salafism，萨拉菲主义
Salah, Ahmed Ben，艾哈迈德・本・萨利赫
Salih, Muhammad al-Hadi Ben，穆罕默德・哈迪・本・萨利赫
Salim, Umar Ben，乌玛・本・萨利姆
Samama, Albert ，阿尔伯特・萨玛玛
Samuel, Habib，哈比卜・塞缪尔
Sancy, Count Ferdinand de，菲迪朗・德・桑西男爵
Sawma'a tahtariq，《燃烧的修道院》
Sayah, Muhammad，穆罕默德・塞亚
Schuman, Robert，罗伯特・舒曼
Sedrine, Schem Ben，斯赫姆・本・塞德琳
Seliana，锡勒亚奈
Sfar, Bashir，巴希尔・斯法尔
Sfar, Rashid，拉希德・斯法尔
Sfax，斯法克斯
Sharif, Ibrahim，易卜拉欣・谢里夫
Sheraton，喜来登
Sidi Buguid，希迪布吉德
Silesia，斯莱西亚
Silences of Palace，《寂静的宫殿》
Six-Day War of June 5th，六五战争
Skhri, Mansour，曼苏尔・斯克赫理
Slim, Mongi，蒙吉・斯利姆
Sliman, Sliman Ben，斯利曼・本・斯利曼
Société d'Investissement à Capital Variable (SICAV)，可变资本投资公司
Soliman, Walid，瓦利德・索里曼
Sousse，苏塞
Special Soiree，《特殊的晚会》

Taormina，陶尔米纳
Targui，《图阿雷格人》
Tari, Nasser，纳赛尔·塔里
Teuton，条顿人
Tha'albi, Abd al-Aziz，阿卜杜勒·阿齐兹·萨阿列比
Thalla，塔拉
The Arab，《阿拉伯人》
the Bizerta Crisis，比塞大危机
the Gulf War，海湾战争
the High Commission for the Realization of the Goals of Revolution, Political Reforms and Democratic Transiton，维护革命成果，推动政治改革和民主转型高级委员会
The Mount of the Goat，《山羊山》
the Movement of Islamic Way，伊斯兰道路运动
the National Centre of Circus Arts and Visual Arts，马戏艺术与视觉艺术国家中心
The Other Half of Sky，《半边天》
The Photo of the Dead Bedouin，《死去的贝都因人照片》
the Progressive Islamists，进步伊斯兰主义组织
The Sand Maze，《沙迷宫》
The Season of Men，《男人的季节》
The Stranger's Night，《陌生人之夜》
the Truth and Dignity Body，真相和尊严机构
the Unified Democratic Nationalist Party，团结民主民族党
Thomas, Philip，菲利普·托马斯
Tlatli, Moufida，穆菲达·特拉特里
Tlili, Abderrahmane，阿卜德拉玛尼·特里里
Trade and Investment Framework Agreement，贸易和投资框架协定
Traité du Bardo，《巴尔杜条约》
Trans-Sahara Counter-terrorism Initiative，跨撒哈拉反恐倡议
Trifi, Mokhtar，慕科塔尔·特里菲
Tunisian National Dialogue Quartet，突尼斯全国对话四方
Tunisian Workers Communist Party，突尼斯工人共产党
Tunisia-Suk-Elba Railway，突尼斯—苏克—艾尔巴铁路
Tunisie Telecom，突尼斯电信
Tuqus al-Lail，《夜间礼仪》
Turki, Hedi，赫迪·图尔基

Ulysse，优利赛宫
Un été à La Goulette，《拉古莱特的夏天》
Un homme et une femme，《一个男人和一个女人》
Union Démocratique Unionise (UDU)，民主统一联盟
Union du Maghreb Arabe (UMA)，阿拉伯马格里布联盟
Union Générale des Travailleurs Tunisiens (UGTT)，突尼斯总工会
Union of Unemployed Graduates，失业大学生联盟
Union Tunisienne de l'Industrie, du Commerce et de l'Artistisanat (UTICA),

突尼斯工贸及手工业联合会

US Army Africa Command，美军非洲司令部

US-North Africa Economic Partnership，美国－北非经济伙伴关系

Vandals，汪达尔人

Vimont, Jean，让・维芒

Vive Shakespeare，《莎士比亚万岁》

Voizarol, Poerre，皮埃尔・沃伊扎罗尔

Wada'an Hammourabi，《别了汉谟拉比》

Wafi, Samer El，萨墨・瓦菲

Wahhabism，瓦哈比主义

Wannas Ei Kloub，《心中的伴侣》

Washington Consensus，华盛顿共识

WikiLeaks，维基解密

Winter，《冬天》

Wood, Richard，理查德・伍德

Yahya, Abu Zakaria，艾布・扎卡里亚・叶海亚

Yahyaoui, Mokhtar，慕科塔尔・雅赫雅维

Yaibi, F.，雅伊比

Yawm min ayyam Zamra，《宰穆拉的一天》

Yazdegerd Ⅲ，亚兹迪格德三世

Young Tunisian，青年突尼斯

Youssef, Ahmed Bin，艾哈迈德・本・优素福

Youssef, Salah Ben，萨拉赫・本・优素福

Youssefist，优素福主义者

Zaituna Mosque University，宰图纳大学

Zaouche, Abd al-Jalil，阿卜杜・贾利勒・扎乌什

Zill al-ard，《大地的阴影》

Zohra，《朱哈》

Zouari, Abderrahime，阿卜德拉西姆・祖阿里

后　记

本书是王铁铮教授作为首席专家主持的国家社科基金重大项目八卷本《非洲阿拉伯国家通史研究》之子项目《非洲阿拉伯国家通史·突尼斯史》的最终成果。本书主要由蒋真和李竞强等撰写，蒋真统稿，全书最后由王铁铮审定。

具体分工：

绪论——蒋真（西北大学中东研究所教授）；

第一、二、三、四、五、六章——蒋真、李明伟（西北大学中东研究所硕士研究生）；

第七、八、九、十、十一、十二、十三章——李竞强（洛阳师范学院历史文化学院副教授）。